U0926151

高等学校教师教育创新培养模式“十二五”规划教材

编委会

多媒体课件设计与制作

主　编　姜　庆　黄海军

副主编　汪学均　张红波

参　编　刘芳华　张利兵　曹　育　童西蒙　周　璇

华中科技大学出版社

http://www.hustp.com

中国·武汉

内 容 提 要

随着计算机多媒体技术在课堂教学中的广泛应用，教师必须掌握多媒体课件的设计和制作方法。本书主要介绍多媒体课件的设计方法和制作技术，共六章。第 1 章（多媒体课件制作概述）介绍了多媒体课件的基本概念、制作过程，多媒体课件设计的基本原则及方法，第 2 章（多媒体课件素材获取与处理）介绍了文本、图形图像、声音、动画和视频等常用的多媒体课件素材的采集和处理方法。第 3 章到第 6 章则介绍了 PowerPoint、Flash、Authorware、Dreamweaver 这四种当前多媒体课件制作中常用软件的基本使用技术和使用它们制作课件的方法。

本书既可作为高等师范院校本科生与多媒体课件制作相关课程的教材和教学参考书，也可作为各级各类学校在职教师现代教育技术的培训教材。

图书在版编目(CIP)数据

多媒体课件设计与制作/姜　庆　黄海军　主编. —武汉：华中科技大学出版社，2012.12（2019.12重印）
ISBN 978-7-5609-8178-9

Ⅰ. 多…　Ⅱ. ①姜…　②黄…　Ⅲ. 多媒体-计算机辅助教学-高等学校-教材　Ⅳ. G434

中国版本图书馆 CIP 数据核字(2012)第 153484 号

多媒体课件设计与制作　　　　姜　庆　黄海军　主编

策划编辑：曾　光
责任编辑：张　琼
封面设计：龙文装帧
责任校对：朱　玢
责任监印：张正林
出版发行：华中科技大学出版社（中国 · 武汉）　　电话：(027)81321913
　　　　　武汉市东湖新技术开发区华工科技园　　邮编：430223
录　　排：武汉正风天下文化发展有限公司
印　　刷：北京虎彩文化传播有限公司
开　　本：787 mm×1092 mm　1/16
印　　张：17.75　插页：2
字　　数：377 千字
版　　次：2019 年12月第 1 版第 4 次印刷
定　　价：46.00 元

总序

教师兴则教育兴，教师强则教育强。当今世界，大力加强教师队伍建设，创新教师教育培养模式，提高教师专业化水平，是世界各国教育改革与发展的一项共同目标。我国颁布的《国家中长期教育改革和发展规划纲要(2010—2020年)》提出，“教育大计，教师为本。”“有好的教师，才有好的教育。”“加强教师教育，构建以师范院校为主体、综合大学参与、开放灵活的教师教育体系。深化教师教育改革，创新培养模式，增强实习实践环节，强化师德修养和教学能力训练，提高教师培养质量。”

教材建设与开发是创新教师教育培养模式、促进教师专业化发展的一个重要手段，也是深化教师教育改革、提高教师培养质量的一项重要举措。2009年6月，教育部启动实施“教师教育创新平台项目计划”，明确提出要努力创新教师培养模式，加强教师教育学科群建设，深化学科专业、课程教学改革。在这种背景下，我们组织一批教学经验丰富、研究成果突出的高校专业教师，根据教师教育创新培养模式以及教师专业化发展的新形势、新目标和新任务，以华中科技大学出版社为平台，编写了“高等学校教师教育创新培养模式‘十二五’规划教材”，包括《教育学教程》、《心理学教程》、《现代教育技术教程》、《课程与教学论教程》、《中国教育史教程》、《外国教育史教程》、《教师伦理学教程》、《学与教的心理学》、《学校心理咨询与辅导》、《人格心理学——理论·方法·案例》、《公关心理学》、《班主任工作艺术》、《多媒体课件设计与制作》、《教育科研技能训练》、《教师教学技能训练教程》和《教师语言艺术训练》共16本。

通过教材建设与开发来创新教师教育培养模式、探索教师专业化成长之路，是一种新的尝试，也是一项比较复杂的系统工程。本系列规划教材的编写，以《国家中长期教育改革和发展规划纲要(2010—2020年)》的精神为指导，在坚持教材编写的科学性、创新性、系统性、规范性等基本原则的基础上，力图从以下三个方面进行有益的探索。

(1)在传承教育学专业基础知识的基础上，突出教师教育教材编写的实践取向。教师教育教材体系的变革，是当前创新教师教育培养模式的一个重要课题。教师教育教材的编写，既要体现系统、严密、扎实的教育理论知识，又要突出丰富、生动、具体的教育实践情境；既要注重将抽象的理论知识引入鲜活的实践领域，又要注意将日常实践经验导向富有魅力的理论阐释。其重点和难点在于达成理论与实践两方面的动态平衡和相互转化，并始终专注于教材的现实取向和实践立场，以克服理论脱离实际、知识与能力相分离、所学非所用等方面的流弊。本系列规划教材的编写，力求在简明介绍、评述相关理论知识及其背景的基础上，凸显教材的实践取向和实用价值。如《班主任工作艺术》、《多媒体课件设计与制作》、《教育科研技能训练》、《教师教学技能训练》、《教师语言艺术训练》等教材，都充分体现了这种取向。

(2)在坚持教材编写为教师服务的基础上，突出教材编写的学习者取向。任何教材的编写，既要考虑教师"教"的需要，又要考虑学习者"学"的需要，好教材通常是教师"好教"，学生"好学"，教学一致，师生相长。本系列规划教材的编写，力求在为从事教师教育的专业教师提供优质的课程与教学设计的基础上，坚持"以学习者为主，为学习服务"的基本原则。基于创新教师教育模式所要达成的目标，教师的"教"需要满足学生的"学"，"教材"需要趋向于"学材"。尽管许多教材名曰"教程"，但我们更倾向于将它转化为"学程"，追求"教程"与"学程"的有机统一。同时，在教材的编写过程中注重学习资源与问题情境相结合、文字表述与图表呈现相结合、文本学习与思想交流相结合、知识掌握与能力训练相结合。

(3)在坚持教材编写的普适性、通用性原则的基础上，突出教材编写的区域性特色。湖北是我国的教育大省，湖北教育尤其是教师教育在中部地区具有重要的比较优势与特色。未来 10 年湖北将努力从教育大省迈进教育强省，而教师教育必将是湖北省基础教育改革与发展的一项重点工作。本系列规划教材的编写者以湖北省属高校专业教师为主，旨在充分利用湖北省丰富的高校教师教育方面的教学和研究资源，以及广大中小学校教育教学改革的先进经验，凸显教师教育教材编写的区域特色和比较优势。同时，也注意充分吸收其他地区教师教育的理论和实践成果。

本系列规划教材的编写，是一次较大规模的集体劳动的成果。湖北大学、江汉大学、长江大学、三峡大学、湖北师范学院、湖北第二师范学院、湖北民族学院、黄冈师范学院、孝感学院、咸宁学院、襄樊学院、荆楚理工学院、郧阳师范高等专科学校等 10 余所院校的百余名专业教师的热诚加盟，华中科技大学出版社领导和各位编辑的大力支持，各位同仁的精诚团结与通力合作，使本系列规划教材的编写得以顺利进行。编委会同仁深知编写系列规划教材是一件非常不易的大事，有的教材或许存在某些问题、差错，欢迎广大读者及时指出，以便修订时完善。

本系列规划教材适用于高等师范院校学生和综合性大学师范专业学生学习，同时可作为在职教师培训教材和专业教师教学参考用书。

靖国平
2010 年 11 月 30 日

前言

随着教育信息化的不断深入，将计算机多媒体和网络技术应用于教学中，已成为广大教育工作者改进教学方法和提高教学质量的首选途径，多媒体课件在课堂教学中得到了日益广泛的应用。多媒体课件设计与制作已经成为广大教师、教育技术工作者必须掌握的基本技能之一。

目前，网络上有很多丰富的课件可供教师使用，但和教师的实际教学总有不符之处，有越来越多的教师自行进行多媒体课件的设计与制作。因此，建设基于介绍多媒体课件设计基本概念、理论，又包含课件开发与制作技术的系统的多媒体课件设计与制作教材是当前的一项重要任务。

本书旨在帮助学习者了解多媒体课件设计与制作的基本概念、制作过程，掌握常用的多媒体课件素材采集与处理技术，掌握应用 PowerPoint、Flash、Authorware、Dreamweaver 这四种当前课件制作中常用软件的基本应用技术和制作课件的方法，使学习者具有一定的多媒体课件设计与开发能力。

全书内容安排如下。

第 1 章介绍了多媒体课件的基本概念，多媒体课件制作的过程，多媒体课件设计的基本原则及方法。

第 2 章介绍了文本、图形图像、声音、动画和视频等多媒体课件素材的采集和处理方法。

第 3 章介绍了电子讲义制作工具 PowerPoint 2007 的使用方法，内容包括课件内容添加、课件交互效果设置、课件的动画设计及放映效果设计、课件背景与版式设置等。

第 4 章介绍了 Flash CS4 的使用方法，用 Flash CS4 制作动画型课件的方法，主要包括 Flash 的基本操作、绘图技术、动画的种类与实现、声音的插入与处理、课件的发布等相关知识。

第 5 章介绍了 Authorware 7.0 的使用方法，内容包括 Authorware 7.0 图标的基本操作、各种媒体素材的插入、课件动画的实现、课件交互功能的实现、课件的框架及导航设计、课件的打包与发布等。

第 6 章介绍了网页制作工具 Dreamweaver MX 2004 的基本使用，包括站点的建立、网页的编辑、网站的布局、表单应用及站点发布等。

全书由姜庆主持编写和总体设计，由姜庆、黄海军统稿。第 1 章由曹育、姜庆编写，第 2 章由刘芳华编写，第 3 章由张红波编写，第 4 章由汪学均编写，第 5 章由黄海军编写，第 6 章由张利兵编写。童西蒙、周璇参加了全书的整理和图像处理等工作。在本书的编写过程中，湖北大学靖国平、雷体南、徐学俊等教授对本书提出了很有见地的意见，在此表示感谢。

由于信息技术和现代教育技术的不断发展，以及本书编者的水平有限，因此书中难免有错误和不当之处，欢迎广大读者朋友批评指正。

编　者

2012 年 5 月

目录

第1章 多媒体课件制作概述

学习目标

(1) 了解多媒体课件的基本概念与分类。

(2) 了解多媒体课件的制作过程。

(3) 掌握多媒体课件设计的基本原则。

(4) 掌握多媒体课件设计的基本过程。

1.1 多媒体课件制作基础

1.1.1 多媒体课件基本概念

多媒体课件在教学中的用途十分广泛，一些从事课件开发的软件公司、学校及教育研究人员均从不同角度对多媒体课件给出了定义。我们首先来了解以下几个相关概念。

1. 媒体

在任何传播过程中，传者所要表达的信息，是通过一定的媒体传递给受者的。媒体是对记录、存储、传输、调节和呈现信息的所有材料、实物、设施和人的总称。媒体(Media)有两层含义：一是指存储和传递信息的硬件实体，如磁盘、光盘、幻灯机、计算机等；二是指承载信息的载体，如数字、文字、声音、图形等。没有承载信息的硬件实体是不能称为媒体的(如空白光盘)，只能叫做材料。

根据国际电信联盟(ITU)的定义，媒体分为如下五类。

(1) 感觉媒体：指的是能直接作用于人们的感觉器官，从而能使人产生直接感觉的媒体，如语言、音乐、自然界中的各种声音、各种图像和文字等。

(2) 表示媒体：指的是为了传送感觉媒体而人为研究出来的媒体，借助于此媒体，便能更加有效地存储感觉媒体或将感觉媒体从一个地方传送到另一个地方，如语言编码、条形码和电报码等。

(3) 显示媒体：指的是用于通信中使电信号和感觉媒体之间产生转换的媒体，如键盘、鼠标、显示器和打印机等。

(4) 存储媒体：指的是用于存放某种媒体的媒体，如磁带、磁盘和光盘等。

(5) 传输媒体：指的是用于传输某些媒体的媒体，如电话线、电缆和光线等。

2. 多媒体

多媒体是指把文字、图形、图像、声音、动画等多种媒体有机结合成一体的一种人机交互式信息媒体。一般我们平常所指的“多媒体”，不仅指多种媒体本身，而且指处理和应用多媒体信息的相应技术。因此，“多媒体”常被当做“多媒体技术”的同义词。

3. 多媒体课件

课件是根据教学大纲的要求，在一定的学习理论、教学理论和传播理论的指导下，经过教学设计、软件设计等环节加以制作的教学软件，它与课程教学内容有着直接联系。它根据一定的教学目标进行设计，表现特定的教学内容并能反映一定的教学策略。

多媒体课件本质上是一种应用软件，它是通过辅助教师的“教”或促进学生自主地“学”来突破课堂教学中的重点、难点，从而提高课堂教学质量与效率的多媒体教学软件，即以多种媒体的表现方式和超文本结构制作而成的课件。多媒体课件与一般的多媒体软件的不同之处在于，它是一种表现特定的教学内容，适合于特定教学对象，专门用于辅助教学的教学媒体。本书提到的多媒体课件即通常所说的计算机辅助教学(CAI)软件或计算机辅助学习(CAL)软件。

1.1.2 多媒体课件的分类

根据多媒体课件的内容与作用，可以将多媒体课件分为如下几种类型。

1. 课堂演示型

这种类型的多媒体课件主要以直观的文字、图片等形式向学习者展示概念、原理、事物运动等事实性知识，注重对学生的提示和引导作用，并通过多种媒体信息的展现反映问题解决的全过程，主要用于课堂教学演示。这种类型的课件是为了解决学科的教学重点和难点而开发的，用于辅助教师的课堂教学，向学习者展示教师的课堂教学思路。它要求更直观地呈现教学内容，同时要求展示屏幕尺寸较大，以方便每位学习者都能清楚地看见呈现的教学内容。

2. 个别化交互式学习型

这种类型的多媒体课件具有完整的知识结构，以一定的教学模式为基础模拟教学过程，并提供友好的人机交互界面帮助学习者自主学习，同时伴有相应的形成性练习和反馈机制帮助学习者进行自主学习评价，以改善学习效果。该类型的多媒体课件要求具有良好的导航系统，指导学习者逐层深入地学习教学内容，并能够随时寻求帮助，对需要的知识点进行检索。

3. 操练复习型

这种类型的多媒体课件主要通过练习的形式来辅助教学。进行该类型课件设计时要保证具有一定比例的知识点覆盖率，并将练习和评测相结合，以便全面地提升学生的能力水平，同时给出一定的评价机制帮助学习者了解自己的学习状况。另外,知识点的难度设计需要逐层递增,并根据相应的难度等级设计反馈评价。

4. 教学游戏型

这种类型的多媒体课件与一般的游戏软件不同,它以学科知识内容作为基础,寓教于乐,通过游戏的形式使学生掌握知识,并激发学生的学习兴趣和积极性。该类型的课件设计要求游戏的趣味性强、规则简单,同时要具有较强的知识性。

5. 计算机模拟型

模拟学习的基本目的在于提供一种新的实验方法和手段或者提供虚拟实验环境,以帮助学习者实现学校现有条件下无法进行的实验,培养学习者的探索能力和分析问题、解决问题的能力。被模拟的对象可以是自然现象、社会现象,或训练问题、管理问题。这种类型的课件要进行大量的实验仪器、设备、工具和实验材料的图形仿真,并针对不同操作者设计不同的操作顺序、动作的协调和不同的量度等因素以生成不同的实验过程、结论和效果。模拟实验的更高层次是虚拟现实技术。

6. 网络协作型

网络协作型课件是伴随着网络的发展和普及而逐渐发展起来的。这种类型的多媒体课件能够在计算机网络的支持下,实现学习者之间突破地域和时间的限制,进行同伴互教、小组讨论、小组课题合作性的学习活动。开发者进行课件开发时要充分考虑网络协作学习与其他学习方式的差异,体现出其优势,例如,网络具有十分丰富的学习资源,因此在课件中可以通过链接等方式将资源进行分类、整理,然后提供给学习者使用。另外,设计中很重要的一点是设计者要提供一种能够促进时空隔离的学习者产生归属感的机制,即促成学习共同体的形成,这样才有利于计算机支持下深度交流的产生。

1.1.3 多媒体课件的规划与设计

在正式进行多媒体课件制作之前,设计者首先要明确以下几个问题:① 本课件开发的目的是什么;② 基于一定的教学目标,本课件适合于哪种课件类型或以哪种课件类型为主;③ 开发工作量如何,以便确定人员组成。然后,设计者要对课件制作进行整体的规划和设计,以保证整个开发过程在能够提供的条件下顺利有序地完成。

在规划和设计的过程中,设计者要遵循以下步骤。

1. 明确课件开发任务,定位多媒体课件类型

要明确课件开发任务,设计者首先要清晰地把握该教学的最终目标是什么。比如,学科教师开发课件的目标可能是课堂上教学使用,那么其最终目标可能是演示教学内容或者与学生进行简单的互动教学。在明确了课件制作最终目标之后,教师便可以选定课件类型。教师可以选择演示型课件,并结合使用简单的互动类型课件的功能,方便课堂上与学生进行简单的互动。

2. 构思课件开发方案

在此阶段,设计者要根据制作课件的最终目标从整体上构思设计方案,具体的

设计要交给相应的人员去完成，这一点我们会在后面详细介绍。总体方案的构思要求设计者具备以下能力：① 准确评估课件的工作量及工作难度，合理安排课件进程；② 根据一定的预算及现有环境条件制订计划，充分合理地利用可用资源；③ 了解各种多媒体课件制作工具的优缺点，为该课件的制作选择合适的制作工具。

3. 明确多媒体课件开发人员的组成

如果把课件制作比作电影制作，那么完成前面两个阶段的设计者则充当了导演的角色。在这一阶段导演要给不同的演员分配不同的角色。由于多媒体课件的开发是一项复杂的系统工程，涉及教育学、心理学、系统设计、教学设计等多领域，因此其工作需要各方面人员配合完成。课件开发项目组一般由项目负责人（导演）、学科教学专家、教学设计人员、系统结构设计人员、多媒体素材制作人员和多媒体课件制作人员组成。

1）项目负责人

项目负责人负责对课件开发进行整体规划，在课件开发过程中进行日常事务（主要包括经费开支、进度、计划等）的处理和协调。

2）学科教学专家

学科教学专家是指经验丰富，熟悉本学科的教学内容及相应的教学目标和教学方法，并能够对教学内容和学习者特征进行详细分析的优秀学科教师。

3）教学设计人员

教学设计人员应能够在学科教学人员的分析结果上选择合适的教学媒体和教学模式，并形成课件设计过程中的文字稿本，以供下一步系统结构设计者使用。

4）系统结构设计人员

系统结构设计人员要依据软件设计的原理，以教学设计人员提供的文字稿本为基础对课件进行结构设计，即课件的总体结构和模块的设计，包括课件的界面设计、导航设计、链接设计等，并最终形成制作稿本供下阶段的设计者使用。

5）多媒体素材制作人员

根据系统结构设计人员对系统结构的设计，多媒体素材制作人员要搜集大量需要的文字、图片、动画等，并对这些素材进行处理、加工和制作。

6）多媒体课件制作人员

根据系统结构设计人员的结构设计，多媒体课件制作人员要将素材制作者搜集并整理好的素材进行整合，形成最终成品——完整的多媒体课件。

在实际开发过程中。设计者要根据实际条件及对各成员能力的评估来确定人员组成。比如，在进行一些课时课件开发时由于工作量不大，而且可提供的实际条件极其有限，往往要求一人承担多个角色。

1.1.4 多媒体课件制作基本流程

多媒体课件制作基本流程如图 1-1 所示。

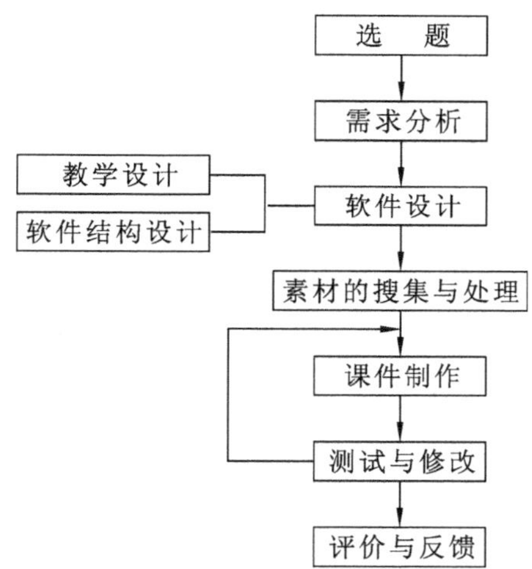

图 1-1 多媒体课件制作基本流程

1. 选题

选题是课件开发的基础，因此在进行课件开发之前，设计者要明确此次的选题。这一阶段的工作任务在总体规划部分就已经完成，所以在此处不再详述。

2. 需求分析

需求分析是在确定选题的基础上，对任课教师或者课件使用者的需求进行分析，即要求课件实现哪些功能，能够达到哪些预期的效果等，以便设计者在后续过程中对课件内容、结构等进行更好的计划和设计。

3. 软件设计

软件设计是在系统分析的基础上，进行的整体设计，确定课件开发具体的方案、策略和技术方法，它主要包括教学设计和结构设计。在每一个设计阶段完成后要形成相应的稿本创作。

1）教学设计

教学设计阶段的主要任务是由教学设计人员根据教学内容和教学条件对教学过程进行设计。其中，教学设计人员要完成的任务主要有学习者特征分析、教学内容分析、教学目标设计、教学策略选择等。在此过程完成后，教学设计人员要完成文字稿本的制作。

2）软件结构设计

软件结构设计主要包括软件总体组织结构和功能的设计、导航设计、界面设计、链接方式设计及课件的艺术设计等。软件总体组织结构和功能实质上就是多媒体教学信息的组织与表现形式，它定义了课件中各部分教学内容之间的关系及其发生联系的方式，反映了整个课件的框架结构、基本风格和能够实现的效果。在此阶段完成后，系统结构设计人员要完成制作稿本的制作。

4. 素材的搜集与处理

设计阶段结束之后，素材制作者要根据制作稿本准备各种素材，主要有文本、图形、图像、动画、音频和视频等媒体形式。具体从素材成形的程度对其进行分类，主要有以下几种：① 要数字化的素材，② 可以直接使用的数字化素材，③ 要加工处理的数字化素材，④ 要制作的素材。

素材制作者可以根据素材的使用情况对其进行处理，即利用多媒体素材制作工具进行处理或制作。例如，物理动量守恒演示课件需要一个小球碰撞的动画，制作者无法直接获取合适的资源，此时可以利用 Flash 软件进行制作。

5. 课件制作

在稿本编写完成之后，素材设计人员就应按稿本的要求设计组织所需的多媒体素材(文本、图形、图像、声音、视频图像等)，程序设计员则要利用合适的开发工具把这些多媒体素材组织成一个完整的、接口友好、交互灵活的多媒体课件。

6. 测试与修改

尽管程序开发人员在开发过程中已经对软件进行过调试，但是在整个软件代码编写完成后仍有必要进行反复调试，并针对发现的错误和问题进行及时的修正。

7. 评价与反馈

一方面，评价是对学习者的学习效果进行价值判断的过程，并通过提供一定的反馈机制，让学习者时刻掌握自身的学习效果；另一方面，评价部分也是对课件有效性进行考察的一个重要环节。软件评价是课件开发不可缺少的一部分，它作为本次课件开发的经验总结，也是今后课件开发的实践经验。对教学软件的评价主要检查它是否能达到预期的教学要求和技术要求。目前，多媒体教学软件评价的方法和标准很多，在这里不做过多的介绍。

1.1.5 多媒体课件设计的基本原则

要设计好一个多媒体课件，必须遵循以下设计原则。

1. 教学性

制作多媒体课件的最终目的是优化教学过程，提升教学效果。因此进行多媒体课件设计时不能忽视课件的教学价值。课件要能够真正起到帮助学生理解、辅助教师教学的作用。课件最终指向的是促进教学目标的实现、学生学习效果的提升，因此课件的教学性原则要渗透在课件设计的各个环节。比如，教学设计人员要仔细分析教学内容的特征，让课件内容清晰地展现出教学的重难点内容。系统结构设计人员在进行界面和导航等设计时同样要从教学的角度出发，使之符合学习者的学习特性，这方面的设计要区别于其他商业性演示软件的设计。

2. 科学性

科学性是多媒体课件评价的重要指标之一。科学性的基本要求是制作的课件不出现知识性的错误，逻辑严谨，层次清楚；对于素材选择、名词术语、操作示范等均要符合有关规定。另外，课件的科学性也反映在教学设计人员对教学内容的把握上，例如，教学目标的设计是否合理，教学策略的选择及教学方法的选择是否恰当，是否符合教学规律；涉及的数据、实验方法是否科学准确等。

3. 艺术性

艺术价值高的课件能给使用者以赏心悦目的感受，对取得良好的教学效果有一定的促进作用，优秀的课件是高质量的内容和美的形式统一的课件。多媒体课件的画面要符合学习者的视觉心理，画面展示也要做到色彩柔和、搭配合理，对于特定的教学内容可以使用三维动画效果。对象的运动要流畅，不宜出现拖沓、跳跃的现象，声音尽量选择柔和的语音和音乐，不要对教师的教学造成干扰。对于某些课程，例如诗文赏析，教师要选择与教学内容相搭配的背景音乐，让旋律将学习者带入诗文的情境中，以营造一种情景交融的课堂氛围。

4. 实用性

实用性是指课件的选择与设计要方便学习者的使用。要快捷灵活、简便易用，便于教师和学生控制，导航清晰明了是实用性原则的基本要求。设计者容易因为为了课件的艺术性而设计出十分复杂的页面，最后导致课件的实用性不好。课件安装要遵循简易的原则，不要设计烦琐的使用说明。对于课件的导航及内容设置则以便于教学为主，不同部分的切换方便简单，避免采用层次复杂的交互和跳转菜单。

同时为了避免使用者不当操作造成课件运行出错，课件需要有很好的容错能力，并能够针对错误操作或不当操作给予提示，避免死机现象，提高可靠性。

5. 交互性

交互性是现代多媒体课件重要的指标之一，它是教学课件与传统多媒体课件之间的主要区别。交互性解决了学习者独立于课件存在的问题，让学习者亲自参与到课件模拟的环境中去。交互性设计的关键在于设计者要根据教学内容的需要和学习者的需求进行设计，能够引导学习者的学习，对学习者有一定的启发性，促使学习者深层次地思考和探索。

6. 趣味性

生动有趣的课堂总是更加受学生欢迎。因此，设计者进行结构设计的时候要在保证教学需要的基础上，保证多媒体课件生动有趣，比如，图文并茂的课件，适当插入一些视频等，这样的设计同时也能够让内容更加直观。当然，设计者要根据不同的教学内容和教学对象为课件增加适宜的“趣味”。

1.2 多媒体课件设计方法

1.2.1 多媒体课件的内容选取与设计

教学设计引导内容的发展及媒体的选择，它是教学课件与教学软件相区别的重要标志。教学设计要协调教学中各要素的设计，即学习者的需要与教学对学习者的要求，教学条件与环境对教学媒体的选择及教学内容的呈现对媒体的需要等。因此，在进行课件结构设计之前，设计者要依据需求分析对教学进行设计。

多媒体课件的教学设计是教学设计人员在充分把握各种需求的基础上，对教学内容进行分析，进而对教学过程、过程中各要素及其联系进行系统分析的过程。具体来说，在这一阶段设计者主要有以下几个方面的任务：① 分析学习者，② 确定教学内容及其重难点，③ 分析教学目标，④ 选择合适的教学模型、教学策略并对教学过程进行详细设计，⑤ 设计教学评价方式。

1. 分析学习者

分析学习者包括分析学习者特征和学习者需要。学习者作为课堂教学的主体，同时也应该作为教学设计的中心，即教学设计者的一切设计活动都要建立在对学习者的详细了解和分析之上。

学习者特征分析主要关注学习者的学习风格、经验背景及学习者的年龄特征等。学习者的需要分析主要关注学习者对课程的期望及学习积极性等。这些因素在一定程度上会对学生的学习产生影响，因此设计者要通过对课件面向对象进行群体分析，如果有必要，还可以对面向对象进行个体差异分析，从而为后面的设计奠定坚实的基础。

2. 教学内容分析

教学内容分析要以教材作为基础，在对学习者需求的充分了解基础之上对教学内容进行选择和设计。教学内容分析过程实际是对学生从起始能力（教学之前已具备的知识、技能等）转化为教学目标所规定的终点能力（满足学习需要后学生所形成的知识、技能等）所要学习的从属先决知识、技能和态度及其关系进行详细剖析的过程，描述了顺利完成本次教学学习者必须掌握哪些相应的具体知识、技能及形成什么样的态度。分析方法主要有以下几种。

- 归类分析法：主要是研究对有关信息进行分类的方法，旨在鉴别为实现教学目标而要学习的知识点。
- 图解分析法：是一种用直观性方法揭示学习内容要素及其相互联系的内容分析法，用于对认知学习内容的分析。图解分析的结果是一种简明扼要、提纲挈领地从内容和逻辑上高度概括学习内容的一套图表或符号。
- 层级分析法：是用来揭示教学目标所须掌握的从属技能的内容分析法。这是一个逆向分析的过程，即从已确定的教学目标考虑，要求学习者获得教学目标规定的能力，他们必须具有哪些次一级的从属能力，而要培养这些次一级的从属能力，又要具备哪些再次一级的从属能力。

● 信息加工分析法：是由加涅提出来的，是根据人脑对信息的加工过程，将教学目标要求的心理操作过程揭示出来的内容分析法。

3. 教学目标确定

在对学习者和教学内容有了充分的了解和把握后，设计者进而要关注教学目标的确定。这个目标要阐述学习者经过学习会有怎样的变化，即通过本门课程的学习学习者有什么收获。现以我国新课程改革大纲中对课程标准的规定作为依据对教学目标进行划分。

2001 年伴随着基础教育改革的展开，教育部颁发了《中国基础教育改革纲要（试行）》，其中针对教学目标做出如下规定："课程标准'应体现国家对不同阶段的学生在认知与技能、过程与方法和情感、态度与价值观等方面的基本要求'。"

● 知识和技能：包括对学习的符号、事实性知识的再认识、回忆和提取；对知识内在逻辑的把握，并能对知识进行解释、推断等；对提供的对象进行模拟、修改；独立操作及在新情境中对已学知识进行迁移的能力。具体表现为了解、理解、应用和模仿、独立操作、迁移等层次。

● 过程与方法：包括独立或者合作参与活动获得初步经验的能力；对所学知识进行解释和应用的能力；利用所学知识分析和解决问题的能力。具体表现在经历、体验、探索等层次。

● 情感、态度和价值观：包括经历学习互动后能够建立感性认识，进而能够表达自己的态度及价值判断，最终形成自己相对稳定、独立的价值体系并表现出持续的行为的能力。具体表现在感受、认同和内化三个层次。

4. 教学策略选择

在完成了学习者分析、教学内容分析和教学目标制定的过程之后，设计者就可以开始选择最优的教学策略来进行教学。

教学策略选择即首先确定教学包含哪些知识点，各知识点之间有何联系，如何建立起这些联系。确定这些问题之后，即可形成教学内容的知识结构图。然后根据知识结构图选择相应的教学策略，即设计教学顺序，针对不同内容采取不同的教学方法，选择不同的教学组织形式等。教学策略具有较强的指向性，即指向明确的教学目标来制定教学策略。进行教学策略的选择主要考虑以下方面的内容：① 以教学目标作为起点，② 教学内容的表达需要，③ 学习者的特征，④ 教师自身的能力水平，⑤ 教学环境的限制。

5. 教学环境设计

教学环境包括硬环境和软环境。对教学环境的设计即教师根据教学内容设计合适的情境。比如，教师采取角色扮演的教学策略，那么教师需要设计角色存在的环境、背景，以帮助学习者快速进入角色。同时对教学媒体的设计也是不可忽视的一个环节。课件设计中对教学媒体的选择主要在于根据实际需要选择必需的教学媒体组合。选择教学媒体时设计者要充分考虑各种媒体的优缺点及适合的使用情境，具体来说设计者要考虑以下三个方面的内容：

- 清楚各种教学媒体在多大程度上能够激发学习动机，帮助学习者提高学习效率；
- 明了该教学媒体是否有利于教学内容的表达和扩展；
- 合理评估现有环境对该媒体的承载能力。

1.2.2 多媒体课件封面设计

封面是课件的“门面”，应该美观大方。优秀的课件封面能激发学习者的学习欲望和探索知识奥秘的热情。同时，设计者在进行封面设计的时候，一方面可以采用鲜艳的色彩以吸引学习者的眼球，另一方面要依据教学内容的主题选取素材，让学习者通过封面即能了解该课件涉及的知识领域及内容核心。

具体来说，课件封面主要由文字、图案和操作方式组成。

1. 文字

封面中的文字包括课件信息、作者信息和其他信息。课件信息有教学内容的标题、副标题、学科名称等；作者信息有作者署名、版本记录和版权信息；其他信息如提示、帮助说明、课件结构等。

2. 图案

封面中的图案包括背景、装饰等，如图 1-2 所示的黑板背景或者乐符插图。设计者不管选择什么样的图案，要秉承突出主题的原则。封面中的图案要求淡雅别致，并且尽量选择与课件主题相关的图形。如图 1-2 所示封面之所以选择乐符做修饰，主要是因为要避免课件的枯燥单调，并呼应主题“教学节奏”。另外，封面的背景如果是较复杂的图案或者颜色较深的图案，则可以采取模糊或者淡化背景的效果，以免影响主题字的显示，或者采取框式结构来突出主题。

图 1-2 封面设计实例

3. 操作方式

封面中标示的操作方式应包括进入、退出、设置和帮助等可操作的内容。

进入:引发进入第一个教学项目的教学设置,常用按钮、图形链接或文字链接实现由封面到第一个教学项目的跳转。

退出:在封面中可以设置一个退出接口,以方便误操作的学习者取消此次操作。

设置:某些大型课件在演示前可以让教师进行一些使用风格的设置,例如选择屏幕分辨率、设置教学难度等。

帮助:查阅课件的操作方法和使用说明,例如对课件结构的解说,以帮助教师迅速熟悉课件的使用。一般将课件的操作方法和使用说明制作成 chm 或 html 格式的帮助文件,在封面中以文字、图案等链接调入。

当然,读者除了了解封面的要素组成之外,还应该清楚封面的设计原则。一般来说,封面设计要遵守以下三个方面的原则。

1) 突出主题

设计者要根据教学内容的要点设计封面标题和插图的内容,标题主要表述课件教学的核心,而图片等要素主要用来服务于主题的体现。例如,关于汉朝帝王的课件,封面则可以选择汉高祖刘邦的人物像等作为插图,背景则可以采用宫殿等景物。一般来说,标题要做到醒目大方,应选用相对鲜艳(或者说与背景产生较大反差)的颜色。

2) 界面美观

界面布局应主次分明,疏密有致,不要太凌乱,应采用合适的主色调美化课件,动态内容不用过多,起到点缀效果即可。具体界面布局原则和技巧可参看 1.2.4 小节的多媒体课件艺术设计部分。

3) 功能完善

封面的功能主要是显示主题,提供教学内容的链接。通过标题进入教学内容的链接是必不可少的功能,其他功能可根据需要进行安排。

对于封面设计的步骤,读者可以根据自己的计划进行设计。如图 1-2 所示的为封面设计实例。

1.2.3 多媒体课件导航设计

导航是指程序执行和对象生成、查找、跳转的一种逻辑控制,其作用在于引导学生围绕教学目标进行内容浏览和学习。为了避免学习者在多媒体课件中出现迷路现象,设计多媒体课件时必须进行导航设计。多媒体课件的导航方式主要有以下几种。

1. 树形目录导航

树形目录导航是一种最常见的导航方式,即类似于 Windows 操作系统中资源管理器对文件夹的显示方式。这种导航采用的是一种树形目录结构。学习者可以从顶层目录开始逐级展开子目录，直至找到自己需要的信息为止。这种导航的一个优点在于它可以让学习者对自己在整个系统中的位置有一个整体、清晰的认识，不容易迷失方向。对于想对课件作一个大概了解，或者想学习某一方面内容的学习者来说，这是一个较为合适的导航方式。对于想学习特定内容的学习者来说，如果他想对特定的对象有一个概念性了解，那么也可以利用这种导航方式。总的来说，这种导航方式对进行概念性学习的学习者或者希望进行系统学习的学习者较为有用。

2. 跳转(按钮)

跳转是超媒体技术所特有的。用户可以将图片、插画或者文字设计为按钮，单击这些按钮系统就可以跳转到相应的信息主题上，继而通过该层上的按钮链接到其他信息。如图 1-3 所示的实例采用了图片和文字导航。通过一步步的链接跳转，课件便可以将用户指引到他所需的信息上。这种导航设计的缺陷在于，由于多重跳转的嵌套，用户在使用过程中容易迷路。因此，跳转导航方式最好与其他导航方式结合起来使用，比如树形目录导航。

图 1-3 跳转导航实例

3. 可视化组织器

可视化组织器是一种用于表现学习过程和结果的图形结构形式的导航，它有许多优点。首先它容易被学习者接受，因为在某种程度上它已把抽象信息具体化、实物化了。其次，它给人以空间感，从而使学习者更容易定位到需要的资源页面。此外，学习者能够获得一种总体认识。

可视化组织器的缺点在于对非概念性浏览的学习者来说，它没有实际用处。例如学习者只知道单词而不知道其具体含义，从而无法通过含义进入到正确导航位置。因此，对于这类学习者，查找索引更为有效。另外，对于那些抽象的、难以实物化的信息，要利用可视化组织器进行导航也更为困难。

4. 学习地图

多媒体课件中的学习地图是传统的地理旅行导航技术在超媒体技术中的再现，超媒体技术的融入，使得它变得更加方便灵活，又称为分布图。在学习地图上可以链接各种相关信息，并使用显著标志标识出来。一些大型课件系统，可以采用多层次的学习地图进行导航。例如，利用中国地图——江西地图——南昌地图三个层次来为世界各地想了解南昌的读者进行导航定位，或者利用果园——苹果、梨、橘子两个层次来帮助低年级学习者认识水果，或者帮助专业学习者认识“上位概念”、“下位概念”等概念。

5. 后退

有时学习者通过跳转到达的节点并非所要寻找的节点，这时他就会希望退回到前一个节点，以便到别的分支中去寻找所需的节点。后退功能可以让学习者退回到前一次操作的状态。后退常常被内置在超媒体系统中，不需要多媒体课件的制作者单独制作按钮，这一点不同于跳转链接，因为跳转链接要课件制作者去设定跳转的目的地。当然，后退仍然存在一些问题，即类似于浏览器中的后退功能，当学习者浏览了多个页面的学习内容时，无法一次退回到被间隔开的历史页面。此时，设计者可以采取历史清单来弥补这个缺陷，即在历史清单中列出学习者的访问痕迹，学习者可以通过单击相应链接返回到任意想要再次浏览的页面。

6. 历史清单

历史清单类似于浏览器中的历史查看功能。通过历史清单学习者几乎可以访问到以前的任一节点。学习者可以通过打开历史浏览记录，然后选择需要重放的主题，单击相应链接即可。与后退相比，学习者可以方便快捷地回访与当前距离多个节点的主题。在学习者完成学习任务退出系统后，历史清单则被清空以节约空间，避免冗余。

7. 书签

书签是传统的读书方式在超媒体系统中的重现，学习者可以在任意位置设置书签，以帮助学习者下次学习时快速找到相应位置，系统根据学习者的命名对书签进行记录和查找。许多多媒体课件系统中的书签列表不会因为本次学习的结束而消失，这是书签与历史清单的区别之一；另一个区别在于书签相对历史清单更小而精，历史清单由于是记录学习者的访问轨迹的，因而大而全。

8. 查找

查找包括全文检索和按照关键词或者题目等属性来进行搜索。学习者通过输入查找关键词，课件系统则显示出一系列相近主题列表，然后学习者可以自己选择需要的主题进行浏览。

1.2.4 多媒体课件艺术设计

一个优秀的多媒体课件除了能够真正起到促进教学的作用以外，还应该能够给学习者以视觉享受。这主要取决于结构设计人员界面设计的艺术性体现水平。多媒体课件的艺术设计要考虑以下几个方面问题：① 合理的文字区规划和排版，② 温和的颜色使用和搭配，③ 恰当的图片选择和处理，④ 文字、图片等元素的优化布局。

1. 多媒体课件艺术设计原则

具体说来，设计者进行多媒体课件外观设计时须遵循以下原则。

1）避免多种颜色的使用

在课件中纷繁复杂的颜色容易使学习者的视觉疲劳。同时设计者要保证主色调和辅助色调之间存在合理的反差。例如，比较重要的学习内容采取亮色显示，背景色则以灰色调或者暗色为主，不要喧宾夺主；另外要注意不要大面积地使用亮色来显示重点内容，这样容易削弱内容的强调意味，造成区域混乱，反而失去当初强调的初衷。当然，合理使用多种颜色也是允许的，关键是设计者要把握合理的原则。

2）使用清楚大方的字体

对于同一个页面最好不要使用太多字体，更不宜使用太复杂或者软弱无力的字体，例如，斜体字等，要保证文字的简洁和可辨认性。同时根据不同的课件使用对象，设计者要选择不同类型的字体，例如，面对低年级学习者使用的课件，可以选择较为活泼的字体。

3）增加视觉平衡感

视觉平衡感是指以界面中线为轴，左右两侧的内容给用户造成的轻重感。过度不对称的视觉平面会让学习者有严重的倾斜感；而相对对称的视觉平面则会带来界面整洁、内容易识别的感觉。当然，在进行界面设计的时候，设计者可以根据实际情况采用插图、说明性文字等对画面的不平衡感进行弥补。如图 1-4 所示的是画面平衡感的对比。

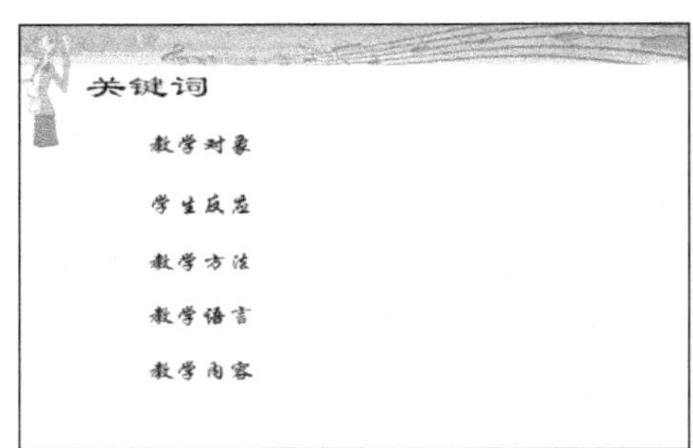

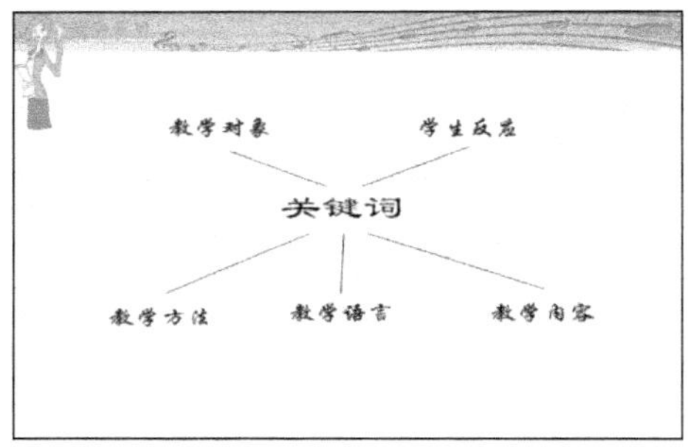

图 1-4　视觉不平衡设计与视觉平衡设计

4）设计合理的文字区规划

有些多媒体课件界面上文字信息很多且排列杂乱无章，毫无秩序可言，当然有时候别出心裁的界面设计或许会带给用户眼前一亮的感觉，但无论如何，井然有序的文字区规划对课件艺术设计而言，是不可缺少的，其目的在于让文字及其修饰部分合理搭配，给学习者以舒适的视觉效果。文字规划要遵循一定的原则。如：顺畅具有阅读连贯性，符合常规的视觉走向，主题内容与辅助内容区别显示，但不可繁杂无章等。

5）保持屏幕元素的一致性

保持屏幕元素的一致性是指：第一，不同的课件之间保持一些一致的使用规范（例如，红色用来标注重点，引起学生的注意，黑体加粗的标题一般是本节主题）；第二，同一课件内部保持一致性（例如，每一页左上角标注出本节主题，下面则以小一号的字显示本节二级主题，依此类推）。屏幕元素的一致性有利于学习者将用于操作方面的注意转化成无意注意，使注意力更多地投入到教学材料的学习中。屏幕与相关元素在风格、功能、组织等方面的一致性也体现出连贯的风格。

2. 颜色的运用

多媒体课件的设计会用到各种各样的颜色。颜色的作用除了能够区分教学内容的重难点或者不同主题、不同层次的教学内容以外，还能够形成美观、有吸引力的屏幕，以利于学习者学习动机的形成和学习兴趣的提升，减少相同刺激带来的视觉疲劳。

1）颜色的作用

颜色的使用为屏幕组织提供更好的结构和意义表达。组织屏幕信息时，颜色作为很好的格式规范工具，对信息的不同层级进行区别；颜色还可以用来提醒用户对屏幕某部分内容的注意，例如，用红色标注出屏幕中呈现的本节重点概念及其释义；颜色本身还可以用作意义表达，例如，绿色代表安全、红色代表危险、蓝色代表平衡等。

颜色能增加屏幕的吸引力，能让内容富于变化，不至于单调枯燥，对调动学习者的学习兴趣有一定的作用。同时，同一种颜色形成的刺激太久，容易对学习者造成视觉疲劳，因此，采取不同颜色可以缓解这一过程。

2）颜色的运用方法

选用颜色设计课件屏幕时，最重要的是明确颜色使用的目的、方法及颜色代表的含义，力求发挥颜色的优势以辅助学习者学习，促进学习者信息交流。运用颜色时应注意以下几点。

（1）颜色的数量要适当，避免颜色过多、过杂。在同一屏幕中，避免使用太多颜色，因为颜色信息对人的注意有极强的吸引力，颜色种类过多，会引起注意的无效分散，降低学习者的注意程度。当选择不相邻的颜色时最好不超过四种或五种，配合以空间划分、几何形状等，即可增强屏幕视觉效果。

（2）注意颜色的敏感性和可分辨性。人眼对黄色和绿色的光是最敏感的，这些颜色看起来更明亮些，在反应时间、错误率上都有明显的优势。

选用不同颜色时，应选择在光谱上有足够间隔的颜色，但也应避免颜色的对比过于强烈。对比强烈的颜色组合可能会使眼睛的调节机制过于劳累，例如，依次观察红色和蓝色，眼睛要不断地调节晶状体使物体投射到视网膜上，潜在地增加了眼睛的疲劳程度。若教学者希望通过对比强烈的颜色来强调教学内容，则最好不要大面积使用。

（3）注意颜色的含义和使用者的不同文化背景。颜色也有一定的含义，不同的国家、民族、年龄层次的学习对象往往对颜色的含义有不同的理解。设计者必须根据使用对象的习惯来选择颜色，尽量符合人们普遍接受的颜色含义，减少学习者对颜色的信息加工过程。

(4) 根据不同区域的作用来决定屏幕上不同部分颜色的选用。为了引起学习者的充分注意,视觉或屏幕的中央区域应使用人眼较敏感的颜色以突出该区域中的内容,例如,浅绿色既是敏感色又比较亮。若使用了较不敏感的颜色,则应注意配合使用几何外形变化、背景虚化、框式结构等方法来引起注意。屏幕上作为前景的信息颜色应采用与背景不同、有较大差异的颜色作主导色,常使用暖色调的、积极的颜色,以促进和引起强迫性的注意。但注意较饱和的红色、橙色难以区分,选用时要特别注意。

3. 界面的布局

界面的美术设计是UI(用户界面)设计的重要组成部分,设计中常用的界面布局遵循着黄金分割的原则(三分原则),或采用框式结构来突出主体内容。

1) 黄金分割法则(三分法则)

"黄金分割"就是把一条线段分割为两部分,使其中一部分的长度与全长之比等于另一部分的长度与这部分的长度之比。其比值是一个无理数,取其前三位数字的近似值是0.618。由于按此比例设计的造型十分美观,因此称为黄金分割。采用黄金分割进行构图的目的在于避免对称式构图。对称式构图通常把被摄物置于画面中央,这往往让人产生一种呆板无生气的感觉,缺乏层次感。黄金分割法则将画面水平、垂直分别划分为等距的三等分,主体内容放在分界线上或者各线段的交点处,给学习者以和谐、美观的感觉。因此,黄金分割法则又称为三分法则。图1-5所示的为遵循黄金分割法则的界面设计示例。

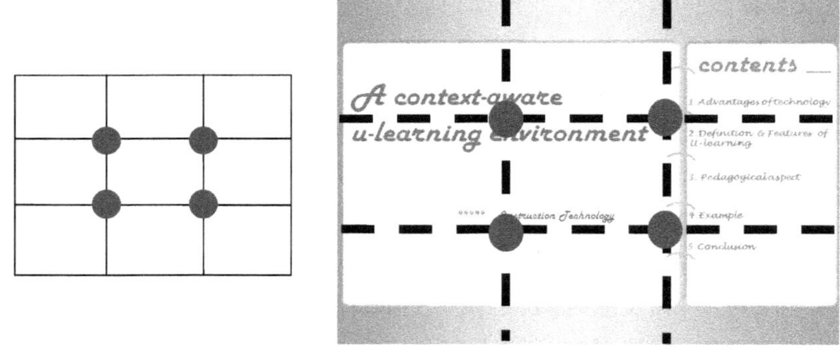

图1-5　遵循黄金分割法则的界面设计示例

2) 框式结构

在背景比较复杂或颜色比较多的情况下,设计者可以使用淡色(或者说与背景反差较大的颜色)框来突出主体文字内容。如图1-6所示,利用半透明的白色在彩色背景中划分出一块文字呈现区域,然后利用淡黄色小黑板将主体内容突显出来,这种设计不仅能够带给学习者以美感,同时能够让学习者迅速找到本屏呈现的要点。采用框式结构的另外一个优势在于框式结构构图能够让界面模块化,内容之间不容易产生混淆，在教学课件中使用较多。

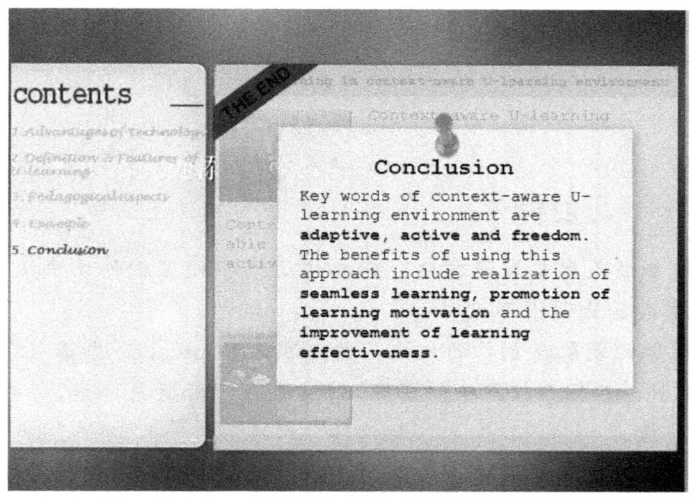

图 1-6　遵循框式结构原则的界面设计示例

【思考与练习】

1. 什么是多媒体课件?
2. 多媒体课件有哪几种类型?
3. 简述多媒体课件制作流程。
4. 多媒体课件设计的基本原则有哪些?
5. 多媒体课件封面设计要注意哪些问题?
6. 多媒体课件导航设计有哪几种?

第2章 多媒体课件素材获取与处理

学习目标 ……

(1) 掌握文本的获取与编辑方法。能熟练运用字处理软件生成文本文字,并能运用相关软件生成和处理图形文字。

(2) 掌握图像的获取与制作的方法。熟练掌握 Photoshop 图像处理软件的基本操作,能够使用 Photoshop 软件绘制图像,对图像进行变换及合成,并对图像进行颜色和特殊效果处理。

(3) 掌握音频的获取与编辑的方法,能够利用 Cool Edit Pro 等音频编辑软件熟练地在音频文件中进行剪切、粘贴、合并、重叠声音操作并提供有多种放大、降低噪声、延迟、失真、调整音调等特效处理。

(4) 掌握动画与视频的获取与编辑的方法。能熟练运用 Flash 和 3D MAX 等动画制作软件制作简单的动画素材,并学会使用 Premiere 等视频编辑软件对视频进行剪辑,加入特殊的字幕,为影片配音,效果预演等编辑和处理。

随着教育信息化进程的不断加快,以及信息技术与课程整合的不断深入,多媒体 CAI 课件在课堂教学和学生自主学习中的应用越来越普遍。一个成功的多媒体课件,除了有优秀的课件脚本和结构设计之外,还必须有充足合适的素材。多媒体 CAI 课件将文本、图形、图像、音频、视频、动画等多媒体素材有机整合,使得教学内容更加充实、内容呈现效果更加形象直观、更富有吸引力。素材的获取与加工方法与途径,可以是从网上下载、从课件中截取、从资源光盘或资源库中获取、从 VCD 片中获取、从电视节目中录制等,有能力的人员,还可以自己创作。

2.1 文本素材获取与处理

文本是准确而有效传播教学信息的重要媒体元素,例如原理、概念、菜单等。在现实生活中文本(包括文字和各种专用符号)是使用得最多的一种信息存储和传递的载体。用文本表达信息给人充分的想象空间,在多媒体课件中它主要用于对知识的描述性表示,例如,阐述概念、定义、原理和问题,以及显示标题、菜单等内容。因此,在多媒体课件素材中,文字占有十分重要的地位。多媒体素材中的文字一般有两种,即文本文字和图形文字。它们的区别如下。

1. 产生文字的软件不同

文本文字多使用字处理软件(例如,记事本、Word、WPS 等),通过录入、编辑排版后而生成。而图形文字多需要使用图形处理软件(例如,画笔、3DS MAX、Photoshop 等)来生成。

2. 文件的格式不同

文本文字以文本文件格式保存,例如,用记事本、Word、WPS 文字处理软件等生成 txt、doc、rtf、wps 等格式的文本,除包含所输入的文字以外,还包含排版信息。而图形文字以图像文件格式,例如,pdf 格式文本(用 Adobe Reader 浏览)、caj 格式文本、kdh 格式文本(用 CAJViewer 浏览)、pdg 格式文本(用超星浏览器浏览)、wdl 格式文本(用华康浏览器浏览)、vip 格式文本(用维普浏览器浏览)及图片格式的 bmp、c3d、jpg 文本等。它们都取决于所使用的软件和最终由用户所选择的存盘格式。图像格式所占的字节数一般要大于文本格式。一些文献、论文著作往往采用 pdf 等图片文本格式保存。

3. 应用场合不同

文本文字多以文本文件形式(例如,帮助文件、说明文件等)出现在系统中,而图形文字可以制成图文并茂的美术字,成为图像的一部分,以增强多媒体作品的感染力。

2.1.1 文本素材获取

文本素材的获取方式有如下几种。

1. 键盘输入

通过文本编辑软件,采用一定的键盘输入法,可以很容易方便地利用键盘输入文本。常用的文本编辑软件有记事本、Word、WPS、EditPlus、写字板等。而常用的键盘输入法按编码原理可分为音码输入法(例如全拼、智能 ABC、智能狂拼、谷歌输入法、搜狗输入法、QQ 输入法等)、形码输入法(例如五笔、郑码等)、音形码输入法(例如二笔、自然码、一笔等)三类,可依据个人习惯及输入需求选择输入法。

2. 手写输入

手写识别(Handwriting Recognize),是指将在手写设备上书写时产生的有序轨迹信息转化为汉字内码的过程,实际上是手写轨迹的坐标序列到汉字的内码的一个映射过程,是人机交互自然、方便的手段之一。随着智能手机等移动信息工具的普及,手写识别技术也进入了规模应用时代。手写识别能够使用户按照最自然、最方便的输入方式进行文字输入,易学易用,可取代键盘或者鼠标。用于手写输入的设备有许多种,比如,电磁感应手写板、压感式手写板、触摸屏、触控板、超声波笔等。目前,常用的手写设备主要有蒙恬全能王、汉王笔中书令、罗尼斯随手写等。

3. 语音输入

语音输入是根据操作者的讲话,计算机识别成汉字的输入方法(又称声控输入)。语音识别时语音输入设备将语音信号输入到计算机并由相应的软件转换成文本保存起来。常用的语音识别软件有：IBM ViaVoice Pro 简体中文版、Microsoft SDK 语音识别软件等。但是语音识别软件识别率常常受麦克风质量、录入者发音等外部因素的影响。

4. 网络复制

网络上存在海量的教学资源，可以很方便地找到文本素材，下载并保存到本地计算机中。

1）利用“复制”和“粘贴”命令

选中网页文字，复制网页文字，打开文本编辑软件，执行“粘贴”命令，再在文本编辑软件中执行“保存”命令，即可。若要复制网页中不能选择的文字，可以采用以下两种方法。

方法 1：打开网页，在网页页面执行“文件”→“使用 Word/Frontpage/Dreamweaver 编辑”命令，再执行“复制”→“粘贴”命令，粘贴到 Word 中。

方法 2：打开网页，在网页页面执行“文件”→“另保存”命令，在打开的“保存网页”对话框中，把“保存类型”改为“文本文件（*.txt）”，再按路径打开该 txt 文本，再将内容复制、粘贴至 Word 中。

2）文本下载工具下载

网络文本的下载可以使用专门的工具，来实现如文本抓取专家、图片文字抓取工具 AquaSetup、网页文字抓取器、网文快捕等。这些软件一般简化了选中文本、复制、新建文本文件、粘贴、保存等流程，可频繁进行网页文本复制、粘贴操作，方便了网页文本的下载与管理。

5. 文本识别

在使用文本过程中经常遇到这样的情况：已有纸质试卷、纸质教材或论文需要将其变成 Word 文档然后进行编辑加工，常用的方法就是，人为重新打字输入，在这里介绍两种从图片或图片式文本中提取文字的工具和方法。

1）OCR

OCR（Optical Character Recognition）的全称为光学字符识别，OCR 技术的出现，实现了将印刷文字扫描得到的图片转化为文本文字的功能，提供了一种全新的文字输入手段，大大提高了用户工作的效率。采用 OCR 文字识别技术将图像文字转换为文本文字（如用扫描仪、数码相机获取的文字图像转换为文本文字）的过程如图 2-1 所示。

图 2-1　OCR 光学字符识别的过程

文字识别软件有很多，正常购买扫描仪的时候，配套软件就会附有 OCR 功能，在网络上搜索，也会有一系列的 OCR 软件可以下载。常用的有汉王 OCR、清华紫光

OCR、尚书 OCR 等。另外，使用 Microsoft Office 所附带的 OCR 十分方便，其使用前提是安装有 Microsoft Office Document Imaging 这个组件。获取的方法如下。

（1）单击“开始”按钮，执行“程序”→“控制面板”命令，在打开的“控制面板”对话框中双击“添加或删除程序”项，找到 Office，单击其“更改”按钮，找到 Microsoft Office Document Imaging 组件，单击“在本机上运行”，安装组件。

（2）执行“所有程序”→“Microsoft Office”→“Microsoft Office 工具”→“Microsoft Office Document Imaging”命令。

（3）执行“文件”→“导入”命令导入 tif 图片。

（4）使用工具栏上的“使用 OCR 识别文本”图标来识别文本，然后复制保存至 Word。

2）使用图形文字阅读器自带识别工具识别

如 pdf 格式文本（用 Adobe Reader 浏览）、caj 格式文本、kdh 格式文本（用 CAJViewer 浏览）、pdg 格式文本（用超星浏览器浏览）、wdl 格式文本（用华康浏览器浏览）、vip 格式文本（用维普浏览器浏览）。这些阅读器针对不同的图形文字均存在文字识别的按钮，例如，导入 pdf 格式文本后，Adobe Reader 浏览器中可以用“选择工具”按钮来识别文本，可以进行文本复制。另外还可以另存为 txt 文本。

6. 购买

如果课件中需要一些较权威的文献资料或涉及版权的文本资料，则须到相关书籍或电子出版物市场去购买正版资料。

2.1.2　文本素材处理

文本素材经各种方法获取之后，根据多媒体课件具体要求，存在许多处理方法，例如，格式方面的处理、字体字形的处理等。

1. 特殊文本输入

在制作课件尤其是理科类多媒体课件过程中，常常要应用一些特殊符号，如希腊字母、拉丁字母、箭头、数学运算符号、技术符号、几何图形符和制表符等。在课件制作过程中，可以采用 Word 等文本输入工具输入，然后将其转化成图片插入到多媒体课件中。有些特殊符号可以在 Word 中执行“插入”→“符号”或“特殊符号”命令来输入。灵活采用相应的辅助工具，能达到事半功倍的效果。

1）数学公式输入

公式编辑器，是一种工具软件，与常见的文字处理软件和演示程序配合使用，能够在各种文档中加入复杂的数学公式和符号，可用在编辑试卷、书籍等方面。采用 Word 中的“公式编辑器”可方便快捷地输入复杂的数学公式，如图 2-2 所示。其操作步骤如下。

（1）打开 Word 文档，执行“插入”→“对象”命令，打开“对象”对话框。

（2）在“对象类型”中选择“Microsoft Equation”项，单击“确定”按钮，弹出“公式”工具栏。

(3) 选择相应的工具可以输入如图 2-2 中所示公式。输入完毕，关闭工具栏。

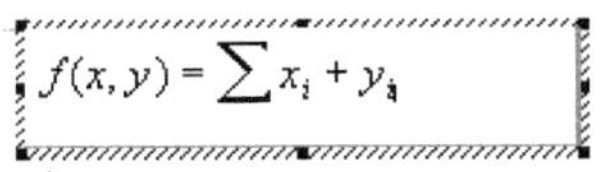

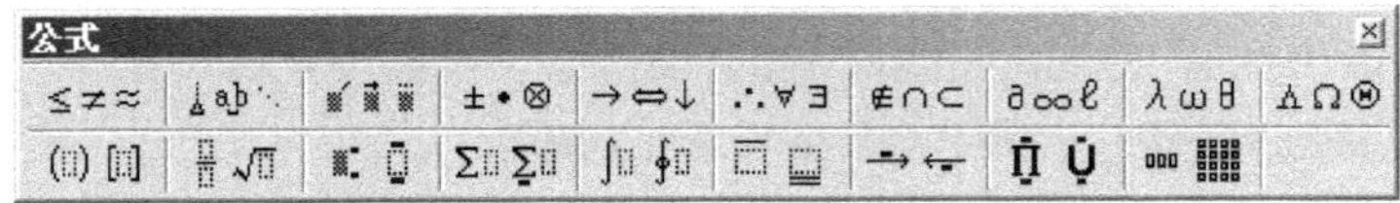

图 2-2　Word 公式编辑器

2) 学科符号输入

采用“学科符号王”可方便快捷地输入不常用的化学符号和表达式，如图 2-3 所示。考虑到 Office 办公软件的普及性，K12 基于 Word 平台，开发出“K12 学科符号王3.1”这一特殊教学工具性软件，为教师电子备课、制作试题、学生网上考试提供各种学科专用图形与符号，弥补了 Word 编辑过程中不便于输入各种学科符号的缺陷。该软件安装之后可以直接在 Word 环境中输入各种符号，十分有利于中小学教师电子备课与用多媒体制作课件。

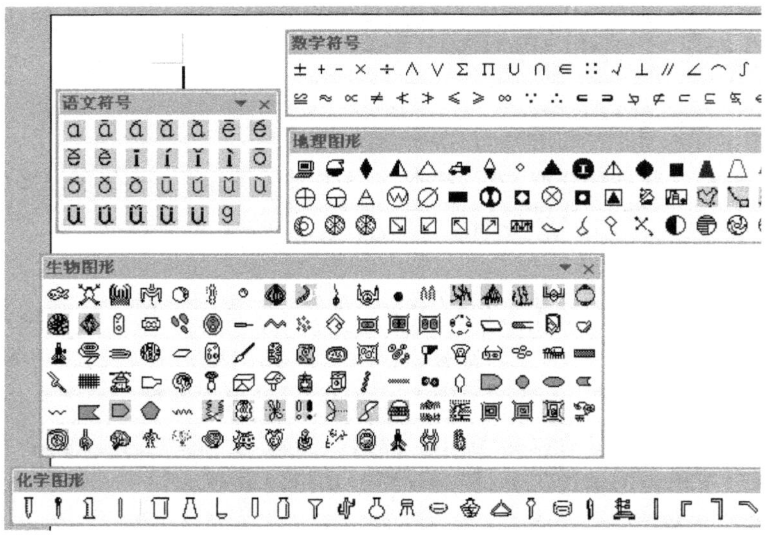

图 2-3　学科符号王

2. 格式处理

1) 文字属性设置

文字属性是指文字的风格式样，如果能设置合适字体、字号、字形等属性来表达多媒体课件，可以增加其艺术效果。

（1）字体的格式有普通、粗体、斜体、轮廓和阴影等。

（2）字的定位主要有左对齐、居中、右对齐和两端对齐四种。

（3）课件制作过程中应注意字体的适当选择。由于 Windows 安装的字库不同，字体选项会有些差别，常用的有宋体、楷体、黑体、隶书、仿宋等，还可通过安装字库来扩充更多的字体，比如，方正舒体、方正姚体、华文宋体、华文隶书等。宋体粗细均匀，端庄大方，给人以稳定、安详、大方的感觉，图书、报刊的正文多用宋体。仿宋体笔画纤细、清秀，可用于副标题、短文、诗歌、作者名字等。楷体秀丽隽永，柔中带刚，可作副题、插白、插诗及温和趣味的句子。黑体较粗，代表严肃、突显、警告等，常用于重点的、警示性的句子或者标题。

（4）字的大小一般是以字号和磅（点）为单位，磅值越大，字越大。表 2-1 列出了不同字号的尺寸。

表 2-1　不同字号的尺寸

字号	初号	一号	二号	三号	四号	五号	六号	七号
尺寸/磅	42	27	21	16	13.5	10.5	8	5.2
尺寸/毫米	14.7	9.6	7.4	5.5	4.9	3.7	2.8	2.1

字体文件由 ttf 或 fon 等扩展名构成，TrueType 字体（ttf 文件）是 Windows 中的一项重要技术，支持无级放缩，美观，实用。常用的标志装饰也可以字体形式出现，Windows 系统中的 Webdings 字体就不是单纯的字母样式。

（5）可以为文字指定调色板中的任何一种颜色，以使画面更加漂亮。

2）空行处理

使用网络下载方法下载的文字或文本识别方法获取的文字往往存在空行较多的问题，解决该问题的办法是利用查找替换功能将多余空行删除。造成空行有硬回车和软回车两种操作，其中硬回车的标记为^p，软回车的标记为^1，处理方法如下。

（1）选中文字，执行“编辑”→“替换”命令或者按下快捷键 Ctrl＋H，打开“查找和替换”对话框的“替换”选项卡。

（2）将输入法切换到英文小写状态下。

（3）在查找框内输入^p^p，在替换框内输入^p；或者在查找框内输入^1^1，在替换框内输入^p，单击“替换”按钮。

3）链接处理

使用网络下载方法下载的文本素材也存在不需要的链接或者无效的超链接，因此可以取消这些链接。方法是：选中文字，右击，在弹出的快捷菜单中执行“取消超链接”命令。

4）表格转换

由于网页排版一般依靠表格，因此使用网络下载方法下载的文字中可能存在表格。表格转换为文字的方法是：① 选定所粘贴的表格；② 右击表格，在弹出的快捷菜单中执行“表格转换为文本”命令；③ 文字分隔符设为段落标记，单击“确定”按钮。

3. 艺术处理

1）艺术字

在 Word 和 PowerPoint 中，可以执行“插入”→“图片”→“艺术字”命令，插入艺术字，再执行“视图”→“工具栏”→“艺术字”命令，打开艺术字工具栏，对字体进行艺术处理，如图 2-4 所示。

编辑文字(X)...

图 2-4　Word 中艺术字工具栏

2）图片式文字制作软件

图形文件是相对于文本文件而言的。从严格意义上讲，这种类型的文件实际上应归属于图形类文件，称为图形文本。图形文本可以进行特殊效果处理，如透明字、立体字、渐变字等。图形文本既具有很强的艺术性，又具有很强的表现力和感染力。多媒体素材库中的图形文本可以在画图或 Photoshop 等图形软件中制作。

文字形式的图片处理工具软件有很多，如可以利用 Photoshop 进行位图文字处理，在混合选项中编辑修改文本样式或套用已有的文本样式即可。再如 Coreldraw 或 Flash 中也有对应的矢量文字处理工具。再如 Cool 3D 是 Ulead 公司出品的一个专门制作文字三维效果的软件，它可以生成具有各种特殊效果的三维动画文字，如图 2-5 所示。Ulead Cool 3D 作为一款优秀的三维立体文字特效工具，主要用来制作文字的各种静态或动态的特效，如立体、扭曲、变换、颜色、材质、光影、运动等，并可以把生成的动画保存为 GIF 和 AVI 文件格式，因此广泛地应用于平面设计和网页制作领域，也适宜于应用于多媒体课件制作。

图 2-5　Cool 3D 制作的图片式文本

除此之外，还可以利用转换工具将 Word、Notepad 等文本输入软件生成的 doc、txt 等文本文档转换成 pdf 格式的图片文档。如 TinyPDF 等。TinyPDF 是一款小巧免费的 PDF 虚拟打印机程序。它不依赖 Acrobat、GhostScript 等程序，可以生成高质量的 PDF 文档。其操作步骤如下。

（1）下载并安装 TinyPDF。

（2）安装成功后，打开 Word 文档。

（3）执行“文件”→“打印”命令，打开“打印”对话框。

（4）在“打印机”的“名称”下拉列表中选择“TinyPDF”，并选择输出路径。

（5）单击“打印”按钮，转化完成的 PDF 文档就保存在所设置的位置。

2.2　图像素材获取与处理

图像是人类获得信息的重要来源，也是表达思想的一种媒介。在多媒体课件制作中，图形和图像是最直接的视觉媒体，具有表达信息生动、形象、直观和信息量大等特点，是多媒体课件的设计制作中最基本、最重要的组成部分。有的图像可直接用于教学，如生物课中的各种动植物图像，历史课中各种历史资料的图像，语文课文中相关背景资料图像等。有的可以作为课件制作的背景，如山水风光、边框图案等；有的用来点缀课件画面，如花草、动物图案等。数字图像根据其在计算机中的处理及运算方式的不同，又分为矢量图（Vector-based Image）和位图（Bit-mapped Image）两类，其不同点如表 2-2 所示。

表 2-2　矢量图与位图的比较

类型	构　成	优　点	缺　点	常用格式
矢量图	矢量线段	信息存储量小 分辨率完全独立 图像质量不受缩放影响 面向对象	图像色彩显示比较单调、比较生硬 不够柔和逼真	WMF、EPS、AI
位图	像素点	色彩显示自然、柔和、逼真	图像缩放产生失真 体积随精度提高急剧增大	BMP、GIF、JPEG、TIFF

矢量图是由计算机运算而形成的抽象化结果，由具有方向和长度的矢量线段构成。矢量图形中包括颜色和位置信息。矢量图是以数学方式来记录图像的，由软件制作而成，其优点是信息存储量小，分辨率完全独立，在图像的尺寸放大或缩小过程中图像的质量不会受到丝毫影响，而且它的每一个对象都可以任意移动、调整大小或重叠，所以很多三维软件都使用矢量图。但是，由于矢量图用数学方程式来描述图像，运算比较复杂，而且所制作出的图像颜色显示比较单调，因此图像看上去比较生硬，不够柔和、逼真。当前常用的矢量图文件格式有 WMF、EPS、AI 等，其中 WMF 为 Office 中剪辑库中图片所用格式。

位图是直接量化的原始信号形式，是以点或像素的方式来记录图像的，因此图像是由许许多多小点组成的。计算机存储位图图像时，实际是存储了这幅图像的各个像素的位置和颜色值等数据。其优点是颜色显示自然、柔和、逼真。但是位图在放大或缩小的转换过程中会失真，如图 2-6 所示，且位图随着图像精度提高或尺寸增大，所占用的磁盘空间也急剧增大。对于位图文件，当前比较流行的图像格式有 bmp、gif、jpeg、tiff、psd、pcx、png 等。

(a) 原图

(b) 放大4倍后的图像

图 2-6 位图放大后失真

2.2.1 图像素材获取

课件制作中需要的图像可以从多种渠道获得，例如，从 Internet 上下载，从计算机屏幕上直接截取，从动画、视频中捕捉，利用扫描仪或数码相机直接采集，用软件创作等。

1. 专用设备采集图像

常用的图像采集设备有扫描仪、数码相机和摄像机等。

1）使用扫描仪输入图像

扫描仪的作用是结合扫描仪软件和计算机把图像数字化，并输出数字化图像信息。图像素材的采集大多通过扫描完成，通过彩色扫描仪能够把各种印刷图像及彩色照片数字化后送到计算机中以文件的形式存储。高档扫描仪甚至能扫描照片底片，得到高精度的彩色图像。扫描方便简单，故为常用的采集图像的方法。

扫描后的图像可按不同的格式存入计算机中，常用的格式包括 TIF、GIF、JPG、BMP、PCI、PCX 等。使用扫描仪获取图像，需要注意以下几个方面。

（1）正确扫描。这是输出最佳图像效果的第一步。如同用照相机拍摄不同类型的照片需设置不同的曝光速度一样，扫描软件也能让用户根据原始图片的类型，选择不同的参数设计，能让用户存储图像或者将图像输出到图像编辑软件之前加工处理图像。扫描软件的编辑和修改功能可根据多媒体课件需求来改变图像的大小，变化对比度和亮度，调整色调，增强图像效果等。

（2）选择扫描图像深度。大多数扫描仪扫描彩色图像时，都会将图像深度设置成 24 位真彩色(RGB)。事实上扫描仪也支持黑白、半色调、灰度等非彩色图像的扫描。当欲获取高质量的图像时，图像深度宜设置得大些(如 24 位)，但图像深度越大，图像文件所占的磁盘空间就越大，图像的调用时间也越长，这一矛盾可用“大深度获取，待效果满意后减小深度存盘”的方法来解决。

(3) 扫描图像尺寸的调整。有两种方式调整扫描图像的尺寸：一是调整扫描分辨率(DPI)；二是调整扫描比例，使扫描获取的图像尺寸符合要求。值得注意的是，虽然大多数的图形处理软件可以对扫描出来的图像尺寸进行改变，但往往扫描时就建立大小合适的图像效果会更好。因为图像处理软件放大或缩小图像时采用的算法可能会使原图像中的一些信息丢失，影响图像效果，而在扫描过程中是直接使用原图像中的信息来建立位图的。

2) 使用数码相机拍摄图像

现在流行的数码相机将为图像的采集带来极大的方便，而且成本较低。利用数码相机将所拍摄的图像以文件的形式存储在数码相机存储器中，得到的图像文件可方便地调入计算机中并进行编辑和保存，省略了传统相机拍摄图像后最耗时的冲洗和扫描过程。用数码相机拍摄图像不仅节省时间，同时也减少了扫描过程所带来的图像细节损失。图像质量不会发生任何失真且其分辨率较高，可以得到高质量的图片。数码相机的使用大大拓宽了图像素材的来源，提高了图像的采集效率。多媒体课件中涉及的许多静态图片素材可以用数码相机直接拍摄。

3) 使用摄像机捕捉图像

视频采集卡，可将摄像机等视频源的视频信号实现单帧捕捉，并保存为数字图像文件。

此外，数字化仪用于采集工程图形，在工业设计领域有广泛的用途。

2. 网络下载图像

计算机网络是世界上最大的资源库，网络上有极其丰富的图形资源，如何从Internet中寻找自己想要的材料，最简单的方法是从搜索引擎(如百度、Google等)搜索相应的图片资料。很多网站直接提供图片的下载，比较方便；而有些网站只提供图片浏览，而不允许下载。对此，可以借助下载工具(如Web Surfer Assistant等)提供的下载网页图片的功能进行下载。

1) 另存图片

浏览网页时，在想要下载的图片上右击，在弹出的快捷菜单中执行“图片另存为”命令，保存图片。目前已经有一些网站专门收集图像素材，并按一定的类别放置，用户登录到该网站很容易下载到所需要的图像素材。

2) 查看临时文件夹

先清除Internet临时文件夹的内容，然后浏览相应的网页，网页中的图片就已经保存在Internet临时文件夹中了，再从Internet临时文件夹中取出相应的图片就行了。IE临时文件夹的路径为：C:\Documents and Settings\用户名\Local Settings\Temporary Internet Files(默认为隐藏目录)，可以通过下面的操作查看：打开IE浏览器，执行“工具”→“Internet选项”命令，打开“Internet属性”对话框，在“常规”选项卡中单击“设置”按钮。IE临时文件夹里存放着我们最近浏览过的网页的内容，这样做的目的是提高上网浏览的速度。

3）专用下载软件批量下载

上面介绍的方法一次只能下载一张图片，当下载量较大时，可以使用网际快车、网络蚂蚁、图片批量下载器等专用下载软件进行批量下载。下面就以网际快车(FlashGet)软件为例来介绍其操作过程。

(1) 进入到包含需要下载图像的主页。

(2) 选择要下载的图像，右击，在打开的快捷菜单中执行“使用网际快车下载全部链接”命令。

3. 截取屏幕图像

有些软件(如现成的课件、教学光盘)在运行过程中，屏幕上会出现一些我们感兴趣的画面，但我们却找不到图像文件，这是因为图像被打包到可执行文件中。可以使用键盘上的 Print Screen 键或专用截图软件将其截取下来。

1）使用 Print Screen 键

使用 Print Screen 键可以快速抓取当前屏幕画面到剪贴板上，操作步骤如下。

(1) 当屏幕上出现需要的画面时，按下 Print Screen 键，屏幕图像便被复制到剪贴板上了。

(2) 打开画图软件或 Photoshop 软件。

(3) 按快捷键 Ctrl+V 将图像粘贴到“画布”中完成抓图操作。

2）使用通用软件的截图功能捕捉屏幕

目前，我们日常使用的浏览器和聊天软件都具有方便的截图功能，如搜狗浏览器、QQ 等，这里介绍一下使用 QQ 截图功能截图的方法，其操作步骤如下。

(1) 使要抓取的画面为当前活动窗口，调节好 QQ 窗口位置。

(2) 单击 QQ 中的“屏幕截图”按钮，按住鼠标左键选取需要的画面。

(3) 单击“完成”按钮(或者双击，截图就出现在聊天窗口中)，在图片上右击，在弹出的快捷菜单中执行“另存为”命令，保存图片。

3）利用屏幕抓图软件

专用的屏幕截取软件有很多，如红蜻蜓抓图精灵、HyperSnap、SnagIt 等，其中最常用的是 SnagIt，其界面如图 2-7 所示。

SnagIt 是一款非常优秀的屏幕、文本和视频捕获与转换软件。利用 SnagIt 的图像捕获模式可以捕获 Windows 屏幕、DOS 屏幕，RM 电影、游戏画面，菜单、窗口、客户区窗口、最后一个激活的窗口或用鼠标定义的区域。其操作方法与 QQ 截图功能的类似。图像可被存为 BMP、PCX、TIF、GIF 或 JPEG 格式，也可以存为系列动画。使用 JPEG 可以指定所需的压缩率(从 1%到 99%)。可以选择是否包括光标、添加水印。另外还具有自动缩放、颜色减少、单色转换、抖动，以及转换为灰度级等功能。此外，保存屏幕捕获的图像前，可以用其自带的编辑器编辑，可以选择自动将其送至 SnagIt 打印机或 Windows 剪贴板中，也可以直接用 E-mail 发送。SnagIt 具有将显示在 Windows 桌面上的文本块转换为机器可读文本的独特能力，这里甚至无须剪切

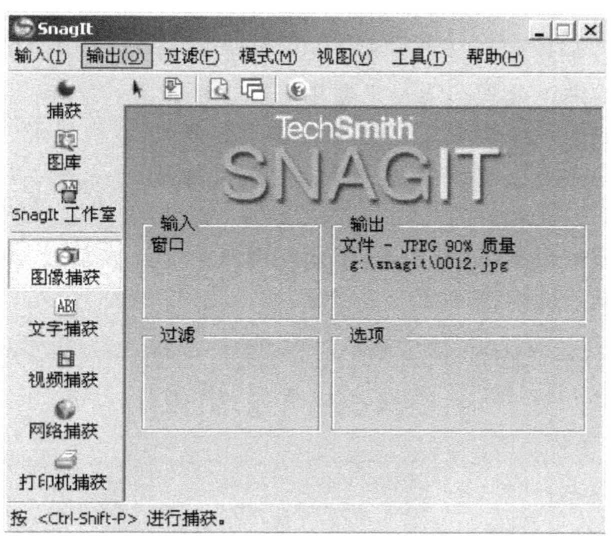

图 2-7　专用截图工具 SnagIt 界面

和复制操作。其新版还能嵌入 Word、PowerPoint 和 IE 浏览器中。

4. 截取视频静帧

图像素材还可用屏幕抓图软件获得，屏幕抓图软件能抓取屏幕上任意位置的图像。截取视频静帧的方法有两种。

一种方法是在播放视频过程中，找到需要截图的界面，暂停播放，再利用专用截图工具截图。常用的屏幕抓图软件有 HyperSnap-DX、Capture Profession、PrintKey、SnagIt 等。

另外一种方法是利用暴风影音、豪杰超级解霸等视频播放器软件提供的截图功能截取视频静帧。当使用 VCD 软解压软件(如超级解霸)播放 VCD 时，能从 VCD 画面中抓取图像，大大地拓展了图像的来源。用"超级解霸"播放相应的图像资料，把画面定格到所需的画面上，单击"保存一幅图形"按钮，就可保存当前的图形。

5. 利用绘图软件

利用绘图软件创建图像或通过计算机语言编程生成图像。用绘图软件进行手工图形绘制是图形采集中最直接、广泛采用的形式。绘图软件比较多，最简单的要算 Windows 自带的画图软件，由于画图软件比较简单，不善于复杂图形的制作，因而在实践中应用并不多。在 Microsoft Office 软件中，同样设置了绘图工具，但它只能绘制一些比较简单的图形，不方便复杂图形的绘制。

还有一些专用的图形创作软件，如 AutoCAD 用于三维造型，CorelDraw、Freehand、Illustrator 等用于绘制矢量图形等。此外，专用于网页设计的 Fireworks 可以编辑矢量图和位图，快速创建专业的 Web 图形和复杂的交互。专用的图像编辑、处理软件具有更强大的功能，同时有很好的图形用户界面，用户可以通过图形菜单选择，使用鼠标、手写笔描绘各种图形，并能进行填色、剪贴、缩放、平移、颜色设置等多项处理。专业的绘图软件主要有 Photoshop、CorelDraw 和 Visio 等，其中前两种主要用于图形的加工处理，Visio 主要用于图形的绘制。Visio 是 Microsoft 公司专为图形绘制开发的一种软件，它的绘图功能十分强大，它内置了许多模版，绘图效率很高。在 Visio 中有 3 种特有的文件，它们是模版(Stencil)文件 *.vss、模板(Template)文件 *.vst 和绘图(Drawing)文件 *.vsd。根据工作性质的不同，Visio 中提供了许多类型的现成模版，Visio 还允许用户扩充这些模版，或创建新的模版，大大方便了各种图形的绘制，如图 2-8 所示。

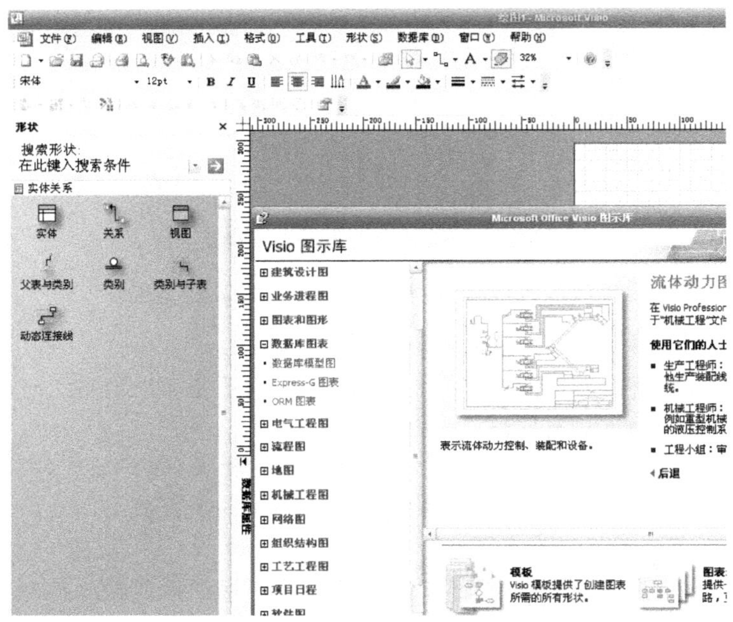

图 2-8　Visio 运行环境

6. 购买图库

目前，各个音像出版社都有图片素材光盘出版，里面有各种类型的图片资料，这些资料是极其丰富的。广大用户可根据实际的需要，购买相应的图片素材光盘，从中获取自己需要的资源，既方便又快捷。在软件市场上图像数据库很多，各种各样的图库包罗万象，应有尽有，制作精美，存储在 CD-ROM 或 DVD-ROM 光盘上，可供选择。如现在市面上的“全球广告人图霸百科”图库，有 160 张光盘，分为 20 大类共收录 10 万张高精度图片。图库中的图片图像清晰，种类繁多，像素较高，格式多为 JPEG 格式，一般为做课件的首选。缺点是对于一些专业性很强的图片，不一定收录。

2.2.2 图像素材处理

获取数字图像后，不一定就能适合应用的要求，因此，有时必须对它们进行修饰。比如通过扫描获得的图像，需要对某些部位做出标记或为了保护肖像权要对图像进行特殊处理，还有的图像需要去除上面的污渍或进行颜色的调整等等。图形图像编辑软件很丰富，Photoshop 是公认的最优秀的专业图像编辑处理软件之一，它有众多的用户，但精通此软件并非易事。专业的网页图形设计也离不开 Fireworks 的支持。CorelDraw、Adobe Illustrator、Macromedia Freehand 等也都是创作和编辑矢量图形的常用软件。

1. 去除图像上的污渍

一些扫描图像、应用抓图软件从其他课件上抓下来的图像，原图上往往有一些黑色标注线条。课件制作前需要将这些线条去掉，如果将这些线条选中后删除，删除的部分将由背景色所填充，达不到修复图像的目的。在图像中相邻位置的图像总是相似的，我们可以从这些相似的位置上复制图像，把要修改的部位盖住，从而达到去除黑色线条的目的。

(1) 用套索或魔杖工具选取位图中的污渍。

(2) 用擦除工具将其擦除。

(3) 用喷枪、颜料滚筒等工具根据周围的颜色对被擦除的区域进行颜色修补，并使之尽量自然。这样我们就可以去除图像上的污渍和修补图像上的划痕，使我们的图像具有较高的质量。

Photoshop 图像可以由许多部分组成，每部分可以分别位于不同的图层上。我们可以通过修改某一图层上的图像，来达到修改整个图像的目的。要对某个图层的图像进行修改，必须先将该图层选定为当前图层，要不然，当进行复制等操作时，系统会自动打开一个“不能完成‘拷贝’命令，因为所选区域是空的。”错误提示对话框。选定图层的方法是在“图层”面板上单击要选定的图层。

2. 调整色彩平衡

由于图片原稿的质量不同，如拍摄的亮度不同，或扫描后得到的图像或多或少地在颜色、对比度方面有一些差异。如果不是在同一个画面内显示，还不太明显，但有时需要两幅或几幅图像在同一个画面内显示，例如，制作课件封面时，反映一种主题内容往往用两幅以上的比较典型的图像放在同一个画面内，这样就要求每幅图像的颜色尽量趋于均匀一致，才会使大家看起来比较协调，这就需要我们用 Photoshop 对图像进行调节，可以对亮度、对比度、色度等进行调整和平衡控制，可以对颜色匹配进行控制，还可以准确地调整色彩平衡，达到比较好的显示效果。具体做法是，执行“图像”→“调整”→“色彩平衡”命令，打开“色彩平衡”对话框，拖动颜色滑块或设置合适的参数即可，如图 2-9 所示。

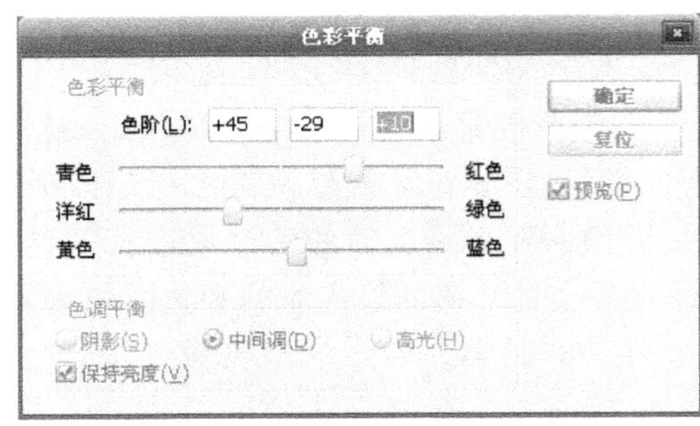

图 2-9　Photoshop“色彩平衡”对话框

3. 给图像做标记加字幕

为了增强教学效果，需要对课件图像上的重要知识点进行标记，一般通过加箭头指示的方式标记，有的时候还需要加上字幕，例如，说明某化学实验仪器的各个组成部分等，Photoshop 能够提供多种字体和字的大小、颜色等，处理起来非常方便，如图 2-10 所示。

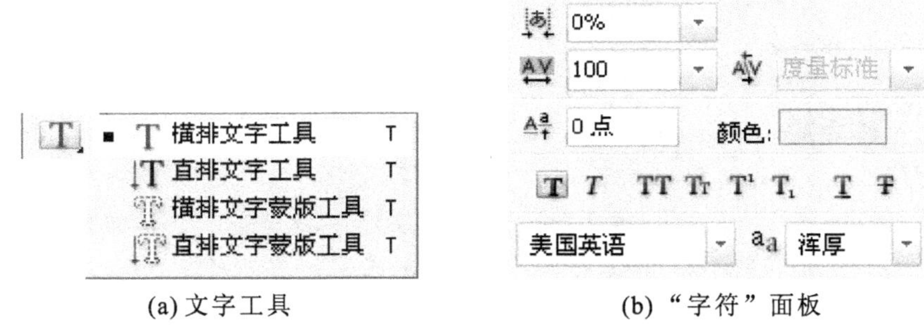

(a) 文字工具　　(b) “字符” 面板

图 2-10　Photoshop 中的文字工具及文本属性设置面板

4. 合成图像

有时我们需要的图像分别位于几个图像文件上，如何将这些分散在几个图像文件上的图像合成到一起，而成为一幅图像呢？这就需要利用图层进行图像的合成。

图层：我们在纸上作画，一张图画在一张纸上，而用计算机制作图像可以将画画在很多层“纸”上，一层“纸”画出图像的一部分，“纸”上没有图像的部分是透明的，通过透明的部分，可以看到底下的图层上的图像，将这些“纸”叠加在一起成为一个完整的图像。计算机图像上的这一张“纸”就称为一个“图层”，图层可以建立、删除，也可以设置它的透明度和是否可见。而对每一个图层中的图像内容进行各种绘图、修改、编辑等操作，不会影响到其他图层，这样给我们进行图像编辑带来了很大的方便。对于图层的某些操作，我们可以通过“图层”面板来实现。

背景层：一般是在新建图像时自动产生的，它决定了整个图像的尺寸，因此，放在背景层的图像应该是所有图层中尺寸最大的，否则，新增图层的内容就会被剪裁掉，背景层排列在图像的最下层。有些情况下，需要将背景层转换为普通图层，以便在“图层”面板中改变它的位置、混合模式和透明程度等。现在以“荷塘月色”为内容的课件封面制作为例来介绍图像素材处理的具体过程，其操作步骤如下。

(1) 在百度中搜索“荷塘月色”，搜索类别选择“图片”。在图片中选择两张图片如图 2-11 所示，设计思路为：将图 2-11(a)所示的书法字体作为标题，将图 2-11(b)所示的风景作为背景，将图中的萤火虫作为课件内容标引。

(a) 标题素材

(b) 背景素材

图 2-11　素材

(2) 对图 2-11(a)所示素材进行适当地裁剪，由于文字的背景比较纯，可以使用工具栏中的魔棒工具选择文字背景，在选区中右击，执行“羽化”命令，将“羽化半径”设置为 10，单击“确定”按钮。

(3) 在选区中右击，执行“选择反向”命令选取背景，按下 Delete 键删除背景。

(4) 执行“图像”→“调整”→“亮度/对比度”命令，调整亮度/对比度，将亮度设置为 100，单击“确定”按钮，使文字的颜色更黑，显得浓郁，如图 2-12(a)所示。

(5) 执行“文件”→“另存为”命令，存储图像，存储类别选择 png 格式，命名为 title.png。

(6) 打开图 2-11(b)所示素材，在工具栏中选择污点修复画笔工具，选取文字“荷塘月色辛集社区”，将选取文字拖曳至下方空白区域，这时文字被覆盖，反复操作，直至文字被完全覆盖，过渡自然为止，如图 2-12(b)所示。

(7) 执行“文件”→“另存为”命令，存储图像，存储类别选择 jpg 格式，命名为 bg.jpg。

(8) 在工具栏中选择椭圆选框工具 ◯，按住 Shift 键，框选图 2-11(b)所示的萤火虫，按快捷键 Ctrl+C 复制，按快捷键 Ctrl+N 新建空白图片，在新建对话框的“背景内容”项中选择“透明”，按快捷键 Ctrl+V 粘贴，如图 2-12(c)所示。

(9) 执行“文件”→“另存为”命令，存储图像，存储类别选择 png 格式，命名为 icon. png。

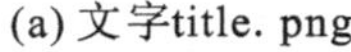
(a) 文字title. png

(b) 背景素材bg. jpg

(c) 标号icon. png

图 2-12　处理后的对象

至此，图片素材处理完成。打开 PowerPoint 2003，执行“插入”→“图片”→“来自文件”命令，插入以上三幅处理好的图片，在背景素材 bg. jpg 上右击，执行“叠放次序”→“置于底层”命令，再根据课件内容调整文字的大小和位置，并设置标号的数量，课件封面设计完成，如图 2-13 所示。

图 2-13　“荷塘月色”封面设计

5. 图像格式转换

不同软件支持的文件格式不同，有时就要借助其他的软件来转换文件格式。另外，要缩小文件的体积，也需要将文件转换成压缩格式的文件。

1）用“画图”工具转换

Windows 自带的“画图”工具可以实现一些常用的图像文件格式之间的转换。其操作步骤如下。

（1）运行“画图”工具，并打开要转换的图像文件。

（2）执行“文件”→“另存为”命令，打开“另存为”对话框。

（3）在“保存类型”列表框中选择转换后的文件类型，确定文件保存的位置和文件名，单击“保存”按钮即可。

2）用 ACDSee 批量转换

如果有多张图片需要转换格式，可以利用常用的看图软件 ACDSee 批量转换图像文件的类型和名称。其操作步骤如下。

（1）运行 ACDSee，选择要转换的图像文件，右击，打开快捷菜单。

（2）执行“转换”命令，打开“格式转换”对话框。

（3）在“目的格式”列表框中选择转换后的文件格式，可以根据需要单击“格式设置”按钮，在打开的对话框中进行详细设置。

（4）在“输出”栏中选择转换后的文件保存的位置，单击“ 确定”按钮，完成格式转换。

（5）在快捷菜单中执行“批量顺序重命名”命令，打开“批量顺序重命名”对话框。

（6）在“模板”框中键入文件名及序号，在“开始于”框中键入起始序号，单击“确定”按钮即可。

2.3　声音素材获取与处理

声音（Audio、Sound）包括解说、音响、配乐，它在阐述教学内容、表达主题思想、烘托气氛、渲染情绪、描写背景、激发联想、转换场景、强化节奏及唤起注意等方面有重要的作用。音频素材在多媒体 CAI 课件中占有重要的地位。音乐可以烘托气氛，强化多媒体课件的主题，营造轻松愉悦的学习环境；语音解说是多媒体课件中传播教育信息最简洁、最自然的方式，可以加深用户对课件内容的理解；而各种音响效果的加入使多媒体课件更生动、更有活力。总之，音频素材在多媒体课件中的应用，可增强课件的说服力和感染力，使多媒体课件变得丰富多彩。

2.3.1　声音素材获取

在多媒体中合理地加入一些声音，可以更好地表达教学内容，有利于使学习者大脑保持兴奋状态，使视觉思维得以维持。同时还可吸引学生的注意力，增加其学习兴趣，调节课堂的紧张气氛，有利于学生思考问题。在多媒体课件中，适当地运用声音能起到文字、图像、动画等媒体形式无法替代的作用，如调节课件使用者的情绪，引起使用者的注意等。当然，声音作为一种信息载体，其更主要的作用是直接、清晰地表达语意。音频素材的获取方式很多，可以从 Internet 上下载已有的音频文件，也可以利用录音软件录制需要的音频，还可以从各种多媒体光盘中有意识地收集积累音频素材。

1. 从 Internet 上下载

从 Internet 上下载已有的音频文件是最省时省力、最经济有效的音频获取方式。可以登录各大搜索引擎，如百度（http://www. baidu. com）、谷歌（http://www. google. cn）、雅虎（http://www. yahoo. cn）等，在检索文本框中输入要下载的音频文件名称，按回车键进行搜索。从 Internet 上下载音频也可以借助各种下载软件，如迅雷、网际快车等，采用这种方式须先安装下载软件，然后在下载软件界面中输入要下载的音频文件名称，搜索资源进行下载。

2. 利用录音软件录制

Internet 上有些音频文件是只能播放不允许下载的，多媒体课件中需要的语音解说在 Internet 上存在的可能性也较小。因此，利用录音软件录制这样的音频非常必要。录音软件的种类很多，比较流行的有 Windows 系统自带的“录音机”、Total Recorder、Gold Wave 和 Cool Edit Pro 等。这些录音软件在功能和操作上各有优劣。Windows 系统自带的“录音机”只能录制麦克风中的声音，且默认录音时间只有 60 s，但可以执行“效果”→“减速”命令来录制更长时间声音。Cool Edit Pro 是一款集录音、混音和编辑于一体的多轨数字音频编辑软件，具有模拟专业录音棚的多轨录音功能和增强音频编辑能力，广泛用于计算机音乐制作，同时也是有效的语言教学研究辅助软件，在语音制作处理方面有很大的应用潜力，对制作母语和外语音频教学材料，推动大、中、小学语言教学与研究具有一定的应用价值。Gold Wave 是一款体积小巧、操作简单直观且功能强大的音频录制编辑软件，Gold Wave 程序既可以录制语音解说，也可以录制计算机软件中的声音。

语音录制的声源主要包括麦克风、线路输入、CD 唱机和视频等，分别用于录制外来声音（如教师和学习者口语）、收录机和计算机自身播放的声音。除了以上独立录音方式以外，还可以进行两个或两个以上声源的混合录音，如同时录取机器播放的口语试题和考生应答，实现人机对话型的口语学习和考试。

1）录制 CD

对于 CD 音乐，我们可以通过豪杰超级解霸 2000 中的“MP3 数字 CD 抓轨”程序来抓取，通过它，我们可以把抓取后的声音保存为 WAV 或 MP3 格式。

2）用麦克风录制

先把麦克风接到计算机的麦克风端口上，然后启动音乐编辑软件，如 Cool Edit 2000，按下录制按钮，就可以通过麦克风把人的解说词、旁白、背景音乐等声音录制下来，并储存成 WAV 或 MP3 格式了。

3）线录

如果你准备录制磁带、MP3 或 CD 中的歌曲，则可以准备一根双头音频线，一端接入声卡的 Line In 端口，另一端接入磁带等放音设备上的耳机端口。然后双击任务栏托盘区中的小喇叭图标，执行“选项”→“属性”→“录音”命令，切换到录音面板方式，并设置录音方式为 All(在有的机器上为 Mixed Out 或 Stereo Mix 等)。最后按下磁带播放键开始播放，同时启动录音软件，如 Cool Edit 2000 等进行录音，保存为 WAV 或 MP3 格式备用。通过这种方法可以把磁带上的歌曲录制到硬盘中来。

录音操作首先要注意声源选择和参数设置。确定好所需声源后最好将其他声源设置为静音，以减少噪声。就参数而言，一般来说，如选择 22 050 Hz 的采样频率、Mono 录音声道和 16 位分辨率能满足普通课件要求。若选 44 100 Hz 的采样频率，录制的语音效果会相当好。录音过程中若发现波形不明显，则需检查声源选择是否正确。最好使用耳机监听，以减少噪声。录制好的语音材料可根据需要保存为不同格式的音频文件，供计算机调用处理。

3. 多媒体素材库光盘

现在市面上流行的多媒体光盘，往往都含有声音资料，一般以 WAV、MIDI 等格式存放。我们可以通过 Windows 的查找功能来寻找上述文件，这是一个十分快速、经济的方法。

2.3.2　声音素材处理

制作一段录音时，可能需要调整前后顺序，或者拼合连接两段录音，如果出现了我们不希望出现的部分，例如，读错的字词、段落也需要将其剔除或者替换。下面我们以常用的音频处理软件 Cool Edit(简称 CE)制作一段录音为例讲解音频的编辑技术。

1. 音频编辑

CE 提供了复制、剪切、粘贴等常用编辑功能。这些编辑功能可以完成按句子或更小单位切割连续语段的任务，切割后的部分以独立的文件保存，也可按照需要进行粘贴，为建立音频库或同步有声教学材料提供语料，实现个性化听说教学设计。定位好波形的编辑位置以后，我们就可以对选定的波形进行删除、剪切、复制、粘贴等操作。可以调整配音的段落顺序、删除多余的部分(如过长的停顿)。下面我们介绍修改一段录音中读错的字词或段落的方法。

(1) 选择需要修改的位置，按 Delete 键将其删除。

(2) 此时在被删除的位置上有一条黄色竖线，这相当于文字处理软件中的插入点。

(3) 单击播放控制面板上的“录音”按钮，将读错的部分再录制一遍。

(4) 对重新录音的部分进行编辑，使前后“无缝衔接”。

此外，还可根据需要对语音材料进行混音处理，如在某一段语音上增加背景音乐或噪声来设定情景或调节难度，也可以进行中、英文语音材料交叉嵌入，制作各种层次的口译训练材料等。

2. 音量和语速调节

取得的背景音乐或者其他声音波形中，如果音乐突然响起又突然结束，则很容易使人不舒服。我们可以对其开始和结束部分加以处理，让声音渐渐响起或渐渐消失，以符合人们的听觉习惯。CE 软件提供音量和语速调节功能，执行“Effect”（效果）→“Amplitude”（振幅调整）和“Time/Pitch”（时间音调调整）命令，能够在短时间内轻松解决音量和语速难题。其操作步骤如下。

（1）打开需要处理的波形，选择波形的开始部分。

（2）执行“Transform”（改变）→“Amplitude”（振幅）→“Envelope”（包络模式）命令，打开如图 2-14 所示的对话框。

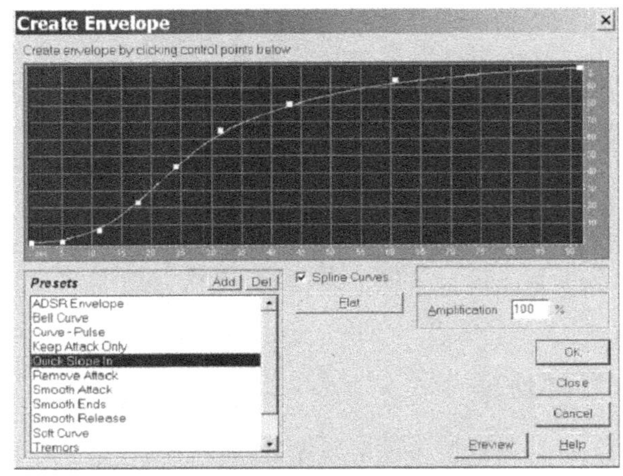

图 2-14 “创建包络模式”对话框

在 Create Envelope（创建包络模式）对话框的图表中，黄色的线条表示音量，白色的小方块是控制点，您可以拖动这些小方块改变预置的模式创建您自己的包络模式，在黄色的音量线上单击，可以添加控制点。“包络”就是指声音经过处理后改变原来音量的大小、声音的左右位置等。

（3）在“Presets”（预置）列表框中列出了 CE 内置的很多模式，我们可以选择“Quick Slope In”模式，则在上方的窗口中出现该模式的图形，单击“Preview”（预览）按钮，试听处理结果，满意后单击“OK”按钮。

（4）程序开始处理选择的波形，如图 2-15 所示的是波形处理前后的对比。

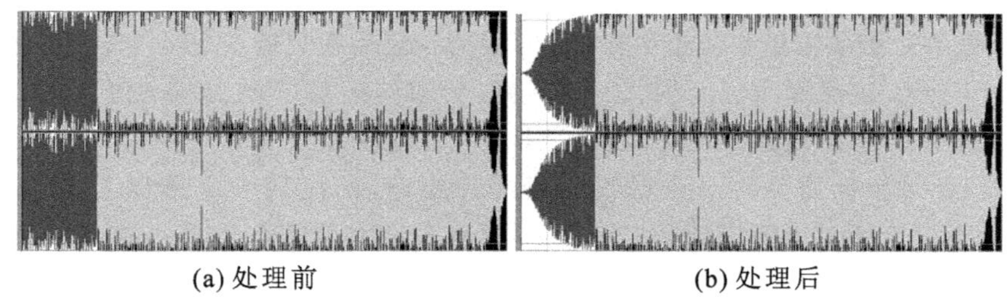

(a) 处理前　　(b) 处理后

图 2-15 波形处理前后的对比

（5）执行“效果”→“变速”→“变调”→“变速器”命令，弹出如图 2-16 所示的对话框，在预置栏中选择您所需的软件预设效果，通过调节左边的按钮即可以调节语调或语速。

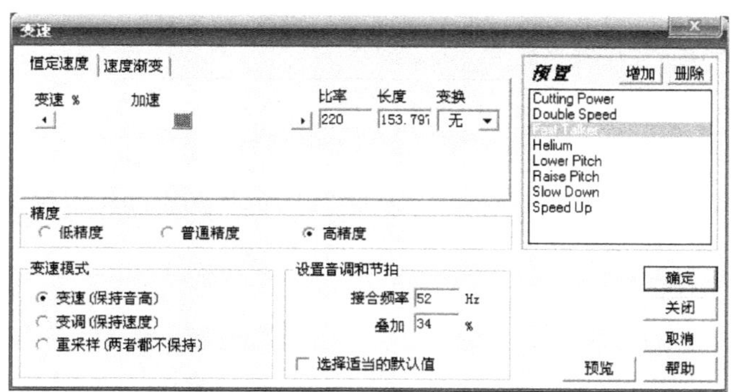

图 2-16　“变速”对话框

(6) 单击“预览”按钮进行试听，我们可以听到，软件提供的这一效果功能比较完善，软件不仅可以在保持音调不变的情况下加快或减慢速度，也可以在保持速度不变的情况下升高或降低音调，并且可以设置变化速度的渐慢与渐快。

3. 降噪处理

尽管录制环境要保持安静，但由于机器、电流和外界噪声等因素仍然会录入很多杂音。特别是采集生活中的口语语料时，噪声往往很大，需要降噪处理，否则对教学研究有很大负面影响。噪声有噼啪声、直流偏移、嘶声和背景噪声等。语音录制中的噪声主要是背景噪声，CE 利用采样降噪原理对这一类噪声进行降噪，具有很强的降噪功能。采样降噪首先需要获取一段纯噪声的频率特性，然后在掺杂噪声的波形中将符合该频率特性的噪声去除。因此，录音前，最好先录制一段条件相当的环境噪声供降噪处理使用。此外，通过 Click/Pop Eliminator(咔嗒声、噼啪声排除器)和 Hiss Reduction(消除嘶声)选项来寻找当前波形所选区域中的“咔嗒、噼啪”声和“嘶”声并将之去除。CE 为我们提供了滤除噪声的手段。其操作步骤如下。

(1) 打开录制的声音文件。

(2) 按快捷键 Ctrl＋A 选择全部声音。

(3) 如果要滤除录音中的“hiss”(咝咝啦啦的噪声)，执行“Transform”(改变)→“Noise Reduction”(降噪)→“Hiss Reduction”(减少 hiss)命令，出现如图 2-17 所示的对话框。

(4) 单击“Get Noise Floor”(获得噪声水平)按钮，程序将对选定的录音中的噪声水平进行分析，分析的结果以图表的形式显示在对话框的图形窗口中，单击“Preview”(预览)按钮，试听降噪效果。

(5) 为了更精确地滤除杂音，还可以拖动“Noise Floor Adjust”(噪声水平调节)滑块，反复调节直到一个满意的水平为止，在“Precision Factor”(精确程度)栏内，键入一个较大的数值(7～14 之间较好)，单击“Stop”(停止)按钮。

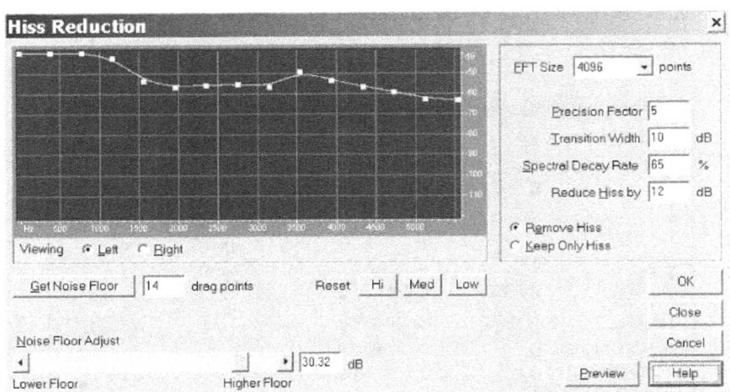

图 2-17 "Hiss Reduction"(减少 hiss 噪声)对话框

(6) 单击"OK"按钮,计算机对录音进行处理,此时会显示一个处理进度状态的窗口。

(7) 处理结束后,如果声音中仍有较多的背景噪声,还可以按以下步骤做进一步处理。执行"Transform"(改变)→"Noise Reduction"(降噪)→"Noise Reduction"(减少噪声)命令,出现如图 2-18 所示的对话框。

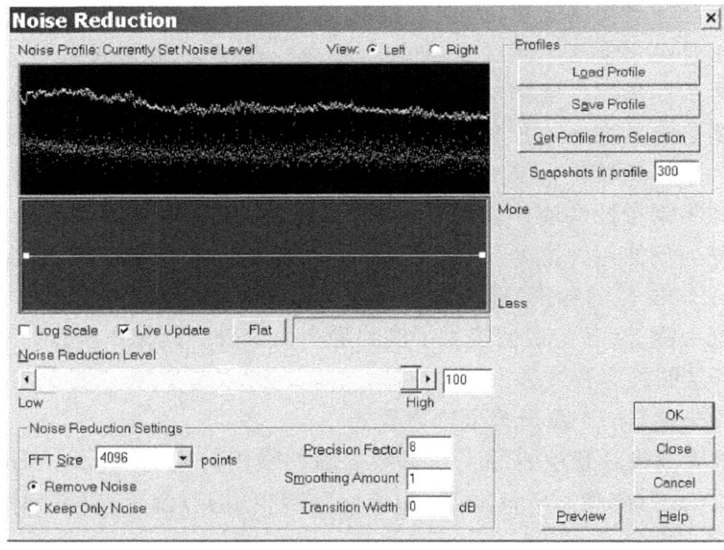

图 2-18 "Noise Reduction"(降噪)对话框

(8) 单击"Get Profile from Selection"(从选择的片断中取得轮廓)按钮,程序将对选中的录音自动进行噪声分析,分析的结果以图表的形式显示在对话框的图形窗口中,拖动"Noise Reduction Level"(噪声降低水平调节)滑块调节噪声降低程度。

(9) 单击"Preview"(预览)按钮,试听降噪效果,满意后,单击"OK"按钮,让计算机对声音进行降噪处理。

(10) 执行“File”(文件)→“Save”(保存)命令，及时保存文件。

4. 制作背景音乐

制作多媒体 CAI 课件时经常要为声音配背景音乐，下面介绍为一段录音配上背景音乐的方法。我们要在多音轨视图中工作，将录音放到一条音轨上，将背景音乐放到另一条音轨上。此时要开启一个新的“Session”(进程)，一个进程就是各个音轨的复合，它是一个扩展名为 ses 的文件，其中保存了各个音轨的信息，以后我们可以很方便地将其转换为一个 WAV 文件。我们可以使用多达 64 个音轨，并且在同一个音轨上的不同位置，也可以插入多个波形文件，这样我们可以实现几乎无限丰富的声音效果。制作背景音乐的步骤如下。

(1) 打开欲添加背景音乐的录音文件。

(2) 单击工具栏上的“音轨视图切换”按钮，程序编辑窗口变为多音轨视图，此时程序自动新建一个名为“Untitle. ses”的进程。

(3) 在音轨视图的最右边显示着音轨的编号，一共有 64 条音轨，看不见的音轨可以通过上下拖拉的办法实现音轨的显示。在 1 号音轨需要插入配音的位置上单击(通常在最左边)。然后执行“Insert”(插入)→“Waveform File”(波形文件)命令，打开如图 2-19 所示的对话框。

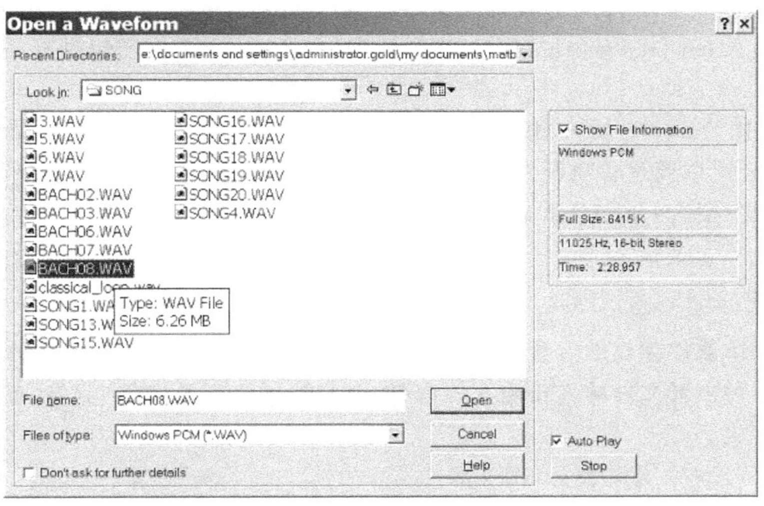

图 2-19　“Open a Waveform”(打开波形)对话框

(4) 选择所需的背景音乐，对话框右边显示了当前选择的音频文件参数，最好选择“Auto Play”(自动播放)选项，这样在文件列表中，单击波形文件就可以自动播放，便于选择所需的文件，单击“Open”(打开)按钮，打开背景音乐，此时波形编辑窗口如图 2-20 所示。

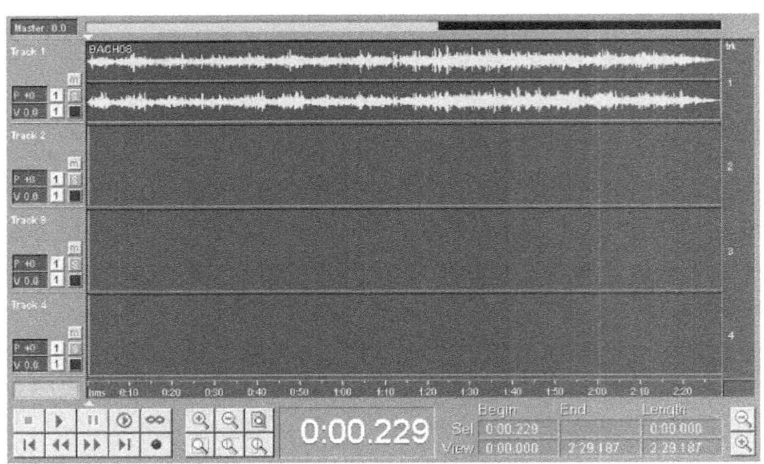

图 2-20 多音轨视图下波形编辑窗口

(5) 在 2 号音轨上需要插入配音的位置单击,可以播放背景音乐,多次试听定位合适的插入点。

(6) 重复步骤(3)和步骤(4)插入录制的配音。如果要调节各个音轨中各个波形前后的相对位置,或者需要将波形在各个音轨间移动,则只需右击该波形并在音轨前后和音轨上下之间拖曳即可。在配音文件已经打开的情况下还可以执行"Insert"(插入)→"Waveform List"(波形列表)命令,从中选择已经打开的波形文件列表。

(7) 单击"Insert"(插入)按钮,再单击"Close"(关闭)按钮,关闭该对话框。

此外,还可以通过音轨调整录音内容和背景音乐的大小,再执行"Edit"(编辑)→"Mix Down"(混合)→"All Waves"(所有波形)命令,对所有音轨进行混音处理,最后混音输出。

5. 声音压缩与格式转换

在多媒体课件制作的过程中,往往会碰到声音文件过大,或者多媒体创作软件无法支持某种声音文件的直接插入的情况,因此需要给声音文件"瘦身"或将其转换为另一种格式。

1) 将 WAV 文件转换为 MP3 文件

WAV 文件都比较大,如果在课件中使用较多,将会使课件变得很庞大,给课件的交流、保存带来不便。利用超级解霸中的 Mp3make.exe 工具将其转换成 MP3 文件,就可以很简单地解决这一问题。转换后的 MP3 文件的大小只有 WAV 文件的 20%。转换的步骤如下。

(1) 将要转换的 WAV 文件放置到一个单独的文件夹中。

(2) 单击"添加目录"按钮,打开"浏览文件夹"对话框。

(3) 选择存放待转换的 WAV 文件的文件夹,单击"确定"按钮。

(4) 单击“设置”按钮，打开“设置”对话框。

(5) 在“输出路径”框中设置转换后的文件存放的文件夹和其他参数后，确认设置。

(6) 单击“开始压缩”按钮，即可在目录文件夹中找到转换后的 MP3 文件。

同样的原理，可以用豪杰超级解霸 2001XP 实用工具集中的“MP3 数字 CD 抓轨”，将 CD 中的文件转换为 MP3 格式的文件。

2) 将 CD 中的文件转换成 MP3 文件

CD 中的歌曲是无法保存成硬盘上的文件的，如果课件中使用了 CD 中的歌曲，将给课件的移动和复制带来很大麻烦，最好将其转换成 WAV 文件或 MP3 文件。超级解霸所带的 CD COPY 32 是一个优秀的 CD 音轨抓取工具，不但可以直接从 CD 中抓取音轨生成 WAV 文件，还能将抓取的音轨直接压缩成 MP3 文件，而且压缩比从最大 7%到最小 3%，共有 10 种选择，默认压缩比为 7%，当然压缩比越大失真也就越多。将一首 44MB 的 WAV 歌曲以 7%的压缩率压缩成 MP3 文件只需 110 s 左右(选择最快方法)，它还可以使用奔腾Ⅲ指令加速。其操作步骤如下。

(1) 在超级解霸安装目录中找到 Cdcopy. exe 文件，并运行它。

(2) 根据需要设置频率、声道、位数等参数。如果需要直接转换成 MP3 文件，则选取“直接压缩成 MP3”选项，然后根据需要设定压缩方法、压缩比等参数。

(3) 将 CD 唱碟放入光驱，单击“搜索光驱”按钮，系统搜索该光盘上所有 CD 曲目。

(4) 在轨道列表中选择要转换的曲目。

(5) 在“起始位置”栏中确定转换的起始位置，单击“开始播放”按钮，当转换到结束点处时，单击“停止播放”按钮，将数据读取到内存中。

(6) 单击“选择路径”按钮，设定转换后的文件保存位置。

(7) 单击“开始读取”按钮，到转换结束时，单击“停止读取”按钮。

2.4　动画与视频素材获取与处理

动画具有模拟事物运动过程，模拟仿真的作用，是指连续运动变化的图形、图像、活页、连环图画等，也包括画面的缩放、旋转、切换、淡入淡出等特殊效果。可以表现其他媒体所无法表现的各种教学内容，形象、生动、直观、有趣，运用恰当能起到强调主题、增加情趣的作用。视频以连续、生动、形象的活动图像表现真实场景，具有形象性、再现性、先进性、高效性等多种特性。好的动画和视频，在教学资源库的多媒体 CAI 课件中能起到画龙点睛的作用，可以增强课件的视觉效果，有强调主题和激发学生兴趣的作用，因此，在教学资源库建设中动画和视频的比重较大。常用的动画制作工具有 3D MAX、Flash、Cool 3D、Animator Studio 等。

3D MAX 专用于制作三维物体造型类动画，其 Maya 的功能可用于影视特效动画制作；二维动画制作软件主要是 Flash，使用该软件制作生成的 SWF 格式的动画和 GIF 格式的动画在多媒体课件中应用广泛。SWF 动画文件小，缩放时不会失真，还支持 MP3、WAV 等格式的声音，支持视频文件，并能够与课件开发工具充分结合，对动画进行实时控制；GIF 动画的优点是文件容量非常小，缺点是不支持声音，缩放时会失真，并且无法控制，不适合做模拟类实验的演示。

2.4.1 动画与视频素材获取

1. 远程视频下载

所谓远程视频文件是指存在于网络服务器而非本机上的视频文件，并不一定是远距离。从大的方面来看，远程视频资源分为两大类型：传统远程视频资源和流媒体视频资源。传统视频文件是指必须具有完整的文件格式才能播放的视频文件。最早出现的视频文件就是这种方式，比如 AVI、MPEG、DAT 等格式的视频文件。在 Internet 上有大量的视频素材可供下载，其方法与下载图像和声音素材的相似。所谓流媒体视频，是指通过网络传输的、能够在本地终端实时回放的、具有实时特征的视频内容编码数据流。流技术的出现使得远程视频可以在线观看，而不必经历漫长的完整下载过程，相对于传统视频来讲，流媒体视频具有极大的优势。流媒体视频发布文件本身并不是视频数据，它是服务器上视频数据的“替身”，标明了所代表的流媒体视频文件的应用环境、URL（Uniform Resource Locator 统一资源定位）等信息。

1）传统远程视频资源的获取

传统远程视频资源的获取并不困难，只要我们有一双慧眼（搜索引擎）就比较好办了。对于远程视频资源来说，我们既可以用大众化的搜索工具，比如百度、谷歌等；也可以用视频专用搜索工具，如美国的影立驰等。利用这些搜索工具，输入所需视频名称，直接单击搜索就行了，视频专用搜索工具具有更加准确可靠的优点。由于视频文件一般都比较大，大家最好在网络通畅的情况下，用具备断点续传功能的下载软件下载，比如“迅雷”、腾讯“超级旋风”等。

2）利用播放器的“属性”菜单来获取 URL

播放网络视频节目时，我们可以右击视频画面，在出现的快捷菜单中，选择“属性”选项，就可以发现视频文件的 URL。这种方法针对的是没有任何加密措施的网络视频资源，实际的网络视频资源大多进行了加密处理，所以这种方法成功率是比较低的。

3）利用播放器的临时文件夹直接转录网络视频文件

从传输方式上看，网络视频分为顺序流视频和实时流视频两类。顺序流视频是指数据的传输必须按内容的先后次序传送，在给定时刻，用户只能观看已下载的那部分，而不能跳到还未下载的部分，不能根据用户的连接速度做调整的视频，如 FLV 视频。实时流视频是指数据的传输可以不按内容的先后次序传输，用户可以随时改变播放的位置的视频，如果是还未下载的内容，那么播放器将从新位置开始下载，前面未下载的数据将不再传送，如 WMV、RM 视频。

顺序流视频播放器都设有临时文件夹，播放的视频文件会被同步地存储在临时文件夹中，这就是播放器直接转录网络视频文件。这种方法也有其局限性。首先必须完整地观看一遍所需视频节目，耗费较多时间；其次它只适用于顺序流视频而不适用于实时流视频。获取顺序流视频的步骤如下。

(1) 通过 IE 把所需的视频资源在线完整地观看一遍。IE 浏览器有一个特性，它会把所要呈现的资源(包括视频资源)保存在临时文件夹中，以便 IE 随时调用。利用 IE 这个特性，完整地看一遍视频就会把所观看视频文件保存在 IE 的临时文件夹中。

(2) 打开 IE 临时文件夹，通过文件的类型，可以很快找到刚才观看过的视频文件，然后右击它，进行复制。

(3) 打开存放所需视频文件的位置，在该位置直接右击，执行"粘贴"命令就行了。

所有的顺序流媒体播放器(如暴风影音、QvodPlayer 等)都有临时文件夹，都可以采用这种方法来获取远程视频资源。而实时流媒体播放器(如 Windows Media Player、RealPlayer 等)一般不设临时文件夹，故不能应用这种方法来获取远程视频资源。

4) 利用网络视频地址解密软件来获取 URL

专门针对网络视频地址进行解密的软件是很多的，有些是专门针对某种格式的视频文件，有些是对所有流行的视频文件。比如 UUme FLV Spy 只能对 FLV 视频地址进行解密，而 RealPlayer 11 可以对 FLV、ASF、WMV、RM、MOV 等流行视频地址进行解密。这种方法也有其局限性，通常情况下，它只能针对基于 TCP/HTTP 协议传输的视频文件，而不能对基于 MMS/RTSP 流媒体协议传输的视频地址解密。下面以 RealPlayer 11 为例，来说明此类软件获取流媒体视频资源的过程。

(1) 打开 RealPlayer 11 播放器，执行"工具"→"首选项"命令。

(2) 在打开的对话框中，选择"下载和录制"选项，勾选"启用 Web 下载和录制"项就行了。

(3) 在线播放所需视频资源，RealPlayer 11 就会自动对所播放视频进行 URL 的解密。

(4) 等待几秒钟后，将鼠标指针指向视频画面就会出现下载按钮，单击此按钮，就会立即下载所观看的视频资源。

2. 用视频卡采集视频

影像素材大多数是来自 VCD 光盘或录像带。VCD 光盘中的信号可以使用超级解霸转换成 AVI，而录像带中的素材则需要专用的视频采集卡来采集。视频采集卡，又称视频捕捉卡，其功能是将视频信号采集到计算机中，以数据文件的形式保存在硬盘上。数字采集卡均采用 IEEE 1394 作为标准的数字接口，所以，人们又习惯将数字采集卡称为 IEEE 1394 卡。因为录像带中存储的信息是模拟信号，所以，要从录像带中采集视频信息，必须借助视频采集卡，将录像带中模拟的视频信号转换成数字化的视频信息，并借助相应的视频信息采集软件将其采集到计算机中。这一过程所需要的软硬件环境包括多媒体计算机、视频采集卡、摄像机、连接线、采集卡驱动程序以及视频信息采集软件(如 Premiere 等)。视频卡采集视频的步骤如下。

(1) 将视频采集卡插入计算机内的主板上。

(2) 连接录像机(或摄像机)的音视频输出与视频采集卡的音视频输入。

(3) 启动计算机，安装采集卡的驱动程序；打开录像机电源，调整为工作状态。

(4) 启动 Premiere，执行“File”(文件)→“Capture”(捕获)→“Movie Capture”(电影捕获)命令。

(5) 设置好相关参数，按下录像机的“播放”按钮，可在 Premiere 窗口中预览要采集的视频图像；单击“Record”(录制)按钮，开始采集视频。

(6) 录制结束，单击“Stop”按钮，关闭窗口，保存视频素材。

3. 用视频播放软件采集

能够采集视频的播放软件较多，超级解霸最具代表性。利用超级解霸等软件来截取 VCD 上的视频片段(截取成 *.mpg 文件或 *.bmp 图像序列文件)，或把视频文件 *.dat 转换成 Windows 系统通用的 AVI 文件。这种方法的特点是无须额外的硬件投资，有一台多媒体计算机就可以了。用这种采集方法得到的视频画面的清晰度，要明显高于用一般视频捕捉卡从录像带上采集到的视频画面，具体方法如下。

(1) 用超级解霸播放 VCD、DVD，单击工具栏中的“循环/选择录像区域”使之激活。

(2) 在适当位置确定开始点和结束点。

(3) 单击“录像指定区域”为 MPG 或 MPV 文件按钮，打开对话框。

(4) 键入文件名，设置好保存位置、文件类型，单击“保存”按钮，开始转换并保存在本地文件夹中。

4. 用屏幕抓图软件采集

用屏幕抓图软件如 SnagIt、HyperCam 等来记录屏幕的动态显示及鼠标操作，以获得视频素材。但此方法对计算机的硬件配置要求很高，否则只能用降低帧速或缩小抓取范围等办法来弥补。屏幕抓图软件比较多，质量比较好的有 SnagIt、HyperCam 和屏幕录像专家。屏幕录像专家不仅可以记录屏幕的变化，还可以记录声音，并可自定义屏幕抓图区域；不仅可保存为 AVI 文件，还可保存为 EXE、SWF、ASF 等文件，可以设置多种参数，功能十分强大。SnagIt 提供多种屏幕录像的模式，如全屏模式、活动窗口模式、指定区域模式等。我们可以在“输入”菜单下选择合适的模式。以录制“设置屏幕保护程序的过程”为例，操作步骤如下。

(1) 执行“模式”→“视频捕获”命令。也可以直接单击窗口左侧“快捷栏”中的“视频捕获”按钮。

(2) 执行“输入”→“屏幕”命令，选择“全屏录制”模式，并且还要执行“输入”→

“包含光标”命令，这样可以记录下鼠标指针的移动轨迹，如图 2-21 所示。

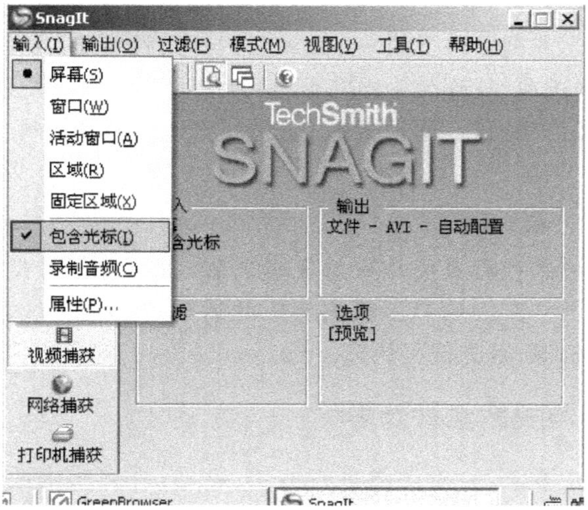

图 2-21　SnagIt 视频捕捉界面

(3) 在弹出的对话框中单击“开始”按钮。这时会发现整个屏幕的四周有一个方框在闪烁，并且在系统托盘 中出现一个小小的“摄像机”图标，“屏幕录像”开始了。

(4) 按照常规的方法在桌面上进行软件教程操作，每一步操作都将被 SnagIt 记录下来。操作结束后双击系统托盘中的“摄像机”图标，在弹出的对话框中单击“停止”按钮。

(5) 在随后打开的预览窗口中，单击窗口上方的控制按钮进行预览。如果单击“播放”按钮，SnagIt 会自动调用 Windows Media Player 或 Real Player 来播放这段视频文件。推荐用 Windows Media Player 进行播放，需要设置成“全屏”播放方式才能看到清楚的效果。如果对录制效果感到满意，单击该窗口上方的“√”将这段视频保存为 AVI 文件。

5. 用动画制作工具创作动画

GIF 动画和 Flash 动画是十分流行的动画文件格式，在多媒体课件中应用很广泛。制作 GIF 动画视频的软件很多，台湾友立公司的 GIF Animator 是比较流行的一个，它具有较强的特技功能和视频优化功能，可惜 GIF 文件缺乏声音的支持。制作 Flash 动画的软件较少，主要是 Macromedia 公司的 Flash 软件，SWF 文件的存储量很小，在几百至几千字节的动画文件中，可以包含几十秒钟的动画和声音，使整个画面充满了生机。Flash 动画还有一大特点是，其中的文字、视频都能跟随鼠标指针的移动而变化，可以制作出交互性很强的动画文件。

6. 用网页浏览器下载 Flash 动画

Internet 上有大量的 Flash 动画素材可供下载。利用网页浏览器下载当前浏览网页的 Flash 动画十分快捷方便。如利用 360 安全浏览器，单击“下载”按钮，在弹出的“安全下载”窗口中单击“下载全部链接”，选中“媒体文件”，勾选扩展名中的 SWF，确定后就可以下载当前浏览网页的 Flash 动画。再如利用 TT 浏览器，在单击“网页提取”后上方会出现选项，分别为原始网页、图片提取、文字提取、Flash 提取、其他提取等，选择“Flash 提取”即可。同理火狐、遨游等网页浏览器也有 Flash 动画素材获取工具。

7. 从图像素材光盘采集

现在各个音像出版社都有图片素材光盘出版，里面有各种类型的图片资料，这些资料是极其丰富的。广大用户可根据实际的需要，购买相应的图片素材光盘，从中获取自己需要的资源，既方便又快捷。

2.4.2 动画与视频素材处理

图像处理内容主要涉及：对图像进行剪切、粘贴、合并来修改图像内容；对图像进行声音的编配和处理；对图像的文件格式进行转换使之符合需要；利用软件提供的各种特技，实现不同的艺术效果，如添加字幕、淡入淡出等。总的来说，图像处理的内容是很多的，只要灵活地应用图像处理软件加工图像，就可以获得满意的图像素材，使之在多媒体课件中焕发出熠熠光辉。能够对图像进行加工处理的软件较多，最方便的是对不同的图像文件格式用相应的软件进行处理，如 GIE 文件用 GIF Animator 工具进行处理，SWF 文件用 Flash 工具处理，AVI 文件用 Adobe Premiere 进行处理等。

1. 视频素材的简单剪辑

对于采集到计算机中的几段 MPEG 视频素材，如果要将其合并成一个视频文件，则可以利用豪杰超级解霸完成上述任务。其具体操作步骤如下。

(1) 单击“开始”按钮，执行“程序”→“豪杰超级解霸”→“实用工具集”→“常用工具”→“MPEG 文件合并”命令，打开“合并 MPEG 到 VCD 格式”对话框。

(2) 执行“文件”→“添加文件”命令，添加要合并的 MPEG 文件。假设添加 4 个文件：背景 1.MPG、背景 2.MPG、背景 3.MPG 和背景 4.MPG。

(3) 在“输出文件”文本框的后面单击“保存”按钮，确定输出文件的存放路径。

(4) 单击有红色箭头的“合并”按钮，开始合并以上四个文件。

2. 数字视频编辑

在多媒体课件制作过程中，视频媒体的编辑加工是提高课件质量的重要环节。对采集压缩后的视频媒体进行编辑，如剪辑、切换、特效制作等，可使视频课件更富感染力、表现力。随着数字视频技术和多媒体计算机技术的融入，数码视频影像处理在传统的视频编辑基础上，产生一种全新的编辑技术——计算机非线性编辑技术。非线性编辑是计算机对所存储的数字视频信号进行剪辑、添加字幕和特技处理的过程。计算机对数字视频信号的处理实际上是利用硬盘中数字信号的时间地址码，来编写一个遵循人们意图的文本文件的过程，计算机在读出文件时也完成对数字信号的解压缩和数/模转换，实现节目录制和播放。由于该编辑系统中信号记录的介质是硬盘，硬盘读/写的随机性也造就了这一编辑系统的重要特征——非线性。非线性编辑系统的这一特征，完全打破了传统编辑设备按时间顺序制作视频的线性工艺流程，它允许视频内容的制作不分先后，使对其作任意修改和调整变得轻而易举、随心所欲。

目前，非线性编辑用的软件较多，比较普遍的有 Adobe 公司的 Premiere 系列，它们支持全系列的 Windows 产品，从 Win 9X、Win 2000 至 Windows XP 都可以很平稳地运行，机器配置要求也不苛刻，PII 450 以上即可运行；但它对内存的要求较高，如装有 Premiere 6.0 的机器要求的最小内存为 128 MB。Premiere 支持最新的 IEEE－1394 接口，也支持外挂插件和滤镜。Premiere 有丰富的剪辑剪裁、特技应用、场景切换、字幕叠加、配音、配乐等功能，能满足多媒体课件制作的编辑需求。经过 Premiere 处理后的视频具有较好的视觉效果。现在以视频转场为例来做一个简单的动画连接，即从视频 A 平滑地过渡到视频 B 的效果。其操作步骤如下。

(1) 导入两段现有的 avi 动画，在 Project 窗口中双击或右击执行“Import”→“File”命令，选 avi 文件。这时在 Project 窗口中出现了已导入文件的信息，如媒体类型、持续时间、文件名等，如图 2-22 所示。

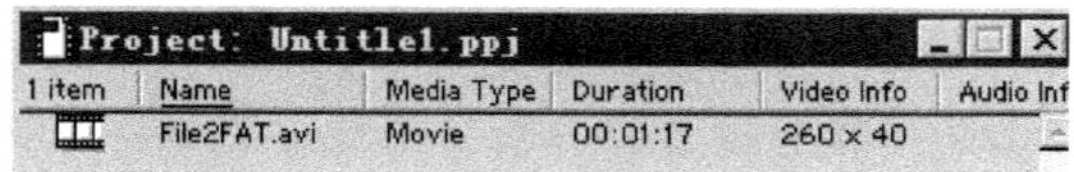

图 2-22　已导入视频文件信息

(2) 在 Project 窗口中右击并执行“Project Window Options”命令，弹出的对话框如图 2-23 所示，勾选希望显示的内容，选择希望出现在窗口中的信息。

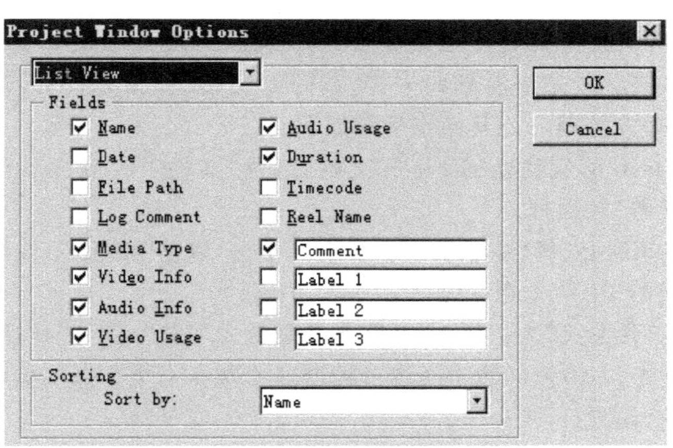

图 2-23　“Project Window Options”对话框

(3) 在文件图标上双击，然后在 Monitor 即监视器窗口中单击黑色的倒三角按钮，预览导入视频。Monitor 窗口左边是源文件的播放窗口，右边是目标文件即编辑了的文件的播放窗口。

(4) 从 Project 窗口中把文件 A 拖曳到 Timeline 时间线窗口的 Video 1A，再把文件 B 拖曳到 Video 1B，注意要使 A 和 B 有一定范围的重叠。

(5) 单击 Timeline 窗口下的倒小三角形按钮，修改 Timeline 中的显示，以方便编辑。

(6) 在 Transitions 窗口中选中一种过渡方式并把它拖曳到 Timeline 窗口的 Transition 行中，它会自动位于 Video 1A 和 Video 1B 重叠的位置，如图 2-24 所示。

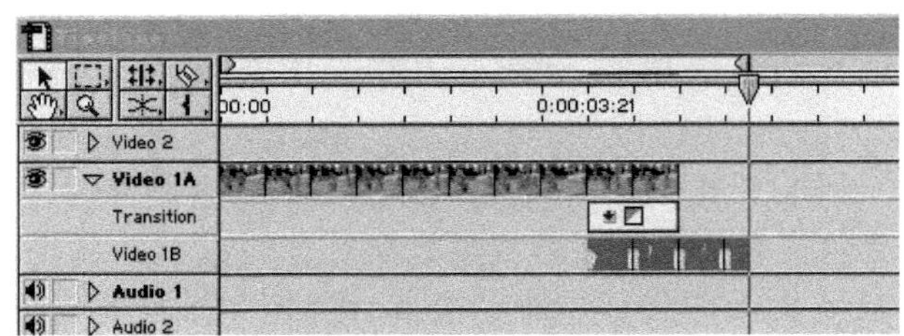

图 2-24 "Timeline"窗口

(7) 简单的视频过渡完成，单击 Monitor 窗口中右边框下的"Play"按钮，进行预览。

(8) 执行"Project"→"Preview"命令，这时 Premiere 会提示要先保存，请单击"是"按钮，进行保存，此时屏幕上会出现一个 Building Preview 的进度条，稍候片刻，进度条消失表明完成。

(9) 按 Enter 键，在 Monitor 窗口的右框中预览效果。

3. Flash 中插入 FLV 视频

通过上述 FLV 流媒体视频的获取方法，得到了 FLV 文件，此时我们并不能直接在网页或 PPT 等形式的课件中使用 FLV 文件，还要将它嫁接到 Flash 动画中去。如同大家在各种视频网站中看到的一样，我们创建的 Flash 视频并不是简单播放就算了，它也是带播放控制的。其操作步骤如下。

(1) 运行 Flash 8，创建新的 Flash 文档，执行"文件"→"导入"→"导入视频"命令，进入"导入视频"对话框。

(2) 选择视频时，选择"在您的计算机上"，单击"浏览"按钮，系统将打开对话框，载入我们刚生成的 FLV 文件，单击"下一步"按钮。

(3) 选择"部署方式"为："从 Web 服务器渐进式下载"，进入"外观"选项。

(4) 根据需要，在内置的数十个播放控制器中选择一个合适的播放控制器，最后单击"完成"按钮，结束。

(5) 返回 Flash 8 主窗口工作区，可以看到刚插入的视频已经布置到位了，此时可以直接按 Ctrl+Enter 键，测试动画。

(6) 在工作区中选择"播放器控件"，调用"属性"面板(按快捷键 Ctrl+F3)，修改

X、Y 轴值为“0.0”,将“播放器控件”定位到工作区的左上方顶点处。

(7) 执行“修改”→“文档”命令,进入“文档属性”对话框,选择“匹配”值为“内容”,单击“确定”按钮,返回,设置 Flash 文档的尺寸与播放器一致。

4. 视频压缩和格式转换

在视频信号数字化过程中要解决的一个问题是存储容量。由于未经压缩的视频信号占用的存储空间非常大,所以视频压缩是关键的一个环节。压缩可减少图像所要求的数据量,节省存储空间,提高存取速度。另外,从各种途径采集到的视频素材往往具有不同的文件格式,有些格式需要经过转换,才能在课件制作过程中应用。VCD、DVD 是重要的影像文件资源库,但它们中的视频文件在多媒体制作中未必能直接使用,必须用超级解霸等软件将它们转换为 AVI、MPG 格式文件后才能将其导入 Authorware、Flash 等课件制作工具中使用。

豪杰超级解霸提供了从 MPEG 格式到 AVI 格式、从 AVI 格式到 MPEG 格式、从 MPEG 格式到 GIF 格式的转换。现在利用豪杰超级解霸将 MPEG 格式转换成 AVI 格式,其具体操作步骤如下。

(1) 单击“开始”按钮,执行“程序”→“豪杰超级解霸”→“实用工具集”→“常用工具”→“MPEG 转 AVI(MPEG 4)”命令,打开 Mpg4Make 转换对话框。

(2) 在菜单栏中执行“文件”→“打开”命令,在打开的对话框中找到要转换的视频文件,文件的格式可以为 *.dat、*.mpg 和 *.mpa,并将其打开。

(3) 单击“播放”按钮,可以在预览窗口中预览打开的视频文件,确定格式转换的开始位置和结束位置。

(4) 单击“保存”按钮,选择转换成 AVI 文件后的保存路径。

(5) 单击红色的“开始转换”按钮,开始转换视频文件格式。

同样,如果我们需要把 AVI 转换为 MPEG 文件,运行超级解霸实用工具集中的“AVI 转 MPEG”工具即可。操作步骤类似,不再赘述。

在多媒体课件中应用数字视频时,应结合实际情况具体应用和融会贯通。随着数字技术的发展和学习者对数字视频教学的热切渴望,随着数字视频处理技术的发展,新的硬件设备及采集压缩软件的推出,多媒体课件中数字视频的应用会更加完善和成熟,并不断创造出更加生动活泼的教学环境。

多媒体素材的收集与制作方法多种多样,使用的工具软件和对硬件环境的要求也不尽相同。可以根据需要,在实践中充分利用身边的硬件条件和软件环境,再结合所需素材的格式及技术要求,采集或制作出适合自己需要的音、视频素材,来满足课件制作的创作需求。

【思考与练习】

● 问题思考

1. 图像文件的格式有哪些? 各有什么优点?

2. 数字音频系统的基本构成及其作用是什么?

3. 随着多媒体网络技术的发展,如何运用视听设备建设视频教学资源?

● 动手练习

1. 使用扫描仪将纸质文档转成文档并存储到计算机中。

2. 选取你比较满意的一张生活照片,制作一张2寸(35 mm×50 mm)的黑白证件照。

3. 为你和某位从未见面的明星制作一张合照。

4. 录制并编辑《背影》的课文朗读录音素材,保存为*.wav格式,并在网上下载合适的背景音乐,合成为一篇配乐朗诵。

5. 围绕某一教学主题,根据教学要求,制作一段视频以在教学中运用。

第3章 PowerPoint课件制作

学习目标

(1) 了解 PowerPoint 的主要功能与界面视图。

(2) 掌握在 PowerPoint 中添加各种素材的方法。

(3) 掌握 PowerPoint 中设置课件交互效果的制作方法。

(4) 掌握 PowerPoint 动画效果的设置方法和幻灯片的切换方法。

(5) 熟悉设置 PowerPoint 背景与版式的基本方法。

(6) 掌握 PowerPoint 课件打包和放映的方法。

PowerPoint 是一款专门用来制作演示文稿的应用软件，也是 Microsoft Office 系列软件中的重要组成部分。使用 PowerPoint 可以制作出集文字、图形、图像、声音及视频等多媒体元素为一体的演示文稿，让信息以更轻松、更高效的方式表达出来。中文版 PowerPoint 2007 在继承以前版本的强大功能基础上，更以全新的界面和便捷的操作模式引导用户制作图文并茂、声形兼备的多媒体演示文稿。

3.1 PowerPoint 2007 基础知识

PowerPoint 2007 是电子课件、宣传广告、交流信息的幻灯片制作工具，用它制作出的幻灯片可通过计算机进行播放。由于 PowerPoint 2007 使用方便，简单易学，又能加载各种媒体信息，因此，使用它制作的课件能广泛应用于课堂教学中。

3.1.1 PowerPoint 2007 使用界面

1. 启动 PowerPoint 2007

在用户将 PowerPoint 2007 成功安装到系统后，启动它就可以用来创建演示文稿了。常用的启动方法有常规启动、通过创建新文档启动、通过现有演示文稿启动等三种。

1) 常规启动

常规启动是在 Windows 操作系统中最常用的启动方式。执行“开始”→“程序”(“所有程序”)→“Microsoft Office”→“Microsoft Office PowerPoint 2007”命令，即可启动 PowerPoint 2007，如图 3-1 所示。

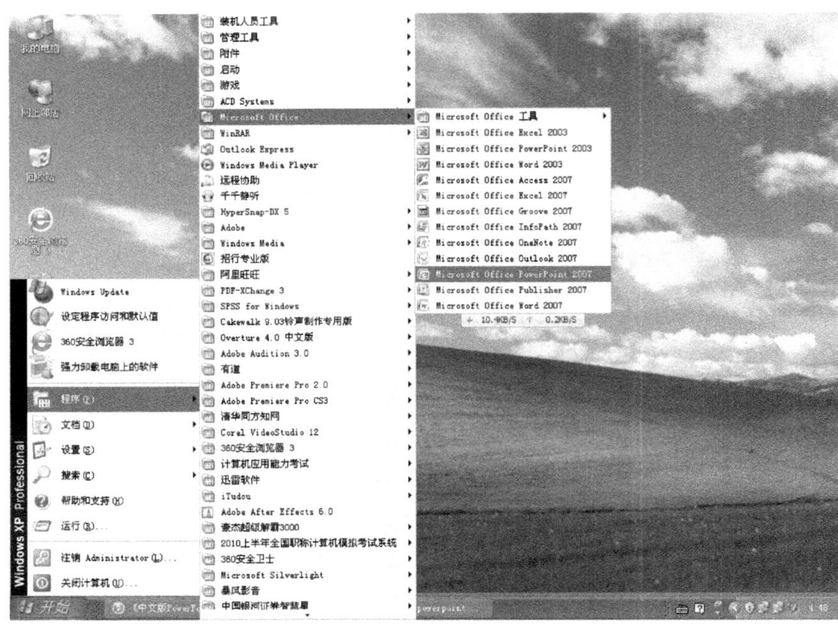

图 3-1　启动 PowerPoint 2007

2）通过创建新文档启动

在桌面或“我的电脑”窗口空白区域右击，弹出快捷菜单，此时执行“新建”→“Microsoft Office PowerPoint 演示文稿”命令即可新建一个 PowerPoint 文稿，再双击该文件图标，即可打开新建的 PowerPoint 2007 文件，如图 3-2 所示。

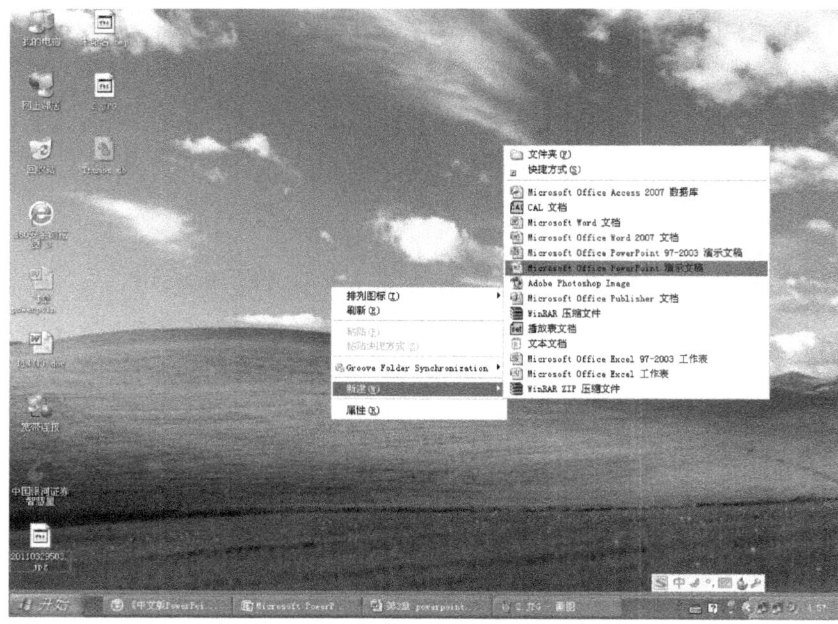

图 3-2　新建 PowerPoint 2007 文件

3）通过现有演示文稿启动

用户在创建并保存 PowerPoint 演示文稿后，可通过已有演示文稿启动 PowerPoint，即双击演示文稿图标启动。

2. PowerPoint 2007 界面的组成

PowerPoint 2007 界面的组成如图 3-3 所示。

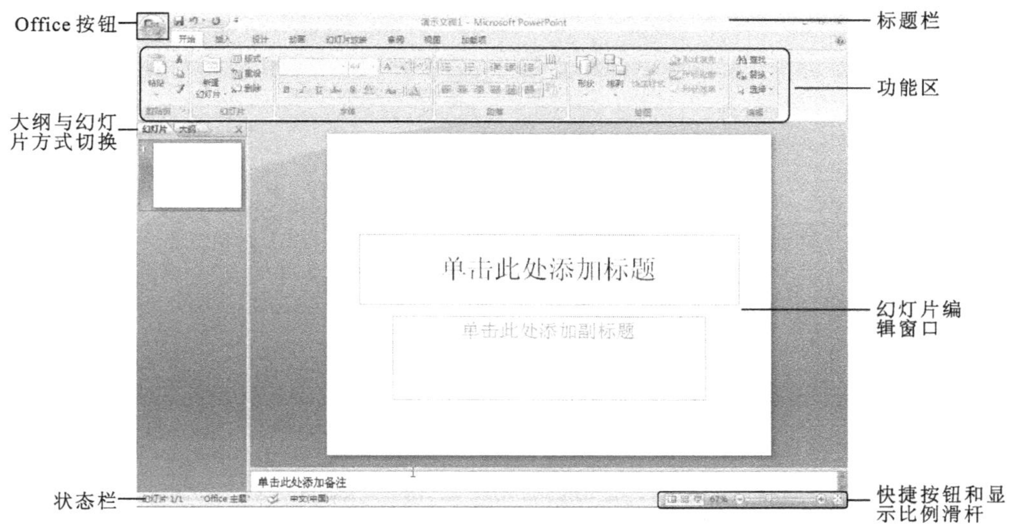

图 3-3　PowerPoint 2007 界面的组成

3.1.2　PowerPoint 2007 视图介绍

PowerPoint 2007 提供了普通视图、幻灯片浏览、备注页和幻灯片放映四种视图模式，如图 3-4 所示。用户可在“视图”面板中单击相应的视图模式按钮，或在页面右下方直接单击几种不同的视图模式按钮进行切换（见图 3-5），都可能在不同工作需求下得到一个舒适的工作环境。每种视图都包含该视图下特定的工作区、功能区和其他工具。在不同视图中，用户都可以对演示文稿进行编辑和加工，同时这些改动都将反映到其他视图中。用户在“视图”面板的“演示文稿视图”选项板中单击相应的按钮即可改变视图模式。

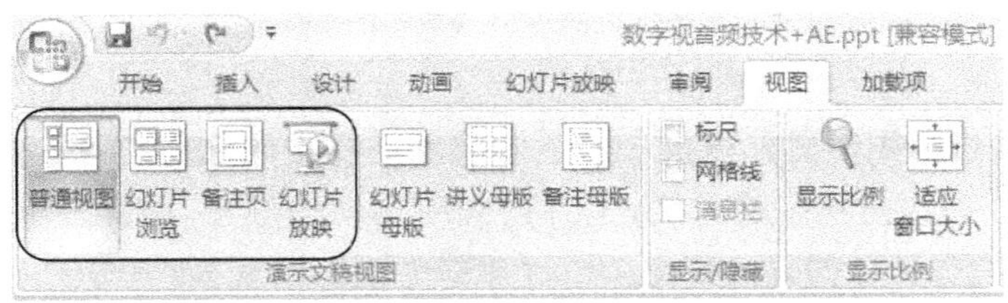

图 3-4　四种视图模式按钮

图 3-5　视图模式按钮

1. 普通视图模式

如图 3-6 展示的普通视图模式包含有各种常用的工具。中央是幻灯片显示窗格，下面是备注窗格，左侧是带有两个选项卡的两用窗格，即大纲和幻灯片窗格。选中“大纲”选项卡时，幻灯片中文本将以大纲形式显示。选中“幻灯片”选项卡 时，显示的是幻灯片的缩略图，图 3-6 所示的是选中“幻灯片”选项卡后的显示方式。

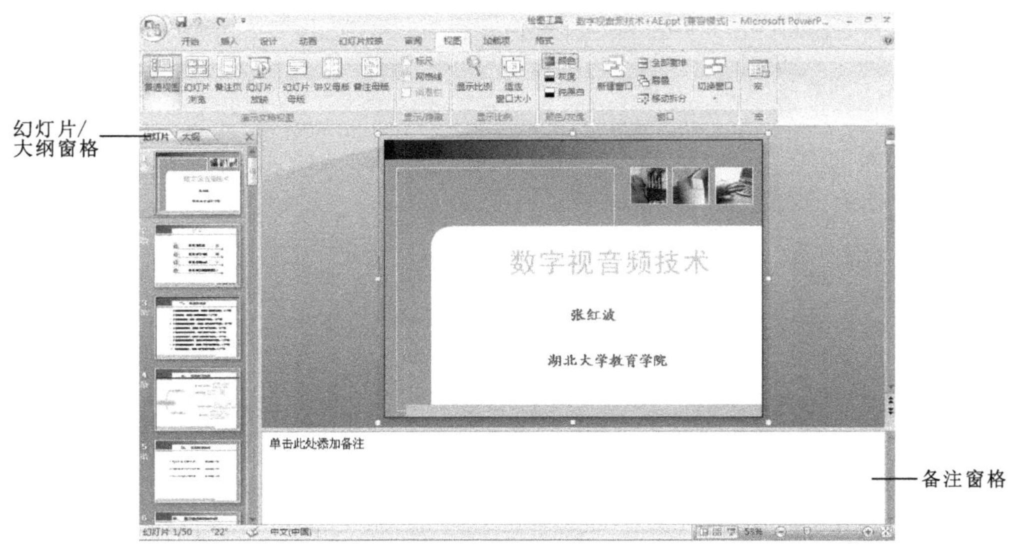

图 3-6 普通视图模式

普通视图中每个窗格都有自己的滚动条，这样就可以分别浏览大纲、幻灯片和备注。拖曳窗格间分隔线可调整各窗格大小。例如，要改变备注窗格大小，可将鼠标指针指向该窗格的上分隔线，鼠标指针变成一个双箭头后，按住鼠标左键不放，拖曳分隔线到新位置后，松开鼠标左键即可。

幻灯片/大纲窗格很有用，只需拖动右边滚动条，就可以浏览每张幻灯片。如要关闭幻灯片/大纲窗格，只需单击其右上角的 ✕ 按钮即可，这样，可以给予幻灯片窗格最大显示空间。关闭幻灯片/大纲窗格后，备注窗格也会消失，这些窗格无法分别打开或关闭。要使这些窗格重新出现，重新应用普通视图模式即可。

2. 幻灯片浏览模式

幻灯片浏览视图是一种缩略图形式。该模式可显示演示文稿中的全部幻灯片，各幻灯片排列成行。用户可以方便地查看全局，也可以来回拖动幻灯片，按播放顺序排列幻灯片，还可以双击幻灯片返回普通视图。幻灯片浏览模式如图 3-7 所示。

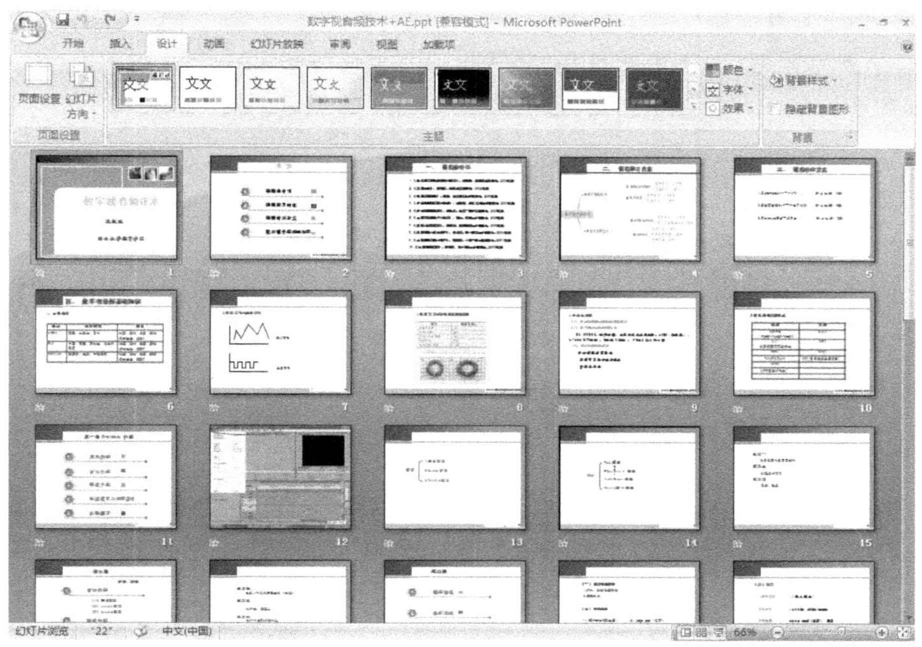

图 3-7　幻灯片浏览模式

3. 幻灯片播放模式

在幻灯片播放模式下，屏幕上依次显示每张幻灯片，每次显示的那张幻灯片都会填满整个屏幕，如图 3-8 所示。

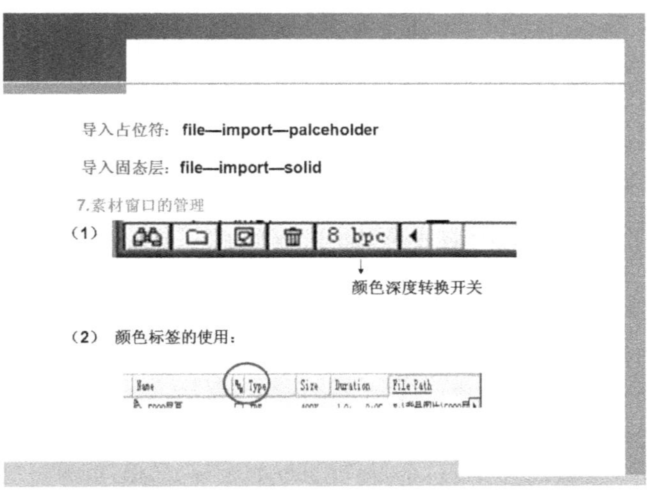

图 3-8　幻灯片播放模式

4. 备注页模式

在这种视图模式下，页面顶端显示幻灯片，下面显示一个文本框，可供输入备注，如图 3-9 所示。这些备注可打印出来，以便在演讲过程中使用。

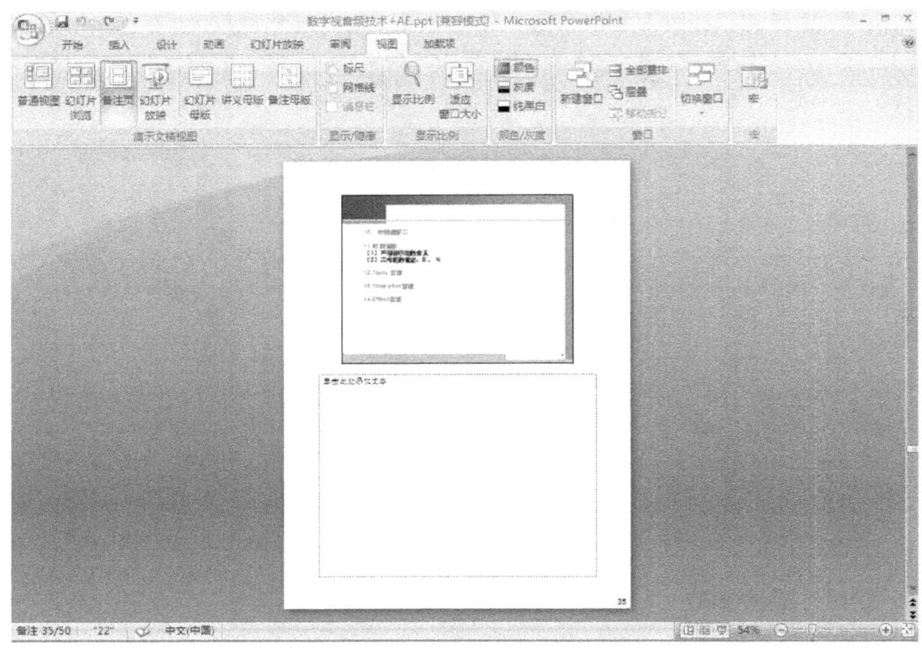

图 3-9 备注页模式

3.2 课件教学内容的添加与编辑

本节主要引领学习者了解在 PowerPoint 2007 中如何创建幻灯片并在其中编辑文本、添加图形图像、添加影片与声音、添加 Flash 等其他对象。

3.2.1 创建幻灯片和编辑文字

1. 创建幻灯片

不同模板会创建带有不同数量和类型的幻灯片的演示文稿。空白演示文稿仅有一张幻灯片，如果需要，可自行创建其他幻灯片。

幻灯片的创建方法有以下四种。

方法一，单击“新建幻灯片”按钮，创建新幻灯片如图 3-10 所示。每单击一次该按钮都会添加一张新的幻灯片。

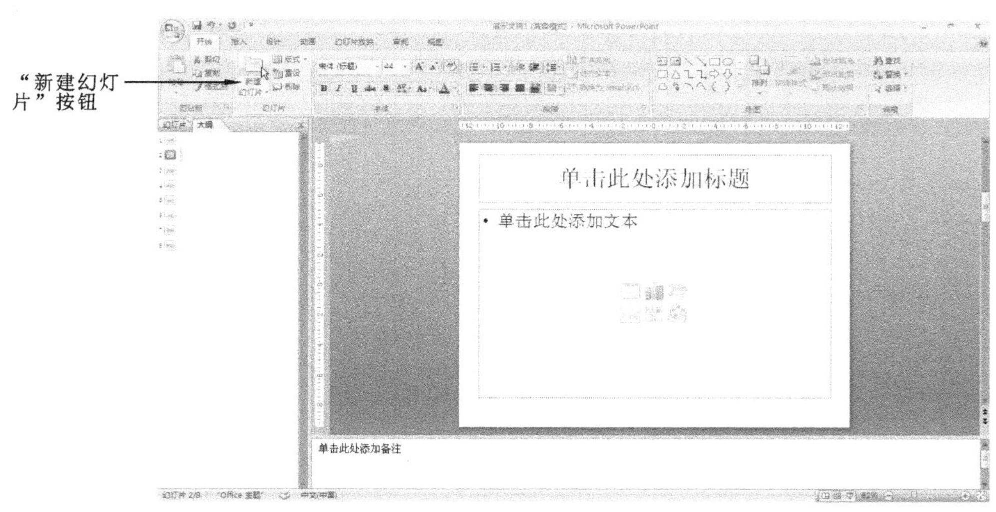

图 3-10　单击“新建幻灯片”按钮创建幻灯片

方法二，单击“新建幻灯片”下拉按钮（“新建幻灯片”按钮下方的“新建幻灯片”文字）创建新幻灯片。其步骤如下。

(1) 单击“开始”面板。在“幻灯片”选项板中可见“新建幻灯片”下拉按钮。

(2) 单击“新建幻灯片”下拉按钮，弹出幻灯片模板，如图 3-11 所示，单击其中一个模板即可创建新幻灯片。

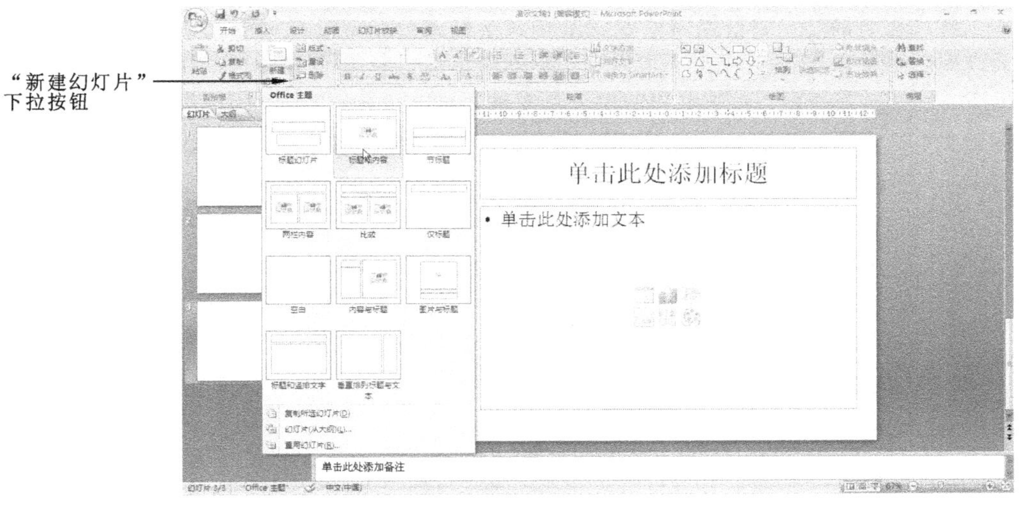

图 3-11　单击“新建幻灯片”下拉按钮创建新幻灯片

方法三，在幻灯片/大纲窗格中选中“幻灯片”，右击幻灯片，或在空白处右击，在弹出的快捷菜单中执行“新建幻灯片”命令，如图 3-12 所示。

方法四，在幻灯片/大纲窗格中选中“大纲”，在空白处右击，执行“新建幻灯片”命令。

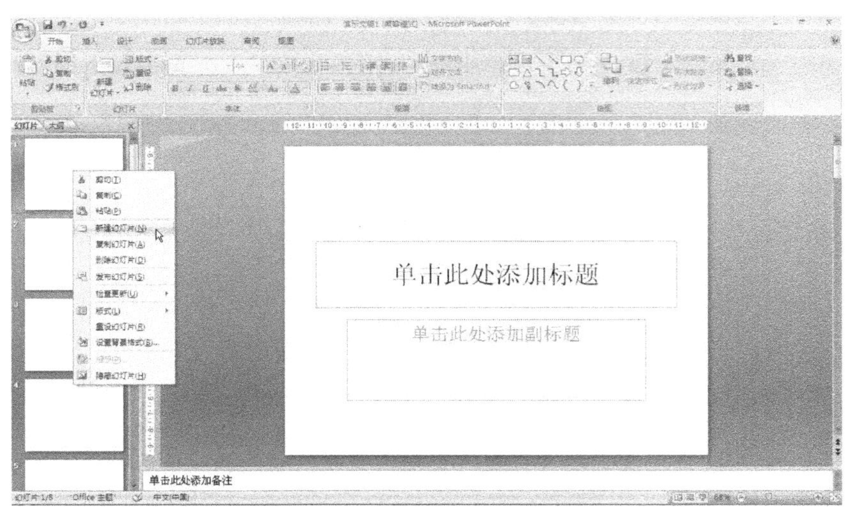

图 3-12　执行“新建幻灯片”命令新建幻灯片

2. 文本添加与编辑

文本格式是指可以应用于文本中各字符的格式。它包括字体、字号、属性等，例如，加粗和下划线、填充颜色、边框颜色等。(缩进或项目符号样式这类只影响整个段落的格式称为段落格式，而不是文本格式)

PowerPoint 2007 中的文本可以通过幻灯片母版应用文本格式，例如文本字号、字体、颜色和属性。

然而有时候用户会根据需要改变某些文本格式。如幻灯片母版上标题字号可能过大或颜色不适合，在这种情况下可以缩小标题占位符的字号，而这一更改将应用于该母版的所有版式。甚至可以将这些更改保存到新的主题文件中，以便以后使用这一具有较小标题文本的主题。图 3-13 所示的为母版中文本及背景颜色更改前后的母版效果。

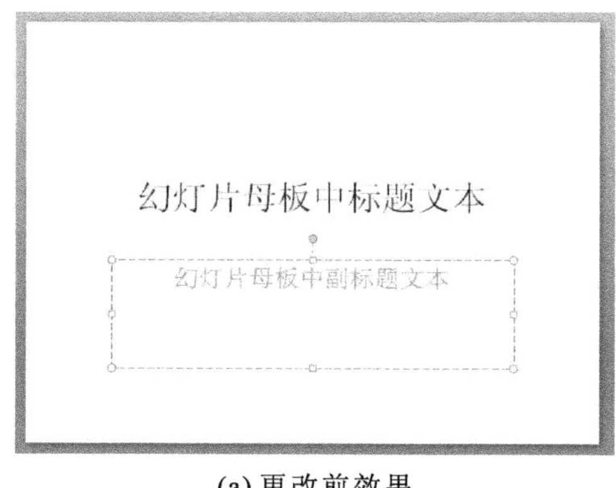

(a) 更改前效果

(b) 更改后效果

图 3-13　幻灯片中母版中文本及颜色更改前后效果图

1) 在占位符中编辑文字

在 PowerPoint 2007 的每张幻灯片中，都有一些虚线框，这些虚线框就是占位符，在占位符中可插入文字信息、对象内容等。

占位符有两种状态：一种是占位符选中状态（见图 3-14），在此状态下可以对占位符进行操作，例如移动、放大、缩小等；另一种是文本编辑状态（见图 3-15）。

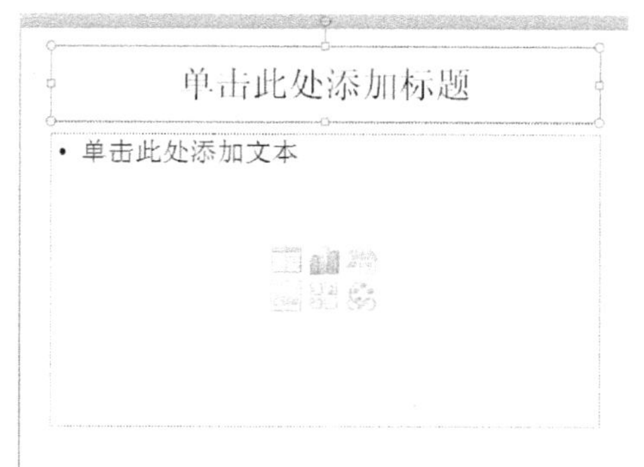

图 3-14　占位符选中状态

图 3-15　文本编辑状态

在占位符中单击，出现插入符，此时占位符处于文本编辑状态。在编辑状态可以进行文字输入、编辑、删除等操作。

2）文字的编辑

PowerPoint 2007 中附带多种不同字体，安装其他程序也会得到另外一些字体。字体也就是字样或文字样式。

（1）更改字体。

更改字体的第一种方法是，输入文字，再选中文字，在“开始”面板的“字体”选项板中单击“字体”下拉按钮，出现字体列表，如图 3-16 所示。

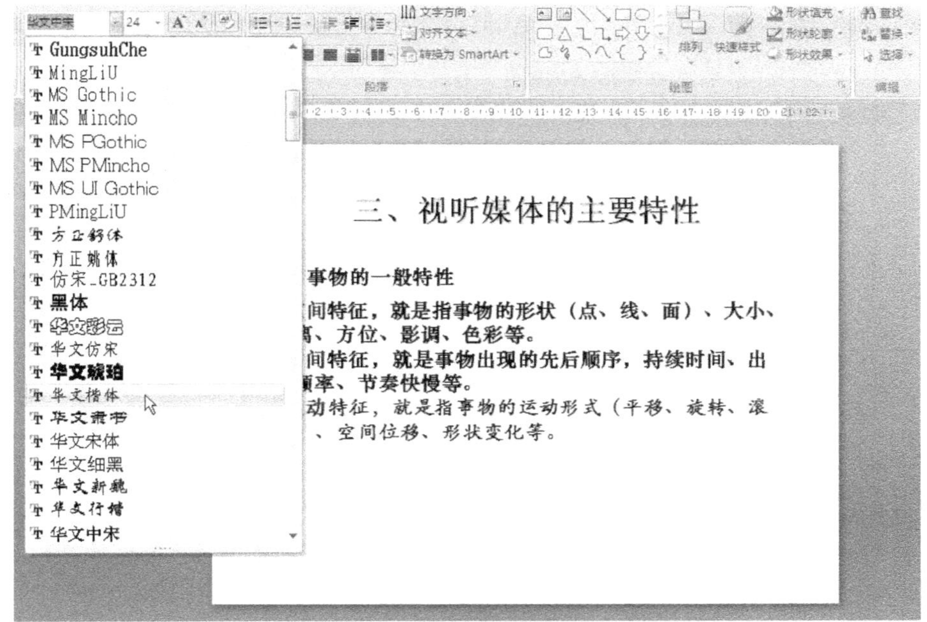

图 3-16　更改字体（一）

从字体列表中可任意选择自己所需字体，选中的文字的字体会发生相应的变化。

更改字体的第二种方法是，选中要更改字体的文字，右击，弹出工具条，单击工具条中的“字体”下拉按钮，出现字体列表，选择一种字体即可，如图 3-17 所示。

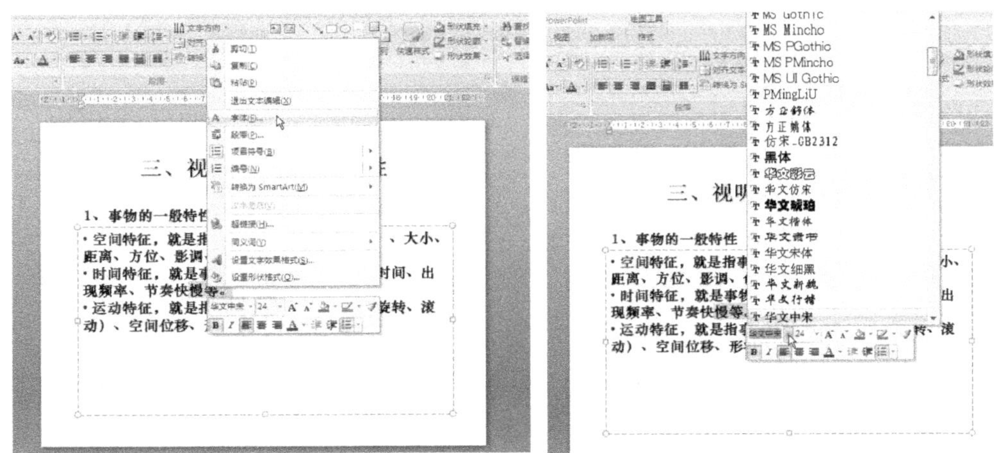

图 3-17　更改字体(二)

更改字体的第三种方法是，选中需要更改字体的文字，右击，在弹出的快捷菜单中执行“字体”命令，弹出“字体”对话框，在对话框中设置字体，如图 3-18 所示。

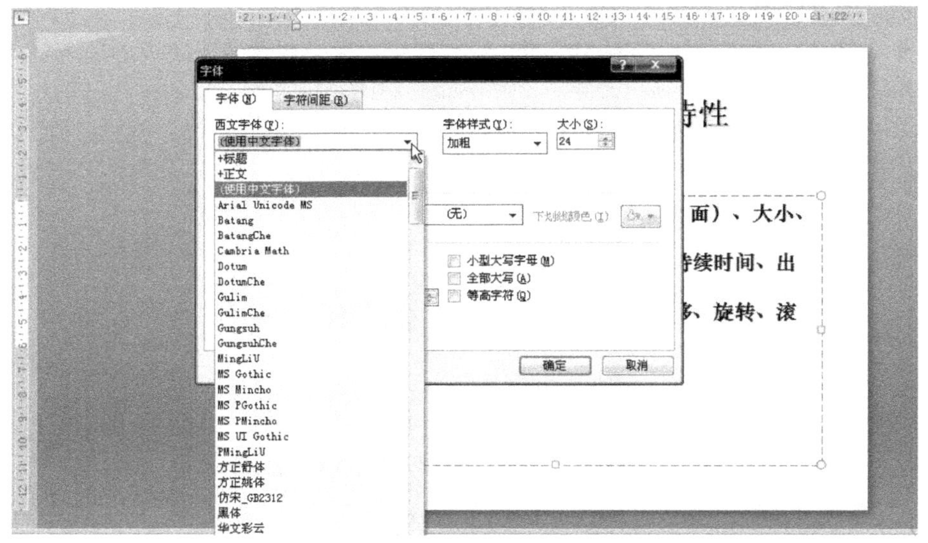

图 3-18　更改字体(三)

(2) 替换文字。

在“开始”面板的“编辑”选项板中，单击“替换”下拉按钮，选择“替换字体”，出现“替换字体”对话框，在其中选择一种字体即可替换文字。

（3）更改字号。

文字的大小同字体一样重要，如果字号太大，屏幕的内容就非常有限，若太小，坐在后排的人可能看不清楚。在“开始”面板上，在字号输入框中单击，然后直接输入值，或者打开如图 3-19 所示的“字号”下拉列表，选择一个值。若所需大小在下拉列表中没出现，则可自己输入一个值。还可用“增大字号”、“减小字号”按钮（见图 3-20）来调整字号大小。

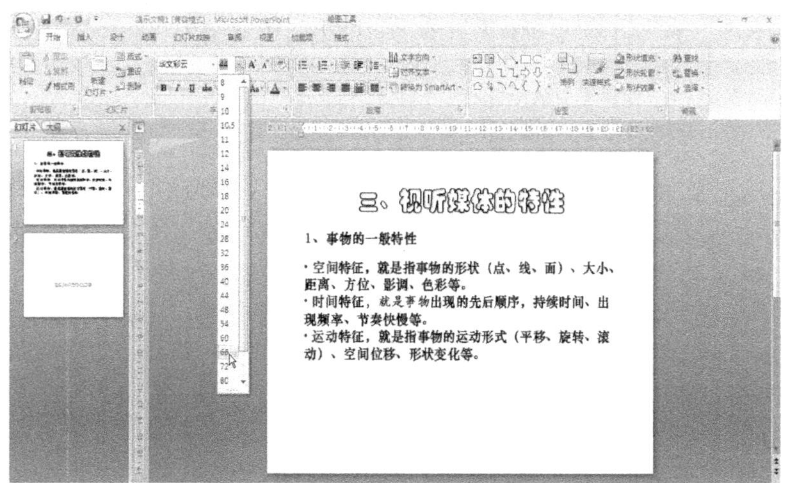

图 3-19　“字号”下拉列表

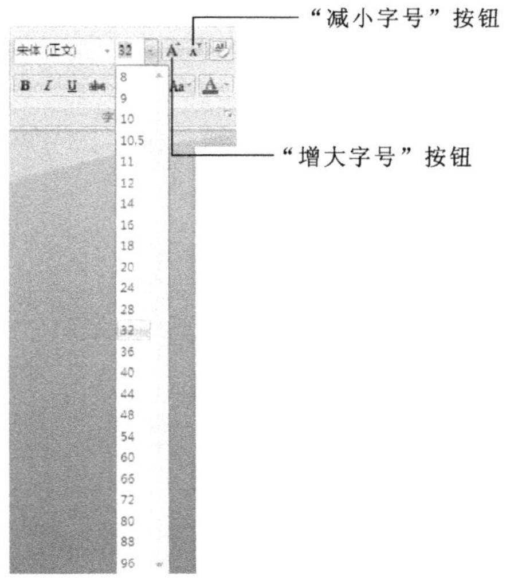

图 3-20　“增大字号”按钮和“减小字号”按钮

（4）设置文字的其他属性。

选中文字后，在“开始”面板的“字体”选项板中可设置文字的其他属性，如图 3-21 所示。

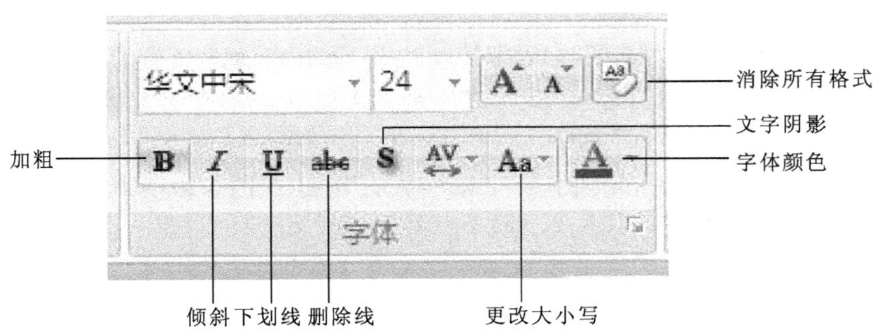

图 3-21　设置文字的其他属性

(5) 应用艺术字。

艺术字使您可以应用一般只能用于图形的格式化功能于文本，例如，特殊填充、轮廓、发光、映像及其他效果。艺术字样式是填充颜色、轮廓颜色和文本效果的预设的组合，艺术字样式内置于 PowerPoint 2007 中，因此，我们不能自定义或添加艺术字样式，但是，可以应用一种艺术字样式，然后对其进行修改。

艺术字的应用可按照下面的步骤进行。

① 选择需要设置艺术字的文本。

② 在"格式"面板的"艺术字样式"选项板中，单击艺术字样式右下角的"其他"按钮，打开"艺术字样式"库，如图 3-22 所示。

图 3-22　打开"艺术字样式"库

注意，在图 3-22 所示的“艺术字样式”库中有两大类样式，一些只能应用于所选的文字，而另一些可以应用于整个文本框。

③ 将鼠标指针悬停在样式上，在幻灯片中浏览该样式的效果。

④ 单击所需的样式以应用它。

要删除设置好的艺术字效果，请单击艺术字样式右下角的“其他”按钮，选择“清除艺术字”项即可。

应用阴影有两种方法。单击“字体”选项板中的“文字阴影”按钮可以将默认的阴影应用于任何文本，甚至在向后兼容的演示文稿中也可以使用。其阴影出现在文本的稍微偏右下的位置，且阴影的颜色根据背景颜色自动变化。

为了获得更大的灵活性，在“艺术字样式”选项板中，单击“文本效果”按钮，然后选择“阴影”，打开阴影预设库。这些预设分成无阴影、外部(默认类型)、内部、透视类型等，如图 3-23 所示。

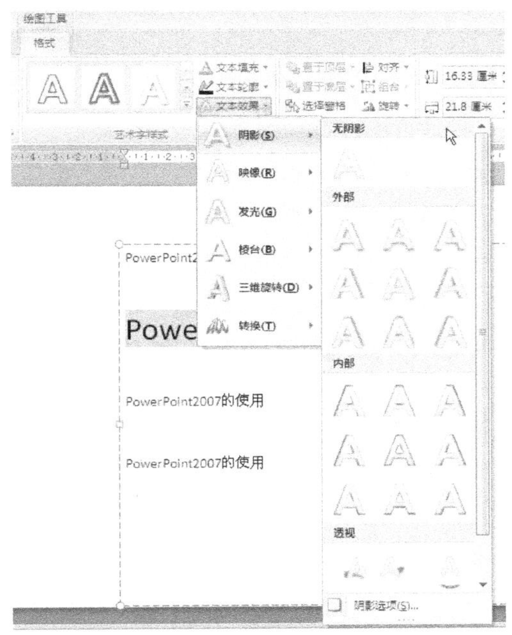

图 3-23 阴影预设库

3.2.2 在课件中添加与编辑图形图像

1. 插入图片

在 PowerPoint 2007 中除了可以输入文本外，还可以插入各种来源的图片，例如，其他图形图像软件生成的图片、Internet 上下载的图片、利用扫描仪和数码相机输入的图片等。

在 PowerPoint 2007 中插入图片有两种方法：一种是通过单击“插入”面板中的

"图片"按钮插入来自文件的图片，另一种是通过单击幻灯片中的"插入来自文件的图片"图标插入图片。

1）通过单击"插入"面板中的"图片"按钮插入来自文件的图片

插入来自文件的图片，其操作步骤如下。

（1）在"插入"面板中单击"图片"按钮，打开"插入图片"对话框，如图 3-24 所示。

（2）单击"查找范围"下拉按钮，选择图片所在路径。

（3）选中需要的图片，单击"插入"按钮，在幻灯片中插入该图片。

图 3-24 "插入图片"对话框

2）通过单击幻灯片中的"插入来自文件的图片"图标插入图片

具体操作步骤如下。

（1）新建一张幻灯片，在"开始"面板的"幻灯片"选项板中单击"版式"按钮，弹出版式库。

（2）从版式库中选择自己需要的版式，在幻灯片中应用该版式，如图 3-25 所示。

（3）在运用该版式的幻灯片中单击"插入来自文件的图片"按钮，即可插入一张图片。

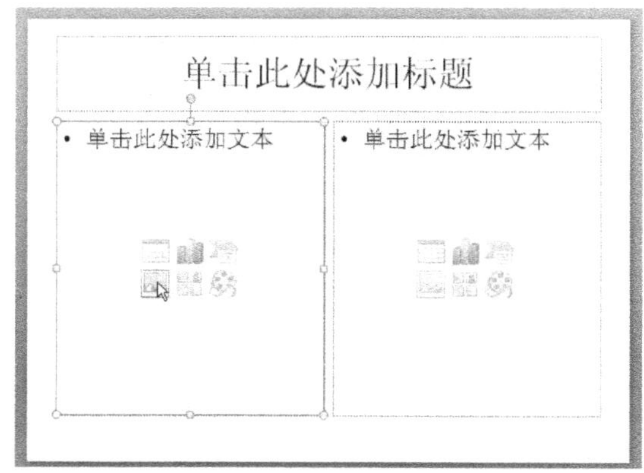

图 3-25 所选版式应用到幻灯片中

2. 插入剪贴画

在幻灯片中除了可以插入图片外，还可以插入剪贴画。插入剪贴画的方法有以下两种。

1）通过“剪贴画”任务窗格

（1）在“插入”面板的“插图”选项板中单击“剪贴画”按钮，如图 3-26 所示。

图 3-26 单击“剪贴画”按钮

（2）在窗口右边会出现“剪贴画”任务窗格，从中输入所需剪贴画内容，即可搜索到所需剪贴画，如图 3-27 所示。

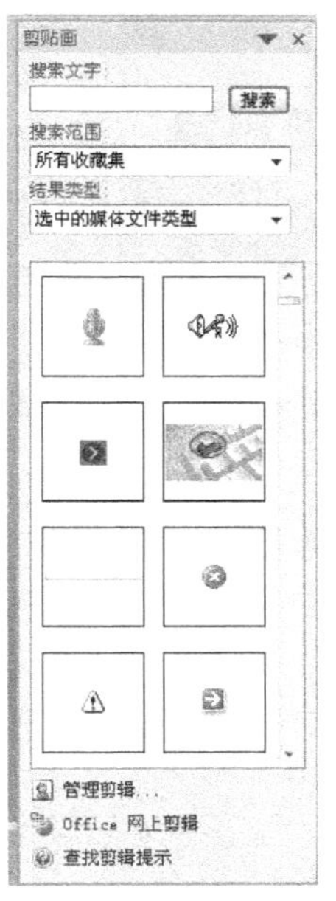

图 3-27 “剪贴画”任务窗格

（3）选择所需剪贴画，即可插入到幻灯片中。

2）通过“剪辑管理器”对话框插入剪贴画

具体操作步骤如下。

(1) 打开“剪贴画”任务窗格。

(2) 单击搜索结果列表区下面的“管理剪辑”项，打开“剪辑管理器”对话框。

(3) 打开“Office 收藏集”，选择所需剪贴画。

(4) 直接拖曳所需剪辑画到幻灯片中，在幻灯片中就插入了剪贴画。

3. 图片工具栏的使用

在插入图片或剪贴画后，在界面上立即出现“图片工具-格式”面板。如图 3-28 所示。

图 3-28 “图片工具-格式”面板

鼠标指针放到“图片样式”选项板中的一种图片样式上，被选中的图片会出现相应效果。图 3-29 所示的为图片应用了图片样式后的效果。

图 3-29 幻灯片中所插入的原图片效果

1）亮度的调整

单击“亮度”按钮，出现亮度调整的相关选项，可选择其中的选项调整图片的亮度。

2）对比度的调整

单击“对比度”按钮，出现对比度调整的相关选项，选择其中的选项可对图片进行对比度的调整。

3）重新着色的调整

单击“重新着色”按钮，出现“颜色模式”、“深色变体”、“浅色变体”、“其他变体”、“设置透明色”等选项，选择其中的选项即可对图片进行调整。

4) 压缩图片

PowerPoint 2007 提供了一个图像压缩工具,这个压缩工具可以一次性压缩演示文稿的所有图片,并将其分辨率减小到指定输出类型所需的数量。要减小分辨率和压缩图像,操作步骤如下。

(1) 单击图片,出现"图片工具-格式"面板。

(2) 单击"调整"选项板中的"压缩图片"按钮,出现"压缩图片"对话框。

(3) (可选)如果不想压缩所有图片,请选中"仅应用于所选图片"复选框。

(4) (可选)单击"选项"按钮,显示"压缩设置"对话框(见图 3-30),然后设置相关选项,并单击"确定"按钮,返回到"压缩图片"对话框。

(5) 单击"确定"按钮,执行压缩。

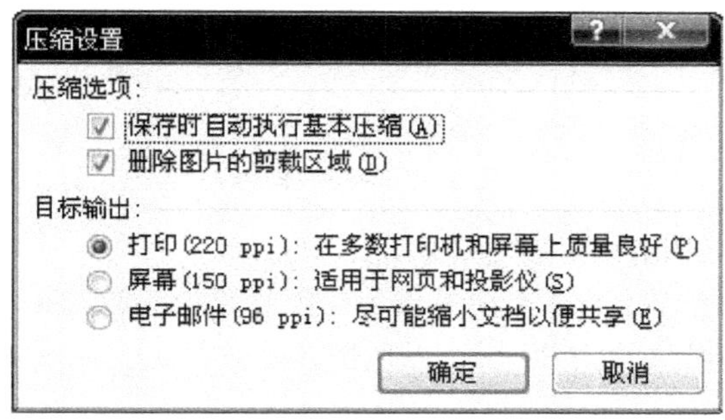

图 3-30 "压缩设置"对话框

5) 更改图片

单击"更改图片"按钮,弹出"插入图片"对话框(见图 3-31),从中选择需要替换原先图片的图片,单击 "插入"按钮,即可插入新的图片,从而替换掉以前的图片。

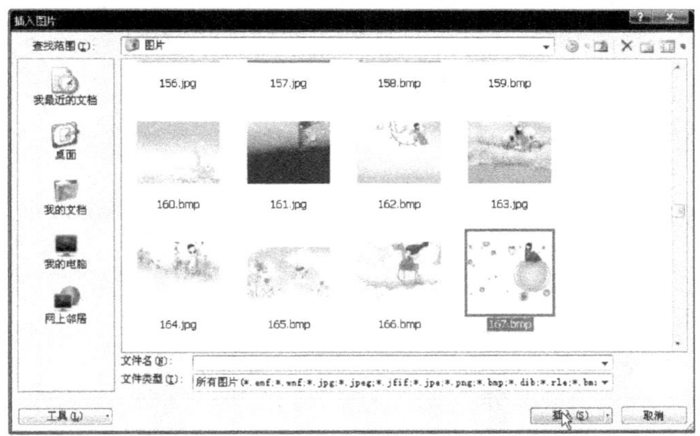

图 3-31 "插入图片"对话框

6) 重设图片

单击"重设图片"按钮,可以把先前对图片的任何操作都取消,从而恢复到最初插入时的状态。

7）图片样式的应用

选用图片样式，可以改变图片的固定样式，从而达到美化图片的效果。图 3-32 所示的为 PowerPoint 2007 提供的各种图片样式。

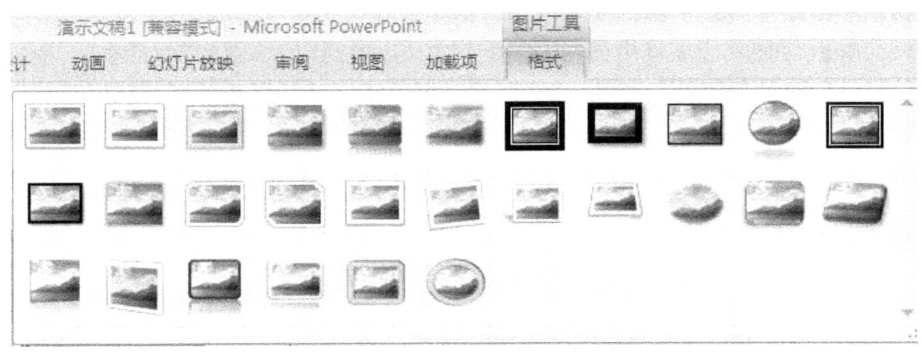

图 3-32 图片样式

8）图片形状的应用

单击“图片形状”按钮，选择其中的形状，可以为图片添加外框。图 3-33 所示的为 PowerPoint 2007 提供的图片形状，以及图片添加了心形外框后的效果。

图 3-33 “图片形状”选项及图片添加了心形外框后的效果

"图片形状"选项包括矩形、基本形状、箭头总汇、公式形状、流程图、星与旗帜、标注、动作按钮这些图片形状。

9）图片边框的应用

单击"图片边框"按钮，弹出"图片边框"选项，选择其中的选项为图片设置边框颜色，如图 3-34 所示。

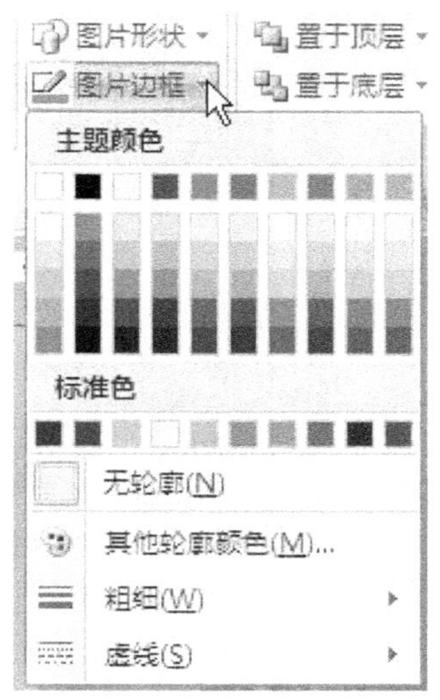

图 3-34　"图片边框"选项

在此，可选择任一"主题颜色"为图片添加边框颜色。其他选项内容如下。

无轮廓：会把所添加的边框去掉，恢复到原始状态。

其他轮廓颜色：可以自己选择在"主题颜色"中没有出现的颜色。

粗细：可以让轮廓线加粗或变细。

虚线：可以选择其中的任一条线作为图片的轮廓线，可结合"粗细"选项来调整。

10）图片效果的应用

单击"图片效果"按钮，在弹出的选项中选择一种为图片添加效果，例如阴影、映像、发光、柔化边缘、棱台、三维旋转等效果，使所插入图片看起来更有立体感，如图 3-35 所示。

图 3-35　"图片效果"下拉选项

除了选用预设好的效果外，还可以自己设置效果，选择“三维选项”项，弹出如图3-36所示的“设置图片格式”对话框的“三维格式”选项卡。用户可以根据自己的需求选择效果和颜色，为图片添加效果。

图 3-36 “设置图片格式”对话框的“三维格式”选项卡

（1）阴影 选择如图3-37所示的选项可以为图片添加内部阴影、外部阴影、透视效果。选择“阴影选项”项还可对阴影效果进行编辑，如图3-38所示。

图 3-37 “阴影效果”下拉选项

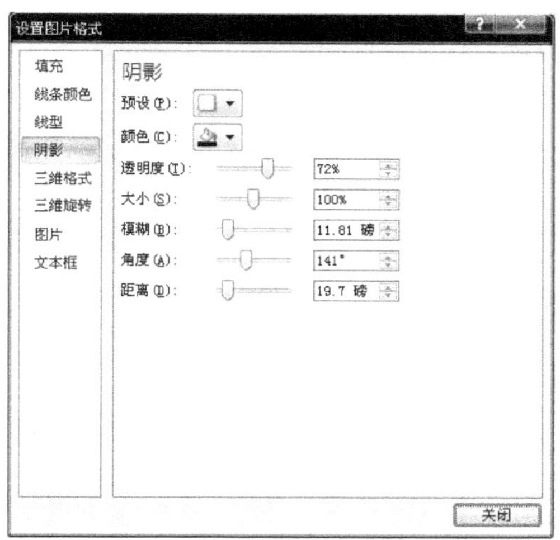

图 3-38　"设置图片格式"对话框的"阴影"选项卡

在图 3-38 所示的对话框中可对阴影进行透明度、大小、模糊、角度、距离、颜色等的设置，从而得到自己想要的阴影效果。

(2) 映像　添加映像效果后可使图片产生倒影。用户可直接使用该软件提供的 9 种映像效果。

(3)发光　通过"发光"选项可以为图片添加各种颜色的光晕。用户除了可使用软件中预设的 24 种发光效果外，还可以自己定义其他颜色。

(4) 柔化边缘　可以使图片的边缘看上去被虚化了，轮廓变得柔和。

(5) 棱台　可以使图片的边缘看上去有立体感。当鼠标指针指到某种预设的棱台效果上时，图片就会显示该效果，但在图片中添加棱台效果后不大容易看出效果。

除了可以使用软件中预设的 12 种棱台效果外，还可以自定义三维选项。选择"三维选项"项弹出"设置图片格式"对话框的"三维格式"选项卡，在其中可以对棱台效果的三维格式进行调整。

(6)三维旋转　可以从"平行"、"透视"、"倾斜"三个方面对图片进行调整，从而可以产生不同的三维效果，也可以自行设置三维旋转选项。

3.2.3　在课件中添加影片和声音

1. 在课件中添加影片

用于创建或获取视频剪辑的视频捕获和视频编辑程序将决定视频文件的格式和规格，PowerPoint 2007 可以接受以下文件格式的视频：① 运动图像专家组(MPG、MEGE、MLV、MP2、MPA 和 MPE)，② Microsoft 流格式(ASF 和 ASX)，③ Microsoft Windows Media Video (WMV)，④ 音视频交叉存放格式(即 AVI)，⑤ Quicktime(MOV 或 QT)1 和 2. x 版。

放置影片到幻灯片中之后，可能要设置其位置、大小和播放选项。这可以使用

“剪辑管理器”将视频剪辑放置在幻灯片中，或者通过直接插入文件或粘贴其他应用程序中的视频剪辑来完成这一工作。

注意视频剪辑是链接到在演示文稿中的，而不是嵌入的。如果将演示文稿文件移动到其他位置，也需要移动这些影片的剪辑。由于这一原因，从“剪辑管理器”中插入视频可能不是好方法，它会链接到原始位置并很难移动。单击 Office 按钮，选择“发布”→“CD 数据包”项，它会收集并将所有必需的文件打包，从而可以避开这个问题。

1）插入剪辑管理器中的影片

其操作步骤如下。

（1）保证自己的互联网链接已经建立（以选择最佳的剪辑）。

（2）显示要把影片放置在其中的幻灯片。

（3）单击“插入”面板中的“影片”下拉按钮，选择“剪辑管理器中的影片”项，出现“剪贴画”任务窗格，显示现有的影片剪辑的缩略图，显示该剪辑的第一帧。每个缩略图的右下角有一个小小的星形图标，表明剪辑都是动画或影片而不是静态图像，如图 3-39 所示。

图 3-39 “剪贴画”任务窗格

（4）如果希望预览剪辑，则可以打开其菜单（鼠标指针指向剪辑，该剪辑右边出现指向下方的三角形按钮，单击该按钮即可打开菜单）并执行“预览/属性”命令（见图 3-40），该剪辑将在“预览/属性”对话框中播放。单击“播放”按钮，即可播放，观看完之后，单击“关闭”按钮，即可退出。

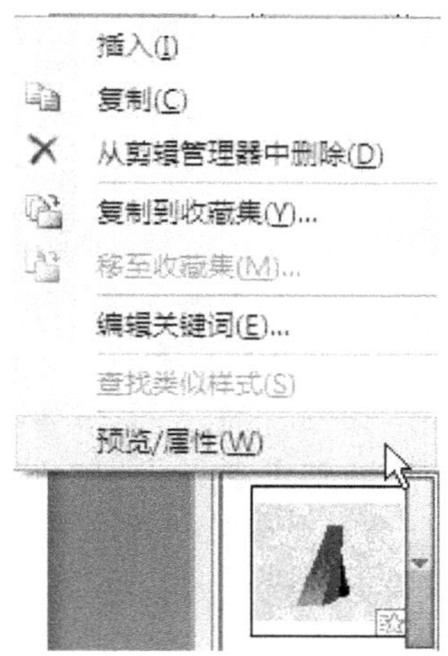

图 3-40　执行“预览/属性”命令

(5) 如果要将影片插入幻灯片中，在幻灯片播放过程中播放，则可直接单击该影片预览图，弹出影片播放方式设置对话框，如图 3-41 所示。

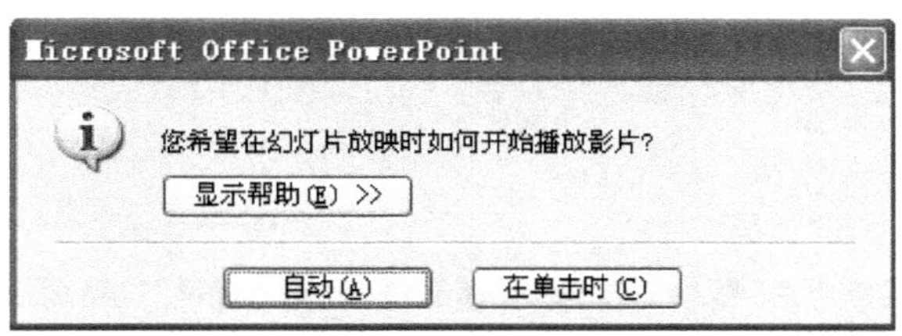

图 3-41　影片播放方式设置

此时有“自动”和“在单击时”两个按钮，若单击“自动”按钮，则播放幻灯片时，当切换到该张幻灯片时，影片会自动播放，若单击“在单击时”按钮，播放幻灯片时，当切换到该张幻灯片时，单击一下，才开始播放影片。

2) 插入文件中的影片

如果要插入的影片不在剪辑管理器中，则可以像放置其他对象一样，直接将它放在幻灯片中。如果计划以后将演示文稿移动到其他地方，则可以将影片剪辑与演示文稿放在相同的文件夹中，然后才将影片剪辑插入到演示文稿中。这样保存在演示文稿文件中的路径将是相对路径，在将演示文稿和影片剪辑移动后，该链接仍然可以访问。

要插入文件中的视频剪辑，可以按照以下步骤进行。

(1) 显示要应用影片的幻灯片。

(2) 在“插入”面板中单击“影片”按钮(或单击“影片”下拉按钮，选择“文件中的影片”项)，如图 3-42 所示。这时打开“插入影片”对话框。

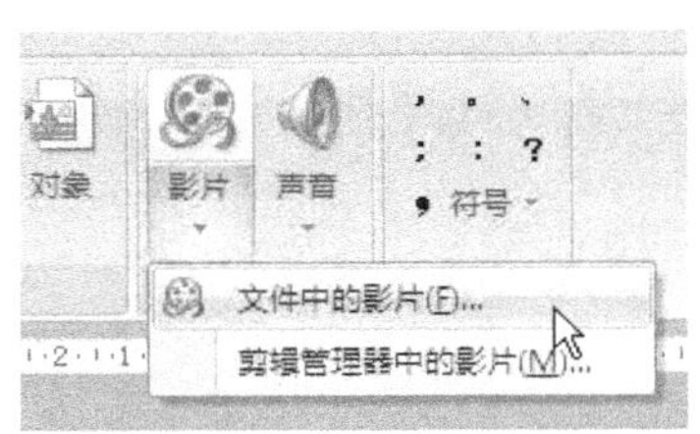

图 3-42 选择"文件中的影片"项

(3) 在"插入影片"对话框中,找到需要的剪辑,选择该剪辑并单击"确定"按钮。

(4) 弹出影片播放方式设置对话框,单击"自动"按钮或"在单击时"按钮,影片剪辑将出现在幻灯片中。

(5) 根据需要移动该剪辑。

3) 控制音量

设置剪辑的音量和如何开始播放影片有两种方法:使用"影片工具-选项"面板,如图 3-43 所示,或者单击"影片工具-选项"面板中的"影片选项"选项板的对话框启动器,并通过设置"影片选项"对话框(见图 3-44)相应选项来控制这些功能。两种方法之间只存在唯一的差别,即音量不同,在"影片工具-选项"面板中设置时,音量只有四种设置:低、中、高和静音,而通过对话框设置时,可以利用连续可变的滑块设置音量。

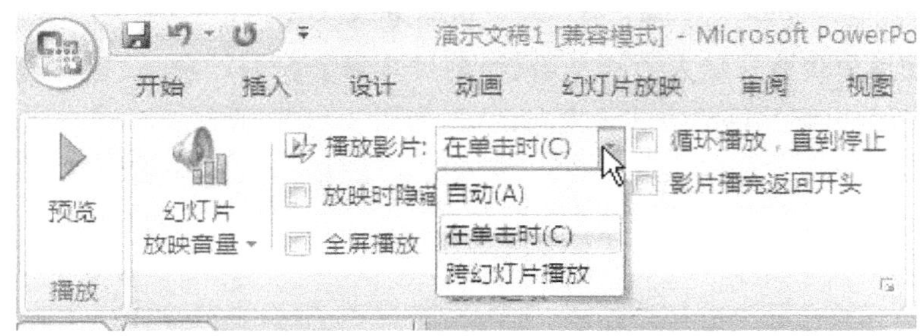

图 3-43 可直接利用"影片工具-选项"面板中的"影片选项"选项板控制影片重放

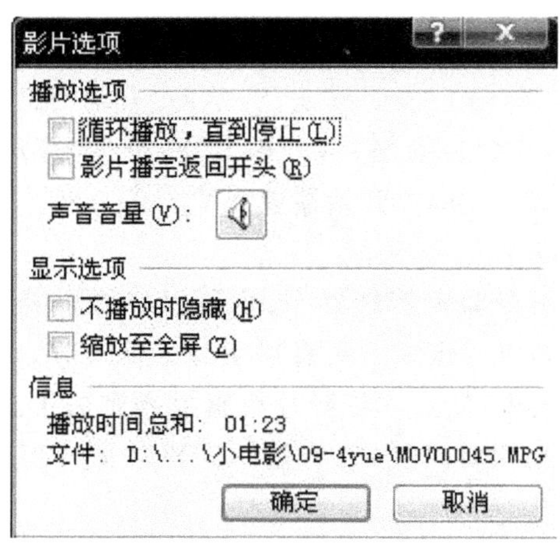

图 3-44 "影片选项"对话框

2. 在课件中添加声音

在演示文稿中包含声音有以下几种方法。① 插入声音文件。根据所指定的设置不同，在演示期间，人们将鼠标指针指向声音图标或单击声音图标，即播放声音。在交互式演示文稿中，这一点非常有用，因为它可以为听众提供是否要播放声音的选择。② 将声音与动画效果关联起来，使得动画效果出现时，即播放声音。③ 将声音与幻灯片切换关联起来，使在下一张幻灯片出现时，即播放声音。例如，可以为幻灯片之间的切换指定百叶窗刷刷声等。④ 在背景中插入自动播放的声音。

1）选择剪辑管理器中的声音

按照下面的步骤在“剪辑管理器”中选择声音。

（1）在“插入”面板中单击“声音”下拉按钮，并选择“剪辑管理器中的声音”项，如图 3-45 所示。出现显示现有剪辑图标的剪辑管理器。

（2）为了让剪辑列表中只显示具有某些关键词的那些剪辑，可以在“搜索文字”框中键入关键词，然后按 Enter 键。

（3）要预览剪辑，可以进行下列操作。

① 右击该剪辑并在快捷菜单中执行“预览/属性”命令。打开“预览/属性”对话框，并播放声音。

② 如果要再次播放该声音，单击“播放”按钮。

③ 要预览另一个剪辑，可以单击“后一个”或“前一个”按钮。

④ 要关闭此对话框，单击“关闭”按钮即可。

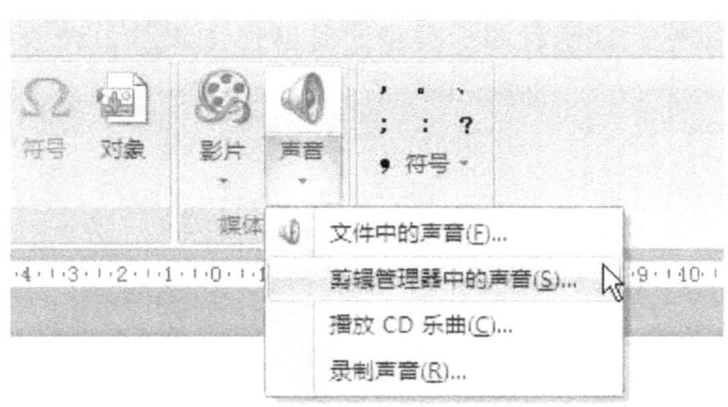

图 3-45 选择“剪辑管理器中的声音”项

⑤ 单击要插入的剪辑。出现消息框，询问希望如何开始播放影片，单击“自动”按钮或“在单击时”按钮，该声音图标将出现在幻灯片中。

⑥ 如果必要，重新定位和调整该图标大小。

一旦声音图标出现在幻灯片中，就可以像处理其他对象一样，移动或调整其大小，还可以指定如何开始播放该声音（鼠标指针经过该声音图标时、单击该声音图标时、自动）。

2）选择文件中的声音

把文件中的声音插入幻灯片的步骤如下。

（1）在“插入”面板中单击“声音”按钮（或单击“声音”下拉按钮，选择“文件中的声音”项)，打开“插入声音”对话框。

(2) 找到含有要插入的声音文件的文件夹。

(3) 单击要使用的声音文件，然后单击“确定”按钮。

(4) 出现对话框，询问在幻灯片放映时如何开始播放声音。单击“自动”按钮或“在单击时”按钮，一个声音图标出现在幻灯片中。

3) 微调声音播放设置

插入声音文件时，可以单击“自动”按钮或“在单击时”按钮。单击“自动”按钮后，当图标出现时，开始播放声音文件。如果没有为幻灯片设置任何动画，声音将与幻灯片中所有其他内容同时出现，因此当幻灯片出现时，就开始播放声音文件。单击“在单击时”按钮后，仅当用户单击该图标时才开始播放声音文件。

4) 调整自定义动画的声音播放设置

首次放置声音时，如果选择“自动”作为其设置，PowerPoint 2007 将设置它在声音图标出现在屏幕上的同时开始播放，没有延迟。可以更改这一默认设置，使其存在延迟，或者关闭它使声音文件不自动播放。要访问声音的动画设置，单击“动画”面板中的“自定义动画”按钮，出现“自定义动画”窗格，且剪辑在其列表的最上面。该剪辑旁边的时钟图标指出该剪辑有一个“在上一动画之后开始”的标识；这意味着该剪辑被设置为自动播放。被设置为单击鼠标或鼠标指针移过时播放，则出现剪辑时会显示一个鼠标图标。这两种图标类型同时出现在如图 3-46 所示的窗格中。

图 3-46 “自定义动画”窗格

5）播放 CD 乐曲

在光驱中插入 CD 乐曲光盘的情况下，可以在幻灯片中播放 CD 乐曲。但是乐曲只是链接到幻灯片中而不是真正导入进去。播放 CD 乐曲的操作步骤如下。

（1）单击“插入”面板中的“声音”下拉按钮，选择“播放 CD 乐曲”项，如图 3-47 所示，弹出“插入 CD 乐曲”对话框，如图 3-48 所示。

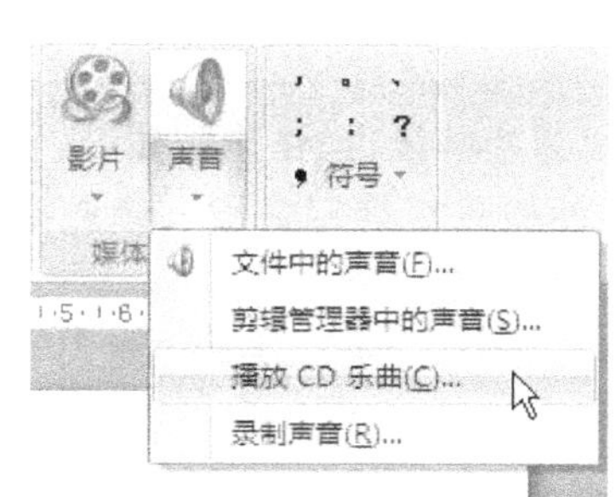

图 3-47　选择“播放 CD 乐曲”项

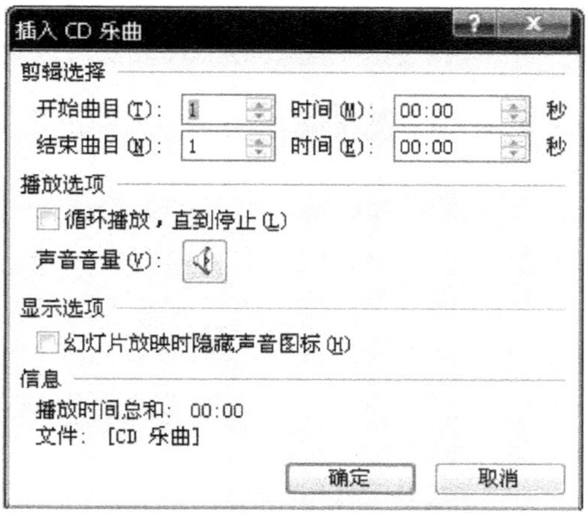

图 3-48　“插入 CD 乐曲”对话框

（2）“插入 CD 乐曲”对话框包括对曲目的选择、循环播放的设置、显示方式的设置及声音音量的调节。

● 在“剪辑选择”区域中可以设置开始曲目和结束曲目。

● 在“播放选项”区域中，如果选择“循环播放，直到停止”选项，则表示声音循环播放，直到该张幻灯片结束放映为止。

● 单击“声音音量”后的声音图标，可打开音量调节面板，拖动滑块可以改变声音大小。

● 在“显示选项”区域中，如果选择“幻灯片放映时隐藏声音图标”选项，则表示在幻灯片放映时隐藏声音图标。

3. 录制声音

利用录制声音功能，可以录制自己需要的声音。录制声音的操作步骤如下。

（1）单击“插入”面板中的“声音”下拉按钮，选择“录制声音”项。

（2）弹出如图 3-49 所示的对话框。

在“名称”文本框中输入准备录制的声音名称。单击 ● 按钮，开始录制声音。当录制完毕，单击 ■ 按钮，停止录音。单击“确定”按钮，录音完成。

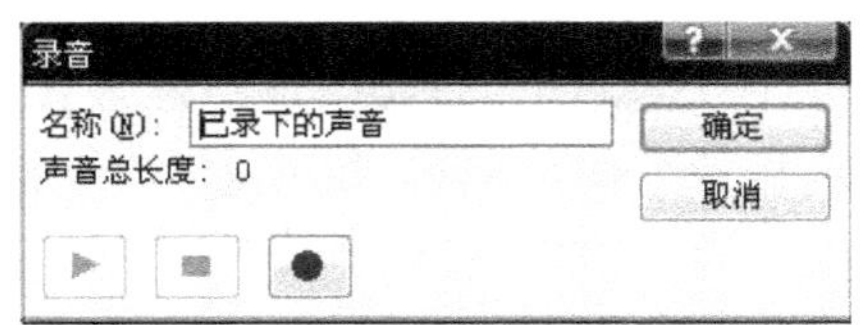

图 3-49　“录音”对话框

3.3 设置课件交互效果

PowerPoint 2007 包括一个 Office 应用程序共享的超级链接对话框，可以很方便地在文档中插入超级链接。被插入的超级链接可以指向其他 PowerPoint 演示文稿、其他 Office 成员、HTML 文档、邮件及网址等。另外，通过这个超级链接对话框可以制作特殊效果的交互式幻灯片。

3.3.1 设置超链接交互

1. 创建文本超链接

要创建文本超链接，可以先输入文字，然后使它成为超链接，操作步骤如下。

(1) 可输入一段文字，选择该文本或其文本框。如果只需确定要插入超链接的位置。

(2) 在“插入”面板中，单击“超链接”按钮，或按快捷键 Ctrl+K，打开“插入超链接”对话框，如图 3-50 所示。

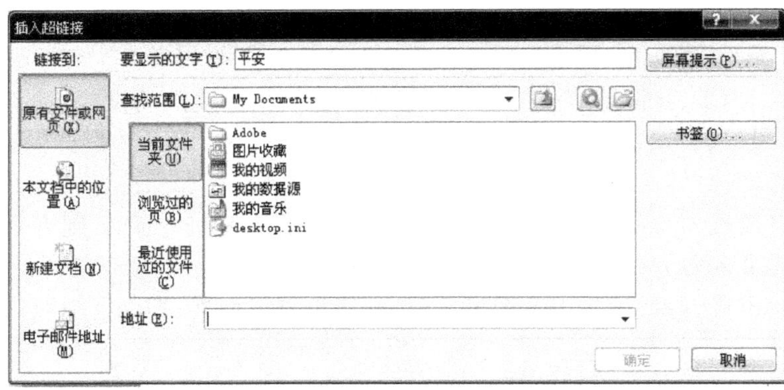

图 3-50 “插入超链接”对话框

(3) 在“要显示的文字”文本框中，输入或编辑超链接文本。这些文本出现在幻灯片中时显示为加下划线的文本。步骤(1)所选择的任何文本会默认出现在该字段中；修改这里的文本也会改变出现在幻灯片上的文本。

(4) 输入超链接目标或从列表中选择超链接目标。

(5) 默认的超链接屏幕提示是其地址(URL)或是文件路径。如果用户要求屏幕提示显示不同的内容，可单击“屏幕提示”按钮，在打开的“设置超链接屏幕提示”对话框中输入屏幕提示文字，如图 3-51 所示。

(6) 单击“确定”按钮，关闭“设置超链接屏幕提示”对话框，返回“插入超链接”对话框。

(7) 单击“确定”按钮，超链接创建完成。

图 3-51 "设置超链接屏幕提示"对话框

2. 选择超链接地址

可以使用"插入超链接"对话框创建通过运行该演示文稿的计算机可以访问的任何地址的超链接。虽然许多人把超链接看做 Internet 地址，但实际上它可以链接到任意文件、应用程序、Internet 地址或幻灯片。

要超链接的可能地址包括：当前演示文稿中的其他幻灯片，其他演示文稿中的幻灯片，在其他应用程序中创建的文档，图形文件，Internet 网页，电子邮件地址，FTP 网站地址。

1) 创建到本演示文稿中幻灯片的链接

最常用的一类链接是到同一演示文稿中其他幻灯片的链接。这种类型的链接有许多用途。例如，可以隐藏几张含有附加信息的备份幻灯片。然后，在某些关键幻灯片中创建超链接，用户就可跳转到这些隐藏幻灯片之一中。也可以创建到其他幻灯片的超链接。其操作步骤如下。

(1) 在"插入"面板中单击"超链接"按钮，打开"插入超链接"对话框。

(2) 在"插入超链接"对话框中，单击"本文档中的位置"，该对话框中显示"请选择文档中的位置"和"幻灯片预览"栏，如图 3-52 所示。

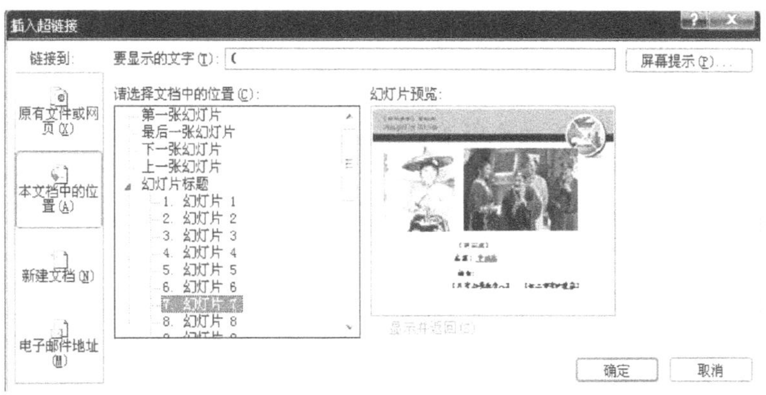

图 3-52 插入超链接中文档中的位置

(3) 在"请选择文档中的位置"栏选择需要的幻灯片或者自定义放映。

(4) 单击"确定"按钮。

2）创建到网站或 FTP 站点的链接

如果要链接到网站或 FTP 站点，则可简单地在任意文本框中直接输入地址，或者单击“插入”面板中的“超链接”按钮创建链接。

3）创建到硬盘或 LAN 上某个文件的链接

可以创建到自己的计算机硬盘或局域网上现有的任意文件的超链接。这些文件可以是 PowerPoint 文件或诸如 Word 文档或 Excel 电子表格等其他应用程序的文件。如果无须打开某个具体的文件，可以超链接到程序文件本身，这样，只是打开该应用程序。

4）创建到新建文档的某个应用程序的链接

单击“插入”面板中的“超链接”按钮，打开“插入超链接”对话框，在“链接到”栏选择“新建文档”项。在“新建文档名称”文本框中输入要创建的新文档名字，所创建的文档类型取决于文档的扩展名。例如，要创建 Word 文档，要使用.doc（或.docx）扩展名。如果“完整路径”区域中保存的路径不正确，请单击“更改”按钮，打开“新建文档”对话框，导航到所需的位置并单击“确定”按钮，返回“插入超链接”对话框。然后，选中“以后再编辑新文档”单选项，单击“确定”按钮，链接创建完成。

5）创建到电子邮件地址的链接

在幻灯片中可以创建链接打开用户的电子邮件程序并向某一确定的收件人发送电子邮件。要创建电子邮件超链接，可以直接在幻灯片的文本框中输入电子邮件地址，或者单击“插入”面板中的“超链接”按钮，打开“插入超链接”对话框，选择“链接到”栏中的“电子邮件地址”项，并填写“电子邮件地址”和可选项“主题”行。PowerPoint 2007 将自动在该地址前添加“mailto:”。单击“确定”按钮完成超链接设置。

3.3.2 使用动作按钮交互

1. PowerPoint 2007 中的动作按钮

PowerPoint 2007 中的动作按钮可以添加到幻灯片中作为放映导航，动作按钮如图3-53所示，各按钮的名称和作用如表 3-1 所示。

图 3-53 动作按钮

表 3-1 各动作按钮的名称和作用

按钮	名 称	超 链 接 到
◁	后退或前一项	该演示文稿前面的幻灯片
▷	前进或下一项	该演示文稿中的下一张幻灯片

续表

按钮	名　称	超 链 接 到
	开始	演示文稿中的第一张幻灯片
	结束	演示文稿中的最后一张幻灯片
	第一张	演示文稿中的第一张幻灯片，即幻灯片开始的地方
	信息	默认情况下，没有内容，但可以让它指向包含信息的幻灯片或文档
	上一张	所观看的上一张幻灯片，而不管其正常的播放顺序。这对放置观众将用其他的链接跳转到的隐藏幻灯片非常有用
	影片	默认情况下，没有内容，但可以设置它播放指定的影片
	文档	默认情况下，没有内容，但可以设置它打开指定的文件
	声音	播放指定的声音文件，如果没有选择声音文件，它将播放 PowerPoint 2007 的标准声音列表中的第一种声音
	帮助	默认情况下，没有内容，但可以让它指向包含帮助文档或其他应用程序中的帮助文件
	自定义	默认情况下，没有内容，可以添加文本或创建自定义按钮

2. 在幻灯片中放置动作按钮

要放置动作按钮，可按照下面的步骤进行。

（1）如果要在幻灯片母版中放置动作按钮，请显示“幻灯片母版”。如果需要把动作按钮放置到所有的版式中，请单击最上面的幻灯片。如果只需要某一版式中放置这些按钮，则单击该版式。

（2）在“插入”或“开始”面板中，单击“形状”下拉按钮，出现形状选项板，在该选项板底部就是动作按钮。

（3）单击需要放置的按钮，此时，鼠标指针变成“十”字形。

（4）要创建特定大小的按钮，可以在需要放置按钮的幻灯片中拖曳；要创建默认大小的按钮，只需在要放置按钮的地方单击一次，以后随时都可以调整按钮大小。同时，“动作设置”对话框出现，选中“单击鼠标”选项卡，如图 3-54 所示。

（5）确认或更改在“动作设置”对话框中设置的超链接。

图 3-54 “动作设置”对话框的“单击鼠标”选项卡

“动作设置”对话框中的“超链接到”下拉列表如图 3-55 所示。

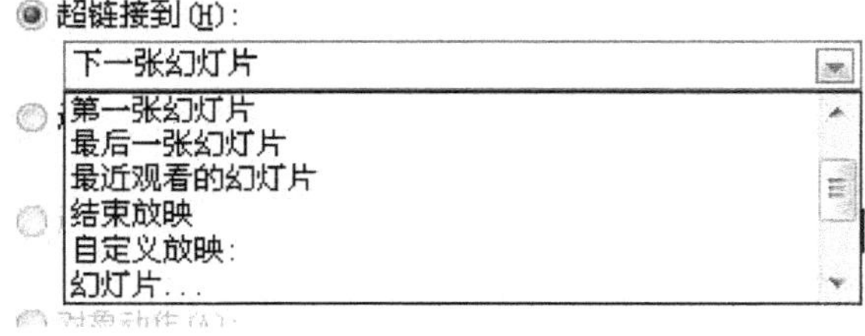

图 3-55 “超链接到”下拉列表

- “自定义放映”:选择此项,打开“链接到自定义放映”对话框,从中可以选择单击此按钮时,要跳转到的自定义放映。
- “URL”:选择此项,打开“超链接到 URL”对话框,可以在其中输入单击此按钮时,要跳转到的 Web 地址。
- “其他 PowerPoint 演示文稿”:选择此项,打开“超链接到其他 PowerPoint 演示文稿”对话框,从中可以选择单击此按钮时,要显示的其他 PowerPoint 演示文稿。
- “其他文件”:打开“超链接到其他文件”对话框,从中可以选择单击此按钮时,要打开的任意文件,如果该文件需要某一应用程序,则必要时将打开应用程序。

(6) 单击“确定”按钮,一个动作按钮添加完成。

(7) 根据需要,重复这些步骤,可添加更多的按钮。

(8) 如果在“幻灯片母版”视图中工作,单击“关闭母版视图”按钮,退出母版视图。

(9) 在“幻灯片放映”视图中测试动作按钮,确保它们能跳转到目标位置。

3.4　设置课件的放映效果

3.4.1　设置自定义动画效果

1. 自定义动画效果的设置

设置自定义动画效果的操作步骤如下。

(1) 选择要设置动画效果的幻灯片。

(2) 在“动画”面板中单击“自定义动画”按钮，打开“自定义动画”窗格。

(3) 单击要使用动画的对象(可以是标题、文本框、图形或其他对象)。

(4) 在“自定义动画”窗格中，单击“添加效果”按钮，出现一个如图 3-56 所示的“添加效果”选项列表。

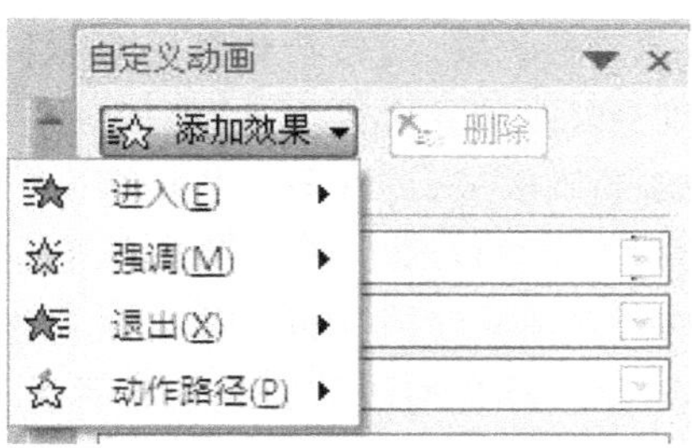

图 3-56　“添加效果”选项列表

在该列表中包含四类效果：“进入”、“强调”、“退出”、“动作路径”。

(5) 可选择上述四种效果中任何一种，弹出下一级选项，例如，选择“进入”后弹出的下一级选项如图 3-57 所示。

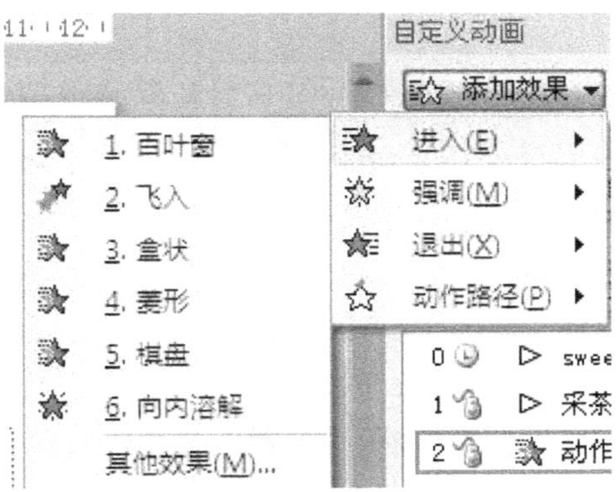

图 3-57　“进入”效果的下一级选项

在其中选择任何一项为动画添加效果，也可选择“其他效果”项，为动画添加其他效果。

在“自定义动画”窗格中还可以对“开始”、“方向”、“速度”项进行设置。

“开始”：可指定动画发生时间。

“速度”：控制动画速度。

“方向”：幻灯片进入屏幕的方向。

2. 删除动画效果

可以删除某一特定对象的动画效果，或者删除整个幻灯片的全部动画。当某一对象没有使用动画效果时，幻灯片出现时它立即完全出现，没有延迟。删除动画效果的步骤如下。

(1) 在“动画”面板中单击“自定义动画”按钮，“自定义动画”窗格出现。

(2) 选择“自定义动画”窗格中的动画效果，单击“删除”按钮，或右击并执行“删除”命令，PowerPoint 2007 将删除该动画，然后对剩余的所有动画效果重新编号。

3. 为单一对象添加多种动画效果

有些对象可能需要多种动画效果，如果希望某一对象同时具有“进入”和“退出”效果，或者希望项目符号列表以一种方式进入，然后以另一种方式强调每一点要点，为已经使用动画对象添加新动画效果，可按照以下步骤进行。

在幻灯片中，单击要添加动画的对象，单击“动画”面板中的“自定义动画”按钮，打开“自定义动画”窗格。在“自定义动画”窗格中单击“添加效果”按钮，然后按照本小节“1. 自定义动画效果的设置”部分所述的步骤创建新效果。

4. 重新排序动画效果

默认情况下，动画效果按照创建它们的顺序编号，要更改这一顺序，可以按照下面步骤操作。

(1) 在“自定义动画”窗格中，选中要更改位置的效果。

(2) 单击该窗格下面的“重新排序”旁的向上或向下箭头按钮，在列表中移动该动画位置。

也可以在动画列表中拖曳动画效果，对它们重新排序，将鼠标指针悬停在某一动画效果上，指针变成上下双箭头后，在列表中向上或向下拖曳此动画效果。

3.4.2 设置幻灯片切换方式

1. 幻灯片的切换方式

设置幻灯片的切换方式的步骤如下。

(1) 在“普通”或“幻灯片浏览”视图中查看或选择幻灯片。如果在“幻灯片浏览”视图中，则可以方便地选择要应用切换的多张幻灯片。

(2) 在“动画”面板的“切换到此幻灯片”选项板中，选中“在此之后自动设置动画效果”复选框。

(3) 在“在此之后自动设置动画效果”文本框中，键入新值替代默认值，如图 3-58

所示。该值以秒为单位，为幻灯片的切换时间。

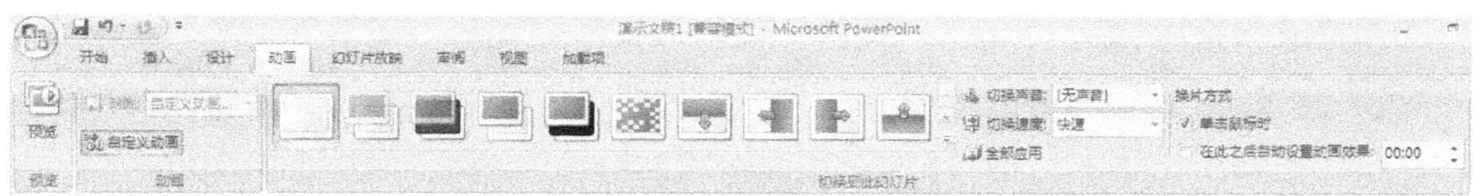

图 3-58　在“在此之后自动设置动画效果”文本框中键入值

(4) 要将此设置应用于演示文稿中的全部幻灯片，单击“动画”面板中的“全部应用”按钮即可。

2. 选择切换效果

即使选择“无切换效果”项，也会从一张幻灯片切换到另一张幻灯片。选用“无切换效果”项，前一张幻灯片消失，并且下一张幻灯片出现。如果需要不同的切换，则必须在“动画”面板的“切换到此幻灯片”选项板中指定。图 3-59 所示的为幻灯片切换效果选项列表。

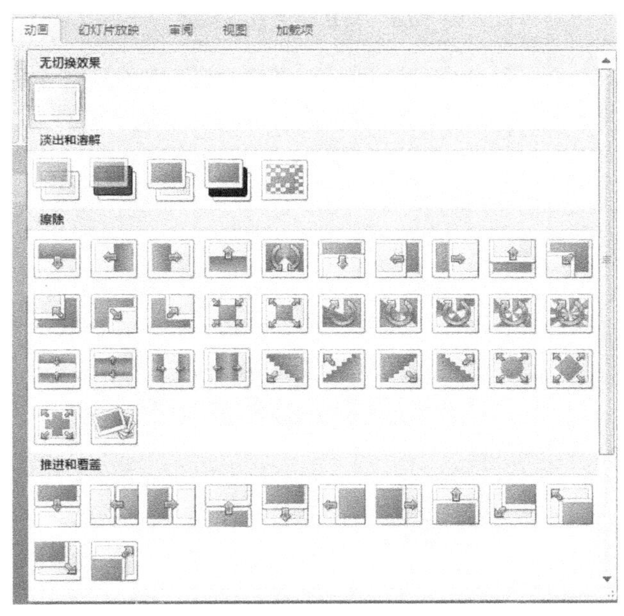

图 3-59　幻灯片切换效果选项列表

3.5　设置课件的背景与版式

3.5.1　设置课件的背景

背景是应用于整张幻灯片(或幻灯片母版)的颜色、纹理、图案或图片，其他一切内容都位于背景之上。按照准确的定义，它应用于幻灯片整个表面；不可能使用局部背景。但可以使用覆盖在背景之上的背景图形。背景图形是一种放置在幻灯片母版中的图形图像，补充背景并与背景协同工作。

1. 应用背景样式

(1) 在“设计”面板中单击“背景样式”按钮，打开背景样式选项列表，如图 3-60 所示。

图 3-60　背景样式选项列表

(2) 在背景样式选项列表中可选择所需样式，将其应用到整个演示文稿中；也可右击所需背景样式并执行“应用于所选幻灯片”命令，可将背景样式应用于所选择的幻灯片中。

2. 应用背景填充和图片背景

自定义背景填充的步骤如下。

(1) 选择要自定义背景填充的幻灯片。单击“设计”面板中的“背景样式”按钮，打开背景样式选项列表。

(2) 选择“设置背景格式”项，打开“设置背景格式”对话框，如图 3-61 所示。

图 3-61　“设置背景格式”对话框

(3) 在“填充”选项卡中选中最适合的填充类型(纯色填充、渐变填充、图片或纹理填充)。

(4) 为选择的填充类型设置选项。

(5) 要将更改应用于所有幻灯片,则单击“全部应用”按钮。否则更改仅应用于在第(1)步中选择的幻灯片。

(6) 要为某几张幻灯片应用“图片”背景,则选择那些幻灯片,并重复第(2)步至第(4)步,在第(3)步中选中“图片或纹理填充”项即可挑选所需图片插入到相应幻灯片中,作为背景使用。

3.5.2　设置课件的版式

1. 版式的应用

在 PowerPoint 2007 中,幻灯片的版式可直接使用做好的模板,也可根据个人爱好,对版式中的字体、颜色、效果进行更改,具体操作步骤如下。

(1) 单击“设计”面板中的主题图标右下角的“其他”按钮,打开主题选项列表,如图 3-62 所示。

(2) 单击其中任一主题即可将其应用于幻灯片中。

图 3-62　主题选项列表

2. 版式中色彩的修改

修改版式颜色的操作步骤如下。

(1) 单击“设计”面板的“主题”选项板中的“颜色”按钮,弹出选项列表,如图 3-63 所示。

(2) 选择“纸张”项。也可自行修改版式中颜色。在颜色选项列表中选择“新建主题颜色”项,打开“新建主题颜色”对话框,如图 3-64 所示。

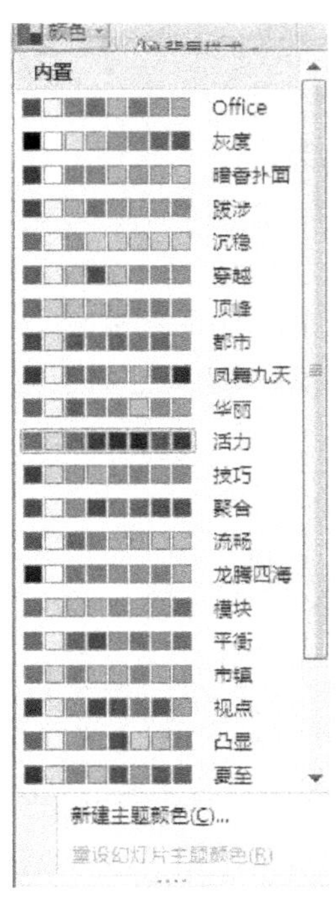

图 3-63　颜色选项列表

图 3-64　“新建主题颜色”对话框

在其中可自行设置各种文字颜色，设置好后，单击“保存”按钮即可。

3.6 课件的打包与播放

众所周知，使用 PowerPoint 2007 能制作出精美的多媒体演示文稿和动画效果丰富的课件，且操作简单，易于掌握。同时，该软件在发布、分发方案上也提供了方便快捷的打包功能。应用打包功能，能自动检测演示文稿中所有链接文件及路径，并会自动在刻录光盘上创建响应的打包目录，自动将这些文件复制到打包目录下。这种自动完成打包操作的功能避免了用户为寻找或担心遗漏链接文件而烦恼。被制作成 CD 的演示文稿可分发或转移到其他计算机上进行演示。

3.6.1 课件的打包

用户在装有刻录机的计算机上可以将演示文稿直接打包到 CD 中，实现演示文稿的分发或转移，具体步骤如下。

(1) 单击 Office 按钮选择“发布”→“CD 数据包”项，如图 3-65 所示，即打开“打包成 CD”对话框，如图 3-66 所示。

图 3-65 选择“发布”→“CD 数据包”项

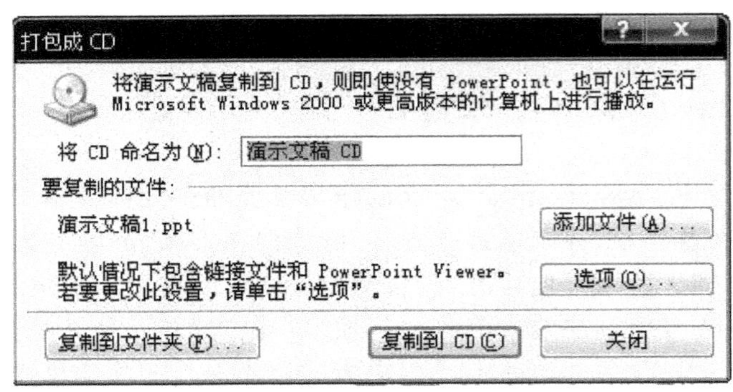

图 3-66 “打包成 CD”对话框

(2) 在“打包成 CD”对话框中单击“添加文件”按钮，打开“添加文件”对话框。在“添加文件”对话框中可以选择多个演示文稿，一起打包到 CD 中。选择演示文稿后，单击“添加”按钮，返回到“打包成 CD”对话框。

(3) 在“打包成 CD”对话框中单击“复制到文件夹”按钮，打开“复制到文件夹”对话框。

(4) 在“文件夹名称”文本框中可以为该演示文稿打包后的文件夹输入一个名字，单击“浏览”按钮，打开“选择位置”对话框，选择打包文件放置的位置。如果用户的计算机配有刻录机，可以直接将演示文稿打包到 CD 中。如果只想把打包文件放到计算机桌面上，可以在“查找范围”栏中选择“桌面”，单击“选择”按钮，返回“复制到文件夹”对话框。在“复制到文件夹”对话框中单击“确定”按钮，开始自动打包。

在“打包成 CD”对话框中还有一个“选项”按钮，单击该按钮打开“选项”对话框，如图 3-67 所示。

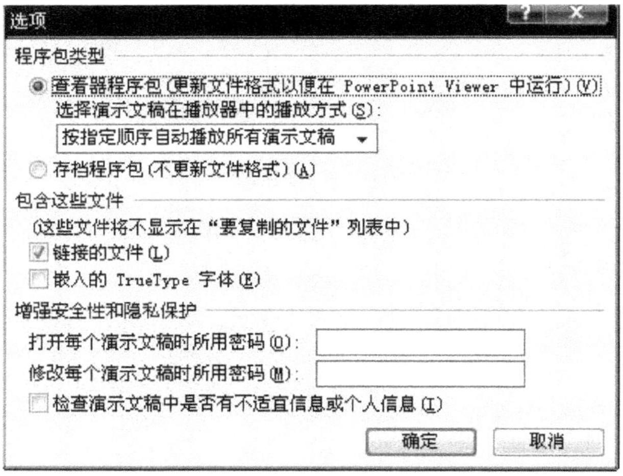

图 3-67 “选项”对话框

该对话框中的各项说明如下。

- 选择演示文稿在播放器中的插放方式：选中该项后，可在下拉选项中选择相应的播放方式。
- 链接的文件：选中该选项，PowerPoint 会自动将演示文稿中用到的所有链接文件打包到 CD 中。
- 嵌入的 TrueType 字体：选中该选项，可以将演示文稿中用到的 TrueType 字体一起打包到 CD 中，以便在当前计算机中没有演示文稿中所应用的字体的情况下，仍能保持原来的风格。
- 打开每个演示文稿时所用密码(修改每个演示文稿时所用密码)：给打包的文件加上打开密码(修改密码)，以保护演示文稿内容，使未授权的用户不能打开(修改)演示文稿内容。

3.6.2　课件的放映

幻灯片的放映有两类方式：一类是直接单击幻灯片右下方的"幻灯片放映"按钮，即可播放；另一类是利用"幻灯片放映"面板进行放映，如图 3-68 所示。

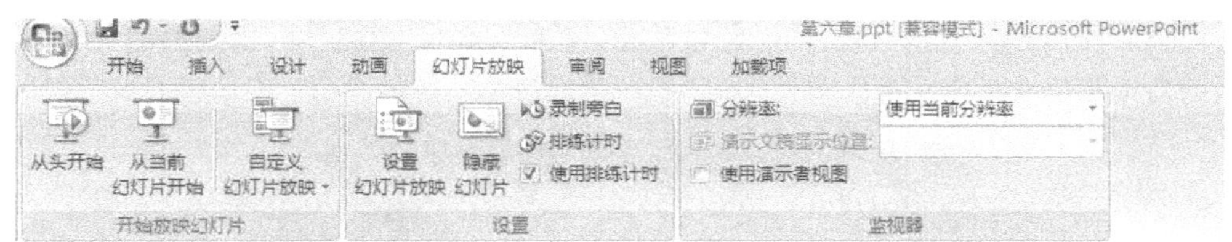

图 3-68　"幻灯片放映"面板

1. 利用"幻灯片放映"按钮放映

操作步骤如下。

(1) 单击"幻灯片放映"按钮，则幻灯片进行播放。

(2) 在播放的幻灯片左下方会出现几个按钮：，单击按钮可返回上一张幻灯片；单击按钮可播放下一张幻灯片；单击按钮，会出现如图 3-69(a)所示的菜单，列出了可使用的荧光笔类型，可在播放演示文稿的同时用笔圈点内容或书写内容。单击按钮后也会出现菜单，如图 3-69(b)所示，可利用该菜单进行幻灯片的浏览。

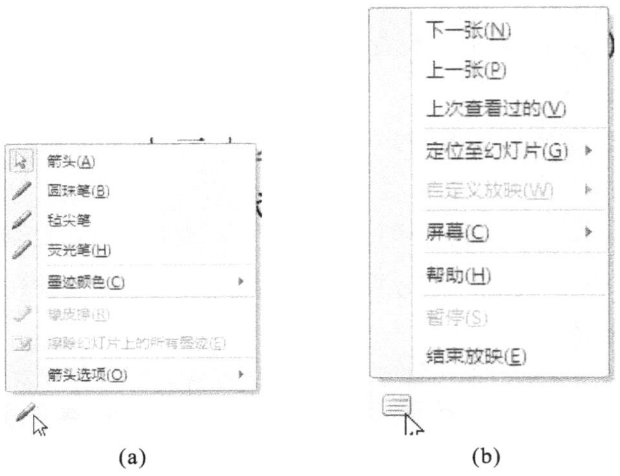

(a) (b)

图 3-69 荧光笔类型

2. 利用"幻灯片放映"面板中的按钮进行放映

(1) 单击"从头开始"按钮,会从整个幻灯片的开头进行播放。

(2) 单击"从当前幻灯片开始"按钮,会从当前幻灯片位置进行播放。

(3) 单击"自定义幻灯片放映"按钮,可以自行选择所需放映的幻灯片进行放映。

第一步,单击"自定义幻灯片放映"按钮,选择"自定义放映"项,出现如图 3-70 所示的对话框。

图 3-70 "自定义放映"对话框

第二步,单击"新建"按钮,弹出"定义自定义放映"对话框。

第三步,从"在演示文稿中的幻灯片"栏选择所需幻灯片,单击"添加"按钮,即添加到"在自定义放映中的幻灯片"栏中。

第四步,添加完毕后,单击"确定"按钮,返回"自定义放映"对话框。

第五步,单击"放映"按钮,即可播放刚添加的几张幻灯片。

(4) 单击"设置幻灯片放映"按钮,出现如图 3-71 所示的"设置放映方式"对话框。

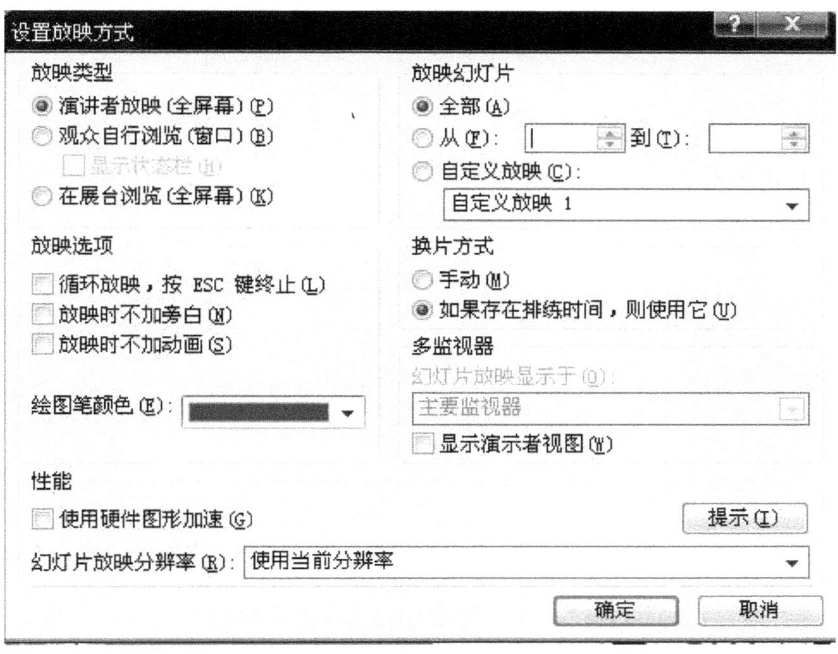

图 3-71　“设置放映方式”对话框

在该对话框中可设置“放映类型”、“放映选项”、“绘图笔颜色”、“放映幻灯片”、“换片方式”等选项，可自行设置所需放映的方式。

(5) 单击“隐藏幻灯片”按钮，选中的幻灯片将被隐藏，播放时不会播放该张幻灯片，而会跳到下一张幻灯片继续播放。

(6) 单击“录制旁白”按钮，出现“录制旁白”对话框。在该对话框中可为该幻灯片录制旁白，可设置话筒级别、更改质量等。如果当前幻灯片不是第一张幻灯片，则单击“确定”按钮，将出现如图 3-72 所示的对话框。单击“当前幻灯片”按钮可从当前所处位置录制旁白，单击“第一张幻灯片”按钮会从第一张幻灯片开始录制旁白。

图 3-72　选择录制起始点

3.7　综合实例

(1) 启动 PowerPoint 2007 后，单击 Office 按钮，选择“新建”项，出现“新建演示文稿”对话框，如图 3-73 所示。

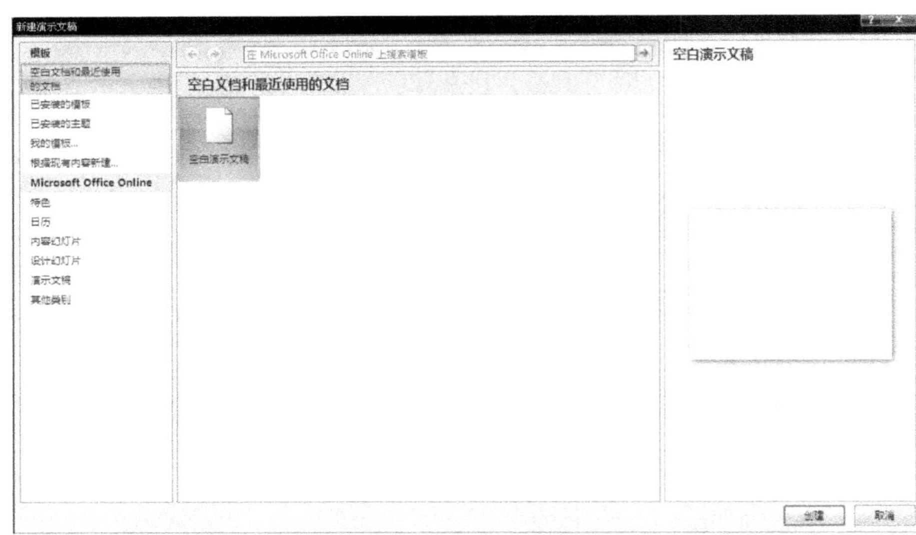

图 3-73 “新建演示文稿”对话框

(2) 选择“空白演示文稿”,单击“创建”按钮后,就会出现新幻灯片。

图 3-74 执行“设置背景格式”命令

(3) 在“开始”面板的“幻灯片”选项板中单击“版式”按钮,选择“空白”项,创建空白版式。

(4) 改变幻灯片的背景颜色。

现在幻灯片的背景颜色是白色的,所以,为在幻灯片绘制一个白色的自选图形前应该改变幻灯片的背景颜色。在幻灯片空白处右击,执行“设置背景格式”命令,如图 3-74 所示。弹出“设置背景格式”对话框。

为使幻灯片中的白色自选图形更加显眼,选择幻灯片的背景颜色为黑色。单击“关闭”按钮,即可将背景颜色改为黑色。

(5) 绘制自选图形。

由于贺卡一般是矩形的,所以在幻灯片中可以直接绘制一个矩形。单击“开始”面板“绘图”选项板中的“矩形”按钮,拖动鼠标,即可在幻灯片中绘制出一个矩形。绘制完成后效果如图 3-75 所示。

(6) 格式化自选图形。

从图 3-75 中可以看出,绘制出来的矩形并不是白色的,还要改变矩形的填充颜色。

在矩形上右击,出现如图 3-76 所示的工具栏。

图 3-75　绘制矩形后的效果

图 3-76　工具栏

单击其中的填充颜色按钮,在弹出的选项列表中选择白色,即把矩形更改为白色。

改变矩形的填充颜色之后,为使制作的贺卡封面更有特色,还可以将绘制的矩形进行旋转。

为旋转矩形,可按以下步骤操作:① 单击选择绘制的矩形;② 将鼠标指针指向矩形上绿色的自由旋转柄后,按住鼠标左键即可对图形进行旋转,旋转到一个合适的角度后释放鼠标左键,矩形就以一个新的角度出现在幻灯片中,如图 3-77 所示。

图 3-77　旋转后的效果

(7) 在信封上添加一些文字。

添加文字的时候,可以先绘制一个文本框,然后在文本框内输入文字并进行格式化。在幻灯片中添加文字的更好方法是使用 PowerPoint 2007 中的"艺术字"按钮。

如果要在幻灯片中添加艺术字,可按以下步骤进行。

① 单击"插入"面板的"文本"选项板中的"艺术字"按钮,弹出选项列表,如图 3-78 所示。

② 选中其中的一种艺术字样式,输入"新年快乐"。输入文字之后,还可以改变艺术字的"文本填充"、"文本效果"、"文本轮廓"设置。

在幻灯片中再添加文字"祝"。同样,新添加的艺术字也会出现在幻灯片的正中央,如图 3-79 所示。

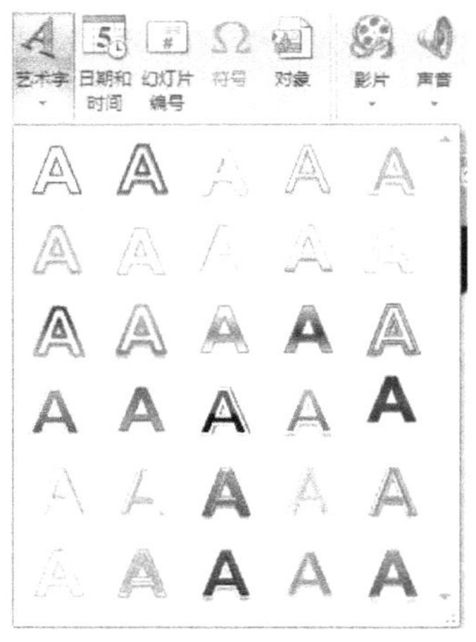

图 3-78　艺术字选项列表

图 3-79　新添加的艺术字出现在幻灯片的正中央

(8) 调整艺术字的位置。

从图 3-79 中可以看出,添加到幻灯片中的艺术字对象是重叠在一起的。所以,首先必须调整它们的位置。调整位置并为艺术字添加形状效果。先选中艺术字"祝",在"格式"面板的"形状样式"选项板中单击"形状效果"按钮,为其添加阴影、映像、发光等效果,如图 3-80 所示。

(9) 为艺术字添加形状样式。选中艺术字"新年快乐",在"格式"面板的"形状样式"选项板中单击"其他"按钮,选择"细微效果-强调颜色 2"。

(10) 为贺卡添加各种形状。在"插入"面板的"插图"选项板中单击"形状"按钮,或者在"格式"面板的"插入形状"选项板中单击形状按钮,即可为贺卡添加各种形状。贺卡添加图形后的效果如图 3-81 所示。

(11) 插入图片。

在幻灯片中插入图片,进一步美化贺卡的封面。可按以下步骤操作。

图 3-80　调整位置后的效果

图 3-81　贺卡添加各种形状后的效果

① 单击“插入”面板的“插图”选项板中的“图片”按钮，出现“插入图片”对话框。

② 选择所需图片，单击“插入”按钮，插入图片后的效果如图 3-82 所示。

图 3-82　插入图片后的效果

③ 对图片进行调整。调整图片的大小、位置、边框、效果等。

根据自己需求调整后的效果如图 3-83 所示。

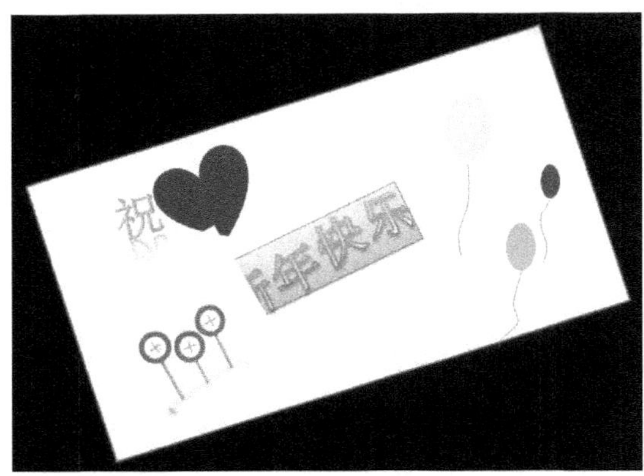

图 3-83　图片调整后的效果

④ 对图片进行层的调整。对图片进行层的调整可进行的操作如图 3-84 所示。

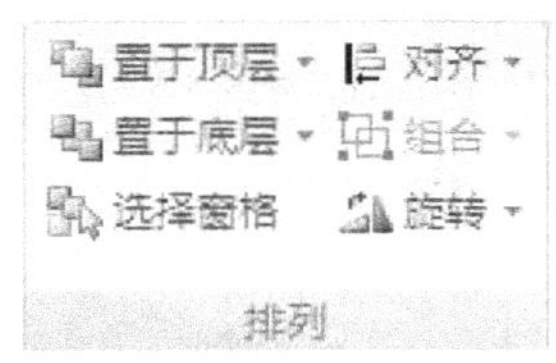

图 3-84　操作选项

图片进行层调整后的效果如图 3-85 所示。

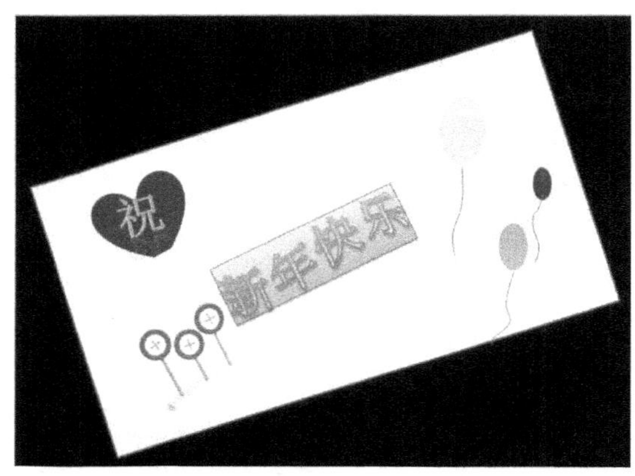

图 3-85　图片进行层调整后的效果

(12) 对贺卡上的图形及背景进行组合。

① 用鼠标在幻灯片中框选所有要组合的内容，如图 3-86 所示。

图 3-86　选中需要组合的内容

② 右击，执行“组合”→“组合”命令，即把所选择内容组合为一个完整个体。

(13) 制作第 2 张幻灯片。

① 单击“开始”面板中的“新建幻灯片”按钮，新建一张幻灯片。

② 设计第二张幻灯片内容，如图 3-87 所示。

图 3-87　第 2 张幻灯片中的内容

(14) 添加动画效果。在“动画”面板中设置动画效果。

在“动画”面板中可对每张幻灯片切换效果进行选择和添加，并可以加入“切换声音”和设置“切换速度”(这些在前面章节有讲述，此处略)。

(15) 添加背景音乐。

① 单击“插入”面板中的“声音”按钮。

② 弹出如图 3-88 所示的“插入声音”对话框，选择一首需要添加的背景音乐，单击“确定”按钮，即可插入背景音乐。

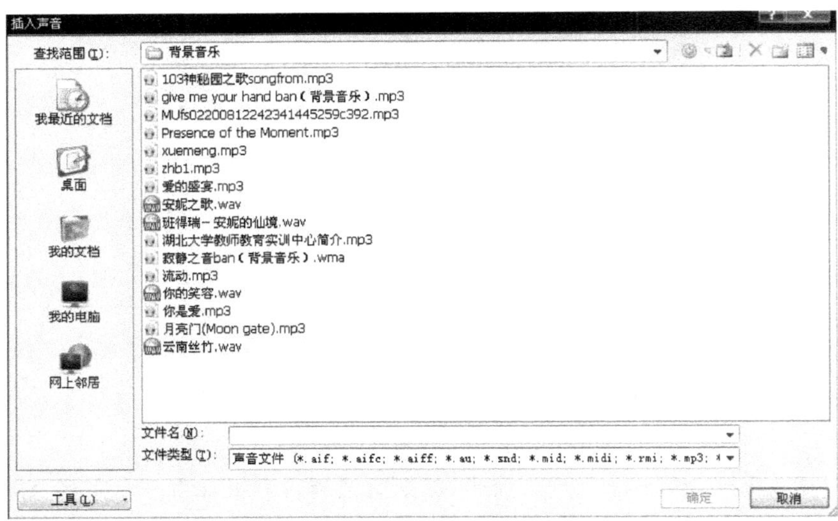

图 3-88 “插入声音”对话框

(16) 单击幻灯片右下方的“幻灯片放映”按钮，即可放映幻灯片。

【思考与练习】

● 问题思考

1. 幻灯片、演示文稿、课件三者之间是怎样的关系？
2. 添加幻灯片有哪几种方法？
3. 如何添加文字？如何对文字进行修饰？
4. 如何更改幻灯片的背景？
5. PowerPoint 中文本框和占位符的作用是什么？
6. 如何在幻灯片中添加声音和视频文件？如何控制声音和视频文件的播放？
7. 打包课件时要注意哪些问题？

● 动手练习

1. 用 PowerPoint 绘制一张杠杆的受力分析图。
2. 用 PowerPoint 设计一张贺卡，包括祝福语、背景音乐、动画效果。
3. 结合自己的专业，制作一个能用于课堂教学的课件。

第4章 Flash课件制作

学习目标

(1) 了解 Flash 的主要功能,熟悉 Flash 开发环境。

(2) 掌握在 Flash 中输入文本、图形、图像并对其进行编辑的方法。

(3) 熟悉 Flash 提供的七种动画功能,掌握动画型课件的制作方法。

(4) 了解 Flash 元件、库和实例的概念及使用方法。

(5) 熟悉 Flash 导航设计与交互的方法。

(6) 了解 Flash 课件的发布和调用方法。

Flash 融合流控制技术和矢量技术,矢量图形编辑、动画制作性能优越,且能整合文本、图形、图像、音频、视频,支持面向对象的编程。Flash 生成的多媒体文件交互性强,文件数据量小,支持流式网络传播。这些特点使 Flash 成为多媒体课件制作工具中的佼佼者。

4.1 Flash CS4 基础知识与基本操作

Flash 先后经历了多个版本,本章中所用版本为 Flash CS4 Professional(简称 Flash CS4)。

4.1.1 Flash CS4 的工作界面

下载安装了 Adobe Flash CS4 Professional 以后,执行"开始"→"程序"("所有程序")→"Adobe Flash CS4 Professional"命令,进入 Adobe Flash CS4 Professional 初始化界面,如图 4-1 所示。

图 4-1 Adobe Flash CS4 Professional 初始化界面

几秒钟以后，初始化完成，进入启动向导对话框，如图 4-2 所示。

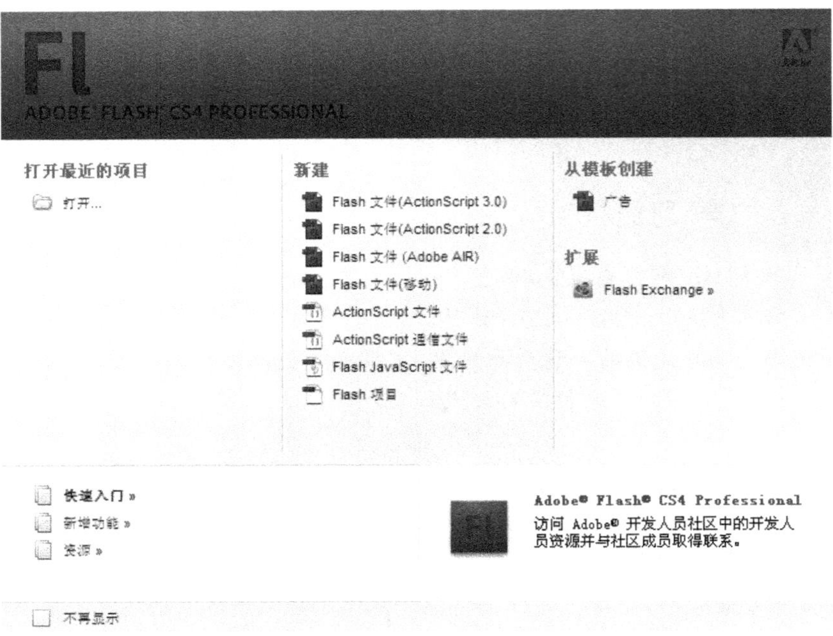

图 4-2　Adobe Flash CS4 Professional 启动向导对话框

在 Flash CS4 启动向导对话框中选择“新建”栏中的“Flash 文件(ActionScript 2.0)”项，进入其工作界面，如图 4-3 所示。

图 4-3　Adobe Flash CS4 Professional 工作界面

熟悉 Flash CS4 工作界面，是使用 Flash CS4 制作课件的基础。下面对 Flash

CS4 工作界面上的各个部分进行简要介绍。

1. 菜单栏

菜单栏位于工作界面顶端，如图 4-4 所示。

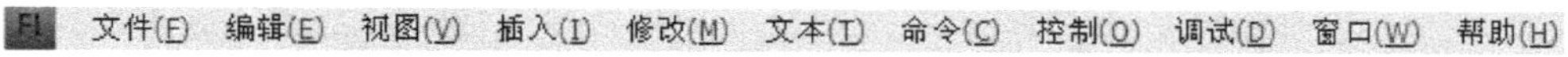

Fl
文件(F) 编辑(E) 视图(V) 插入(I) 修改(M) 文本(T) 命令(C) 控制(O) 调试(D) 窗口(W) 帮助(H)

图 4-4 Adobe Flash CS4 Professional 的菜单栏

菜单中包括 Flash CS4 中的大部分操作命令，“文件”菜单中的命令主要用于操作和管理动画的文件，包括比较常用的“新建”、“打开”、“保存”、“导入”、“导出”、“发布”等命令。“编辑”菜单中的命令主要用于对舞台上的对象进行编辑，如复制、粘贴等。“视图”菜单中的命令主要用于控制工作区域的显示效果，如放大、缩小，以及是否显示标尺、网格和辅助线等。“插入”菜单中的命令主要用于向动画中插入元件、图层、帧、关键帧、场景等。“修改”菜单中的命令主要用于对对象进行各项修改，包括变形、排列、对齐，以及对位图、元件、形状进行各项修改等。“文本”菜单中的命令主要用于对文本进行编辑，包括“大小”、“字体”、“样式”等命令。“命令”菜单中的命令主要用于管理与运行通过“历史”面板保存的命令。“控制”菜单中的命令主要用于控制影片播放，包括“测试影片”、“循环播放”等命令。“调试”菜单中的命令主要用于调试影片中的 ActionScript 脚本。“窗口”菜单中的命令主要用于控制各种面板(包括时间轴、工具面板、工具栏及各浮动面板等)的显示与隐藏。“帮助”菜单中的命令用于提供 Flash CS4 的各种帮助信息。

2. 标题栏

标题栏在菜单栏的下面，用于显示 Flash 中打开的文档标题，可以显示一个文档标题，也可以显示多个打开着的文档标题，如图 4-5 所示。如果标题栏显示有多个文档名称，则高亮显示的文档显示在当前工作区域，文档处于可编辑状态。如果需要切换到其他文档，只需要在标题栏单击相应的文件名。标题栏中的文档标题后如果有“*”号，则表示该文档有未保存的修改。必须在文件处于可编辑状态时才可保存其修改。

高亮显示当前处于可
编辑状态的文档标题
弹簧振子.fla*
表示有未保存的修改
关闭文档按钮

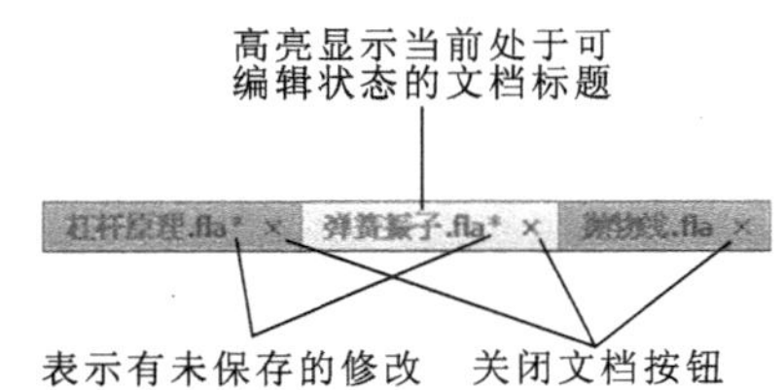

图 4-5 Adobe Flash CS4 Professional 标题栏

3. 编辑栏

编辑栏在标题栏的下面，如图 4-6 所示。

一个 Flash 文档可以拥有多个场景，用编辑栏的场景切换下拉按钮实现场景之间的切换。选哪个场景，就进入了那个场景的编辑状态。

Flash CS4 舞台的大小是可以由动画设计者设置的。舞台在工作区域可以以不同的比例显示，舞台显示比例在编辑栏中的舞台显示下拉列表中选择。

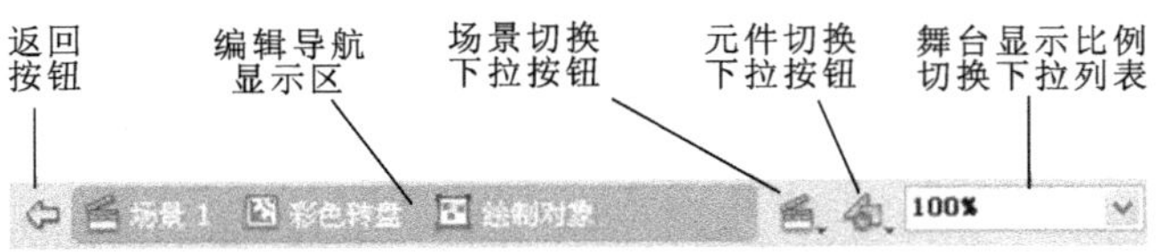

图 4-6　Adobe Flash CS4 Professional 编辑栏

4. 工作区域和舞台

Flash CS4 工作界面中央的灰色区域都是工作区域，工作区域中唯一的部件是舞台(白色区域)。工作区域的下边和右边都有滚动条，用来调节舞台在工作区域中的相对位置。

Flash 默认的舞台尺寸是 550 像素×400 像素。如果想要修改舞台尺寸，可在工作区域或者舞台上空白处右击，打开快捷菜单执行“文档属性”命令，打开“文档属性”对话框，如图 4-7 所示，在尺寸文本框中输入新的尺寸(一般按宽∶高为 4∶3 或者 16∶9 进行设置)。

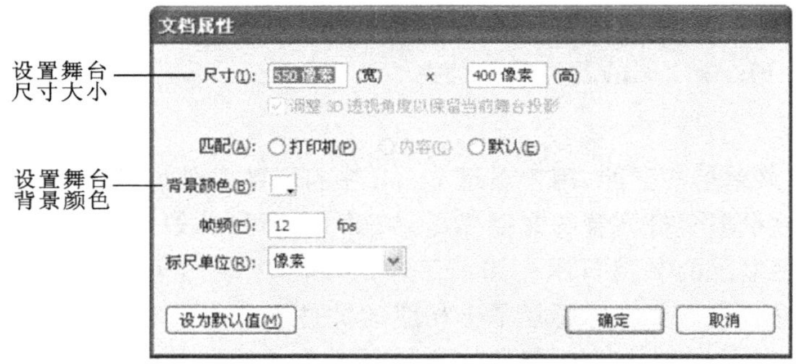

图 4-7　“文档属性”对话框

5. “时间轴”面板

Flash CS4 是基于帧的动画编辑软件。一组相关的画面按 12 帧/秒以上的频率切换，由于人眼的视觉暂留，就形成视觉动态效果，例如我们所看到的电影、电视、视频等。这其中的每一幅画面就称为一帧。在 Flash CS4 中，所有的帧都在时间轴上有一个小格子“ ”来代表它。

如图 4-8 所示，Flash CS4 的“时间轴”面板由三部分构成，面板标题栏、图层操作区和帧操作区。面板标题栏中有几个面板的标题，图 4-8 所示的界面中时间轴高亮显示，表示“时间轴”面板目前处于工作状态。单击面板标题栏中的面板标题，实现各面板之间的切换。

在帧操作区,最上端是时间轴,时间轴中标的是帧的序号,除第 1 帧以外,都按 5 的倍数进行标出。序号下面有矩阵式排列的小格子,每一小格代表一帧。每一行的帧属于同一个图层,每一列的帧拥有相同的序号。舞台上当前显示的帧叫当前帧。Flash CS4 中 fps 是 frame per second(帧/秒)的意思,描述帧的切换频率,叫做帧频。如果修改了帧频的话,除第 1 帧以外,其他所有的帧在动画影片中的时刻都将发生改变。帧操作区最下方有时间轴滚动条,用来调节在"时间轴"面板上显示哪一段时间之内的帧。

Flash CS4 可以拥有多个图层,每个图层拥有独立的同步的时间轴。

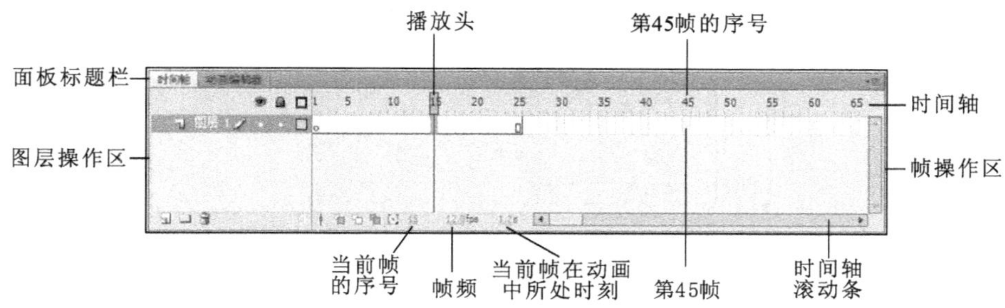

图 4-8 "时间轴"面板

6. 工具面板

Flash CS4 有图形绘制工具、图形图像编辑工具、颜色工具、舞台控制工具等,如图 4-9 所示。Flash CS4 实际拥有的工具比在图 4-9 中看到的要多,有些工具隐藏在相关工具的背后。图 4-9 所示的工具面板的顶端是面板折叠/展开控制按钮,现在面板处于展开状态,可以用面板折叠/展开控制按钮将面板折叠或展开。

7. "属性"面板

Flash CS4 用属性来描述其中的每一个文档、每一帧、每一个图形绘制工具、每一个对象。位于工作区域的一块文本、一个图形、一个实例都称为一个对象。当我们在 Flash CS4 中没有选中任何帧、工具和对象时,"属性"面板(见图 4-10)就显示当前打开的处于可编辑状态的文档的属性。

当我们选中了某一个图形绘制工具(还有颜料桶工具和墨水瓶工具)的时候,"属性"面板将显示这个工具的属性。当我们选中了某一帧的时候,"属性"面板显示这一帧的属性。当我们选中舞台上的某个对象的时候,"属性"面板就显示这个对象的属性。各类"属性"面板的具体用法将在后面介绍。

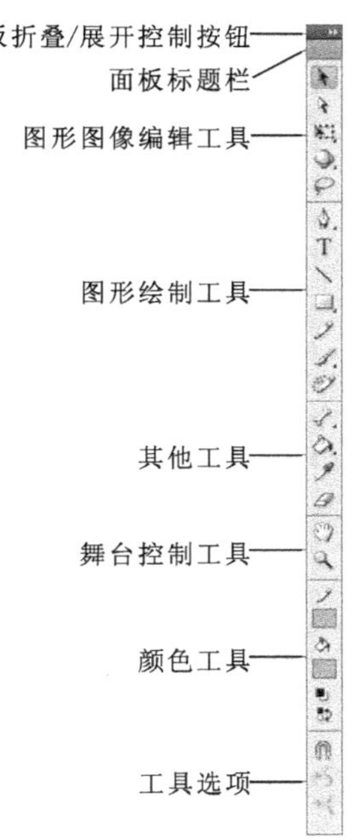

图 4-9 工具面板

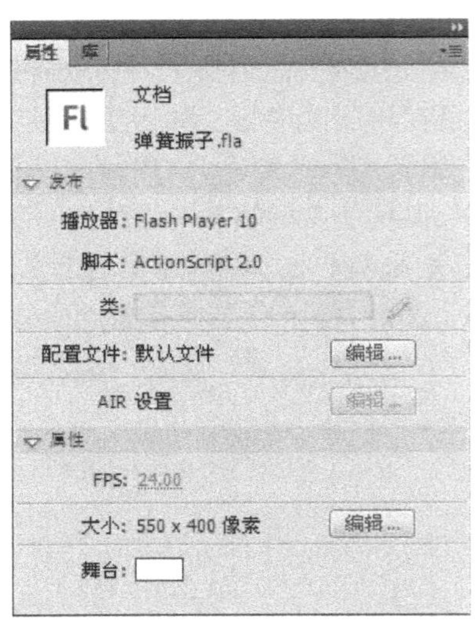

图 4-10 “属性”面板

8. 其他面板

Flash 中的各种操作都是在舞台或面板中完成的。正是众多的面板凝聚着 Flash 强大的编辑功能。除了我们学过的工具面板、“时间轴”面板和“属性”面板之外，Flash 还有许多面板。各种面板都可以通过“窗口”菜单中的命令打开，如图 4-11 所示。“颜色”面板、“信息”面板、“对齐”面板、“变形”面板、“公用库”面板都是常用的面板。

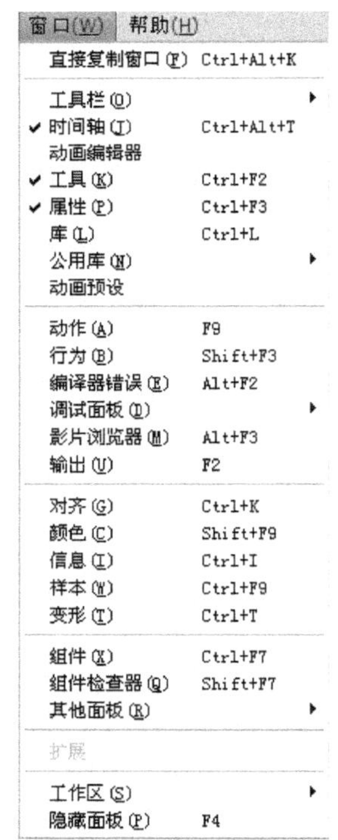

图 4-11 “窗口”菜单

4.1.2 Flash CS4 的基本操作

1. Flash CS4 的文档管理

Flash CS4 的文档管理包括创建文档、保存文档、关闭文档、打开文档。除了如 4.1.1 节中所介绍的从启动向导对话框新建文档之外，还可以在 Flash CS4 工作界面中执行“文件”→“新建”命令创建文档。执行“文件”→“保存”命令保存文档，也可以按快捷键 Ctrl＋S 保存文档。单击文档标题栏中文件标题后的“关闭”按钮，就可以关闭文档。刚启动 Flash CS4 时可以在启动向导对话框的“打开最近的项目”栏中打开文档。在 Flash 工作界面，可以执行“文件”→“打开”命令，打开文档。

2. Flash CS4 的面板操作

Flash CS4 的面板操作包括打开/关闭面板，折叠/展开面板，移动/合并/分离面板，隐藏/显示所有面板。

面板的打开/关闭操作：通过"窗口"菜单中的命令打开面板。面板的右上角如果有 × 按钮，可以用它来关闭面板。如果没有关闭按钮则一定会有面板菜单按钮，单击打开这个菜单，执行"关闭"命令即可。

面板的折叠/展开操作：通过"窗口"菜单中的命令打开需要的面板，面板顶端有折叠/展开按钮，单击按钮就可以切换面板的折叠与展开状态。

面板的移动：打开的面板，如图 4-12 所示的"变形"面板，其顶端是面板拖动手柄，按住面板拖动手柄拖动，就可以调整面板在显示器中的位置。

面板的合并：一个面板可以和其他面板合并。合并方式有上下合并、左右合并和包含合并。图 4-13 所示为上下合并的"颜色"面板与"信息"面板。图 4-14 所示为左右合并的"变形"面板与"对齐"面板。图 4-15 所示为包含合并的"属性"面板与"库"面板。

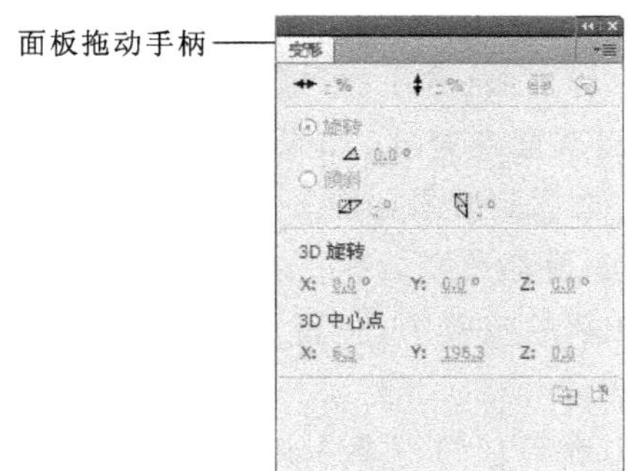

图 4-12　"变形"面板

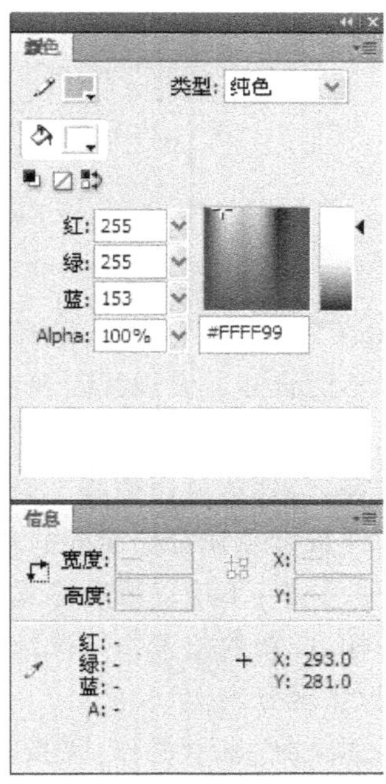

图 4-13　上下合并的"颜色"面板与"信息"面板

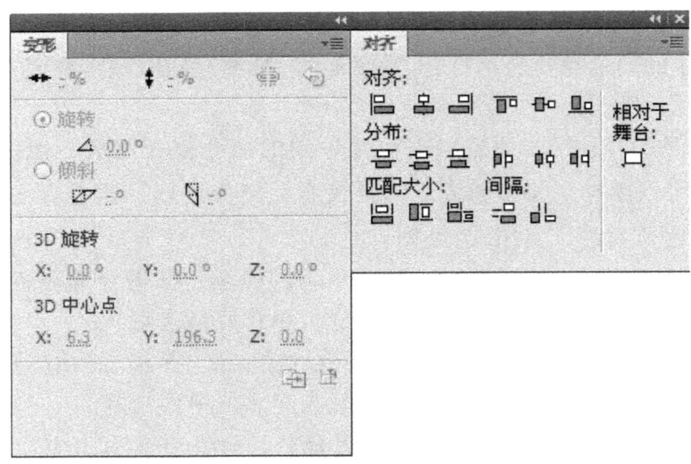

图 4-14　左右合并的“变形”面板与“对齐”面板

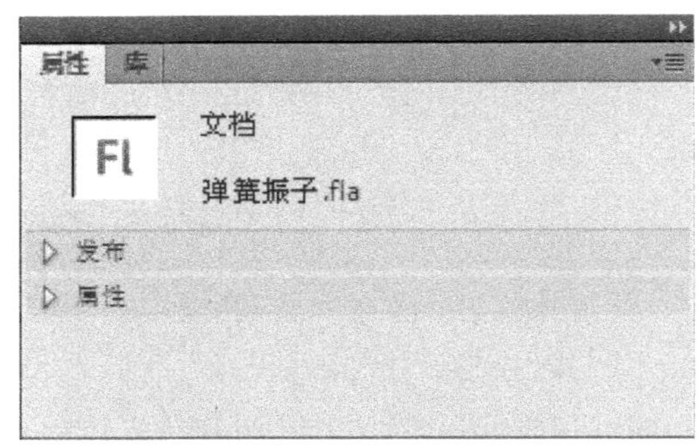

图 4-15　包含合并的“属性”面板与“库”面板

Flash CS4 工作界面上，只有面板可以接受面板的合并请求。菜单栏、标题栏、舞台等都不能合并。假设我们现在要把“信息”面板合并到图 4-15 所示的面板中去，操作方法如下：按住“信息”面板的拖动手柄，向目标面板（这里指“库”面板）靠拢，不要松开鼠标，当到达目标面板左边界时，左边界出现蓝色竖线，如果这时松开鼠标，则“信息”面板合并在目标面板的左侧。包含合并之后的效果如图 4-16 所示。

面板的分离：不论以哪种形式合并在一起的面板都可以分离。方法是按住面板的拖动手柄，在新的位置松开鼠标，面板就放置在新的位置了，脱离了原来合并在一起的面板，实现分离。

面板的隐藏/显示操作：需要保留面板，却又希望它们不要占用很大面积的时候，可以隐藏面板。单击面板标题后的灰色区域（我们姑且称之为面板的显示/隐藏按钮，如图 4-17 所示），即可实现面板的隐藏或显示。

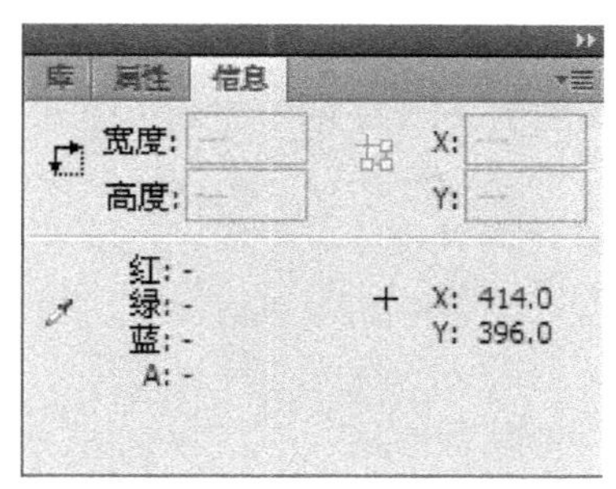

图 4-16　包含合并之后的效果

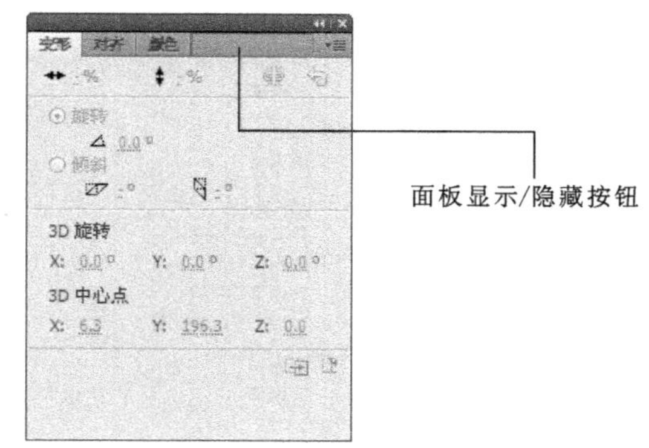

图 4-17　面板的显示/隐藏按钮

为了获得最大的工作区域，可以执行“窗口”→“隐藏面板”命令，隐藏所有当前面板。执行“窗口”→“显示面板”命令，所有隐藏的面板将全部恢复显示。

为方便读者学习，把面板上的操作功能区小结如图 4-18 所示。

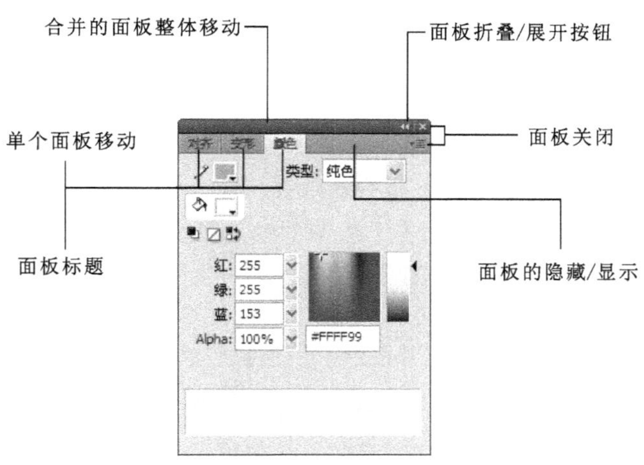

图 4-18　面板上的操作功能区

3. 帧操作

帧操作区位于“时间轴”面板中。帧操作区中的播放头可以在已编辑的帧的范围内拖动，舞台上将按拖动的速度显示舞台上各帧的内容。帧操作区下方有帧频显示，在帧频上左右拖动鼠标，就可以修改帧频。在帧上右击可以打开帧快捷菜单，如图 4-19 所示。

通过帧快捷菜单中的命令，可以创建动画、加/减帧、编辑关键帧、编辑帧、给帧添加 ActionScript 动作代码等。注意，帧的复制、粘贴、剪切是不能通过 Ctrl＋C、Ctrl＋V、Ctrl＋X 等快捷键完成的，也不能通过 Flash“编辑”菜单下的“复制”、“粘贴”、“剪切”命令完成，只能通过帧快捷菜单完成。Ctrl＋C、Ctrl＋V、Ctrl＋X 快捷键和“编辑”菜单下的“复制”、“粘贴”、“剪切”命令只针对舞台上选中的对象。

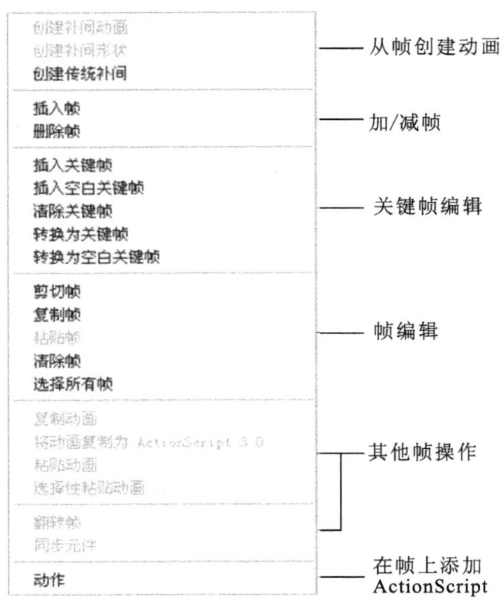

图 4-19　帧快捷菜单

4. 图层操作

图层是 Flash 中的重要概念。一个图层就好比一层透明的绘图纸。一个 Flash 文档中可以有若干个图层，就好比若干透明的绘图纸叠加在一起。如图 4-20 所示，这个 Flash 文档有四个图层，选中的图层反显，成为当前图层。多个图层按列表的方法排列在图层操作区。

在图层或图层文件夹上右击，可以打开图层操作快捷菜单，如图 4-21 所示。

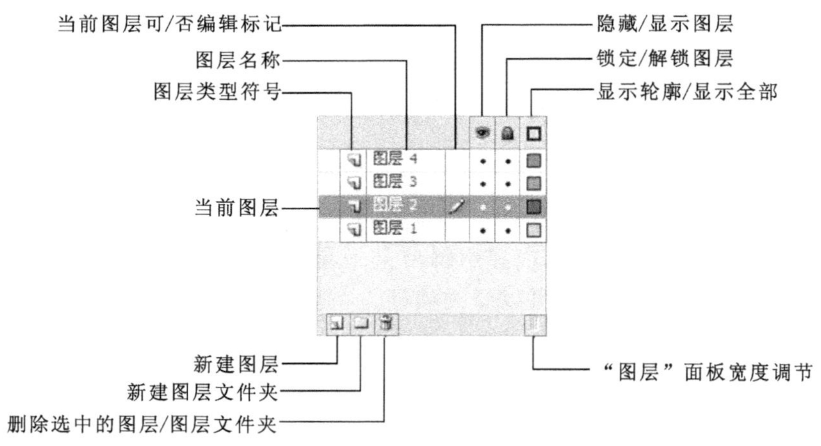

图 4-20　图层操作区

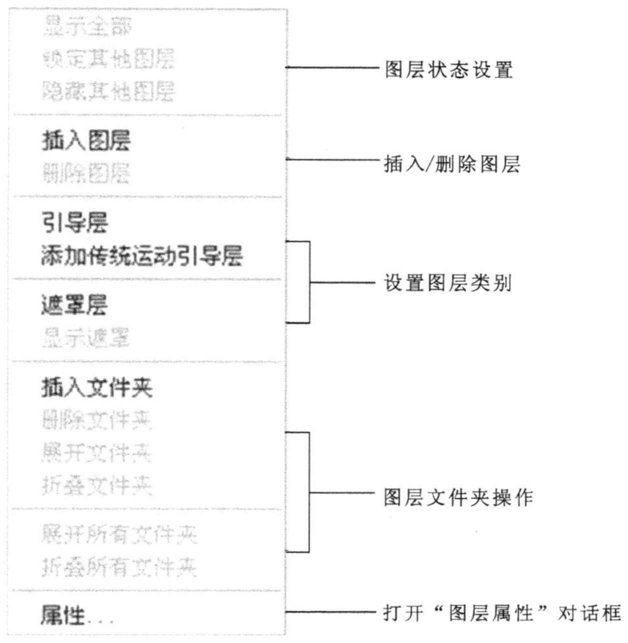

图 4-21 图层操作快捷菜单

在舞台上每个时刻只能编辑一个图层中的一帧。欲在舞台上编辑对象时，事先要选中图层和帧。为避免误操作，建议锁定当前所有不欲编辑的图层，然后再到帧操作区去选定帧（在帧上单击就选中了帧）。锁定图层的方法很简单，在图层操作区，在欲编辑的图层上右击，打开如图 4-21 所示的图层操作快捷菜单，执行“锁定其他图层”命令即可。

打开图层操作快捷菜单后，执行“属性”命令，打开“图层属性”对话框可以对图层属性进行综合设置。

4.2 课件教学内容的添加与编辑

Flash CS4 有强大的矢量图绘制与位图处理功能，同时有较好的多媒体整合功能，使我们能方便地在 Flash CS4 中添加与课件内容相关的各种媒体形式的素材。

4.2.1 文本的输入与编辑

1. 添加文本对象

在 Flash CS4 中添加文本，首先选定欲添加文本的图层和帧，再在工具面板中选择文本工具。此时工作区域中的鼠标指针会显示成“十”字形，按住鼠标按键拖动，出现虚线矩形框，松开鼠标按键以后，形成文本编辑区，此时，光标闪烁，可以输入文本，这个文本编辑区也能粘贴剪贴板中的文本。

2. 文本工具属性设置

如果舞台上没有文本被选中，我们在工具面板中选择文本工具以后，“属性”面板自动显示文本工具属性，如图 4-22 所示。在文本工具的“属性”面板所进行的一切将反映在之后创建的文本中。

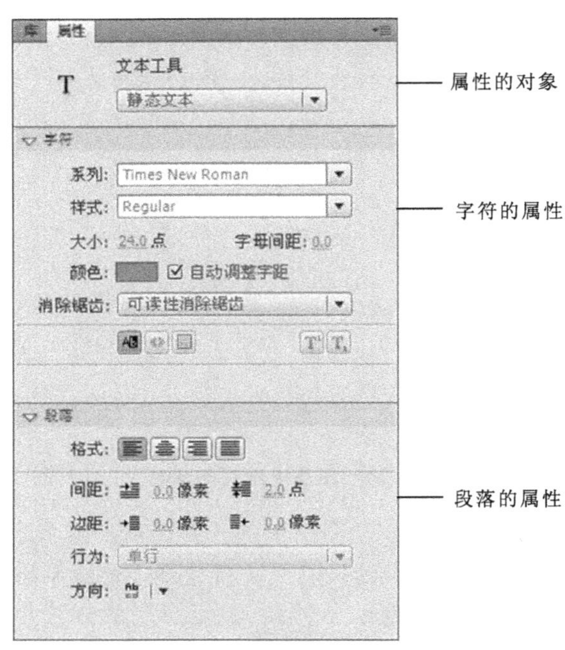

图 4-22　文本工具的“属性”面板

3. 编辑文本

如果舞台上已有文本对象，用选择工具选中舞台上的文本，“属性”面板会自动显示文本属性（注意与文本工具属性相区别）。文本的“属性”面板如图 4-23 所示。在“属性”面板中所进行的一些设置可以在舞台上立即看到效果。

文本的“属性”面板中字符与段落属性与文本工具的“属性”面板中的相同。在图 4-23 中，字符与段落栏处于折叠状态。位置和大小栏下，X 和 Y 表达的是对象在舞台上的位置。严格地说，X 的值是对象所占矩形区域的左上角顶点在舞台上的水平位置。Y 的值是对象所占矩形区域的左上角顶点在舞台上的垂直位置。默认状态下，舞台是以左上角为原点的坐标系。当 X 值增大时，对象向右移动。当 Y 值增大时，对象向下移动。

对象的大小用对象所占矩形区域的宽度和高度来表示。

在链接栏中输入 URL 地址，则在生成的动画影片中，这个文本对象成为链接网站的热字。

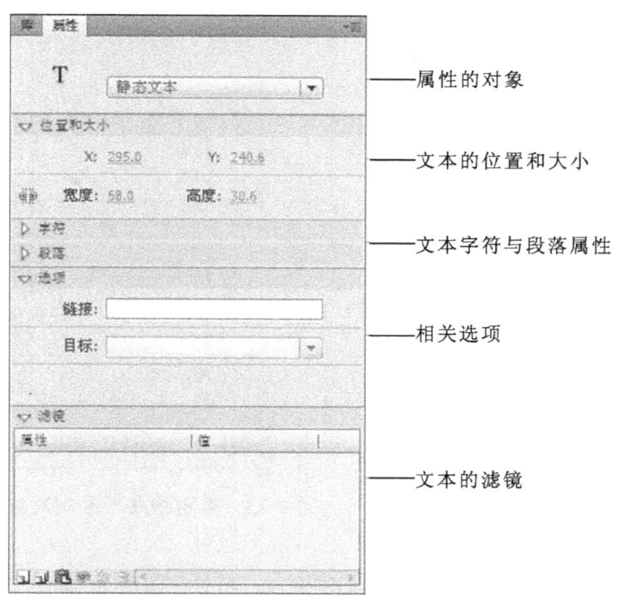

图 4-23　文本的“属性”面板

滤镜用来设置文字的效果。当滤镜栏展开时，滤镜栏标题的下面会出现“属性”面板，这是嵌套在文本的“属性”面板下的滤镜“属性”面板。在滤镜“属性”面板的左下角，有“添加滤镜”按钮，单击该按钮，可打开滤镜快捷菜单，其中提供的文本对象的滤镜效果有投影、模糊、发光等七种。选择其中一种就为舞台上选中的文字添加了这种滤镜效果。

4.2.2　图形的绘制与编辑

Flash CS4 中图形的绘制依赖各种图形绘制工具。有线条工具、铅笔工具、矩形工具、椭圆工具、基本矩形工具、基本椭圆工具、多角星形工具、刷子工具、喷涂刷工具、钢笔工具等。

1. 线条工具＼

在工具面板中选择线条工具时，“属性”面板显示线条工具的属性，如图 4-24 所示。

1）绘制线条

当线条工具处于选中状态时，鼠标指针在工作区域中会显示成“十”字形，按住鼠标左键在工作区域拖动就可以画出线条了，按住鼠标的位置成为线段的一个端点，松开鼠标的位置成为线段的另一个端点。绘制结束时，线条自动处于选中状态（有一蓝色矩形框框住线条，这一蓝色框以所绘制的线条为对角线）。同时，“属性”面板显示绘制对象的属性，如图 4-25 所示。

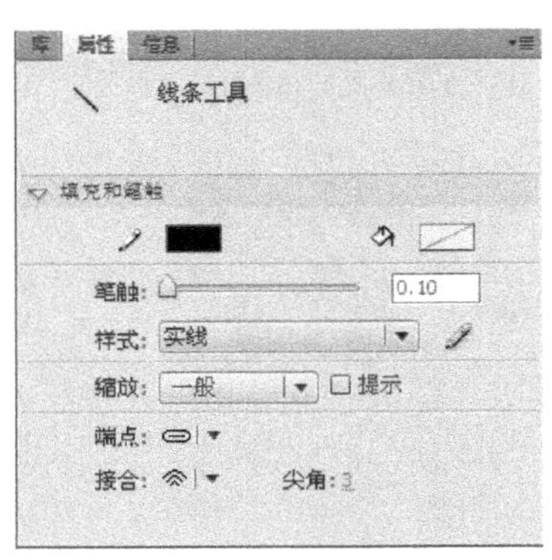

图 4-24　线条工具的“属性”面板

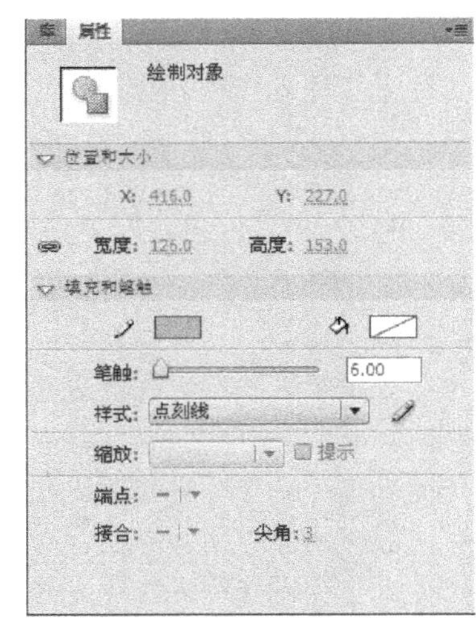

图 4-25　选中线条时绘制对象的“属性”面板

2）编辑线条

线条画出来以后，不仅可以在绘制对象的“属性”面板上修改其属性，也可以在舞台上对它进行编辑。

编辑线条的端点：当线条未被选中时，换用选择工具，鼠标指针在工作区中会显示为，当形的鼠标指针靠近线条的一个端点，鼠标指针变成形状时，按住鼠标左键拖动，就可以改变这个端点的位置，如图 4-26 所示。

图 4-26　编辑线条的端点

编辑线条的曲率：当线条处于未选中状态时，用选择工具靠近线条中间位置，当鼠标指针变成时按住鼠标拖动，可以任意修改线条的曲率，如图 4-27 所示。已经弯曲的线条还可以用同样的方式再次编辑它的曲率。

图 4-27　编辑线条的曲率

编辑线条的位置：确保线条处于选中状态，选用选择工具，鼠标指针移到线条上，当鼠标指针带有“十”字形箭头时，按住鼠标左键拖动，就可以整体拖动线条，在合适的位置松开鼠标，线条被放在了新的位置，如图 4-28 所示。

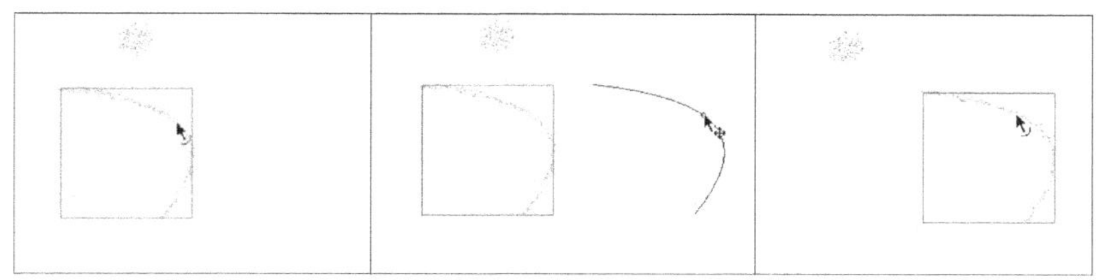

图 4-28 编辑线条的位置

2. 铅笔工具

在工具面板中选择了铅笔工具以后，“属性”面板自动显示铅笔工具的属性如图 4-29 所示。其设置方法和线条工具“属性”面板的基本相同。

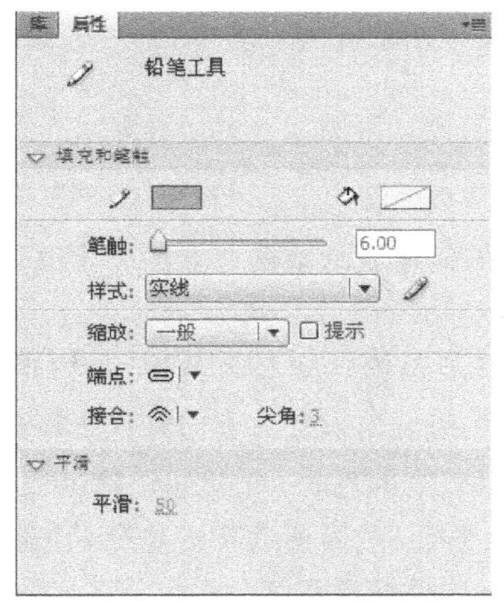

图 4-29 铅笔工具的“属性”面板

选择了铅笔工具之后，在工具面板的最下端出现“铅笔模式”按钮，单击该按钮将显示铅笔模式快捷菜单。可供选择的铅笔模式有伸直、平滑和墨水。选中了铅笔工具以后，鼠标指针在工作区域将显示为 。按住鼠标左键在舞台上拖动，就可以画线了。

用选择工具在舞台上选中铅笔绘制的图形，“属性”面板自动显示绘制对象的属性。

3. 矩形工具

1）笔触与填充

Flash 中的封闭图形由两部分构成：笔触与填充。以矩形为例，图 4-30 显示了笔触与填充的含义。所谓笔触颜色，这里指矩形的四条边。所谓填充，指四条边所包围的区域。所有的封闭图形都可以对笔触颜色与填充颜色进行设置。

2）矩形工具的“属性”面板

在选择矩形工具以后，“属性”面板显示矩形工具的属性，如图 4-31 所示。铅笔图标后的色块用来设置笔触的颜色。油漆桶图标后的色块用来设置填充的颜色。

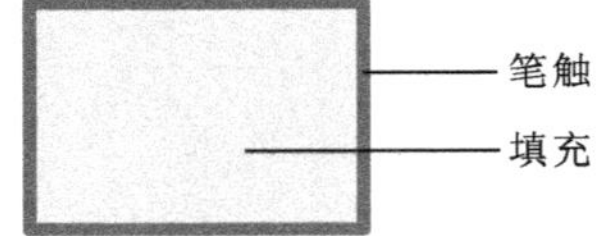

图 4-30　笔触与填充

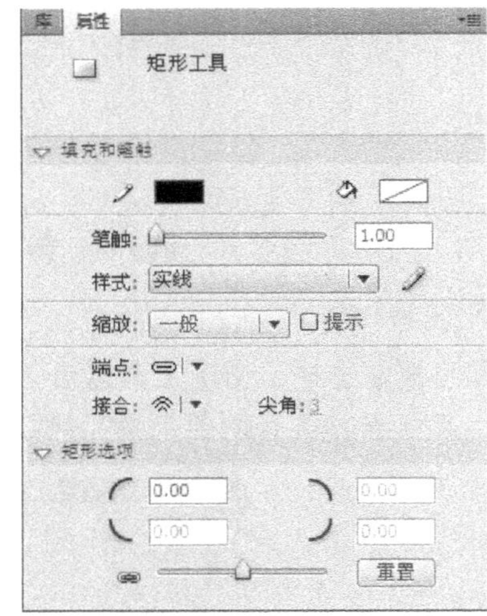

图 4-31　矩形工具的“属性”面板

图 4-31 所示的色块中的斜线表示该填充方案为无填充颜色，这时用矩形工具绘制的矩形将只有四条边，四条边所围的区域是空的。

也可以把笔触方案设置为无笔触颜色。其方法是：单击铅笔图标后的色块，打开调色板，如图 4-32 所示，单击调色板右上方的，笔触方案就呈现为。

单击矩形工具“属性”面板上的色块，可以打开调色板。调色板上被方框框住的颜色（如图 4-32 中左上方的黑色）是当前选中的颜色，顶端右侧的“Alpha”表示的是颜色的不透明度。可以将鼠标指针放在这个百分数上，当鼠标指针带有水平的双向箭头时，左右拖动鼠标，调节其大小。当 Alpha 值为 100%时，表示完全不透明；当 Alpha 值为 0%时，表示完全透明。

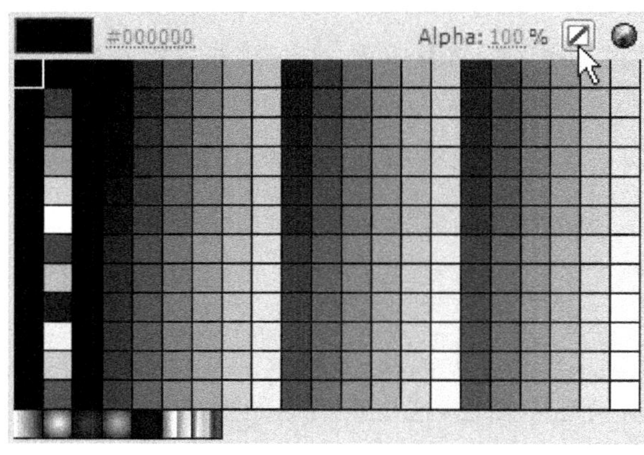

图 4-32　调色板

如果觉得调色板上所提供的颜色不够用，可以单击调色板右上角的颜色对话框按钮，打开“颜色”对话框选择合适的颜色，如图 4-33 所示。

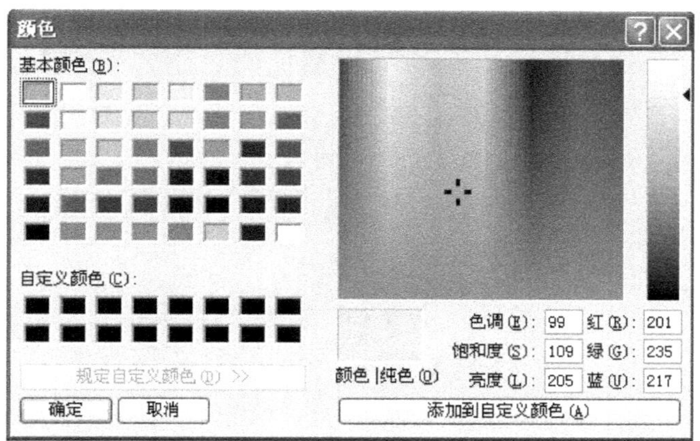

图 4-33 “颜色”对话框

3）绘制矩形

选择矩形工具以后，在工作区域鼠标指针会显示为“十”字形，在舞台上按住鼠标左键拖动就可以绘制矩形了。

4）编辑矩形

当我们选中舞台上的矩形时，“属性”面板显示绘制对象的属性。在绘制对象的“属性”面板中可以修改所选中的矩形的位置和大小、笔触和填充。在舞台上还可以对矩形进行其他编辑操作。矩形的编辑方法与线条的编辑方法类似，大家可以自行练习。

4. 其他工具

在工具箱面板中，矩形工具、椭圆工具、基本矩形工具、基本椭圆工具、多角星形工具共用一个位置，这些工具都属于封闭图形绘制工具。在工具箱面板中单击矩形工具时，出现封闭图形绘制工具选项列表，以上这些工具都显示在列表中。凡是几个工具共用一个位置的，在工具按钮右下角显示有一个小小的三角形。这些工具的使用方法，可以参照矩形工具。选择某种工具后，“属性”面板也会自动显示这种工具的属性。

5. 刷子工具

1）刷子工具的基本用法

确保舞台上没有任何对象被选中，在工具面板中选择刷子工具，刷子工具的“属性”面板打开，如图 4-34 所示。

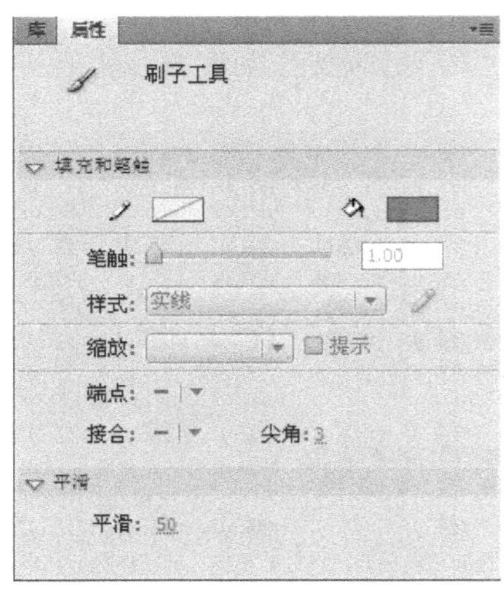

图 4-34 刷子工具的“属性”面板

用刷子工具绘图时的颜色为填充颜色，没有笔触颜色，笔触颜色不可设置。

在舞台上，鼠标指针变成了点，按住鼠标按键拖动，可以绘制任意形状的线条。

2) 刷子工具选项

选中了刷子工具以后，工具面板的底部会出现一些工具选项，可以选择刷子的大小和形状。

6. 图形的模式

1) 图形的绘制模式(对象绘制模式/非对象绘制模式)

选择了任何绘图工具以后，在工具面板的下方，会出现相应的工具选项，其中 是对象绘制选项，选择它，则接下来进行的绘图为对象模式。比如，选择椭圆工具，绘制一个椭圆，刚刚绘制的对象默认被矩形选择框选中，舞台上的情形如图 4-35 所示。

选择了绘图工具以后，使 处于未按下状态，接下来的绘图则为非对象模式。刚绘制的图形默认处于未选中状态。这里我们选择椭圆工具，确保 处于未按下状态，绘制一个椭圆，再用选择工具在舞台上选中这个椭圆，舞台上的情形如图 4-36 所示。可以看出，非对象模式的图形以像素点阵方式选中。

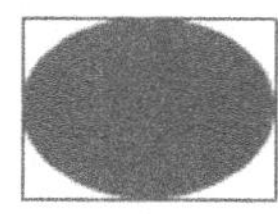

图 4-35 绘制的椭圆被矩形选择框选中

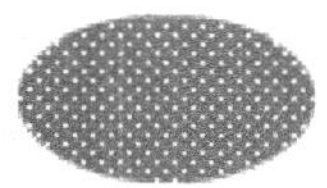

图 4-36 用选择工具选中椭圆

2) 图形的组合与分离

进行图形的堆叠、组合、对齐、切割等操作时，对象模式与非对象模式各有所长。

当我们需要调节若干个对象的相对位置时，用对象模式优于用非对象模式；当我们需要对图形进行切割操作时，则必须使用非对象模式。

对于对象模式的图形，如果需要对它进行切割操作，可以通过按快捷键 Ctrl＋B 将其分离。

对于非对象模式的图形，如果需要对它们进行堆叠等操作，可以通过按快捷键 Ctrl＋G 将其组合起来。

4.2.3　图像的导入与处理

在 Flash CS4 中可以导入外部图像文件并进行编辑。

1. 导入图像

1）导入图像的命令

执行“文件”→“导入”→“导入到库”命令，打开“导入到库”对话框，在对话框中选择一个或多个要使用的图片文件，单击“打开”按钮，打开 Flash CS4 的“库”面板，如图 4-37 所示。我们将看到这些图片文件已在库中。在库的名称列表里单击各个图片的文件名时，就能在库的预览窗口中看到图片的内容。按住文件名或者按住预览窗口的图像将其拖到舞台上，图像默认为对象模式，并处于选中状态。把外部图像放到舞台上，也可以执行“文件”→“导入”→“导入到舞台”命令，图像会直接出现在舞台上，库中同时也立即自动添加这个图像项目。

图 4-37　打开 Flash CS4 的“库”面板

2）调整图像的位置

选用选择工具，将鼠标指针移到图片上，鼠标指针带有“十”字箭头时按住鼠标左键拖动，在合适的位置松开鼠标左键，可以调整图像在舞台上的位置。

2. 图像的矩形剪裁

1）图像的打散

要对图像进行其他编辑，必须先分离图像。方法是先选中图片，再按快捷键 Ctrl＋B。舞台上的图像由对象模式变为非对象模式，如图 4-38 所示。

(a)图像的对象模式

(b)图像的非对象模式

图 4-38　图像的对象模式与非对象模式

2）选中图像中的一部分矩形区域

在图像的非对象模式下，可以实现对图像的剪裁，这里先介绍矩形剪裁。选用选择工具，在舞台上拖出一个矩形区域，包含在这个矩形区域内的图像被选中，被选中的图像可以移动、删除，可以用“编辑”菜单下的“剪切”、“复制”和“粘贴”等命令进行编辑，也可用 Delete、Ctrl＋X、Ctrl＋C、Ctrl＋P 等快捷键。图 4-39 所示为位图的矩形剪裁。

图 4-39　位图的矩形剪裁

3. 图像的异形剪裁

1）套索工具(多边形套索与魔术棒)

图像的异形剪裁需要用到套索工具 。在工具面板中选择了套索工具 后，工具面板的底部会出现套索工具选项，分别是魔术棒 、魔术棒设置 、多边形模式 。

多边形模式 的使用：使用多边形模式套索工具的基本方法是先在起点处单

击，然后在所有拐角处单击，在两点之间松开鼠标左键并移动，最后在终点处双击；双击的点和起点时单击的点自动连接在一起从而选中封闭区域，如图 4-40 所示。

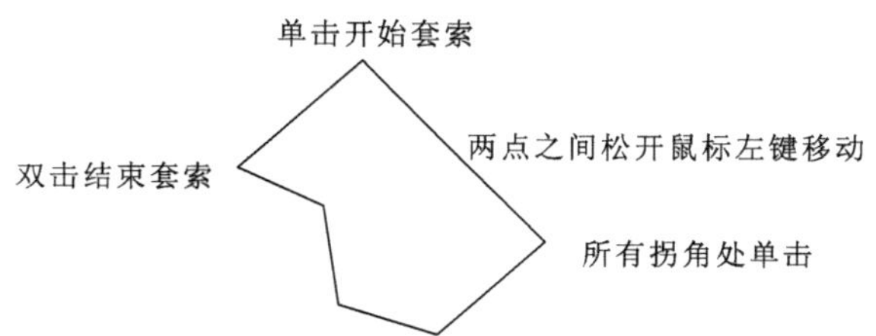

图 4-40　多边形模式套索工具的使用方法示意图

对于用套索工具选中的部分，可以进行移动、剪切、复制、粘贴等操作。

魔术棒设置 ：单击魔术棒设置按钮，打开"魔术棒设置"对话框。魔术棒可以用来选择相同或者相近颜色的像素点。"魔术棒设置"对话框中的阈值用来设置像素点颜色相近的程度，值越小，要求颜色相近程度越高。设置完毕后，单击"确定"按钮。

利用魔术棒可以选择颜色相近的区域。

2）橡皮擦工具

用魔术棒编辑的图形边缘可能并不精细，还可以把舞台显示比例放大，使用橡皮擦工具把多余的部分擦除。在非对象模式下的图像上单击，则擦除掉橡皮擦所在位置的颜色；按住鼠标左键拖动，则擦除掉橡皮擦所经之处的颜色。

4. 图像的不透明度变化

在课件中，有时需要用到图像的半透明效果。图像的不透明度变化设置的步骤如下。

（1）把图像转换成影片剪辑元件。在舞台的图像上右击，在弹出的快捷菜单中执行"转换为元件"命令，打开"转换为元件"对话框，在对话框中将"类型"设置为"影片剪辑"，在"名称"文本框中输入"阿基米德"，如图 4-41 所示，单击"确定"按钮。

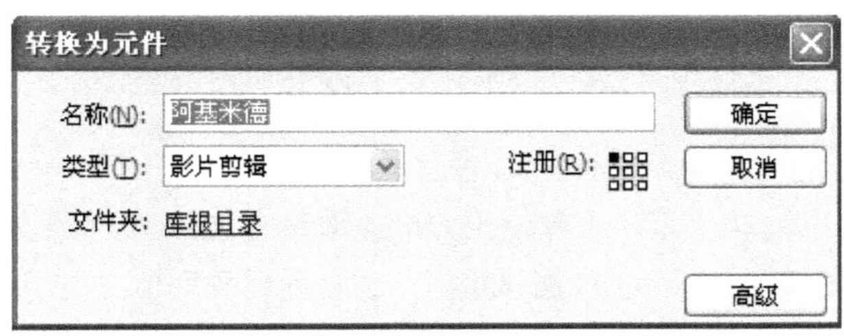

图 4-41　"转换为元件"对话框

此时，舞台上的图片已经成为影片剪辑元件“阿基米德”的实例。

(2) 确保舞台上的阿基米德影片剪辑实例处于选中状态，打开“属性”面板，如图4-42所示，在“色彩效果”栏中，在样式下拉列表中选Alpha，调节不透明度Alpha的值，可以同时在舞台上看到影片剪辑实例不透明度的变化。

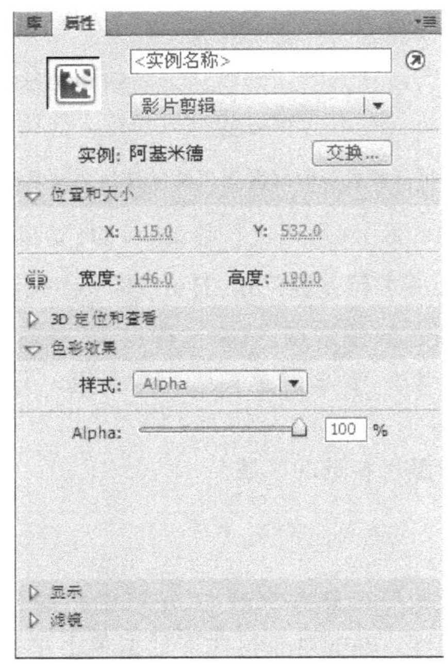

图 4-42　调整影片剪辑的不透明度

4.2.4　音频的导入与控制

在课件中如果需要用到音频，要事先用音频编辑软件把声音文件准备好，编辑好声音的长短、效果等。Flash 可以接受 AVI 格式的音频文件。

执行“文件”→“导入”→“导入到库”命令，打开“导入到库”对话框，选择音频文件，单击“打开”按钮。在“库”面板中，我们就可以看到名称列表中包含了我们刚才导入的音频文件了，单击音频文件的名称，“库”面板的预览窗口中会出现该音频文件的波形，还有播放 ▶ 和停止 ■ 按钮，在这里可以预览音频文件(确保计算机音频设备可用)。

首先在舞台上选择声音开始的帧，然后从“库”面板把音频文件拖进工作区。此时，我们在刚才选中的帧上(不是舞台上)可以看到有波形。音频文件有多长，它在时间轴上就覆盖多长时间。此时，测试影片，也能听到我们刚才导入的声音。

在 Flash CS4 的时间轴上不能用播放头预览声音，也不能对音频文件进行任何编辑。

4.2.5 视频的导入与控制

1. 在 Flash 课件中使用视频

(1) 把视频文件转换为 FLV 格式。

(2) 执行"文件"→"导入"→"导入到库"命令，打开"导入到库"对话框，选择刚才准备好的 FLV 格式的视频，单击"打开"按钮，打开"导入视频"对话框，如图 4-43 所示，确保对话框中选择了"使用回放组件加载外部视频"项，单击"下一步"按钮。

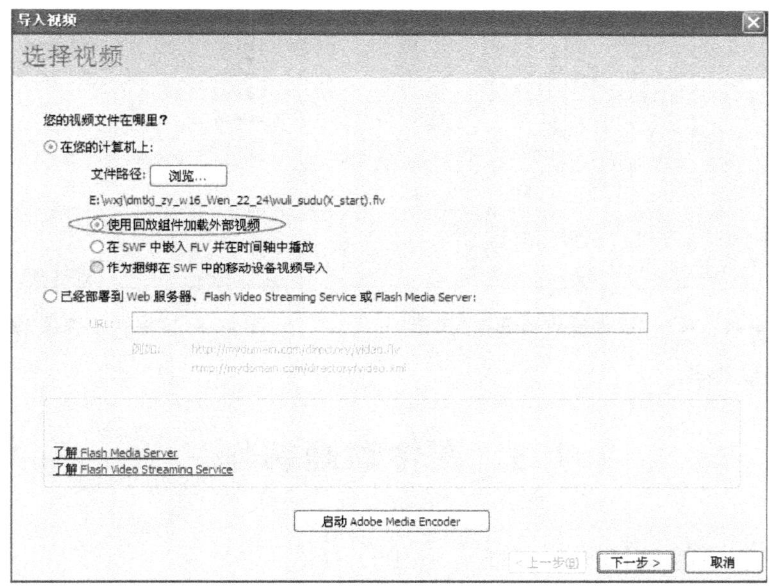

图 4-43 "导入视频"对话框

(3) 在"导入视频"对话框中外观菜单中选择一款满意的 FLVPlayback 外观，单击"下一步"按钮。

(4) 在"导入视频"对话框中单击"完成"按钮。

(5) 在 Flash CS4 舞台上出现 FLV 图标及视频回放组件，选用任意变形工具，按住 Shift 键调节视频显示尺寸。

(6) 选用选择工具在舞台上单击一下 FLV 视频，再在"属性"面板中单击"组件检查器面板"按钮 ，如图 4-44 所示，打开"组件检查器"面板。(也可以执行"窗口"→"组件检查器"命令，打开"组件检查器"面板)

(7) "组件检查器"面板如图 4-45 所示。在"组件检查器"面板中，把 skinAutoHide 数值修改为 true。确保视频控制条的自动隐藏。

图 4-44 单击"组件检查器面板"按钮

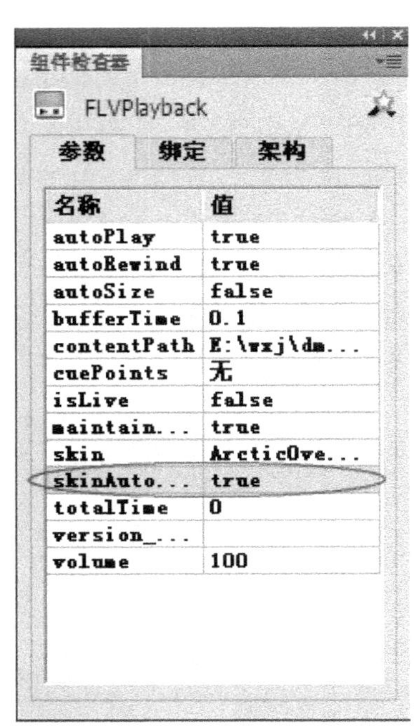

图 4-45 "组件检查器"面板

(8) 测试影片。

4.3 课件动画制作

4.3.1 逐帧动画

Flash 是基于帧的动画。逐帧动画需要一帧一帧地制作。下面以"认识厘米与分米"为例讲解如何制作逐帧动画。

(1) 制作图形元件"1cm"。

① 执行"插入"→"新建元件"命令,在打开的"创建新元件"对话框中选择元件类型为"图形",在"名称"文本框中输入"1cm",单击"确定"按钮,进入 1 cm 图形元件编辑场景。

② 绘制 1 厘米长的线段。

(2) 制作第 1 帧内容。

① 在编辑栏单击场景 1,回到场景 1。

② 从库中把刚才制作的"1 cm"图形元件拖到舞台上合适的位置。

③ 选用文本工具,在这个元件的上方标上文字"1 cm"。

(3) 制作后续各帧。

① 在时间轴第 2 帧上右击,在快捷菜单中执行"插入关键帧"命令,从库中拖一

个“1 cm”图形元件到舞台上新建其实例，并排放在前一个“1 cm”图形元件的右侧。

② 按照同样的方法制作第3、4、5、6、7、8、9、10帧。

③ 在第10帧上添加文字及长度标识，如图4-46所示。

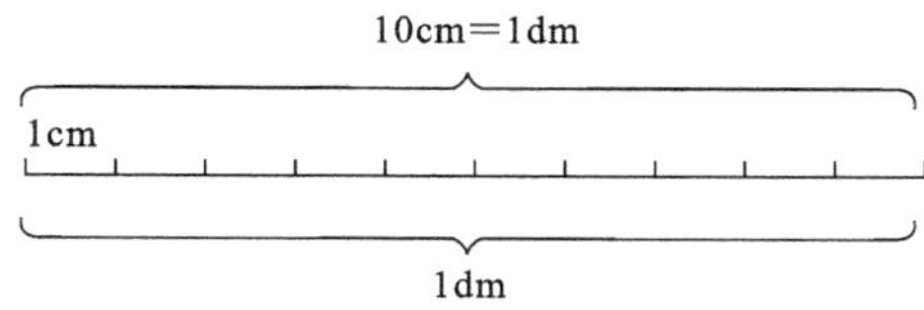

图4-46 添加文字及长度标识

④ 在第20帧的位置右击，在弹出的快捷菜单中执行“插入帧”命令。

(4) 制作完毕，测试动画。

4.3.2 传统补间动画

有些连续变化的对象，我们只需要编辑第一帧(初始关键帧)和最后一帧(目标关键帧)，Flash可以自动生成中间的各帧。

1. 移动效果

当需要制作一个对象沿直线从一处移到另一处的效果时，使用传统补间动画，是一个不错的选择。之所以叫传统补间，是因为这种动画技术在早起的Flash版本中一直都有，CS4版本中就称之为传统补间了，在Flash CS4中，补间动画(注意：补间动画与传统补间动画不同)也可以实现同样的功能。用来移动的对象可以是一块文本、一个图形、一个元件的实例。下面以金属小球的水平来回移动为例来讲解在Flash CS4中如何应用传统补间动画技术制作对象移动效果。在下面制作的传统补间动画中将会有三个关键帧，中间一个关键帧既是前一段动画的目标关键帧，同时也是后一段动画的初始关键帧。

(1) 制作金属小球图形元件。

① “插入”→“新建元件”命令，打开“创建新元件”对话框，将“类型”设置为“图形”，在“名称”文本框中输入“金属小球”，单击“确定”按钮，进入图形元件金属小球编辑场景。

② 在工具面板中选择椭圆工具，在“属性”面板中，把笔触颜色选为无颜色，填充色选黑白放射状颜色，在图形元件金属小球编辑场景中绘制圆。

(2) 制作三个关键帧的内容。

① 在编辑栏单击场景1，进入场景1的编辑状态，从库中拖出一个“金属小球”图形元件到舞台上中央位置新建其实例，这个实例默认处于图层1的第1帧。

② 在图层1第41帧上右击，在快捷菜单中执行“插入关键帧”命令。这个关键帧中自动拥有与第1帧完全相同的内容。

③ 在第21帧上右击，在快捷菜单中执行“转换为关键帧”命令，这个关键帧上也

自动拥有与第 1 帧完全相同的内容。

(3) 创建补间。

① 在 1～20 帧之间的任意位置右击，在快捷菜单中执行“创建传统补间”命令。第 1 帧和第 21 帧之间出现一个水平的箭头，表明补间成功。

② 在 21～40 帧之间的任意位置右击，在快捷菜单中执行“创建传统补间”命令。第 21 帧和第 41 帧之间出现一个水平的箭头，表明补间成功，如图 4-47 所示。

图 4-47 创建补间

(4) 编辑关键帧。

① 动画分析：这里要制作出小球来回移动的效果，第 1 帧是小球最初的位置，第 41 帧是小球最后回位的位置，最初的位置和回位的位置应该在同一位置，第 1 帧上的小球和第 41 帧上的小球本来就在同一位置，所以不移动它们，只对第 21 帧进行编辑。

② 单击第 21 帧(即中间的那个关键帧)，按住 Shift 键，把舞台上的小球往右边拖动一段距离。第一段动画，完成小球从左到右的移动，第二段动画完成小球从右到左的移动。

(5) 制作完成，测试影片。

2. 缩放效果

用传统补间动画技术制作缩放效果也很方便，不论是横向缩放、纵向缩放还是纵横向同时缩放，制作方法都相同。

这里，以弹簧的伸缩为例来介绍在 Flash CS4 中如何应用传统补间动画技术制作对象缩放效果。

(1) 绘制弹簧图形元件。

① 执行“插入”→“新建元件”命令，打开“创建新元件”命令，将“类型”设置为“图形”，在“名称”文本框中输入“弹簧”，单击“确定”按钮，进入图形元件弹簧的编辑场景。

② 以对象模式绘制一个椭圆：在工具面板，选择椭圆工具，把笔触颜色设置为黑白放射状颜色，填充颜色设置为“无颜色”，并在工具面板的工具选项中按下对象绘制按钮，在图形元件弹簧的编辑场景中绘制一个椭圆，如图 4-48 所示。以对象模式绘制这个椭圆，是为了方便后期进行对齐等编辑。

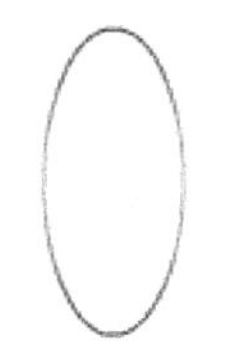

图 4-48 以对象模式绘制椭圆

③ 复制椭圆：按住 Ctrl 键，用鼠标拖动这个椭圆，然后松开鼠标按键，即可复制一个椭圆，用同样的方法复制约 12 个这样的椭圆，如图 4-49 所示。

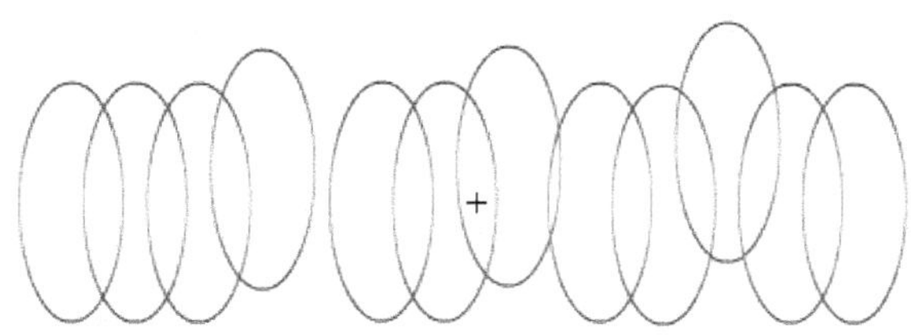

图 4-49 复制多个椭圆

④ 整齐均匀地排列这些椭圆:按快捷键 Ctrl＋A 选中以上所有的椭圆,执行“修改”→“对齐”→“顶对齐”命令,再执行“修改”→“对齐”→“按宽度均匀分布”命令,把所有这些椭圆对齐,如图 4-50 所示。

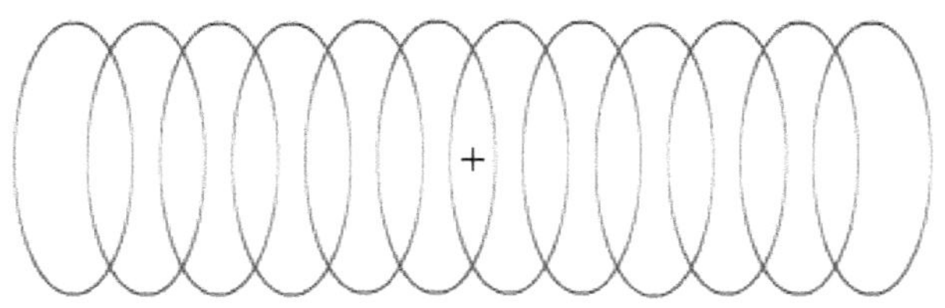

图 4-50 排列椭圆

⑤ 删除多余的部分:现在这个图形与弹簧还有较大差距,通过切割多余线条可以使这弹簧更逼真。按快捷键 Shift＋A,选中所有的椭圆,按快捷键 Ctrl＋B,把所有椭圆分离,在舞台空白处单击,释放对所有椭圆的选择。选用选择工具,选中图形的下部,如图 4-51 所示。按快捷键 Ctrl＋X,删除所选中的部分,再用橡皮工具把两端的线条擦去一部分,如图 4-52 所示。

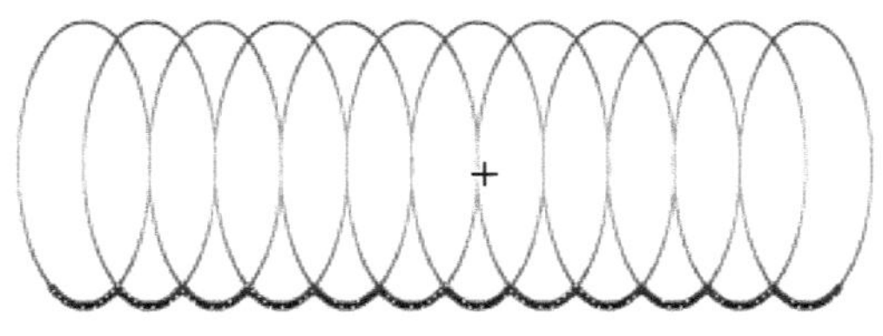

图 4-51 选中图形的下部

(2) 制作关键帧内容。

① 制作第 1 个关键帧的内容:在编辑栏单击场景 1,回到场景 1 的编辑状态。从库中拖一个弹簧图形元件到舞台上。新建其实例。这个弹簧图形元件的实例默认位于图层 1 第 1 帧。

② 制作第 2 个关键帧和第 3 个关键帧的内容:在第 21 帧上右击,在快捷菜单中执行“插入关键帧”命令;在第 41 帧上右击,在快捷菜单中执行“插入关键帧”命令。第 21 帧自动拥有与第 1 帧完全相同的内容,第 41 帧自动拥有与第 21 帧完全相同的

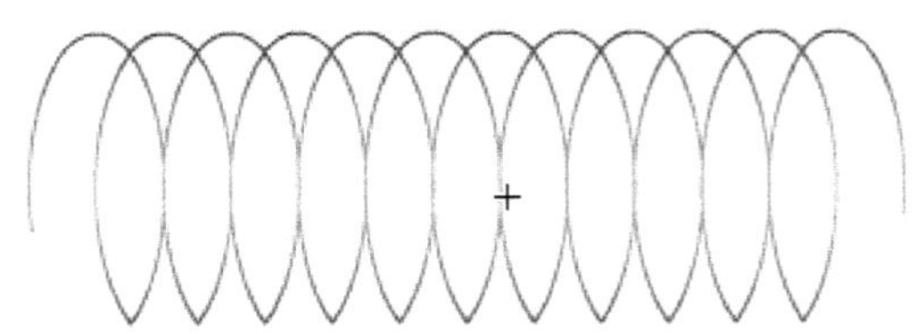

图 4-52　删除多余的部分

内容。至此，第 1 帧、第 21 帧、第 41 帧这三个关键帧的内容完全相同。

(3) 创建补间。

创建两处传统补间：在 1～20 帧之间的任意位置右击，在弹出的快捷菜单中执行"创建传统补间"命令；在 21～40 帧之间的任意位置右击，在弹出的快捷菜单中执行"创建传统补间"命令。至此，1～20 帧和 21～40 帧之间都有一个实线箭头，表明创建补间成功。

(4) 编辑关键帧。

① 动画分析：我们希望弹簧由长变短，再由短变长，初始状态和最终状态都是长，第 1 帧和第 41 帧上弹簧的长度保持不变，只对中间的一个关键帧上弹簧的长短进行编辑。

② 编辑第 21 帧：在时间轴上单击第 21 帧，用任意变形工具在舞台上选中弹簧，把变形控制中心移到左端中间的控制手柄上，再用鼠标左键按住右端中间的变形控制手柄往左边拖，当弹簧的长度缩短到原来的 1/2 时放开。至此，第 21 帧上的弹簧缩短，且左侧的位置与其他两个关键帧保持一致。第 21 帧上的弹簧的样子如图 4-53 所示。

③ 编辑第 1 帧：在时间轴第 1 帧上单击，在舞台上，用任意变形工具选中弹簧，将其变形控制中心移至左侧中间的控制手柄上。第 1 帧上的弹簧的样子如图 4-54 所示。

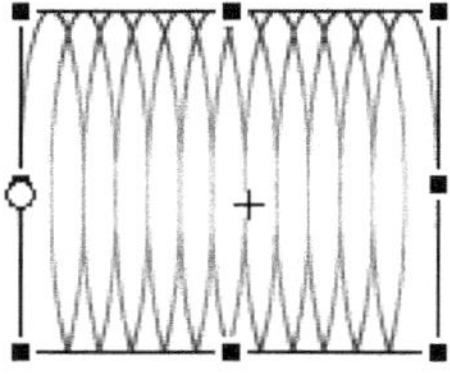

图 4-53　第 21 帧上的弹簧的样子

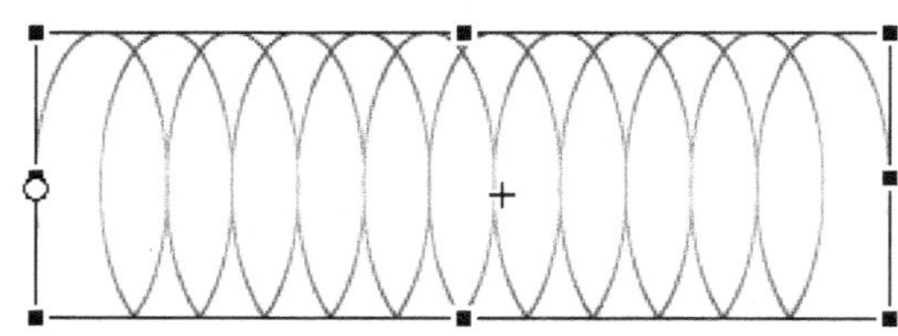

图 4-54　第 1 帧上的弹簧的样子

④ 编辑第 41 帧：在时间轴第 41 帧上单击，在舞台上，用任意变形工具选中弹簧，将其变形控制中心移至左侧中间的控制手柄上。第 41 帧上的弹簧亦如图 4-54 所示。

(5) 制作完毕，测试影片。

4.3.3 补间形状动画

补间形状动画，和传统补间动画一样，也是逐步把对象从初始关键帧表达的状态变为目标关键帧表达的状态。初始关键帧和目标关键帧之间的区别主要表现在形状不同。下面以电路突然起火为例，来介绍在 Flash CS4 中如何用补间形状动画技术模拟起火的效果。

（1）制作关键帧。

① 创建新的 Flash 文档。

② 在工具面板中，选择铅笔工具，在“属性”面板中，设置笔触大小为 8 点，笔触颜色设置为红色（#FF0000）。

③ 用铅笔在舞台上绘制一个封闭的图形，如图 4-55 所示，起点和终点有个交叉可确保图形是封闭的。图形如果不是封闭的，将无法填充颜色。

④ 在工具面板，选择颜料桶工具，在“属性”面板，设置填充色为黑色，用颜料桶把这个封闭图形的中央填充为黑色如图 4-56 所示。这个图形作为火焰的初始形状。这个图形默认位于图层 1 的第 1 帧。

⑤ 在时间轴上，在第 5 帧上右击，执行“插入关键帧”命令。第 5 帧自动拥有与第 1 帧完全相同的内容。确保选中了第 5 帧，在舞台上，选用选择工具，鼠标指针靠近封闭图形的边缘，当鼠标指针变成↖形状时拖动，在不同的方位，重复这个操作，改变这个封闭图形的形状，用颜料桶工具，把中央填充成红色如图 4-57 所示。

图 4-55 绘制一个封闭的图形

图 4-56 用颜料桶填充图形

图 4-57 改变封闭图形的形状

（2）创建补间。

在时间轴上 1～4 帧之间的任意位置右击，在弹出的快捷菜单中执行“创建补间形状”命令。

（3）制作完毕，测试影片。

4.3.4 补间动画

补间动画是 Flash CS4 具有强大动画制作功能的表现之一。这里以杠杆模拟为例来介绍如何制作补间动画。

（1）制作元件。

① 新建 Flash 文档。

② 新建支点图形元件：执行“插入”→“新建元件”命令，打开“新建元件”对话框，“类型”设置为“图形”，在“名称”文本框中输入“支点”，单击“确定”按钮，进入图形元件支点编辑场景。用铅笔和颜料桶工具绘制如图 4-58 所示的支点图形。

③ 新建被撬的对象图形元件：用同样的方法新建石块图形元件，制作石块图形元件，如图 4-59 所示。

④ 新建杠杆图形元件：用同样的方法新建杠杆图形元件，选用线条工具，绘制杠杆，如图 4-60 所示。

图 4-58　支点　　**图 4-59　石块**　　**图 4-60　杠杆**

⑤ 新建力的符号图形元件：用同样的方法新建力的符号图形元件，选用线条工具和文本工具，绘制力的符号，如图 4-61 所示。

（2）新建图层。

建立四个图层：在图层操作区面板三次单击，总共获得四个图层，并分别命名为力的符号、撬的对象、杠杆、支点，如图 4-62 所示。

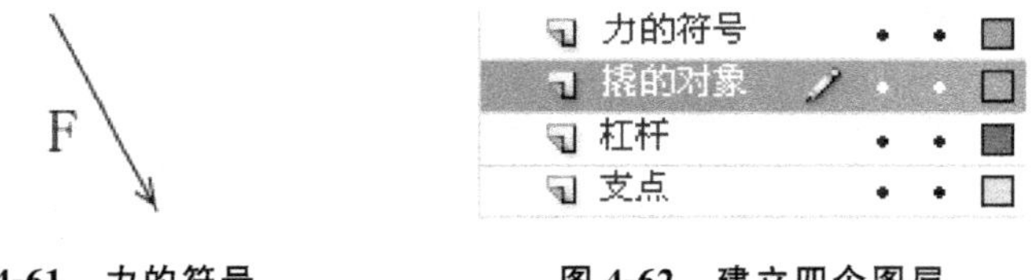

图 4-61　力的符号　　**图 4-62　建立四个图层**

（3）编辑关键帧。

① 确保只有被撬的对象图层处于未锁定状态，选中被撬的对象图层，从库中把图形元件石块拖到舞台上新建其实例。

② 确保只有支点图层处于未锁定状态，选中支点图层，从库中把图形元件支点拖到舞台上合适的位置。

③ 确保只有杠杆图层处于未锁定状态，选中杠杆图层，从库中把图形元件杠杆拖到舞台上合适的位置。

④ 调整各个对象在舞台上的位置，如图 4-63 所示。

⑤ 在力的符号图层第 19 帧单击，按住 Shift 键的同时，在支点图层第 19 帧单击，选中四个图层的第 19 帧，在选中的图层上右击，在弹出的快捷菜单中执行“插入关键帧”命令。

⑥ 确保只有力的符号图层处于未锁定状态，单击力的符号图层第 19 帧（空白关键帧），从库中把力的符号图形元件拖到舞台上合适的位置，如图 4-64 所示。

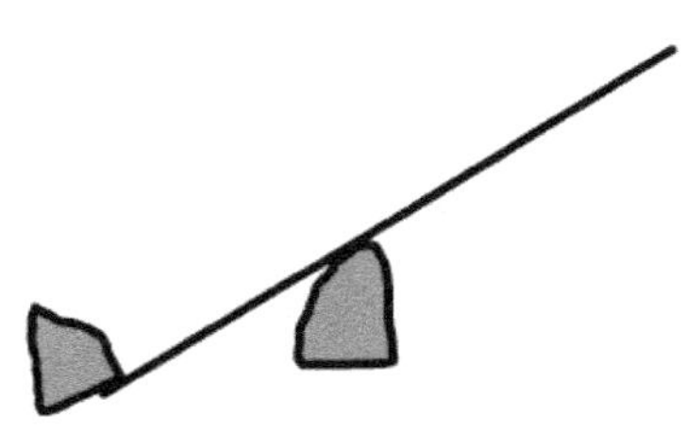

图 4-63　调整各个对象的位置

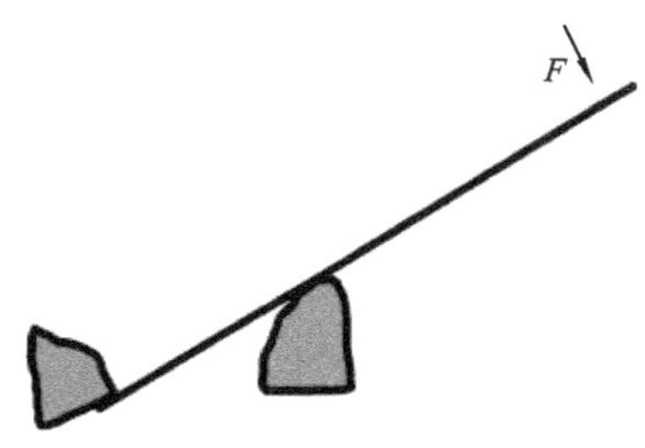

图 4-64　加上力的符号

(4) 创建补间。

① 确保只有被撬的对象图层未锁定，单击该图层的第 19 帧，选用任意变形工具，把撬动的对象的变形控制中心移动到左下角，如图 4-65 所示。再用选择工具在被撬对象上右击，在弹出的快捷菜单中执行“创建补间”命令，在被撬的对象图层时间轴上第 30 帧的位置右击，在弹出的快捷菜单中执行“插入帧”命令。把播放头拖动到第 30 帧的位置，用任意变形工具把撬动的对象逆时针旋转约 20°，如图 4-66 所示。

图 4-65　第 19 帧上撬动的对象

图 4-66　第 30 帧上撬动的对象

② 在支点图层第 30 帧，插入帧。

③ 确保只有杠杆图层未锁定，选中杠杆图层第 19 帧，用任意变形工具，把杠杆的变形控制中心移动到它与支点接触的位置，如图 4-67 所示。在杠杆上右击，在弹出的快捷菜单中执行“创建补间”，在第 30 帧位置上右击，在弹出的快捷菜单中执行“插入帧”命令。把播放头移动到第 30 帧。看到舞台上的情形如图 4-68 所示。用任意变形工具，旋转杠杆，使杠杆与撬动的对象有接触，如图 4-69 所示。

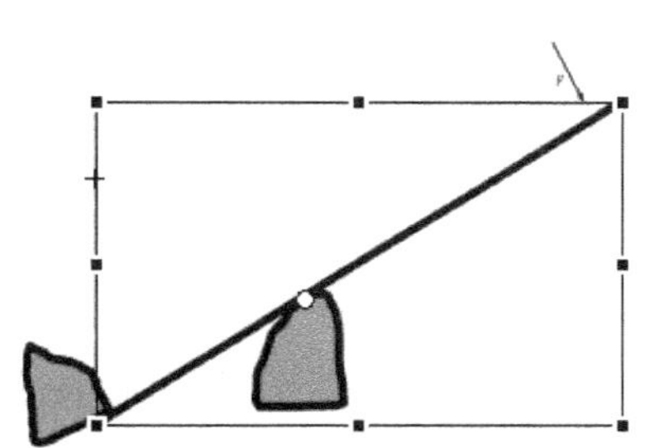

图 4-67　调整好杠杆的变形控制中心

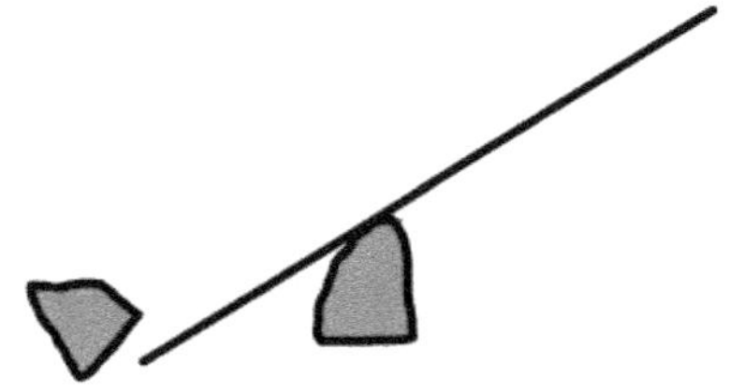

图 4-68　杠杆的角度调整前第 30 帧的情形

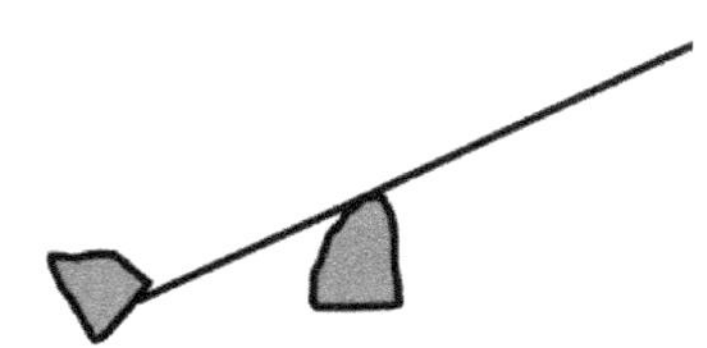

图 4-69　杠杆的角度调整后第 30 帧的情形

④ 确保只有力的符号图层未锁定，在时间轴上单击力的符号图层第 19 帧，在舞台上，选用选择工具，右击，在弹出的快捷菜单中执行“创建补间动画”命令，在时间轴上第 30 帧的位置右击，在弹出的快捷菜单中执行“插入帧”命令。确保播放头在第 30 帧，把力的符号适当下移，保持第 30 帧上力的符号（见图 4-70）与杠杆的距离基本等于第 19 帧上力的符号（见图 4-71）与杠杆的距离。

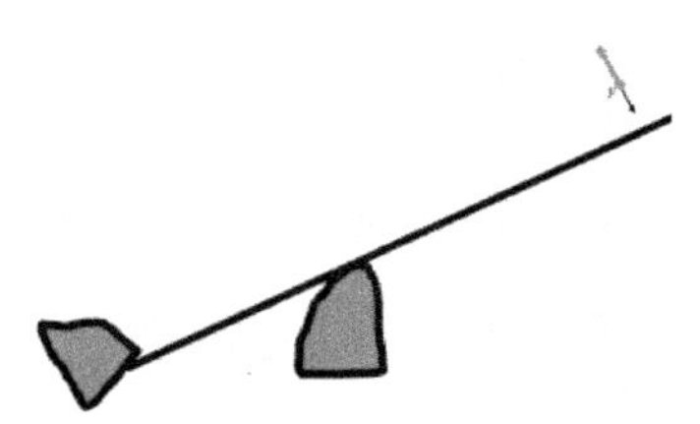

图 4-70　第 30 帧上力的符号的位置

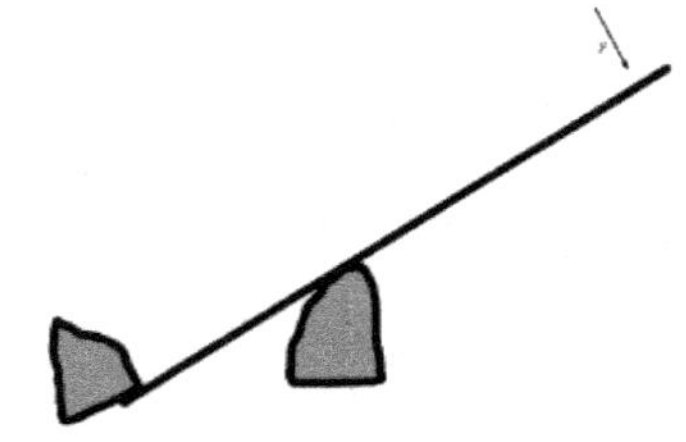

图 4-71　第 19 帧上力的符号的位置

⑤ 在四个图层的第 40 帧插入帧。

⑥ 作品分析：1～18 帧，是为了保持动画的初始状态让学生看清楚。31～45 帧，是为了保持杠杆撬动了对象以后的状态让学生看清楚。这个课件包含了三段补间动画：力的符号、被撬的对象、杠杆三个图层各自的 19～30 帧。

本课件完成时，时间轴的情形如图 4-72 所示。

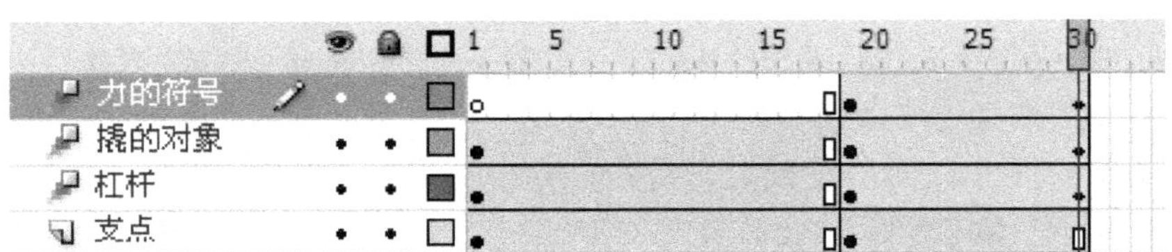

图 4-72　杠杆模拟课件完成时的时间轴

(5) 制作完毕，测试影片。

4.3.5　运动引导层动画

运动引导层动画和前面学到的动画都不一样，它需要两个图层的配合来实现动画效果。一个图层上放置运动的对象，一个图层上放置这个对象运动的路径。运动的对象可以是 Flash 中的任何对象，比如，一块文本、一个图形、一个图像、一个按钮等，都可以作为运动的对象。（在 Flash 中，任何一个对象如果要让它动起来，必须把它单独放在一个图层上。）运动的路径，可以用铅笔、钢笔绘制，可以用线条工具绘制，可以用封闭图形的笔触绘制，可以用橡皮修改。

下面，我们以磁粉隔纸跟随磁铁移动模拟为例介绍在 Flash CS4 中运动引导层动画技术。

(1) 制作元件。

① 新建 Flash 文档。

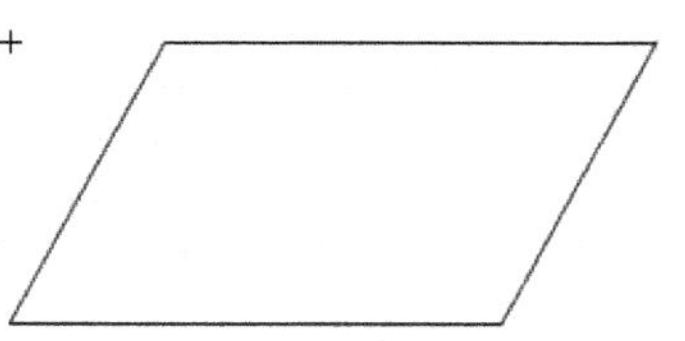

图 4-73 绘制图形元件白纸

② 绘制图形元件白纸。执行"插入"→"新建元件"命令,打开"创建新元件"对话框,将"类型"设置为"图形",在"名称"文本框中输入"白纸",单击"确定"按钮,进入白纸图形元件编辑场景。在工具面板中选择矩形工具,在"属性"面板中把笔触设置为黑色,把填充设置为无颜色。绘制一个矩形,再用任意变形工具,把矩形变成平行四边形,模拟白纸的平面透视效果,如图 4-73 所示。

③ 绘制图形元件磁铁。在工具面板选择椭圆工具,把笔触颜色设置为黑色,把填充色设置为灰色,以对象绘制模式绘制一个椭圆,再复制一个,得到两个同样的椭圆,如图 4-74(a)所示,再把它们部分重叠,如图 4-74(b)所示,把舞台显示比例调整为 800%,以便看清细节,用线条工具在两个椭圆的左右两边画上小竖线,如图4-74(c)所示,画好以后把两个椭圆和两根小竖线都选中,按快捷键 Ctrl+B,把图形打散,如图 4-74(d)所示,在舞台空白处单击,释放对图形的选中,用颜料桶工具在椭圆两端的空白处填充灰色(#666666),填充颜色以后如图 4-74(e)所示,选中图形中多余的线条,按 Delete 键以删去多余的小线条,磁铁绘制完毕,如图 4-74(f)所示。

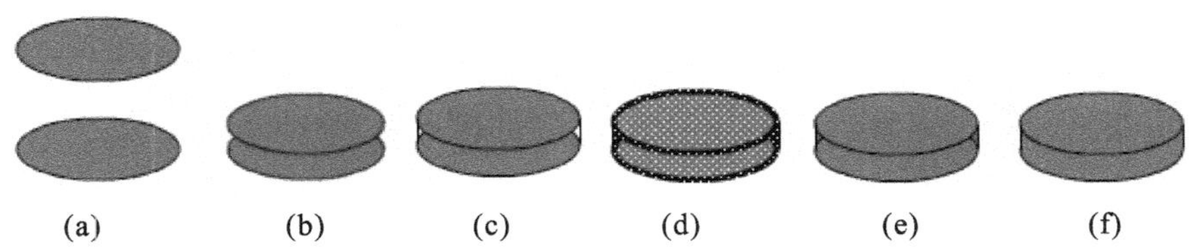

图 4-74 绘制图形元件磁铁

④ 绘制图形元件磁粉。执行"插入"→"新建元件"命令,打开"创建新元件"对话框,将"类型"设置为"图形",在"名称"文本框中输入"磁粉",单击"确定"按钮,进入磁粉图形元件编辑场景。在工具面板中选择喷涂刷工具,在"属性"面板的"画笔"栏中宽度和高度都设置为 92 点,在舞台上按住鼠标左键约 3 秒钟,得到如图 4-75(a)所示的随机点。再用选择工具选中这个对象,按快捷键 Ctrl+B,把图形打散,如图 4-75(b)所示,在舞台空白处单击,释放对图形的选中,再选用选择工具,在图形的中央单击,选中若干点,按 Delete 键以删去选中的这些点,再单击选中一些,按 Delete 键以删去选中的这些点,直到中央部分只剩下很少的点,用选择工具框选所有的点,按快捷键 Ctrl +G 把所有的点群组。如图 4-75(c) 所示。用任意变形工具,将其制作出平面透视的效果,通过目测确保透视的角度与磁铁透视的角度基本相同,调整之后如图 4-75(d)所示。磁粉图形元件绘制完毕。

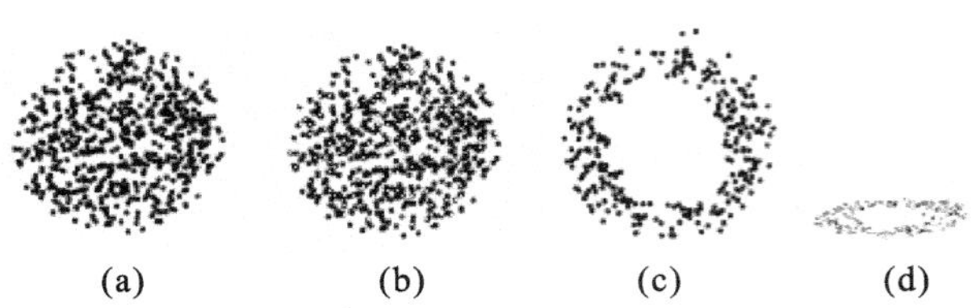

图 4-75　绘制图形元件磁粉

(2) 制作传统补间。

① 在图层操作区单击"新建图层"按钮两次，获得共三个图层，从上往下，分别命名为白纸、磁粉、磁铁。

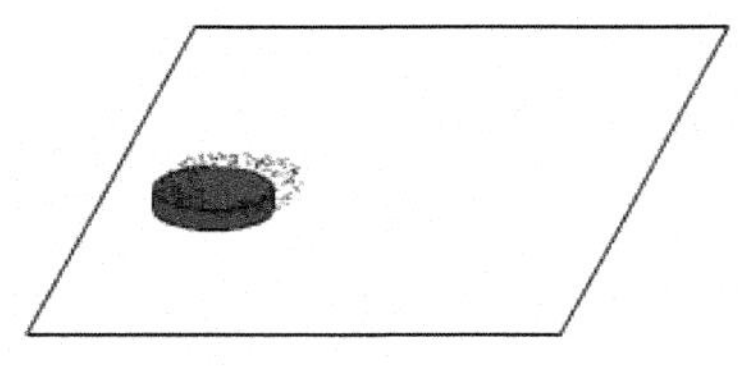

图 4-76　三个对象在舞台上的摆放

② 当确定只有白纸图层未锁定时，选中白纸图层，把白纸图形元件拖放到舞台上新建其元件。当确定只有磁粉图层未锁定时，选中磁粉图层，把磁粉元件拖放到舞台上新建其实例。当确定只有磁铁图层未锁定时，选中磁铁图层，把磁铁元件拖放到舞台上新建其实例。三个对象在舞台上的摆放如图 4-76 所示。

③ 在白纸图层第 40 帧上右击，在弹出的快捷菜单中执行"插入帧"命令；在磁粉图层第 40 帧单击选中这一帧，按住 Shift 键，再单击磁铁图层第 40 帧，同时选中两个图层的第 40 帧，在选中的帧上右击，在弹出的快捷菜单中执行"插入关键帧"命令；在磁粉图层时间轴上第 1～39 帧上任意位置右击，在弹出的快捷菜单中执行"创建传统补间"命令；在磁铁图层时间轴上第 1～39 帧上任意位置右击，在弹出的快捷菜单中执行"创建传统补间"命令。

(3) 制作引导层。

①添加图层。选中磁粉图层，单击图层操作区的"新建图层"按钮，将这个新建的图层命名为绿线引导磁粉；选中磁铁图层，单击图层操作区的"新建图层"按钮，将这个新建的图层命名为红线引导磁铁。

② 绘制引导线。确保只有绿线引导磁粉图层未锁定，并选中绿线引导磁粉图层，再在工具面板中选择椭圆工具，以非对象绘制模式，在舞台上绘制一个椭圆，用任意变形工具对椭圆进行适当变换，绘制出引导线如图 4-77 所示。选中这个椭圆，按快捷键 Ctrl+C，把这个椭圆复制到剪贴板上。用橡皮擦工具在绿色椭圆上对应磁粉实例的中央位置单击，给椭圆擦出一个小缺口。

③ 确保只有红线引导磁铁图层未锁定，选中该图层，在舞台上空白处右击，在弹出的快捷菜单中执行"粘贴到当前位置"命令，再在键盘上按←键三次，按↓键三次，使两个椭圆不重叠。并用橡皮擦工具，在红色椭圆上对应磁铁中央的位置擦开一个缺口，如图 4-78 所示。

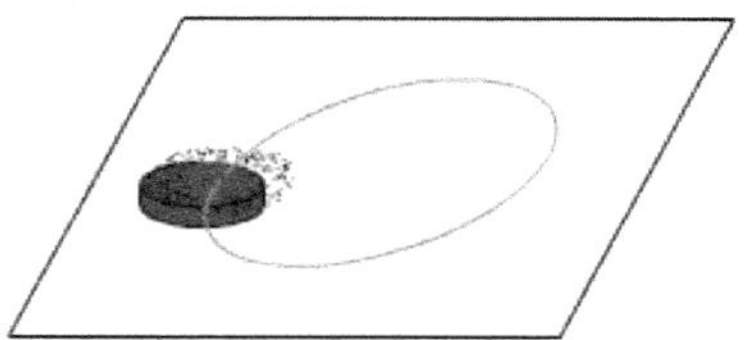

图 4-77 绘制引导线　　　　图 4-78 擦出一个缺口

④ 在红线引导磁铁图层名称上右击，在弹出的快捷菜单中执行“引导层”命令。在磁铁图层上按住鼠标左键把它往上拖动一点点，当磁铁图层与红线引导磁铁图层中间出现 时，松开鼠标左键。红线引导磁铁图层的图层符号变成 ，表示它已成为引导层。磁铁图层的图层符号变成 ，表示它已成为被引导层。

⑤ 在绿线引导磁粉图层名称上右击，在弹出的快捷菜单中执行“引导层”命令。在磁粉图层上按住鼠标左键把它往上拖动一点点，当磁粉图层与绿线引导磁粉图层中间出现 时，松开鼠标左键。绿线引导磁粉图层的图层符号变成 ，表示它已成为引导层。磁粉图层的图层符号变成 ，表示它已成为被引导层。

(4) 对象上线。

① 确保只有磁粉图层未锁定，只有磁粉图层和绿线引导磁粉图层显示，在工具面板中选用选择工具，并在工具选项中选择“贴紧至对象” ，在舞台上，用选择工具把磁粉拖到绿线上缺口的下端。磁粉实例的中心由较小的圆圈变成较大的圆圈时，表明磁粉已经贴紧至绿线缺口下端，如图 4-79 所示。

② 单击磁粉图层的第 40 帧，在舞台上，用选择工具把磁粉拖到绿线缺口上端，磁粉实例的中心由较小的圆圈变成较大的圆圈时，表明磁粉已经贴紧至绿线缺口上端，如图 4-80 所示。

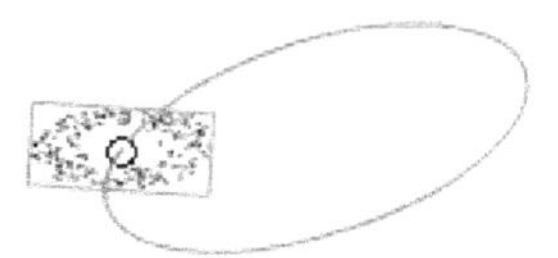

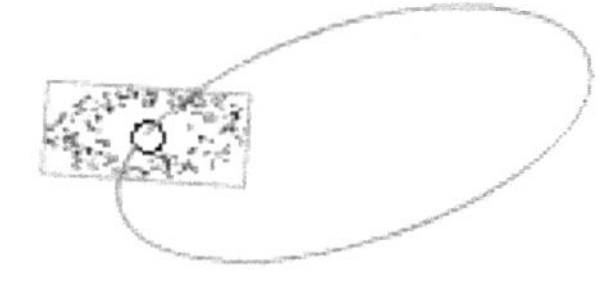

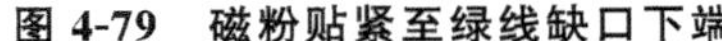

图 4-79 磁粉贴紧至绿线缺口下端　　　　图 4-80 磁粉贴紧至绿线缺口上端

③ 确保只有磁铁图层未锁定，只有磁铁图层和红线引导磁铁图层显示，在工具面板中选用选择工具，并在工具选项中选择“贴紧至对象” ，在舞台上，用选择工具把磁铁拖到红线上缺口的下端。磁铁实例的中心由较小的圆圈变成较大的圆圈时，表明磁铁已经贴紧至红线缺口下端，如图 4-81 所示。

④ 单击磁铁图层的第 40 帧，在舞台上，用选择工具把磁铁拖到红线的缺口上端。磁铁实例的中心由小圆圈变大圆圈时，表明磁铁已经贴紧至红线缺口上端，如

图 4-82 所示。

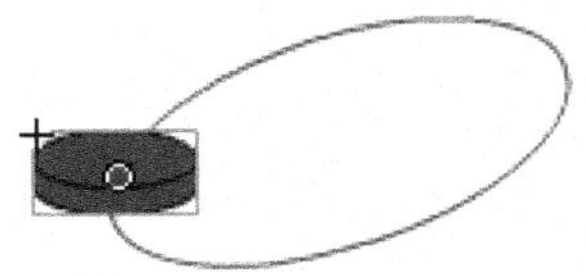

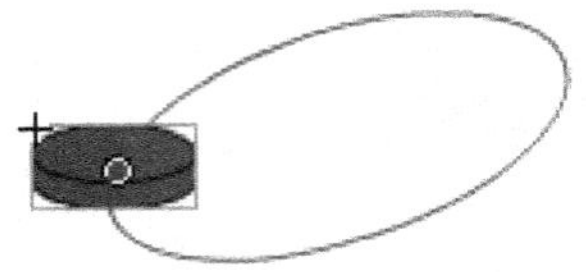

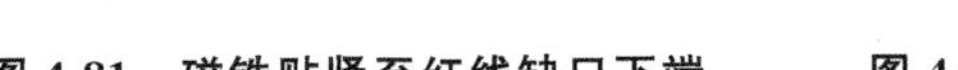

图 4-81 磁铁贴紧至红线缺口下端　　图 4-82 磁铁贴紧至红线缺口上端

(5) 制作完毕,测试影片。

4.3.6 遮罩动画

遮罩动画需要两个图层配合完成,上面一个图层作遮罩层,其中的对象成为遮罩,下面一个图层作被遮罩层,被遮罩层中只有被遮罩遮住的部分得以显示。遮罩层或被遮罩层中都可以用我们上面学过的各种动画来产生各种动画效果。

这里以光的色散为例,介绍如何制作遮罩动画。

(1) 搜集素材。

在网上搜索一幅光的色散.jpg 图片,如图 4-83 所示。新建一个 Flash 文档,保存这个 Flash 文档,文件名为光的色散。把这幅图导入到这个 Flash 文档的库中。

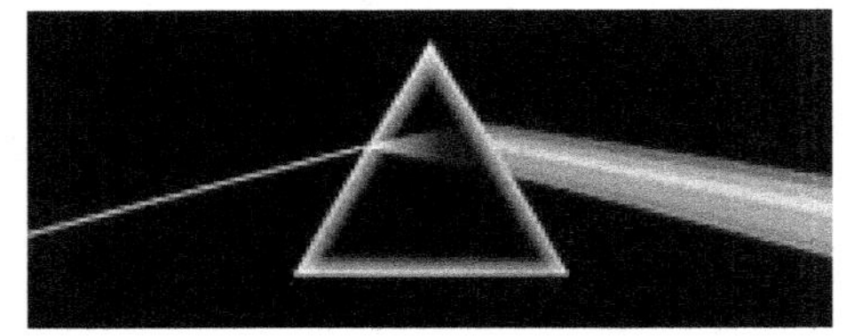

图 4-83 光的色散图片

(2) 制作元件。

① 制作三棱镜图形元件。

执行“插入”→“新建元件”命令,在弹出的“创建新元件”对话框中,设置“类型”为“图形”,在“名称”文本框中输入“三棱镜”,单击“确定”按钮,进入三棱镜图形元件编辑状态。从库中把光的色散.jpg 拖到舞台上,确保图片处于选中状态,按快捷键 Ctrl+B,分离图片,如图 4-84(a)所示。在空白处单击,释放对图片的选择。选择套索工具并在工具选项中选择“多边形模式”,然后选中光的色散图片中的三棱镜部分,如图 4-84(b)所示。按快捷键 Ctrl+C,把三棱镜部分复制到剪贴板上。选用选择工具,在舞台上空白处单击,释放对三棱镜部分的选择,在图片上单击,选中整张图片,按快捷键 Ctrl+Delete,从舞台删除图片,舞台变为空白。在舞台上右击,在弹出的快捷菜单中执行“粘贴到当前位置”命令,舞台上的情形如图 4-84(c)所示。为了看清细节,把舞台显示比例调节为 800%,用选择工具在 P 点按住鼠标拖动到 Q 点,如图 4-84(d)所示,选中图形中的一部分,按快捷键 Ctrl+C,把图片中的这部分复制到剪贴板上，在舞台上空白处右击，在弹出的快捷菜单中执行"粘贴"命令，这部分将出现在舞台上，这部分可能与之前的图片有重叠，如图 4-84(e)所示，立即选用选择工具，鼠标指针移到这部分上并按住鼠标左键不放将其拖动至三棱镜的外部放下，使它们不重叠，如图 4-84(f)所示。选用选择工具，按住鼠标左键从 *R* 点拖动到 *S* 点，选中三棱镜中的一部分，如图 4-84(g)所示，按快捷键 Ctrl+C，把图片中的这部分复制到剪贴板上，在舞台上空白处右击，在弹出的快捷菜单中执行"粘贴"命令，这部分将出现在舞台上，这部分可能与之前的图片有重叠，如图 4-84(h)所示，选用选择工具，鼠标指针移到这部分上并按住鼠标左键不放将其拖动至三棱镜的外部放下，使它们不重叠，如图 4-84(i)所示。在舞台的空白处单击，释放对所有对象的选择。选用选择工具，单击三棱镜，按快捷键 Ctrl+G，使三棱镜成为对象模式。把 1 移到三棱镜上，试图遮盖白光入射部分而且保持三棱镜的完整与平滑，如果 1 的尺寸太大，则把它移到三棱镜之外，剪裁多余的部分，重新移入三棱镜上白光入射部位，放开鼠标左键之前的情形如图 4-84(j)所示。不要放开鼠标左键，紧接着把 1 再拖到三棱镜之外，确保 1 处于选中状态，按快捷键 Ctrl+G，把 1 移到三棱镜上合适的位置，如图 4-84(k)所示。选用选择工具，鼠标指针移到 2 上，按住鼠标左键不放把它拖到三棱镜上观察是否能成功的覆盖三棱镜边缘的色散效果，如果太大，则需要把它移出三棱镜，进行剪裁，直至尺寸合适，如图 4-84(l)所示。把 2 移出三棱镜，确保其处于选中状态，按快捷键 Ctrl+G，在把它移到三棱镜上合适的位置，如图 4-84(m)所示。按快捷键 Ctrl+A，选中舞台上的三个对象，按快捷键 Ctrl+G，把这三个对象组合成一个对象。至此，完成了三棱镜图形元件编辑。

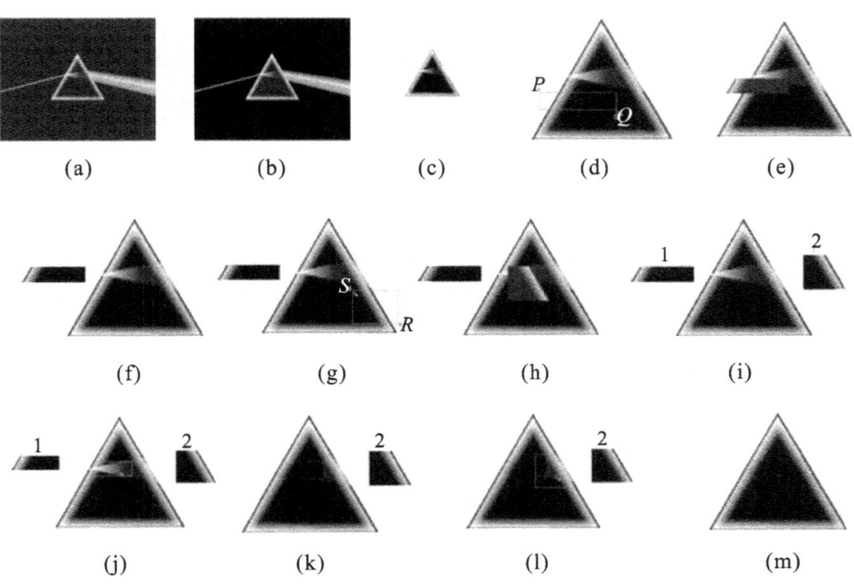

图 4-84　制作三棱镜图形元件

② 制作白光图形元件。

执行“插入”→“新建元件”命令，弹出“创建新元件”对话框，在其中设置“类型”为“图形”，在“名称”文本框中输入“白光”，单击“确定”按钮，进入图形元件白光的编辑状态。在舞台上右击，从弹出的快捷菜单中执行“文档属性”命令，把背景颜色设置为黑色，便于观察。从库中把光的色散.jpg 拖入舞台，按快捷键 Ctrl＋B，分离图片，选用套索工具的多边形模式，选用橡皮擦工具等，获得白光图形元件，如图 4-85 所示。

③ 制作七色光图形元件。

执行“插入”→“新建元件”命令，弹出“创建新元件”对话框，在其中设置“类型”为“图形”，在“名称”文本框中输入“七色光”，单击“确定”按钮，进入图形元件七色光的编辑状态。从库中把光的色散.jpg 拖入舞台，按快捷键 Ctrl＋B，分离图片，选用套索工具的多边形模式，选用橡皮擦工具等，获得七色光图形元件，如图 4-86 所示。

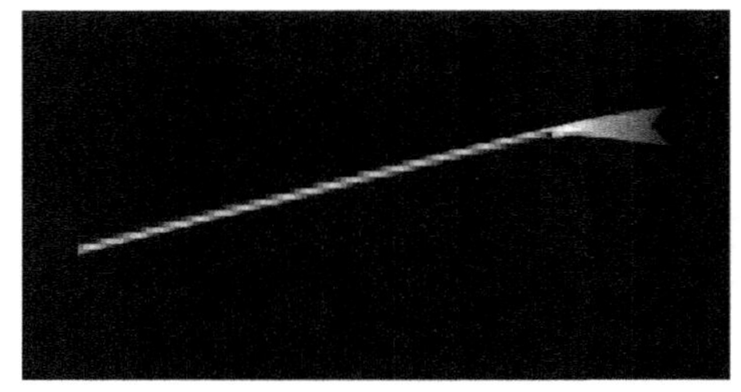

图 4-85　白光图形元件

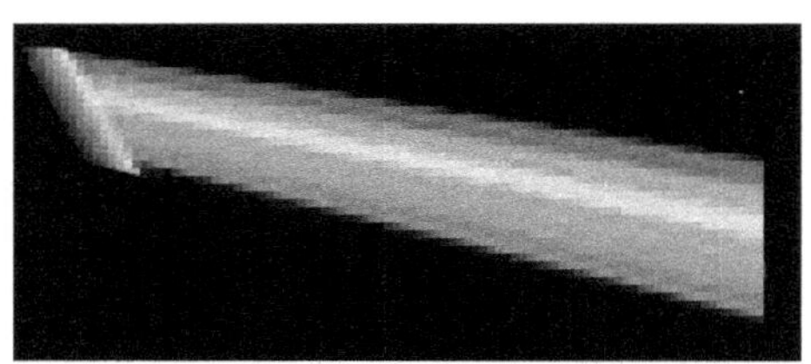

图 4-86　七色光图形元件

(3) 图层操作。

① 新建四个图层，共五个图层，自下往上分别命名为三棱镜、七色光、七色光遮罩、白光、白光遮罩。在七色光遮罩图层名称上右击，在弹出的快捷菜单中执行“遮罩层”命令。在白光遮罩图层名称上右击，在弹出的快捷菜单中执行“遮罩层”命令。此时，图层操作区的情形如图 4-87 所示。

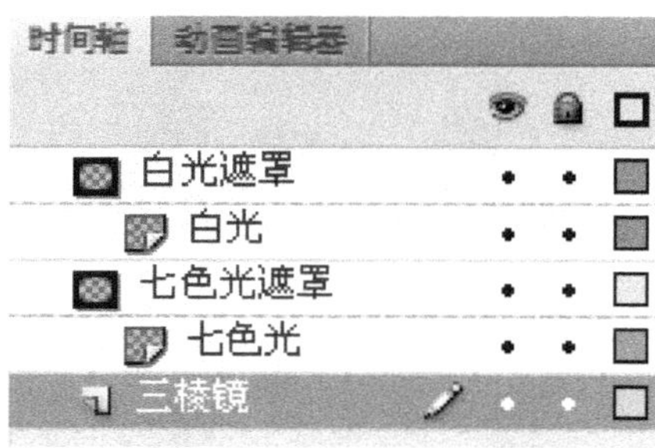

图 4-87　图层操作区的情形

② 放好三棱镜、白光、七色光。

确保只有三棱镜图层未锁定，从库中把三棱镜图形元件拖到舞台中央位置新建其实例。在三棱镜图层第 120 帧插入帧。

确保只有七色光图层未锁定，在七色光图层第 60 帧，插入空白关键帧，从库中把七色光图形元件拖到舞台上合适位置新建其实例。

确保只有白光图层未锁定，在白光图层第 40 帧，插入空白关键帧，从库中把白光图形元件拖到舞台上合适位置新建其实例。

三棱镜、七色光、白光在舞台上相对位置如图 4-88 所示。

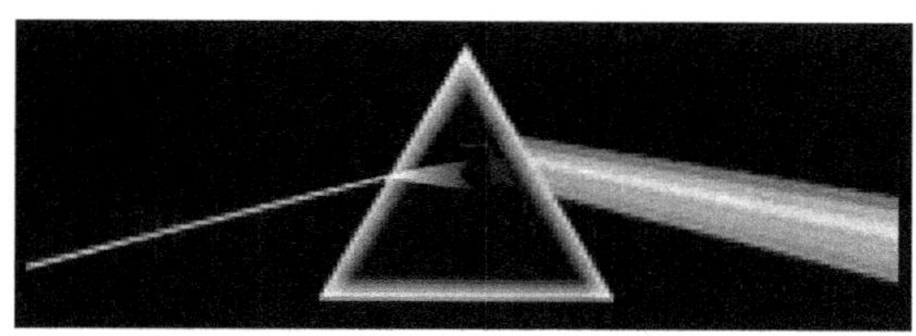

图 4-88 三棱镜、七色光、白光在舞台上的相对位置

(4) 设置遮罩动画。

① 制作白光遮罩动画。

在白光遮罩图层第 40 帧插入空白关键帧，确保只有白光遮罩图层未锁定，绘制一个矩形，并用任意变形工具对矩形进行调整，使其长边与白色入射光平行，如图 4-89 所示。在这个矩形上右击，在弹出的快捷菜单中执行“转换为元件”命令，弹出“转换为元件”对话框，在“名称”文本框中输入“白光遮罩”，设置“类型”为“图形”。

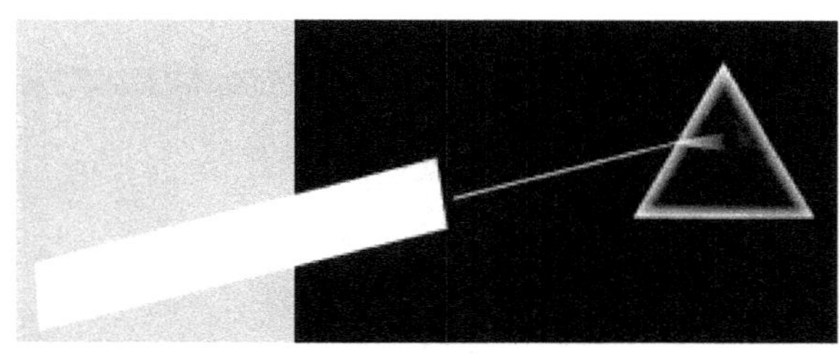

图 4-89 白光遮罩图层第 40 帧

在白光遮罩图层第 60 帧插入空白关键帧，移动白光遮罩直至其完全遮住白光，包括三棱镜内部的部分，如图 4-90 所示。在白光遮罩图层第 40～59 帧上任意位置右击，在弹出的快捷菜单中执行“创建传统补间”命令，第 40～59 帧之间出现蓝色实线箭头，说明传统补间创建成功。

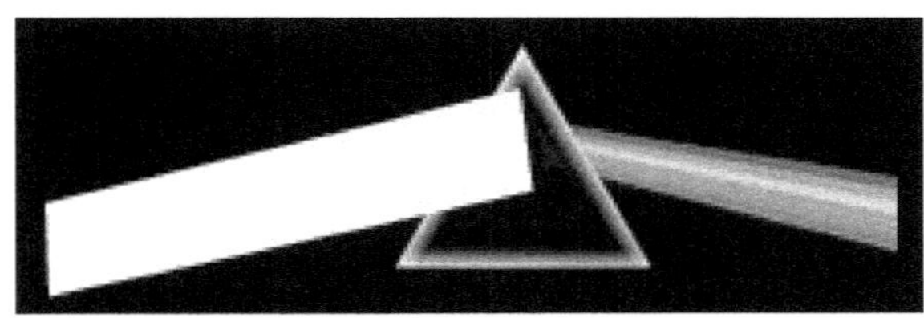

图 4-90 白光遮罩图层第 60 帧

② 制作七色光遮罩动画。

在七色光遮罩图层第 60 帧插入空白关键帧，确保只有七色光遮罩图层未锁定，绘制一个矩形，并用任意变形工具对矩形进行调整，使其大小足以覆盖七色光（在这一帧并不覆盖），如图 4-91 所示。在这个矩形上右击，在弹出的快捷菜单中执行“转换为元件”命令，弹出“转换为元件”对话框，在“名称”文本框中输入“七色光遮罩”，“类型”设置为“图形”。

图 4-91　七色光遮罩图层第 60 帧

在七色光遮罩图层第 78 帧插入空白关键帧，移动白光遮罩直至其完全遮住白光，如图 4-92 所示。在白光遮罩图层第 60～77 帧上任意位置右击，在弹出的快捷菜单中执行“创建传统补间”命令，第 60～77 帧之间出现蓝色实线箭头，说明传统补间创建成功。

图 4-92　七色光遮罩图层第 78 帧

在七色光图层、七色光遮罩图层、白光图层、白光遮罩图层第 120 帧插入帧。时间轴的情形如图 4-93 所示。

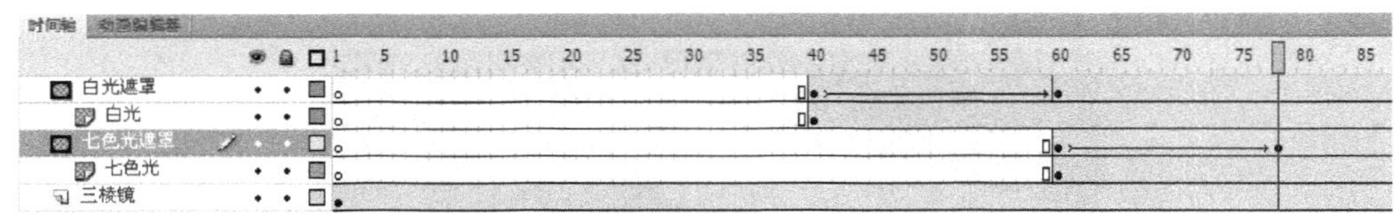

图 4-93　光的色散时间轴的情形

（5）制作完毕，测试动画。

4.4　Flash 的元件、实例与库

元件与实例是 Flash 中的重要概念。元件相当于演员本人。实例相当于演员扮演的角色。元件陈列在库中。把库中的元件拖到舞台上，舞台上呈现该元件的实例，该元件在库中仍旧陈列着，可以随时再次使用。在舞台上可以对实例进行编辑，这并不对元件产生任何影响。如果对元件进行编辑，则这个元件的所有实例将发生同样的变化。使用元件的好处是避免重复绘制并缩小文件所占的磁盘空间。

4.4.1　元件的类型、创建

1. 元件的类型

元件有影片剪辑、按钮、图形三种类型。

影片剪辑元件拥有自己独立的时间轴。影片剪辑元件中可以有多个图层、多个帧，可以拥有各种动画，可以对影片剪辑元件进行 ActionScript 动作脚本的设置。

图形元件没有独立的时间轴，也不能对图形元件进行 ActionScript 动作脚本的设置。

按钮元件，在 Flash 中是用来与用户交互的。按钮元件拥有 4 帧的时间轴。这 4 帧是：鼠标弹起、指针经过、按下、点击。在 Flash 场景中，这 4 帧并不播放，而是对鼠标指针的运动和动作做出反应。

2. 元件的创建

创建元件有四种方法。

第一种方法，执行“插入”→“新建元件”命令，打开“创建新元件”对话框。

第二种方法是在舞台已建立的对象上右击，在弹出的快捷菜单中执行“转换为元件”命令，打开“转化为元件”对话框。

第三种方法是在“库”面板下方单击“新建元件”按钮，打开“创建新元件”对话框。

第四种方法是在“库”面板的右上角单击库面板菜单按钮，执行“新建元件”命令，打开“创建新元件”对话框，在对话框中设置“类型”，并在“名称”文本框中输入有意义的名称。单击“确定”按钮，从舞台上方的编辑栏可以看出，进入这个元件的编辑状态了。退出元件编辑状态回到场景 1 的方法是在舞台上方的编辑栏单击场景 1。

4.4.2　库面板的使用

“库”面板一般会随 Flash 文档的建立而自动打开，显示在舞台的右侧。“库”面板如图 4-94 所示。

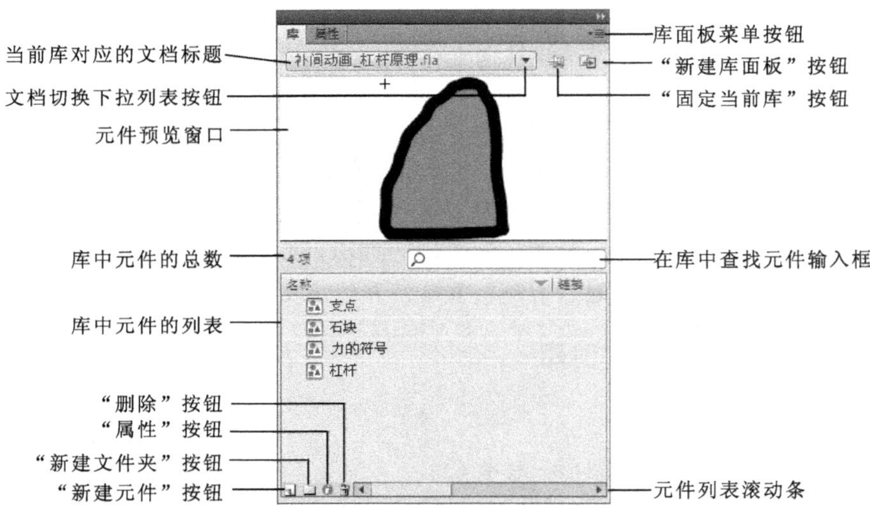

图 4-94 "库"面板

"库"面板主要由元件列表与元件预览窗口两大部分构成。外部导入的图片、音乐等文件也显示在元件列表中。当我们在元件列表中选中某一个元件时，预览窗口将显示元件的内容。如果选择的是影片剪辑元件或音频文件时，在预览窗口中还会出现 ▶按钮，用来在预览窗口中控制影片剪辑元件或音频文件的播放与停止。

一个 Flash 文档库中的元件可以复制到剪贴板上，粘贴到其他 Flash 文档的库中。

4.4.3 实例的创建与编辑

1. 实例的创建

在"时间轴"面板上选中一帧，并锁定其他图层，从库中把一个元件拖到舞台上，舞台上就会显示这个元件的实例(音频文件的实例不会显示在舞台上，而是在时间轴帧上出现波形图)。

2. 实例的编辑

可以用任意变形工具编辑图形、影片剪辑、按钮各种元件的外观，还可以在实例的"属性"面板中编辑实例的属性。

图形元件的实例，其"属性"面板如图 4-95 所示。可以在类型下拉列表中修改实例的类型，比如可以把"图形"改为"影片剪辑"，该操作仅仅是改变这个实例的属性，"库"面板中元件没有任何变化，并不增加同名的影片剪辑元件。实例的元件的名称，此处为"支点"，其后有个"交换"按钮，单击这个按钮，可打开"交换元件"对话框。在"交换元件"对话框中，可以选用其他的元件生成实例来替换这个实例。在图形元件实例的"属性"面板中还可以编辑图形实例的位置和大小、色彩效果等。

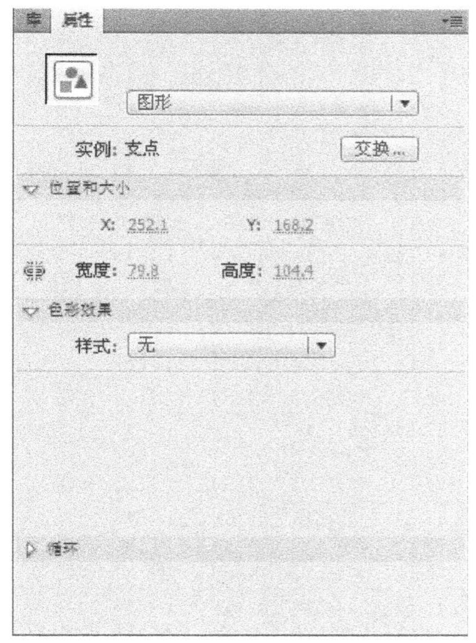

图 4-95　图形元件实例的“属性”面板

按钮元件实例和影片剪辑元件实例的属性设置方法与图形元件实例的设置方法基本相同。

4.5　课件的导航与交互设计

4.5.1　课件导航设计

非线性是多媒体的基本特性之一。多媒体课件除了应该视教学需要整合文本、图形、图像、动画、视频、声音等各种媒体符号之外，还应该有多个分支，并确保用户可以自由选择所需内容，实现非线性访问。

按钮在 Flash 导航中起着十分重要的作用。按钮的基本作用是可以通过单击它实现跳转。用按钮不仅可以做出按钮，而且可以做出菜单、热字、热区等各种导航效果。按钮的外观取决于对按钮各帧的编辑，按钮实现的功能取决于为按钮写入的代码。

如图 4-96 所示，我们希望单击左侧的“第×部分”时，动画就进入第几部分。制作步骤如下。

（1）制作按钮元件。

① 制作“第一部分”按钮。执行“插入”→“新建元件”命令，打开“创建新元件”对话框，“类型”设置为“按钮”，在“名称”文本框中输入“第一部分”，单击“确定”按钮，进入“第一部分”按钮编辑状态。新建一个图层，共两个图层，把下面一个图层命名为底色，把上面一个图层命名为文本。在底色图层的弹起帧，绘制一个矩形，宽度为

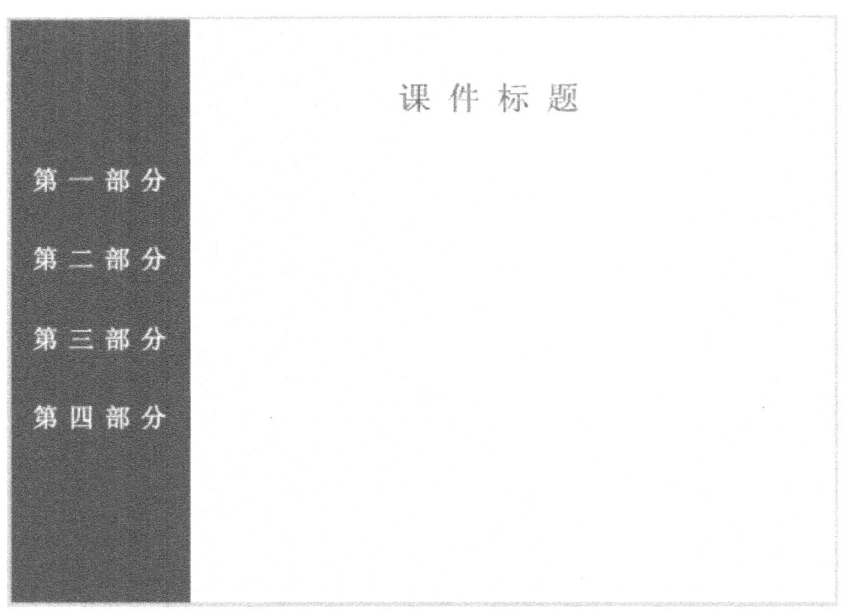

图 4-96　课件运行界面

120 像素点，高度为 30 像素点，填充色为绿色，笔触无颜色。在指针经过帧插入关键帧，把指针经过帧上的矩形填充色改为蓝色。在按下鼠标帧插入关键帧。底色图层设置完毕。在文本图层第一帧，新建文本对象，输入“第一部分”，字符大小为 17 像素点，字母间距为 7 像素点，文本宽度为 100 像素点，把文本放在矩形上，设置文本颜色为白色。在按下鼠标帧插入关键帧，把文本颜色改为黑色。“第一部分”按钮制作完成后效果如图 4-97 所示。

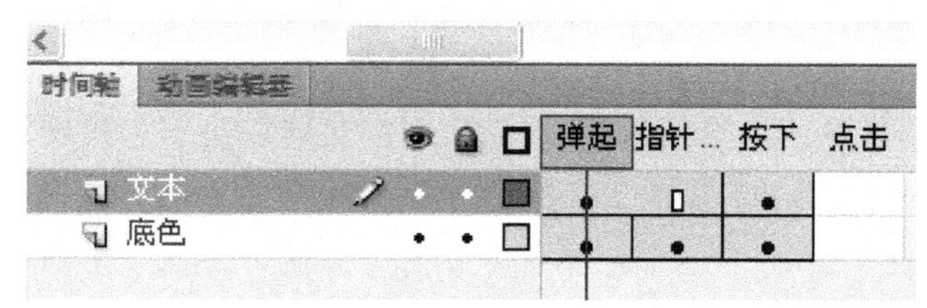

图 4-97　制作“第一部分”按钮

② 用同样的方法制作“第二部分”按钮、“第三部分”按钮和“第四部分”按钮。

(2) 设置图层。

① 建立图层。在场景一新建三个图层，共四个图层，从下往上，依次命名为底

纹、AS、按钮、标题。在按钮图层上第 2 帧、第 10 帧、第 20 帧、第 30 帧分别插入空白关键帧。在标题图层上，第 2 帧、第 10 帧、第 20 帧、第 30 帧分别插入空白关键帧。

② 编辑图层。在底纹图层第 1 帧绘制一个矩形，位置为 x=0，y=0。宽度 120 像素点，高度 400 像素点，颜色为浅蓝色。

在标题图层第 1 帧上新建文本对象，写入“课件标题”。在标题图层第 2 帧新建文本对象，写入“第一部分”，在第 20 帧新建文本对象，写入“第二部分”，在第 30 帧新建文本对象，写入“第三部分”。这四个文本对象属性位置均设置为 x=256，y=42，宽度 135 像素点，大小 23 像素点，字母间距 7 像素点，颜色为黄色。

在按钮图层第 1 帧，把库中的四个按钮都拖到舞台上，“第一部分”按钮的位置为 x=0.0，y=95，“第二部分”按钮的位置为 x=0，y=149.3，“第三部分”按钮的位置为 x=0，y=203.7；“第四部分”按钮的位置为 x=0，y=258。把这四个按钮复制到剪贴板上，在按钮图层第 2 帧、第 10 帧、第 20 帧、第 30 帧舞台上分别右击，在快捷菜单中执行“粘贴到当前位置”命令。

在按钮图层第 2 帧，把“第一部分”按钮删除。在这个位置绘制一个矩形，宽 120 像素点，高 30 像素点，填充色为白色，位置为 x=0，y=95。并在这个白色矩形中输入文字“第一部分”。

在按钮图层第 10 帧，把“第二部分”按钮删除。在这个位置绘制一个矩形，宽 120 像素点，高 30 像素点，填充色为白色，位置为 x=0，y=149.3。并在这个白色矩形中输入文字“第二部分”。

在按钮图层第 20 帧，把“第三部分”按钮删除。在这个位置绘制一个矩形，宽 120 像素点，高 30 像素点，填充色为白色，位置为 x=0，y=203.7。并在这个白色矩形中输入文字“第三部分”。

在按钮图层第 30 帧，把“第四部分”按钮删除。在这个位置绘制一个矩形，宽 120 像素点，高 30 像素点，填充色为白色，位置为 x=0，y=258。并在这个白色矩形中输入文字“第四部分”。

(3) 写入代码。

① 在第 1 帧上写代码：在 AS 图层第 1 帧上右击，在弹出的快捷菜单中执行“动作”命令，在“动作”面板中写入代码：

```
stop();
```

② 为“第一部分”按钮写代码：在按钮图层第 1 帧，在“第一部分”按钮上右击，在弹出的快捷菜单中执行“动作”命令，在“动作”面板中写入代码：

```
on (release) {
    gotoAndStop(2);
}
```

把相同的代码复制到第 10 帧、第 20 帧、第 30 帧的“第一部分”按钮上。

③ 为“第二部分”按钮写代码：在按钮图层第 1 帧，在“第二部分”按钮上右击，在弹出的快捷菜单中执行“动作”命令，在“动作”面板中写入代码：

```
on (release) {
    gotoAndStop(10);
}
```

把相同的代码复制到第 2 帧、第 20 帧、第 30 帧的“第二部分”按钮上。

④ 为“第三部分”按钮写代码：在按钮图层第 1 帧，在“第三部分”按钮上右击，在弹出的快捷菜单中执行“动作”命令，在“动作”面板中写入代码：

```
on (release) {
    gotoAndStop(20);
}
```

把相同的代码复制到第 2 帧、第 10 帧、第 30 帧的“第三部分”按钮上。

⑤ 为“第四部分”按钮写代码：在按钮图层第 1 帧，在“第四部分”按钮上右击，在弹出的快捷菜单中执行“动作”命令，在“动作”面板中写入代码：

```
on (release) {
    gotoAndStop(30);
}
```

把相同的代码复制到第 2 帧、第 10 帧、第 20 帧的“第四部分”按钮上。

完成以后，舞台和时间轴的情形如图 4-98 所示。

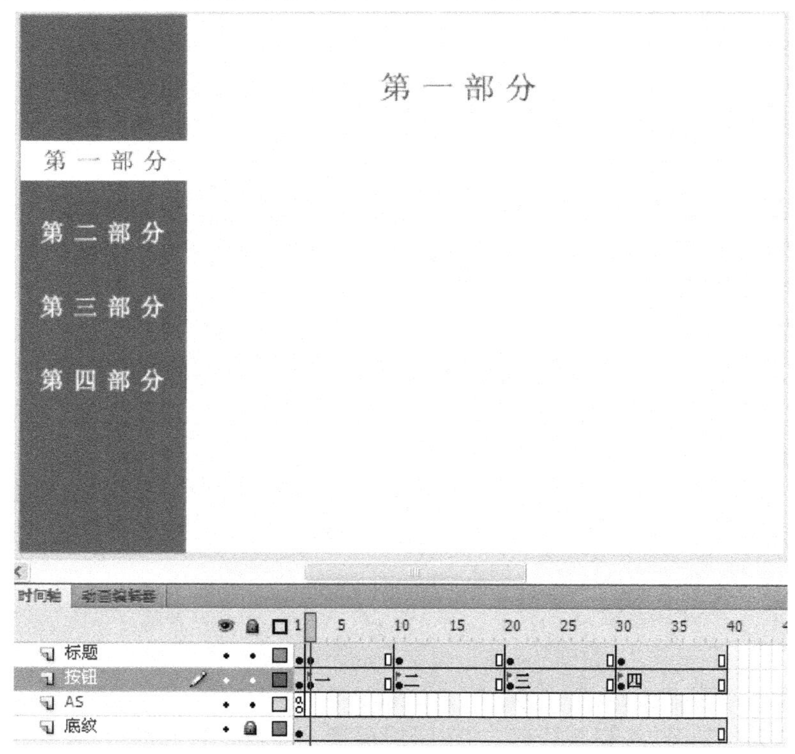

图 4-98　舞台和时间轴的情形：第一部分运行界面

4.5.2　鼠标经过交互

鼠标经过交互，是指当鼠标经过某个对象时，画面出现变化，当鼠标指针移开时，画面恢复到原来的样子。下面以认识电路器件（见图 4-99）为例来介绍鼠标经过交互。我们希望鼠标经过滑动变阻器时，滑动变阻器的旁边显示“滑动变阻器”字样。鼠标经过电流表时，电流表旁边显示“电流表”字样。其他类似。制作步骤如下。

（1）寻找素材。

在网上搜索含有所需素材的图片，如图 4-100 所示。把这张图片导入到 Flash 库中。

（2）制作按钮。

① 制作“滑动变阻器”按钮。执行“插入”→“新建元件”命令，打开“创建新元件”对话框，在其中将“类型”设置为“按钮”，在“名称”文本框中输入“滑动变阻器”，单击“确定”按钮，进入“滑动变阻器”按钮编辑状态。从库中把这张图片拖进舞台，按快捷键 Ctrl＋B。分离图片，选用套索工具的多边形模式，配合橡皮擦工具，需看清细节时调大舞台显示比例，把图片中滑动变阻器以外的部分去掉。在指针经过帧右击，在弹出的快捷菜单中执行“插入关键帧”命令，再用文本工具，在滑动变阻器的旁边输入文字“滑动变阻器”，如图 4-101 所示。

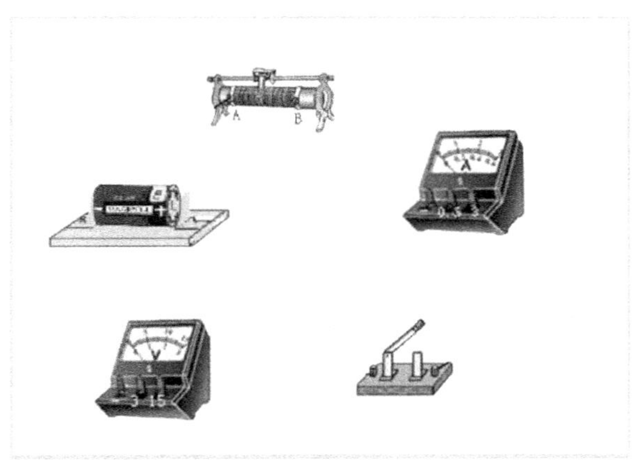

图 4-99　电路器件

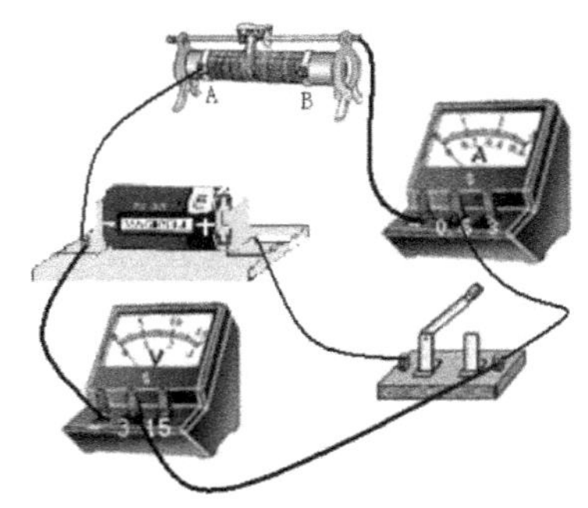

图 4-100　素材

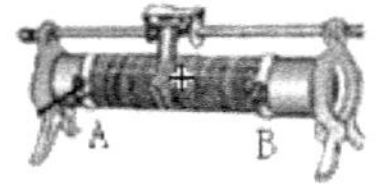

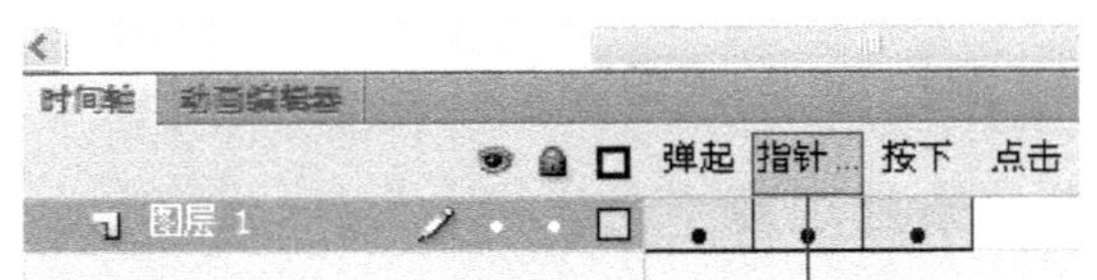

图 4-101　“滑动变阻器”按钮

② 用同样的方法制作“电池”按钮、“电压表”按钮、“开关”按钮、“电流表”按钮。

(3) 合成动画。

回到场景 1,从库中把“滑动变阻器”按钮、“电池”按钮、“电压表”按钮、“开关”按钮、“电流表”按钮拖到舞台上新建它们的实例。

(4) 制作完毕,测试影片。

4.5.3 鼠标单击交互

在上面的认识电路器件课件中,仅仅只能在鼠标经过时看到器件的名称,如果希望能在需要时看到讲解或提示,则制作步骤如下。

(1) 把认识电路器件课件打开,在舞台上双击“滑动变阻器”按钮,进入“滑动变阻器”按钮编辑状态,在按下帧右击,在弹出的快捷菜单中执行“插入关键帧”命令,在舞台上对文本进行编辑,如图 4-102 所示。

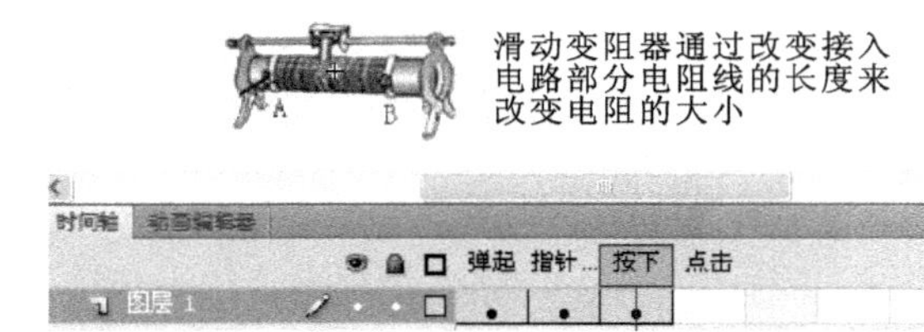

图 4-102 在“滑动变阻器”按钮按下帧添加说明

(2) 编辑栏单击场景 1,回到场景 1,在舞台上双击其他按钮,进行类似操作。

(3) 制作完毕,测试影片。

4.6 Flash 课件的发布与调用

4.6.1 测试影片

1. 在舞台上预览动画效果

按 Enter 键,播放头将从目前所在的位置,按照帧频移动直到动画末尾,舞台上显示动画预览效果。播放头如果在末尾,按 Enter 键,则舞台上从头开始预览动画效果直到动画结束。

2. 测试影片

执行“控制”→“测试影片”命令,或者按快捷键 Ctrl+Enter,将弹出影片测试窗口。

4.6.2 删除库中未用项目

动画制作完成以后,在“库”面板中打开库面板菜单,单击选择未用项目,再按

Delete 键，删除未用项目，减小文件所占磁盘空间。

4.6.3 导出图像文件

在 Flash 中绘制的图形图像，可以导出为 JPG 等格式的图像文件。方法是，执行“文件”→“导出”→“导出图像”命令，打开“导出图像”对话框。在“导出图像”对话框中选择保存位置，选择保存类型为 JPEG 图像，输入文件名，单击“保存”按钮。

4.6.4 导出动画文件

在进行影片测试以后，Flash 会在. fla 所在的文件目录下生成同名的. swf 动画文件。也可以执行“文件”→“导出”→“导出影片”命令，打开“导出影片”对话框。在“导出影片”对话框中选择保存位置，选择保存类型为 SWF 影片(也有其他格式可供选择)，输入文件名，单击“保存”按钮。

4.6.5 发布为. exe 文件

获得. swf 文件以后，用 Flash Player 播放这个. swf 文件，在 Flash Player 中，执行“文件”→“创建播放器”命令，弹出“另存为”对话框，选择保存的位置，输入文件名，选择保存类型为播放器(. exe)，单击“保存”按钮。

4.7 Flash 课件综合实例

4.7.1 选题与教学设计

就教学而言，并不是所有的教学内容都需要做成课件，也不是所有的内容都适合做成多媒体课件。教师要根据教学的实际需要，选择那些需要并且适合用 Flash 展示的教学内容来制作 Flash 课件。在物理教学中，弹簧振子这个教学内容是分析一个动态的过程，不借助多媒体展示，比较难以讲解清楚。与 PowerPoint 和 Authorware 比起来，Flash 更便于制作弹簧振子的动态效果。

4.7.2 搜集、整理制作素材

就弹簧振子这个课件而言，需要制作弹簧图形元件、“进入课件”按钮、“开始”按钮、“停止”按钮和“退出”按钮。

(1) 制作弹簧图形元件。执行“插入”→“新建元件”命令，打开“创建新元件”对话框，在“名称”文本框中输入“弹簧”，“类型”设置为“图形”，单击“确定”按钮，进入弹簧图形元件编辑状态。参考 4.3.2 节中的“2. 缩放效果”部分，绘制弹簧。

(2) 获得公用按钮的帧。执行“窗口”→“公用库”→“按钮”，打开“库-BUTTONS. FLA”面板，把其中 buttons rounded double 文件夹下的 rounded double

grey 按钮拖到舞台上，双击进入这个按钮的编辑状态，在“时间轴”面板上，选中这个按钮的所有帧并复制到剪贴板中。

（3）制作“进入课件”按钮。执行“插入”→“新建元件”命令，打开“创建新元件”对话框，在“名称”文本框中输入“进入课件”，“类型”设置为“按钮”，单击“确定”按钮，进入“进入课件”按钮编辑状态。在图层 1 第 1 帧上右击，在弹出的快捷菜单中执行“粘贴帧”命令。把 text 图层中的 Enter 文字修改为“进入课件”。

（4）参考第(3)步的方法制作“开始”按钮、“停止”按钮和“退出”按钮。

4.7.3 制作课件片头

课件片头可以采用动画、图片、标题等形式。这里选择最简洁的标题式片头。确保在场景 1 编辑状态下，把图层 1 的名称改为片头，在第一帧编辑如图 4-103 所示的课件片头。

图 4-103 课件片头

4.7.4 制作课件界面

一般来说，课件的界面要遵循简洁性原则、一致性原则、分区性原则。所谓简洁是指课件要以图层教学内容为主，与课件主题无关的、容易分散学生注意力的东西不要在课件中使用。所谓分区性原则是指课件中各个画面中都会有导航区、标题区、演示区、反馈区、控制区等。一致性原则是指在各个画面分区要一致，功能按钮的摆放要符合一般软件的规范。

4.7.5　编辑课件内容

如图 4-104 所示设置图层，并建立空白关键帧。

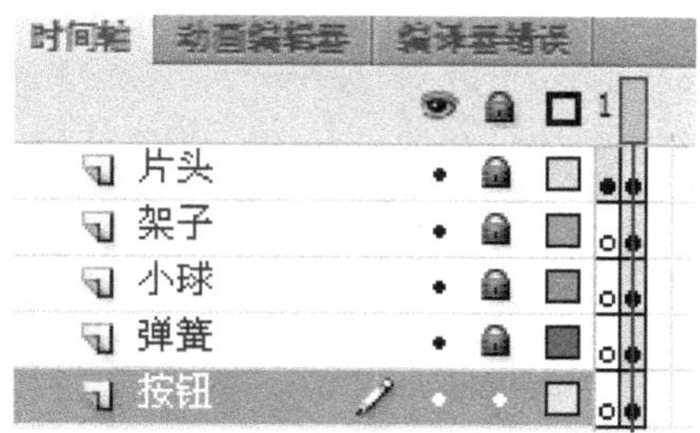

图 4-104　设置图层

(1) 确保只有片头图层未锁定，在片头图层第 2 帧舞台上新建文本对象，输入文字“弹簧振子”。

(2) 确保只有架子图层未锁定，在架子图层第 2 帧绘制一个架子。

(3) 确保只有弹簧图层未锁定，在弹簧图层第 2 帧新建弹簧图形元件的实例。

(4) 确保只有小球图层未锁定，在小球图层第 2 帧绘制一个放射状填充的正圆。

(5) 确保只有按钮图层未锁定，在按钮图层第 2 帧新建“开始”按钮和“停止”按钮的实例。

课件第二帧画面如图 4-105 所示。

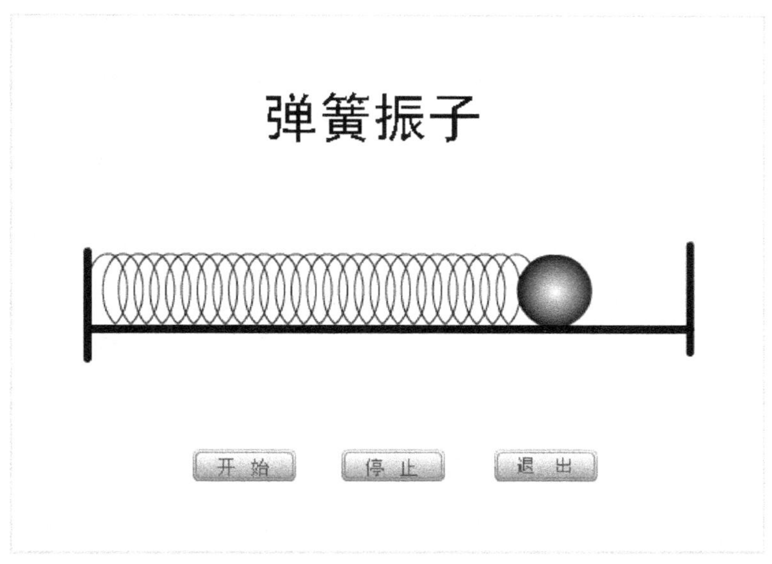

图 4-105　第 2 帧画面

(6) 在片头图层和架子图层第40帧插入帧。

(7) 在弹簧图层、小球图层、按钮图层第20帧、第40帧插入关键帧。

"时间轴"面板如图4-106所示。

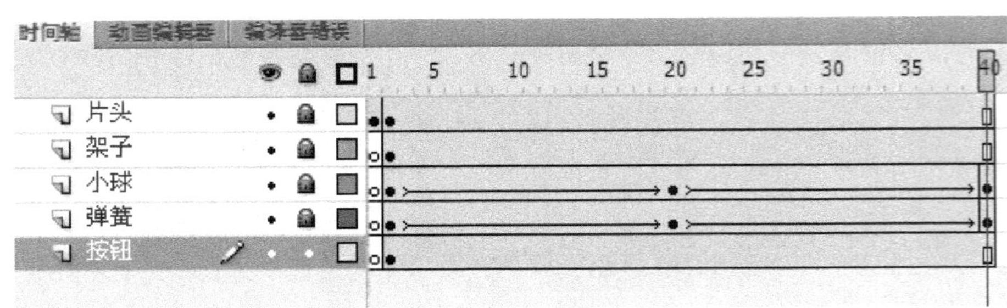

图 4-106 "时间轴"面板

(8) 确保只有弹簧图层未锁定,对弹簧图层第20帧进行编辑,用任意变形工具把弹簧缩短,并保持弹簧左侧位置不变,舞台情形如图4-107所示。

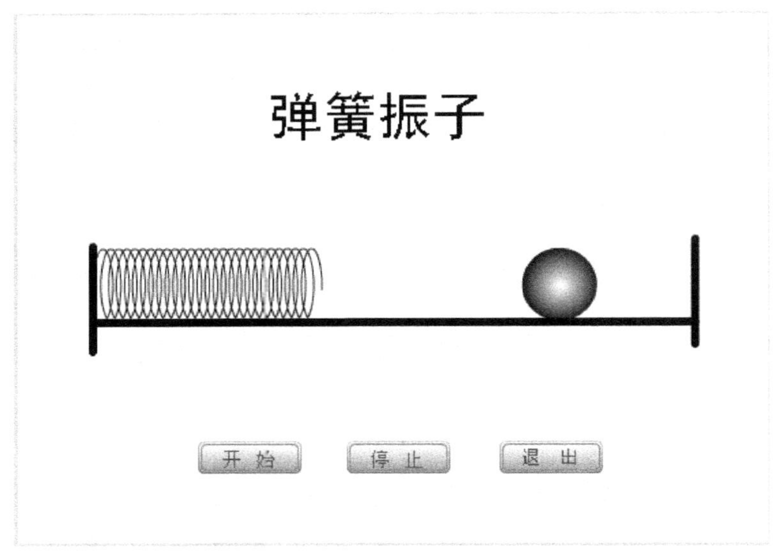

图 4-107 舞台情形

(9) 确保只有小球图层未锁定,对小球图层第20帧进行编辑,把小球向左边移动,舞台情形如图4-108所示。

(10) 补间:在小球图层第2～20帧、第21～40帧分别创建传统补间。

在弹簧图层第2、20、40帧,在舞台上用任意变形工具把变形控制中心都移到弹簧左边的中间的控制手柄上。在弹簧图层第2～20帧、第21～40帧之间分别创建传统补间。

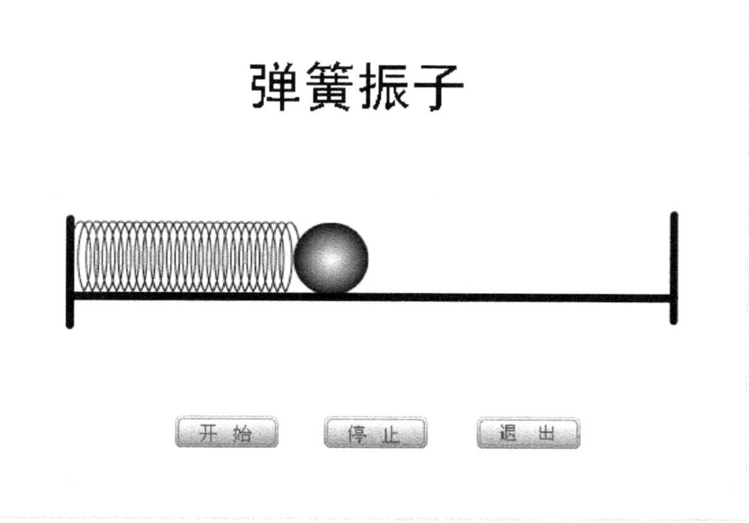

图 4-108　小球图层第 20 帧

4.7.6　制作课件片尾

在片头图层第 41 帧插入空白关键帧，在这个空白关键帧上建立文本对象，并使文本位于舞台之下，如图 4-109 所示。

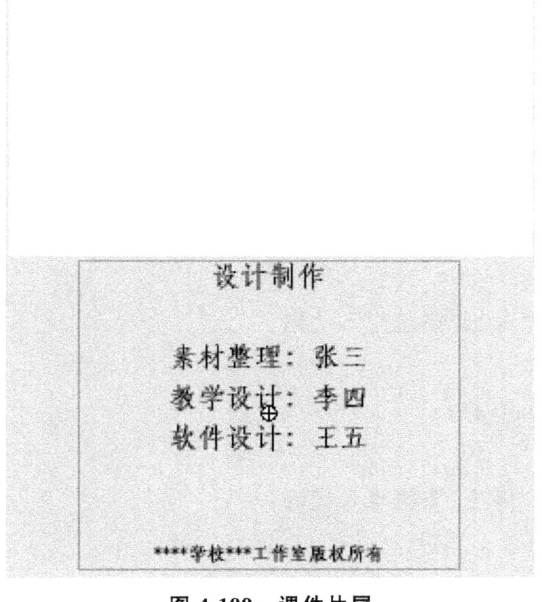

图 4-109　课件片尾

在第 65 帧插入关键帧，把这个文本对象拖到舞台中央，如图 4-110 所示。

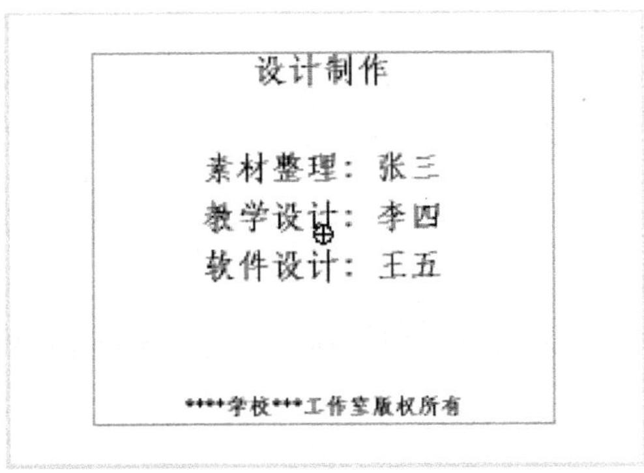

图 4-110　片尾第 65 帧

在第 41～65 帧之间创建传统补间。在第 80 帧插入关键帧。

4.7.7　编辑 AS

(1) 在片头图层第 1 帧写入 AS 代码：

```
stop();
```

使这个 Flash 文档一运行就停在第 1 帧，等待用户选择是否进入课件。

(2) 在片头标题片尾图层第 2 帧写入 AS 代码：

```
stop();
```

使这个文档进入课件的主体部分以后，等待用户的进一步控制。

(3) 在片头标题片尾图层第 80 帧写入 AS 代码：

```
stop();
```

使这个文档运行到末尾时停下来，等待用户使用播放器的“关闭”按钮关闭。

(4) 为第 1 帧“进入课件”按钮写入 AS 代码：

```
on (release) {
    gotoAndStop(2);
}
```

(5) 为第 2 帧的“开始”按钮写入代码：

```
on (release) {
    gotoAndPlay(3);
}
```

(6) 为第 2 帧的“停止”按钮写入代码：

```
on (release) {
    gotoAndStop(2);
```

```
}
```

(7) 为第 2 帧的“退出”按钮写入代码：

```
on (release) {
    gotoAndPlay(41);
}
```

4.7.8　测试并生成动画文件

按快捷键 Ctrl+Enter，测试影片，试试各个按钮的功能是否正常。测试完毕，在保存.fla 文件的目录下已同步生成了.swf 文件。

【思考与练习】

● 问题思考

1. 如何编辑渐变色？
2. 简述制作按钮元件的方法。
3. 如何制作传统补间动画？
4. 如何将课件导出为动画文件？

● 动手练习

1. 制作一个在计算机桌面上滚动的小球。
2. 制作一个雪花飘落的动画文件。
3. 制作一个由图形变为文字的动画文件。
4. 根据自己的专业，设计制作一个动画课件。

第5章 Authorware课件制作

学习目标

（1）了解 Authorware 的主要功能，熟悉 Authorware 开发环境与编程方式及打包发布方法。

（2）了解相关图标的功能与使用方法，掌握文本、图片、声音、动画等素材的导入与处理方法，掌握演示型课件的制作方法。

（3）熟悉 Authorware 提供的 11 种交互控制功能，掌握交互型课件的制作方法。

（4）熟悉 Authorware 提供的移动图标的用法，掌握动画型课件的制作方法。

（5）熟悉 Authorware 提供的计算图标的用法，掌握课件的精确控制方法。

（6）掌握 Authorware 提供的循环、判断、分页等结构化程序设计方法。

（7）了解媒体库、模块、知识对象、外部函数与插件在课件制作的中的应用。

Authorware 是一种优秀的交互式多媒体编程工具。它广泛地应用于多媒体教学和商业领域，目前大多数多媒体教学光盘都是用 Authorware 开发的。用 Authorware 制作多媒体课件的思路非常简单。它直接采用面向对象的流程线设计，通过流程线的箭头指向就能了解程序的具体流向。不具备高级语言编程经验的教师能迅速掌握 Authorware 使用方法，并创作出高水平的多媒体作品，因而成为大型多媒体课件创作首选的工具软件之一。

5.1 Authorware 基础知识

Authorware 最早是美国 Macromedia 公司的产品，现已被 Adobe 公司收购，是国际上十分流行的一种基于图标和流程的可视化多媒体开发工具。Authorware 为教师提供了基于图标的课件制作模式，让课件对象与图标相对应，这样不但大大提高了课件开发质量与速度，并且能方便一线教师创作，整合了声音、文本、图形、简单动画，以及数字电影等多种教学资源。

5.1.1 Authorware 课件制作的环境

1. Authorware 的启动与退出

在 Windows XP 中，单击“开始”按钮，在“开始”菜单中执行“程序”→“Macromedia”→“Macromedia Authorware 7.0”命令，即可启动 Authorware 7.0。

当 Authorware 7.0 启动后，用户就会看到 Authorware 7.0 的欢迎画面。单击欢迎画面上的任何地方，欢迎画面就会消失，并会弹出一个“新建”对话框（工作平台），要求用户选取知识对象创建新文件。用户任选一种知识对象后，单击“确定”按钮，进入知识对象；或单击“取消”按钮，直接进入 Authorware 7.0 的设计窗口。图 5-1 所示即为 Authorware 7.0 的工作界面。

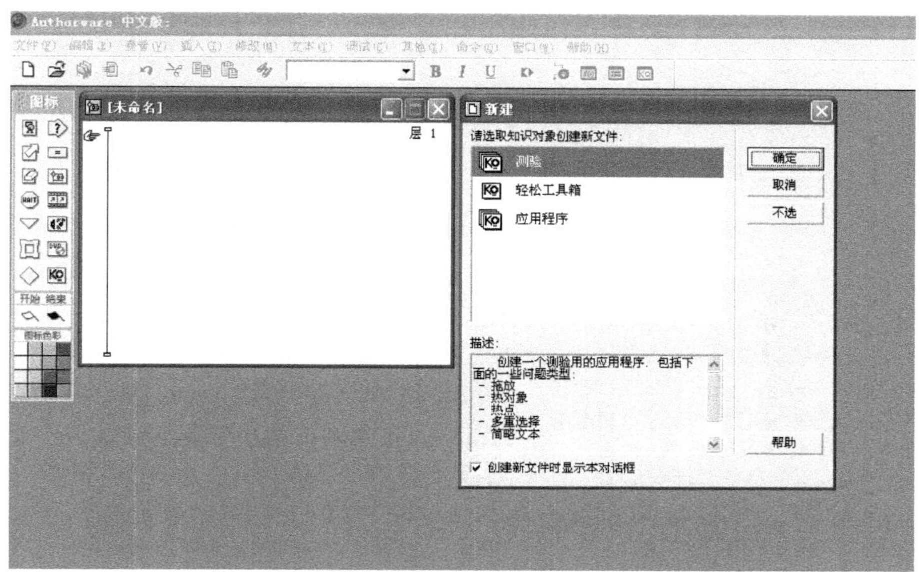

图 5-1　Authorware 7.0 的工作界面

退出前，需要保存文件，Authorware 的文件格式一般为.aXp(X 代表版本号)。

2. Authorware 的操作界面

1) 菜单栏

图 5-2 所示为 Authorware 7.0 的菜单栏。

文件(F)　编辑(E)　查看(V)　插入(I)　修改(M)　文本(T)　调试(C)　其他(X)　命令(O)　窗口(W)　帮助(H)

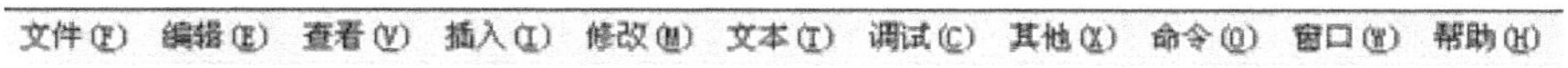

图 5-2　Authorware 7.0 的菜单栏

插入(Insert)：用于引入知识对象、图像和 OLE 对象。

修改(Modify)：用于修改图标、图像和文件的属性等。

文本(Text)：用于设定文字的字体、大小、颜色、风格等。

调试(Control)：用于调试程序。

其他(Xtras)：用于库的连接和检查文本拼写错误。

命令(Command)：有 RTF 编辑器等。

窗口(Window)：用于打开演示窗口、计算窗口、变量窗口等。

帮助(Help)：用于获得 Authorware 更多的信息。

2）常用工具栏

图 5-3 所示为 Authorware 7.0 的常用工具栏。

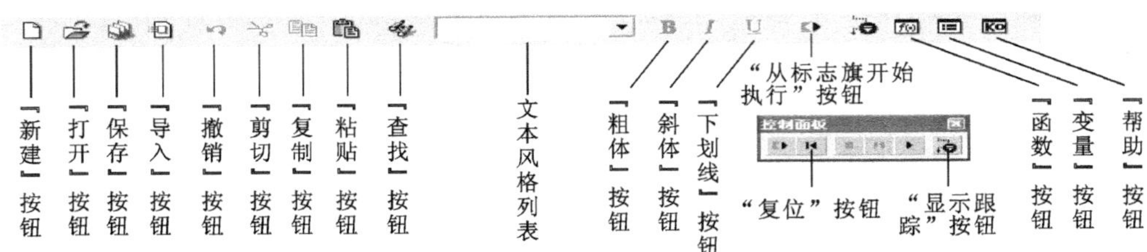

图 5-3　Authorware 7.0 的常用工具栏

3）图标工具栏

图标
显示图标　交互图标
移动图标　计算图标
擦除图标　群组图标
等待图标　数字电影图标
导航图标　声音图标
框架图标　DVD图标
判断图标　知识对象图标
开始　结束
开始旗　结束旗
图标色彩
图标调色板

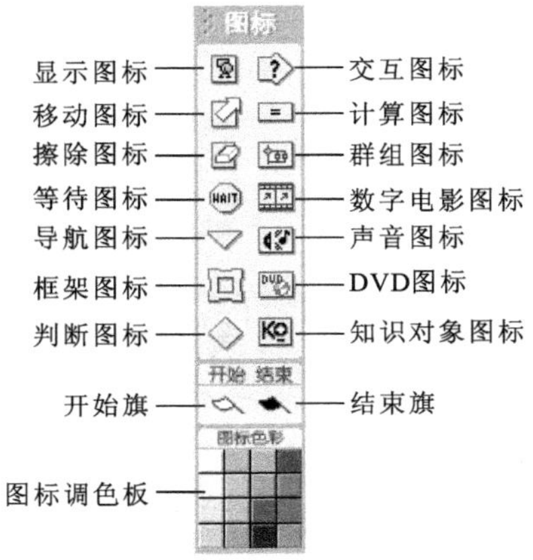

图 5-4　Authorware 7.0 的图标工具栏

图 5-4 所示为 Authorware 7.0 的图标工具栏，其中包括 14 个设计图标，以及开始旗、结束旗、图标调色板。

图标工具栏在 Authorware 窗口的左侧，是 Authorware 最特殊也是最核心的部分。

- 显示图标：是 Authorware 中最重要、最基本的图标，可用来制作课件的静态画面、文字，可用来显示变量、函数值的即时变化。
- 移动图标：与显示图标相配合，可制作出简单的二维动画效果。
- 擦除图标：用来清除显示画面、对象。
- 等待图标：其作用是暂停程序的运行，直到用户按键、单击鼠标或者经过一段时间的等待之后，程序再继续运行。
- 导航图标：其作用是控制程序从一个图标跳转到另一个图标去执行，常与框架图标配合使用。
- 框架图标：用于建立页面系统、超文本和超媒体。
- 判断图标：其作用是控制程序流程的走向，完成程序的条件设置、判断处理和循环操作等功能。
- 交互图标：用于设置交互作用的结构，以达到实现人机交互的目的。
- 计算图标：用于计算函数、变量和表达式的值及编写 Authorware 的命令程序，以辅助程序的运行。
- 群组图标：是一个特殊的逻辑功能图标，其作用是将一部分程序图标组合起来，实现模块化子程序的设计。
- 数字电影图标：用于加载和播放外部各种不同格式的动画和影片文件，如用 3D Studio MAX、QuickTime、Microsoft Video for Windows、Animator、MPEG 及

Director 等制作的文件。

- 声音图标：用于加载和播放音乐及录制的各种外部声音文件。
- 视频图标：用于控制计算机外接的视频设备的播放。
- 开始旗：用于设置调试程序的开始位置。
- 结束旗：用于设置调试程序的结束位置。
- 图标调色板：给设计的图标赋予不同颜色，以利于识别。

4）程序设计窗口

程序设计窗口是 Authorware 的设计中心。程序设计窗口如图 5-5 所示，其组成如下。

（1）标题栏：显示被编辑的程序文件名。

（2）主流程线：一条被两个小矩形框封闭的直线，用来放置设计图标，程序在执行时，沿主流程线依次执行各个设计图标。程序起始点和结束点两个小矩形，分别表示程序的开始和结束。

（3）粘贴指针：手形标志，指示下一步设计图标在流程线上的位置。单击程序设计窗口的任意空白处，粘贴指针就会跳至相应的位置。

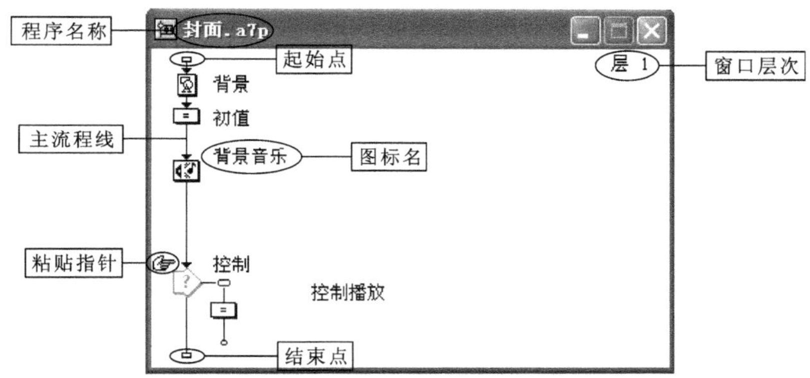

图 5-5　Authorware 7.0 的程序设计窗口

Authorware 的这种流程图式的程序结构，能直观形象地体现教学思想、反映程序执行的过程，使得不懂程序设计的人也能很轻松地开发出漂亮的多媒体程序。

5）“属性”面板

按快捷键 Ctrl+I 可打开“属性”面板（见图 5-6）。

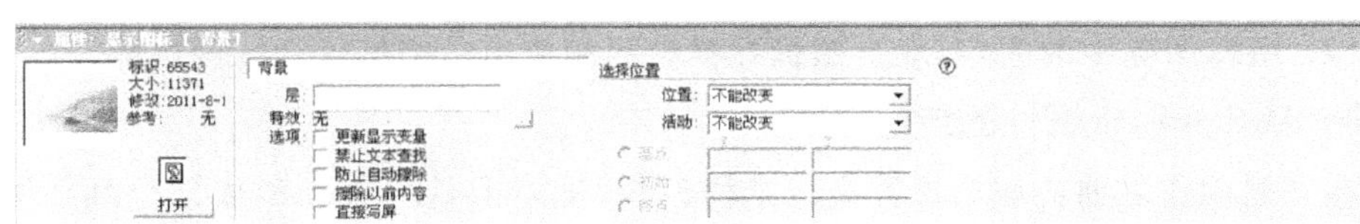

图 5-6　Authorware 7.0 的“属性”面板

6）演示窗口

演示窗口是用来演示程序设计最终效果的地方。图 5-7 所示为 Authorware 7.0 的演示窗口。

图 5-7 Authorware 7.0 的演示窗口

5.1.2 Authorware 课件制作的基本过程

1. Authorware 流程线的基本操作

Authorware 的流程图式的程序结构，能直观形象地体现教学思想、反映程序执行的过程，使得不懂程序设计的人也能很轻松地开发出漂亮的多媒体课件。在 Authorware 的流程线上的基本操作如下。

(1) 在流程线上增加图标：从图标工具栏将图标拖到流程线上即可。

(2) 选定一个图标：单击图标即可。

(3) 选定多个图标：单击第一个图标，再按住 Shift 键单击其他图标；或拖动鼠标框选图标。

(4) 删除图标：选定要删除的图标，按 Delete 键即可。

(5) 移动图标：直接拖动图标即可。

(6) 复制图标：选定图标，执行"复制"命令，单击指定目的地，执行"粘贴"命令。

(7) 编辑图标中的内容：双击图标在弹出的相应窗口中编辑图标的内容。

2. Authorware 课件的结构

在开始创作之前应该对课件进行结构设计，即对课件的各个组成部分的位置关系和时间关系在总体上予以考虑。一般来说，可以用这三种结构来予以归纳。

1）顺序型

完全按照课堂教学顺序依次呈现课件的各个部分。其优点是课件的使用操作简单，课件条理清晰；缺点是交互性不强，对程序的控制性差。

2）超级链接型

课件各部分和教学各相关知识点之间以超级链接方式组织。可以从任一内容跳转到另一相关内容。其优点是内容转换方便快捷；缺点是各个链接点的组织较复杂，在教学过程中容易造成混乱。

3）主页型

课件有一个主界面和多层级下级页面，形成一个树型结构。图片、动画、音响等内容分别在各个次级页面展开，并随时可以结束或返回到上一级页面。其优点是条理清晰，知识结构严谨，便于用户以后修改；缺点是返回或退出操作比较费时间。

通常制作课件多选用第三种方法，并适当结合其他两种方法。从功能上看，可以将整个程序分成多个功能模块，每一个模块都完成一定的功能，而且在每一个模块中都只有一个入口和一个出口，然后在主流线上设计各个模块的关系。

5.2　课件教学内容的添加与编辑

利用多媒体的容量大和高效率的特点，可在课件中添加文本、声音、图像、动画、视频等多媒体信息，多媒体信息引入课堂就能充分发挥现代教育技术功能，达到优化课堂教学的效果。Authorware 提供了很强的多媒体编辑功能，如显示图标、声音图标、数字电影图标、DVD 图标等就是为多媒体软件设计所提供的。利用它们可以轻松方便地在课件中加入音乐、调入动画、加载视频信号等多媒体信息。

5.2.1　基本图标的使用方法

多媒体课件教学内容的添加与编辑首先必须用到显示图标、等待图标和擦除图标等。现介绍如下。

1. 显示图标

显示图标可用来制作课件的静态画面、文字，可用来显示变量、函数值的即时变化。

首先是对不同显示图标中的内容准确定位，三种方法可以实现这种准确定位。

(1) 双击一个显示图标，对其中的内容编辑后，按住 Shift 键再双击另一个显示图标，可同时看到两个显示图标的内容，这样就可以方便地进行定位了。（这个方法也可以用来定位运动图标的相对位置）

(2) 程序在运行的过程中遇到没有设置内容的空图标会停下来。所以我们可以在流程图上加些空显示图标，这样当程序自动停下时，再进行内容设置，在定位上会方便很多。不过，程序遇到空的群组图标是不会停的。

(3) 调试程序时，打开控制面板，当需要时让程序暂停，这样可以很方便地调整各对象（如文本、图像、按钮、热区等）的位置。或者在程序运行过程中双击某个对象，也可以使程序暂停，对其进行编辑。

在显示图标的“属性”面板（见图 5-8）中，单击“特效”右侧的按钮，打开“特效方式”对话框。用户可选择其中的特效方式，如图 5-9 所示。

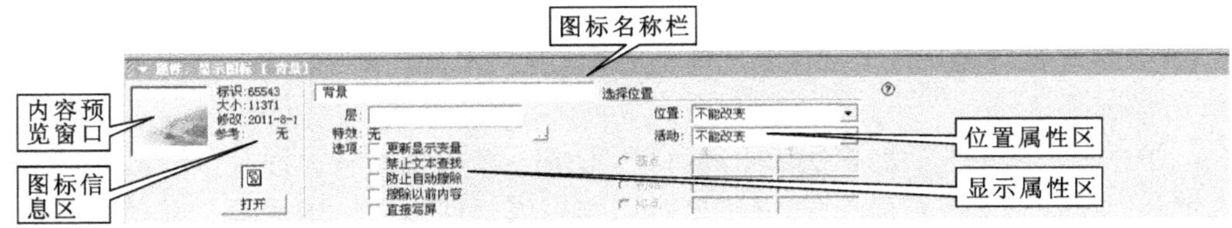

图 5-8　显示图标的“属性”面板

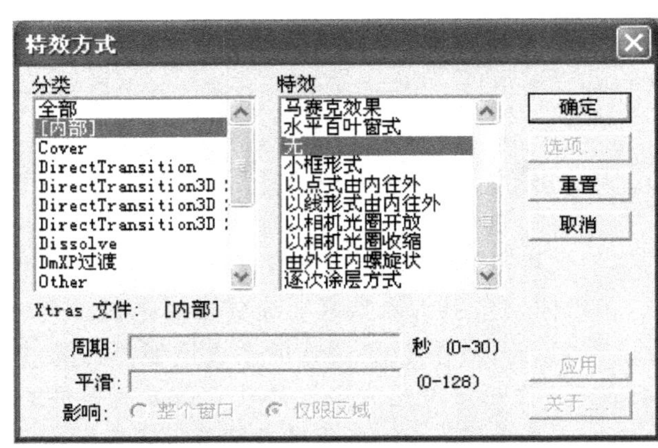

图 5-9　“特效方式”对话框

接着，定义图标的显示层次。默认为 0，层数序号最大，显示在演示窗口的最前面。同时，设置周期值，决定特效显示时间。

图 5-10　图形工具箱

再定义内容的位置属性。“位置”下拉列表中有不能改变、在屏幕上、在路径上、在区域内四个选项。

“不能改变”：对象在规定的活动区域内不能移动。

“在屏幕上”：在“初始”选项设置图片的初始位置。

“在路径上”：沿规定的路径移动，在面板下方增加了“撤销”按钮和“删除”按钮，用于定义和编辑路径及路径节点。

“在区域内”：对象在规定的区域内移动，在面板上方出现“拖动对象到起始位”字样，定义区域的起点，再拖曳对象到演示窗口的左上方，此时出现“拖动对象到结束位”字样，定义区域的终点。

另外，还涉及图形工具箱的使用。图形工具箱如图 5-10 所示。单击显示图标“属性”面板中的“打开”按钮，或双击显示图标均可调出图形工具箱。

利用这个图形工具箱可以直接在演示窗口中创建文本或图形，

也可以对文本和图形对象进行编辑。下面介绍图形工具箱中各部分的功能。

- ：双击它后可选中演示窗口中的所有对象。
- ：选择/移动工具，用于选择或移动对象。与 Ctrl 键配合可选择多个对象，也可以用拖动鼠标框选对象的方法选择多个对象。选中对象后，用鼠标拖动即可移动该对象，按 Delete 键即可删除所选中的对象，执行“复制”(“剪切”)命令可以复制(剪切)对象。
- ：文本工具，用于直接输入文本。选中该工具后，在演示窗口要输入文本的位置单击后即可直接输入文本。
- ：直线工具，用于绘制水平线、垂直线或 45°的对角线。
- ：斜线工具，用于绘制任意角度直线。与 Shift 键一起使用时与　的功能完全一样。
- ：椭圆工具，用于绘制椭圆。与 Shift 键一起使用时可绘制正圆。
- ：矩形工具，用于绘制矩形。与 Shift 键一起使用时可绘制正方形。
- ：圆角矩形工具，用于绘制圆角矩形。与 Shift 键一起使用时可绘制圆角正方形。
- ：多边形工具，用于绘制多边形。

以上图形工具创建的图形，都可通过图形四周出现的小方形(句柄)进行调节，直到符合自己的要求，如：改变矩形的长或宽。

双击　会出现显示模式设置面板；双击　或　会出现线型设置面板；双击　会出现颜色设置面板；双击　或　或　会出现填充模式设置面板，如图 5-11 所示。

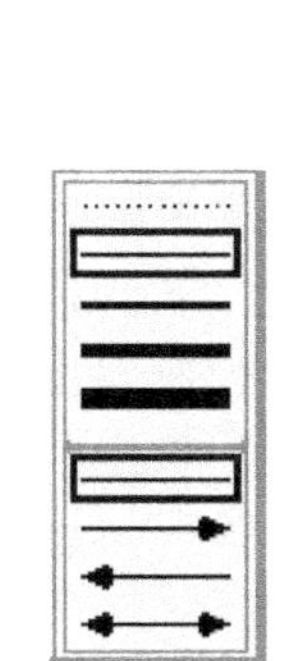

(a) 线型设置面板

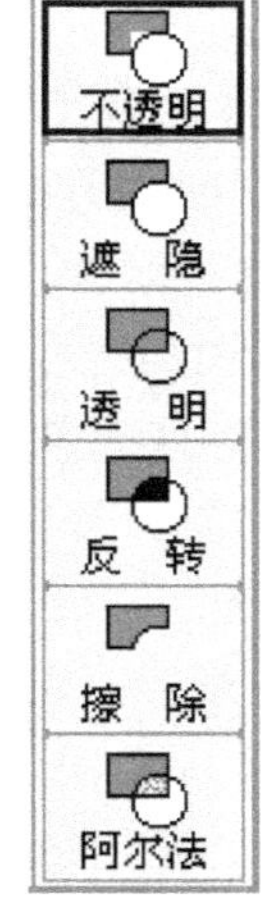

(b) 显示模式设置面板

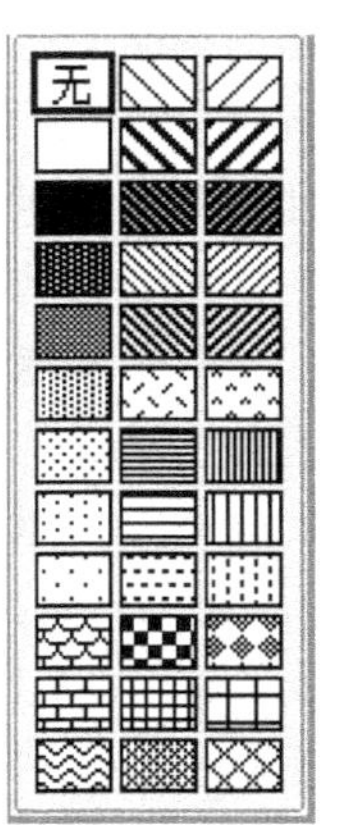

(c) 填充模式设置面板

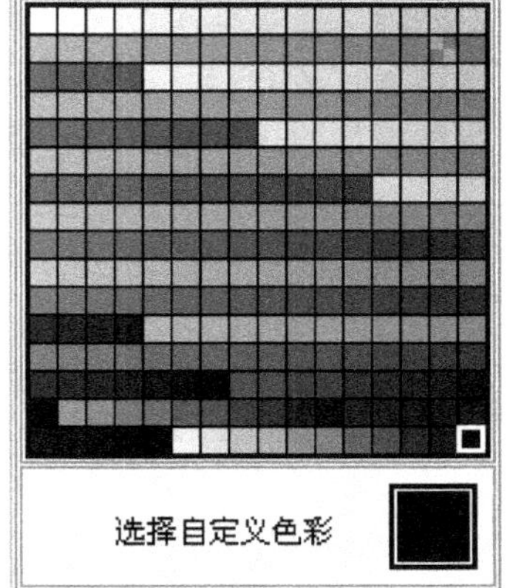

(d) 颜色设置面板

图 5-11　四个设置面板

线型设置面板：设置矢量线条的粗细和线型。

显示模式设置面板：设置图形的显示模式。自上而下有六种模式，分别为不透明模式、遮隐模式、透明模式、反转模式、擦除模式和阿尔法模式。

填充模式设置面板：设置封闭的矢量图形内部的填充模式。

颜色设置面板：设置文本或矢量图形的颜色。该面板下部分左右两部分，单击左边表示设置文本或图形边界线的颜色；单击右边表示设置前景色或背景色。

2. 等待图标

将等待图标拖动到流程线上时，它已经配置了相应的默认设置。当课件运行到第一个新的等待图标时，Authorware 7.0 并不会自动打开相应的“属性”面板，而是执行这套默认的设置值。为了重新进行设置，必须双击等待图标，打开如图 5-12 所示的等待图标的“属性”面板。

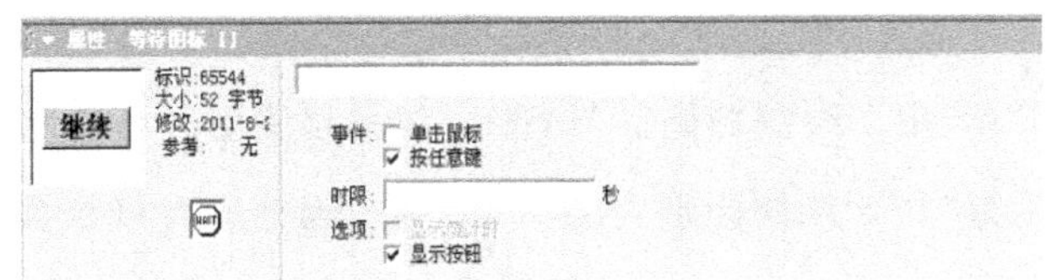

图 5-12　等待图标的“属性”面板

该“属性”面板左侧的预览区用于显示等待按钮，如果等待图标选中显示倒计时时钟选项，在此预览区中将显示倒计时的时钟，如果既没有勾选“显示按钮”复选框，也没有勾选“显示按钮”复选框，则此预览区将是一片空白。

在“事件”选项组内，勾选“单击鼠标”复选框时，表示单击之后，将使课件从暂停状态切换到继续播放状态。同样，勾选“按任意键”复选框之后，触发方式将由单击改变为按键盘上的任意按键。如果同时设置了上述两种触发事件，那么先出现的那个触发事件将启动课件播放。

“时限”文本框用于设置课件暂停的时间，它是以秒为单位的。用户可在此文本框内输入数值、变量或表达式，以决定等待图标暂停的时间。触发事件是一种主动控制课件播放进度的方式，而暂停时间则是一种被动地控制课件播放进度的方式。

在“选项”内，只有设置了“时限”选项，“显示倒计时” 选项才可用，此时将在演示窗口内显示一个小的倒计时时钟，用于显示剩余的等待时间，并且在预览窗口内显示一个时钟的标志。双击演示窗口的时钟图标时，将打开等待图标的“属性”面板。

在“选项”内，勾选“显示按钮”复选框之后，将在预览区内出现一个“继续”按钮，当程序执行到此等待图标时，演示窗口会出现一个“继续”的按钮，用户单击此按钮，程序将继续执行。如果同时勾选“显示倒计时” 和 “显示按钮”复选框，那么等待图标“属性”面板的预览区内将同时出现“继续”按钮和小时钟图标。

在默认的情况下，“继续”按钮的标签为继续，需要对按钮的标签及其形状进行更改时，可执行“修改”→“文件”→“属性”命令，在打开的文件“属性”面板内，单击

“交互作用”选项卡，打开如图 5-13 所示的“交互作用”选项卡。

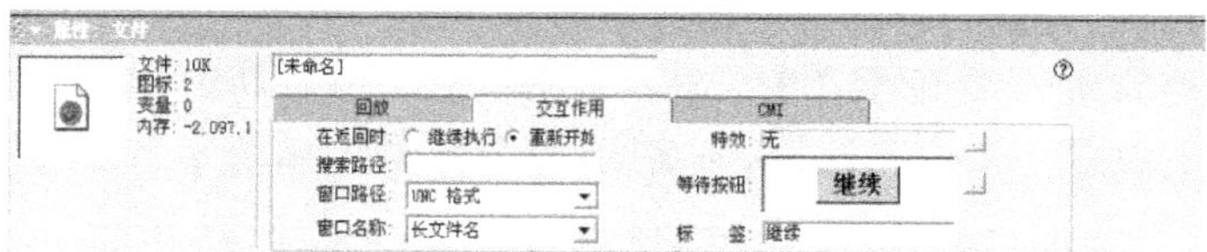

图 5-13　“交互作用”选项卡

图 5-13 所示面板中显示“[未命名]”的文本框用于更改按钮的标签，它支持中文的命名。如果需要更加丰富的继续按钮，可单击“等待按钮”右侧的按钮，或直接双击预览区的“继续”按钮图标，都将打开如图 5-14 所示的“按钮”对话框。

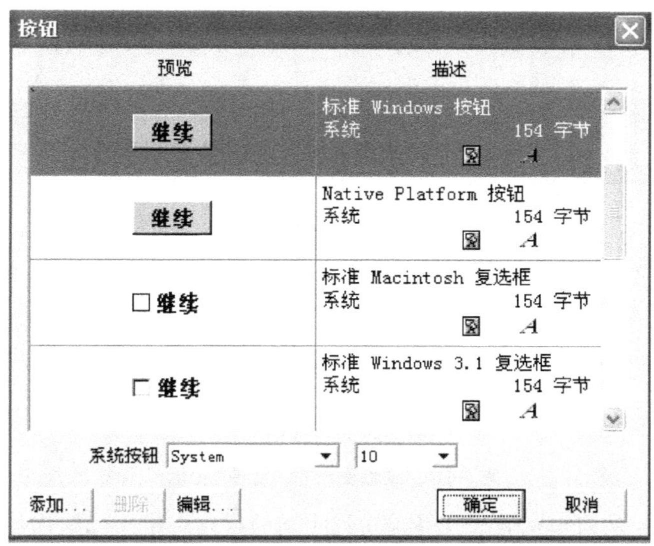

图 5-14　“按钮”对话框

其中当前使用的按钮样式将高亮显示，在列表框内给出的样式中选择一种即可更换当前的“继续”按钮的外观。如果用户对 Authorware 7.0 提供的按钮样式不满意，还可对它们进行编辑，甚至增加新的按钮样式。

需要改变按钮的位置时，可在课件运行的过程中，执行“调试”→“暂停”命令，或者按快捷键 Ctrl+P，暂停程序的执行，然后将“等待”按钮拖动到新的位置，即完成了它的位置改变。再次按快捷键 Ctrl+P，程序继续执行。用户在课件流程线上放置一个新的等待图标，该图标的等待按钮将自动显示在用户上一次放置按钮的位置。使用这种方法改变按钮的位置，可能会将所有的按钮都布置在同一位置。

3. 擦除图标

擦除图标主要是用来擦除演示窗口中不再需要的显示内容，特别是用于擦除那些设置了“防止自动擦除”的显示图标或交互图标演示窗口中的内容。擦除图标可以擦除演示窗中的任何对象，包括图形、声音、文本、数字电影及视频对象。当程序运行到擦除图标时，将擦除演示窗中的所有对象。

在流程线上放置一个显示图标，命名为“背景”，并在其中插入一张背景图片。再在显示图标下放置一个擦除图标，命名为“擦除背景”，如图 5-15 所示。

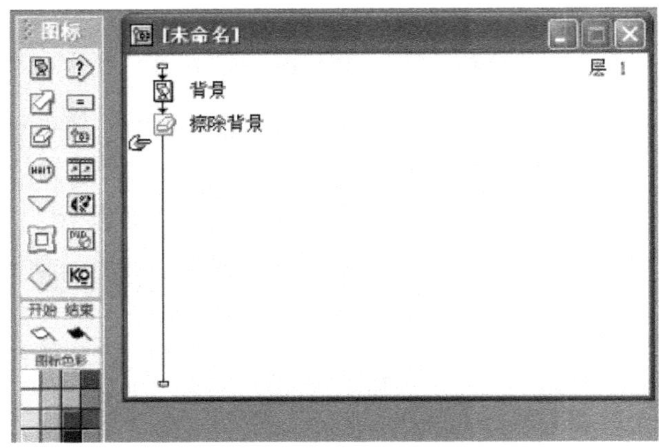

图 5-15　设置擦除图标

双击“擦除背景”图标，即出现擦除图标的“属性”面板，如图 5-16 所示。

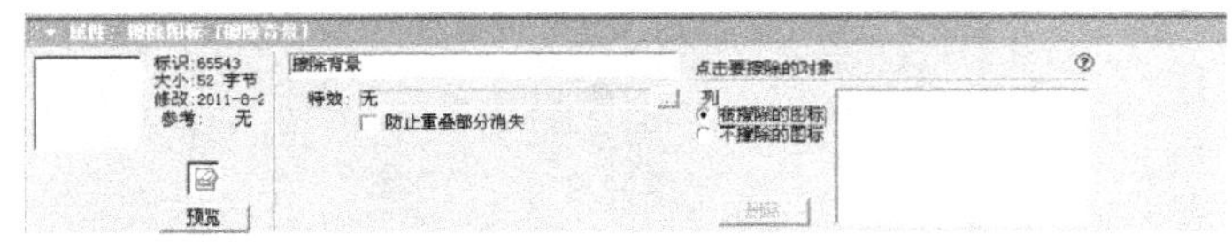

图 5-16　擦除图标的“属性”面板

“点击要擦除的对象”：提示单击显示窗口中的内容，作为擦除图标擦除的内容。

擦除的对象是某个图标，而不是图标里的某个对象，例如，某个显示图标中有多个文本、图形、图像，如果只擦除图形对象，则必须先将这个图形对象单独放到一个显示图标中，再擦除这个图标。

4. 群组图标

1）群组图标的功能

建立交互图标和框架图标的各分支系统时，Authorware 要求各分支只能是一个图标，这时如果分支需要执行的内容比较多，则可以将它们放置在一个群组图标内，然后将群组图标作为一个分支。

另外，在 Authorware 的设计窗口中没有滚动条，当设计一个比较复杂的程序时会用到很多图标，这样将不能在设计窗口看到全部图标，为设计带来很多不便，这时也可以考虑将部分图标成组存放在群组图标中，以简化设计窗口，使流程变得简洁，使程序的可读性更强。

2）群组图标的设计窗口

群组图标是图标的集合，在主流程线上放置一个群组图标，双击该图标，可以打开一个设计窗口，如图 5-17 所示。在群组图标中存放的其他图标摆放在群组图标设计窗口的流程线上。

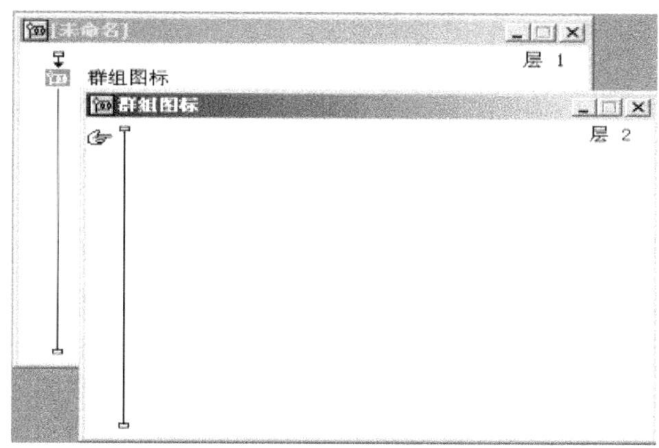

图 5-17　群组图标的设计窗口

群组图标中可以放置任何图标，同样也允许在群组图标中放置一个群组图标（即嵌套），这样会产生较多的设计窗口，同样会给设计带来不便。为了区分各设计窗口，Authorware 在设计窗口的右上方设置了一个代表窗口级别的标识。主设计窗口为“层 1”，则在主设计窗口中放置的群组图标的层次为“层 2”，如果在层次为“层 2”的群组图标设计窗口中再添加一个群组图标，则这个群组图标设计窗口的层次为“层 3”，依此类推。另外，在每个设计窗口的标题栏中，还有图标名称标识以便于用户区分。

当程序运行到群组图标时，会自动转入到群组图标所对应的设计窗口中，执行其流程线上的图标，执行完最后一个图标后，返回到上一层流程线的下一个图标继续执行。

3）群组图标的使用

使用群组图标，一般有以下两种方法。

一种是先创建群组图标，然后双击群组图标，打开其设计窗口，在这个设计窗口内完成群组图标的程序设计。

另一种方法是先进行设计，然后把要放置在同一群组图标中的图标同时选中（可以使用拖曳鼠标框选图标的方法），然后执行“修改”→“群组”命令（或按快捷键 Ctrl+G），这时会在流程线上出现一个群组图标，并将这些被选中的图标放置在这个群组图标中。

为了动态地调整群组图标中所包含的图标，Authorware 中提供了“群组”和“取消群组”菜单命令。前者用于将多个图标组合到群组图标内，后者用于拆分群组图标，使其中的图标独立地显示在流程线上。

5.2.2 课件中文字的添加与编辑

在多媒体课件之中，文本是不可缺少的内容。在 Authorware 7.0 中可以编辑许多种文本，它支持多种字体、字号和风格，可以让文本变得美观、适用。

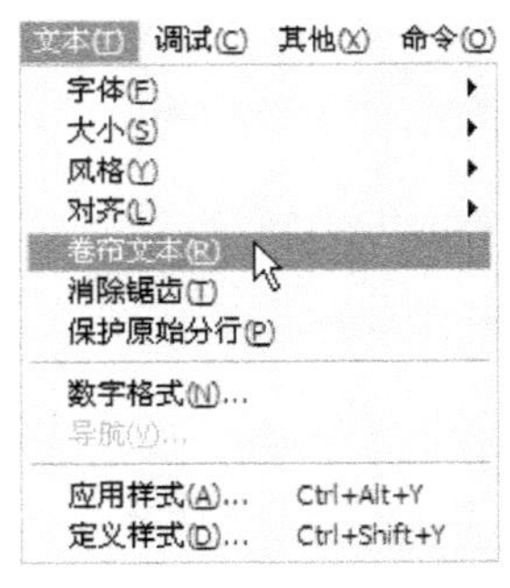

图 5-18 “文本”菜单

1. 插入文本

文本工具可用于直接输入文本。将显示图标拖入到流程线上，双击显示图标，出现演示窗口和工具箱，在工具箱中选择文本工具，在演示窗口要输入文本的位置单击后即可直接输入文本。

2. 文本编辑

选中文本，执行“文本”菜单下的相应命令或单击常用工具栏中的相应按钮可修改文本的各项属性，包括字体、大小、风格、对齐等。图 5-18 所示为“文本”菜单。

5.2.3 课件中图形图像的添加与编辑

用户利用 Authorware 7.0 的图形工具，能够方便地绘制和修改图像，能制作出更加美观的作品。

1. 绘制图形

Authorware 提供的绘图工具在图形工具箱中，利用它们可绘制简单的几何图形。

2. 导入图像

执行“文件”→“导入和导出”→“导入媒体”命令，在随后打开的对话框（见图 5-19）中选择图像，单击“导入”按钮，即可在显示图标演示窗口中插入一幅图像。

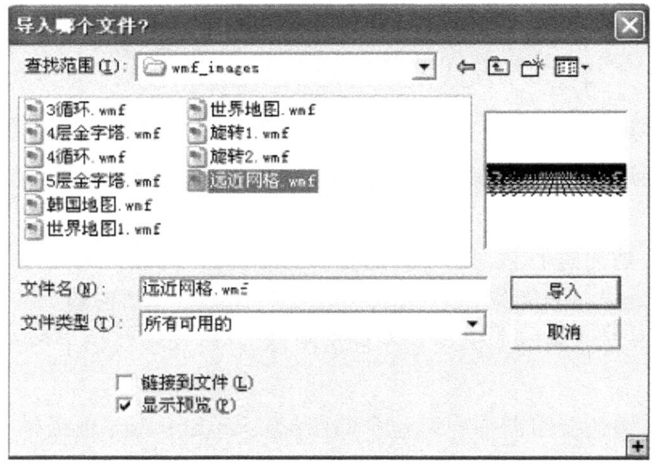

图 5-19 “导入哪个文件?”对话框

5.2.4　课件中声音的添加与编辑

1. 声音图标

声音图标用于加载和播放音乐文件及录制的各种外部声音文件。它不提供声音的编辑功能，只能管理和调用外部声音文件。

Authorware 7.0 虽不具有声音编辑功能，但它可以从外部引入多种格式的声音文件。Authorware 7.0 支持的声音格式有 AIFF、PCM、SWA、VOX、WAVE、MP3 六种。

2. 导入声音

先在流程线上插入一个声音图标，然后双击声音图标，系统弹出声音图标的“属性”面板，单击“导入”按钮，在打开的对话框中选择一个声音文件，单击“导入”按钮，即可导入一个声音文件。运行程序即可播放导入的声音文件。单击“计时”选项卡，可以对声音的播放进行设置，如图 5-20 所示。

图 5-20　声音图标的“属性”面板

“计时”选项卡的“执行方式”下拉列表中有三个选项，即“等待直到完成”（等到声音播放完再往下执行程序）、“同时”（声音播放的同时继续往下执行程序）和“永久”（当 Authorware 退出声音图标以后声音图标依然激活，也就是说可以设置一个条件，以后条件满足即可播放声音）。

在“播放”下拉列表中设置声音文件的播放次数。“播放次数”选项指定声音文件播放次数。其下方的文本框中的“1”表示播放一次，用户可以自行设置播放次数。“直到为真”选项表示直到条件为真时停止播放音乐。

“速率”项：设置声音文件播放的速度。

“开始”项：设置声音文件播放的条件，何时开始播放。

“等待前一声音完成”：等待前一个声音文件播放完毕。

5.2.5　课件中其他对象的添加与编辑

课件中插入的多媒体资源，如图形、文本、动画、声音、视频及数字电影，利用多媒体可以进行产品介绍、模拟运动过程及交互式教学。多媒体已经被广泛运用于课件中，Authorware 的强大功能使用户可以随心所欲的在课件中增加各种多媒体信息。利用多媒体信息可以创建一个交互教程，演示一个运动过程、娱乐性游戏，甚至是一个复杂的生理过程。这样它们成了可链接的媒体，又称超媒体。

1. 数字电影图标

数字电影的出现，极大地丰富了多媒体课件的内容。Authorware本身并不能制作数字电影，但它可以从外部引入多种格式的数字电影。

1) Authorware 7.0 支持的数字电影的格式

Authorware 7.0 支持的数字电影的格式有以下八种：①Director文件(DIR、DXR)，②Windows的视频标准格式(AVI)，③Macintosh计算机上的Quick Time文件，④Windows下的Quick Time文件(MOV)，⑤被加载在Authorware文件内部的PICS文件，⑥Animator和Animator Pro及3D Studio文件(FLC、FLI、CEL)，⑦Mpeg文件(MPG)，⑧位图组合文件(BMP)。

2) 加载数字电影的步骤

(1) 在流程线上添加一个数字电影图标，双击数字电影图标弹出电影图标的“属性”面板；

(2) 单击对话框左下角的“导入”按钮，在弹出的对话框中选择想要加载的数字电影文件的类型和该类型下的数字电影文件，单击“导入”按钮；

(3) 单击电影图标“属性”面板中的“播放”按钮，即可观看数字电影的播放效果。

3) 设置数字电影的属性

电影图标的“属性”面板设置如图5-21所示。

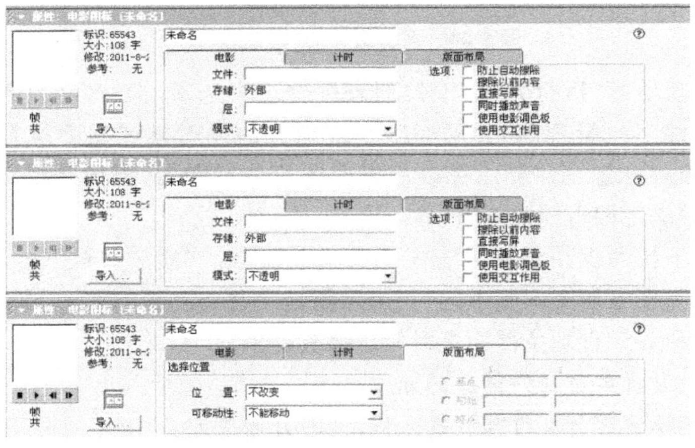

图5-21　电影图标的“属性”设置

“电影”选项卡中有文件(数字电影的路径名)、存储(决定数字电影作为外部文件还是内部文件)、层(数字电影的层次)、模式(不透明、遮隐、透明、反转四种模式)、选项等。

“计时”选项卡中有执行方式、播放、速率、开始帧、结束帧等。

“版面布局”选项卡中有位置(不改变、在屏幕上、沿特定路径、在某个区域中)、可移动性(不能移动、在屏幕上、任何地方)等。

2. 数字视频图标

DVD 图标是 Authorware 7.0 新增的图标，替换了以前版本的数字视频图标，其用于播放外部的视频信息，并且支持 DVD 格式，使 Authorware 在多媒体信息内容的表现方面要更加全面。

要播放数字视频，首先得保证计算机已连接一台控制外部播放的设备，而且还需要安装视频采集卡，但是如果使用与外部播放设备直接相连的监视器插放视频信息，就不用安装视频采集卡。

将一个 DVD 图标放置到流程线上，双击该图标，打开它的“属性”面板，如图 5-22 所示。DVD 图标的“属性”面板由三个选项卡组成。

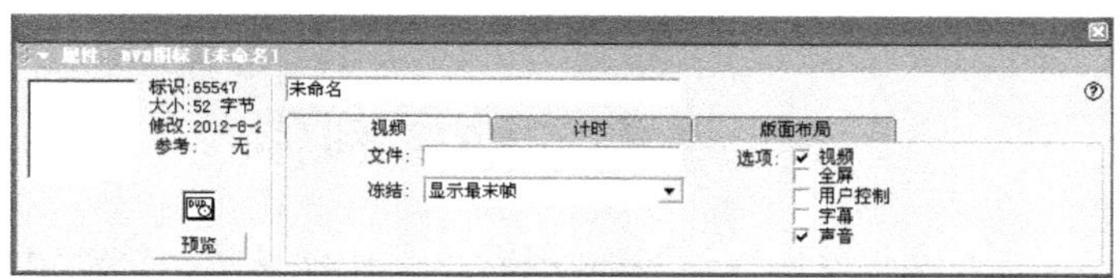

图 5-22 DVD 图标的“属性”面板

(1)“视频”选项卡，如图 5-22 所示，各选项含义如下。

“文件”：显示或设置播放的视频文件名。

“冻结”：用于设置播放完毕后，演示窗口中显示的画面，它有两个选项(“从不”：不显示任何画面。“显示最末帧”：显示最后一帧播放的画面。)

“选项”：用于设置播放功能的一些复选项，各项的含义如下：“视频”项表示是否播放视频画面；“全屏”项表示是否以全屏方式播放视频画面；“用户控制”项表示是否使用播放控制面板；“字幕”项表示是否显示标题；“声音”项表示是否播放声音。

(2)“计时”选项卡如图 5-23 所示，各选项含义如下。

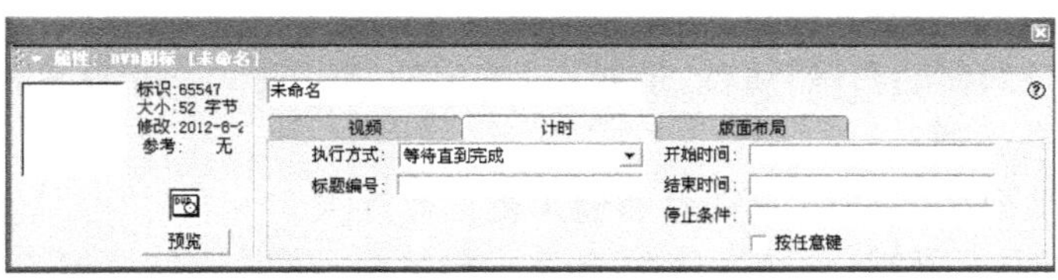

图 5-23 DVD 图标“属性”面板中的“计时”选项卡

“执行方式”：用于设置视频信息和其他图标的同步方式，各选项的含义与前面类似，这里不再说明。

“标题编号”：用于设置标题数。

“开始时间”：用于设置视频播放的起始时间。

“结束时间”：用于设置视频播放的结束时间。

“停止条件”：用于设置停止播放视频信息的条件。在其后的文本框中输入变量或表达式，当值为“真”时，停止播放当前的视频。

（3）“版面布局”选项卡如图 5-24 所示，各选项含义如下。

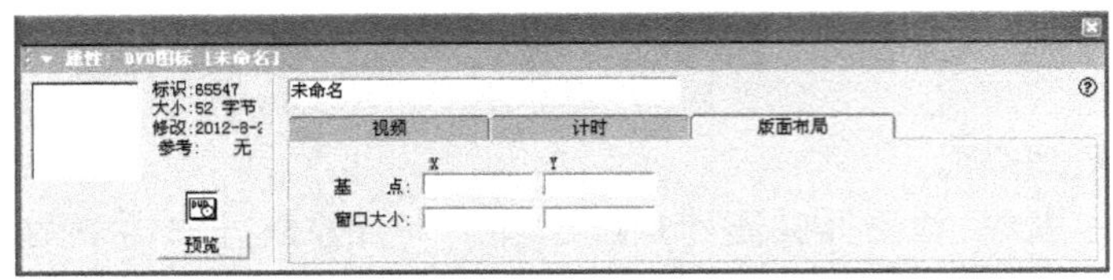

图 5-24 DVD 图标“属性”面板中的“版面布局”选项卡

“基点”：用于设置视频画面在演示窗口的位置，通过输入 X 轴、Y 轴的坐标表示。

“窗口大小”：用于设置视频画面的窗口大小。

5.3 课件的动画制作

在 Authorware 多媒体课件之中，动画的实现是靠移动图标来实现的。

5.3.1 设计动画的步骤

1. 动画设计的一般过程

使用移动图标移动屏幕上的显示对象，使显示对象产生运动效果。使用移动图标创建对象的动画效果的步骤如下。

（1）将动画对象单独放在一个显示图标中。

（2）放置一个移动图标到流程线上，放置在要移动的显示图标的下方。

（3）打开动画对象所在显示图标的演示窗口，双击移动图标。打开移动图标的“属性”面板，在其右上角有提示“单击对象进行移动”，要求用户选择对象，单击图标中的移动对象，完成移动对象的选择。

（4）在打开的移动图标“属性”面板中，确定动画类型。选择设置移动对象的起始位置和路径等选项。

（5）设置动画持续时间、同时性和超出范围等选项。

以上动画创建步骤是设计动画效果的一般过程，根据动画类型不同，其中一些设置的细节有差别，但基本过程是相同的。

2. 动画类型

在 Authorware 中，动画类型有五种。

（1）“指向固定点”即点到点之间的动画，将一个显示对象从它当前的位置沿一条直线直接到终点。

（2）“指向固定直线上的某点”即点到直线上一点的动画：将显示对象从它当前的位置移动到已经设定好的一条直线上的某一点。

（3）“指向固定区域内的某点”即点到指定区域的动画：将显示对象从它当前的

位置上移动到指定区域里的某一点。

(4)“指向固定路径的终点”即沿任意路径到终点的动画:将显示对象从它当前的位置上沿预先设定的轨迹移动到终点。这个轨迹可以由直线和曲线组合而成。

(5)“指向固定路径上的任意点”即沿任意路径到指定点的动画:将显示对象从它当前的位置上沿预先设定的轨迹到其中的某一点。这个轨迹可以由直线和曲线组合而成。

3. 使用移动图标应注意的几点

(1)移动图标本身并不含有显示对象,它只是移动包含在其他设计图标中的显示对象,从而生成一种动画效果。

(2)一个移动图标只能对一个显示图标或交互图标中的显示对象进行移动,但多个移动图标却可以对同一个显示对象进行移动,这些移动图标驱动同一个对象时,可以使用不同的动画效果。但不能对一个对象同时进行驱动。

(3)如果要对某个设计图标中的显示对象(正文或图片)生成动画演示效果,就必须要将动画设计图标放在它的后面,而且同一文件中不允许有移动图标同名现象。

(4)当要用移动图标移动一个显示对象时,该对象必须单独放在一个设计图标中。

5.3.2 移动图标

打开移动图标“属性”面板通常有两种方法。

(1)双击移动图标,这是打开所有类型设计图标的“属性”面板的一种通用方法。

(2)在运行程序过程中,当程序遇到一个新的移动图标时会自动打开其“属性”面板。无论用什么方法,都会在窗口的下方打开如图5-25所示的“属性”面板。当其“属性”面板打开时打开演示窗口,显示前面的内容,用户可以选择需要移动的显示对象。

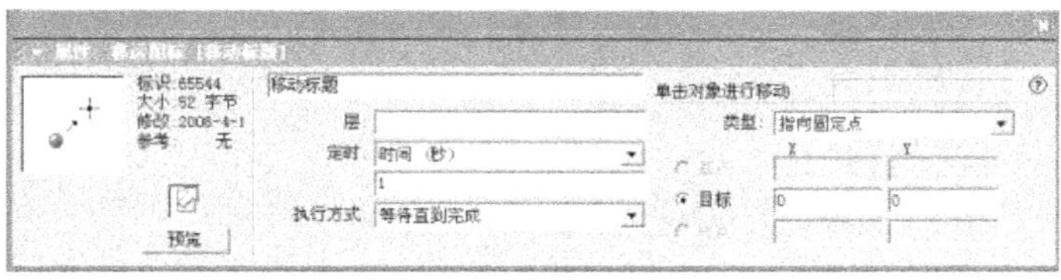

图 5-25 “属性”面板

“属性”面板中各选项的含义如下。

“预览”按钮:单击该按钮可以查看动画效果。

“层”:用于设置显示对象移动时所处于的层数,其功能和显示图标在流程线中的图层设置相同。

“定时”:用于控制显示对象移动的速度。它有以下两个选项:“时间”项设置显示对象完成移动过程所需的时间,单位是秒;“速率”项设置显示对象进行移动的速度，单位为英寸/秒。

"执行方式"：用于设置同时性，不同的动画类型，出现的选项也不同，主要有三个选项："等待直到完成"项表示在此移动图标控制的动画过程结束之后，再沿流程线向下执行其他图标；"同时"项表示在此移动图标后的图标和此图标控制的动画一起执行；"永久"项表示一直显示该移动对象，直到被擦除图标擦去或被其他移动图标所控制。

"类型"：用于选择动画类型，共有五种类型(指向固定点、指向固定直线上的某点、指向固定区域内的某点、指向固定路径的终点、指向固定路径上的任意点)。

5.3.3 动画的实现

1. 指向固定点的动画制作

实现点到点之间的动画的操作步骤如下。

(1) 新建一个 Authorware 文件，在主流程线上放置一个显示图标，在显示图标中制作或插入一个图形或插入文本作为移动的对象。例如，此处采用如图 5-26 所示的一个图形红太阳作为基础对象。

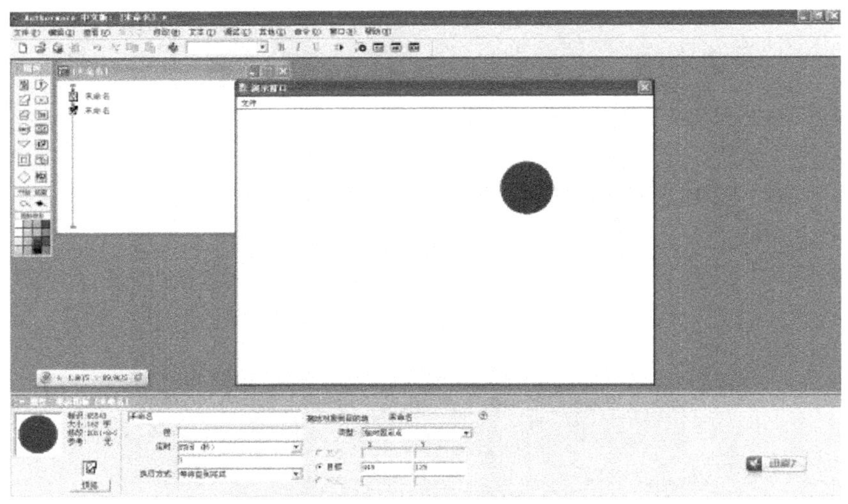

图 5-26 图形

(2) 在显示图标下方放置一个移动图标，双击该移动图标打开其"属性"面板，同时打开演示窗口。

(3) 选择"类型"选项为"指向固定点"，将"定时"选项下的文本框中的动画持续时间设置为 5 秒，修改"目标"选项后的坐标值或直接拖动移动对象到目标位置。

(4) 运行程序观看动画效果。以看到移动对象用 5 秒时间从起始位置沿着直线移到目标位置。

2. 指向固定直线上的某点的动画制作

实现点到直线上一点的动画的操作步骤如下。

(1) 同本节第 1 点中的第(1)小点。

(2) 同本节第 1 点中的第(2)小点。

(3) 选择"类型"为"指向固定直线上的某点",将"定时"选项下的文本框中的动画持续时间设置为 5 秒。

(4) 选中"基点"选项,拖动移动对象到目标直线的起点。

(5) 选中"终点"选项,拖动移动对象到目标直线的终点,这时在屏幕上出现直线路径,如图 5-27 所示。

(6) 选中"目标"选项,输入目标位置在直线上的比例,或拖动移动对象到目标位置,这时移动对象的移动会被限制在目标直线上。

(7) 运行程序观看动画效果,可以看到移动对象用 5 秒时间从起始位置沿着直线移动到目标直线上指定的位置。

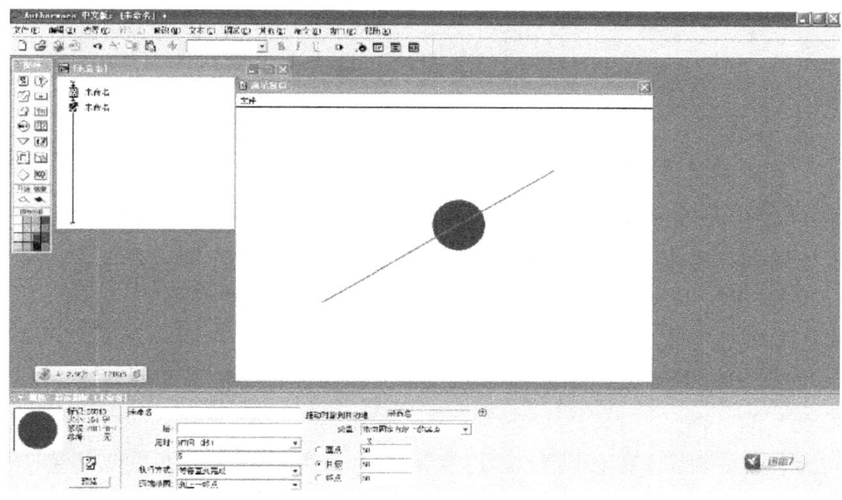

图 5-27　"指向固定直线上的某点"动画的路径显示

3. 指向固定区域内某点的动画制作

实现点到区域中一点的动画的操作步骤如下。

(1) 同本节第 1 点中的第(1)小点。

(2) 同本节第 1 点中的第(2)小点。

(3) 选择"类型"为"指向固定区域内的某点",将"定时"选项下的文本框中的动画持续时间设置为 5 秒。

(4) 选中"基点"选项,拖动移动对象到目标区域的对角线的起点。

(5) 选中"终点"选项,拖动移动对象到目标区域对角线的终点,这时在屏幕上出现目标区域,如图 5-28 所示。

(6) 选中“目标”选项，输入目标位置，或拖动移动对象到目标位置，这时移动对象的移动会被限制在目标区域中。

(7) 运行程序观看动画效果，可以看到移动对象用 5 秒时间从起始位置沿着直线移动到目标直线上指定的位置。

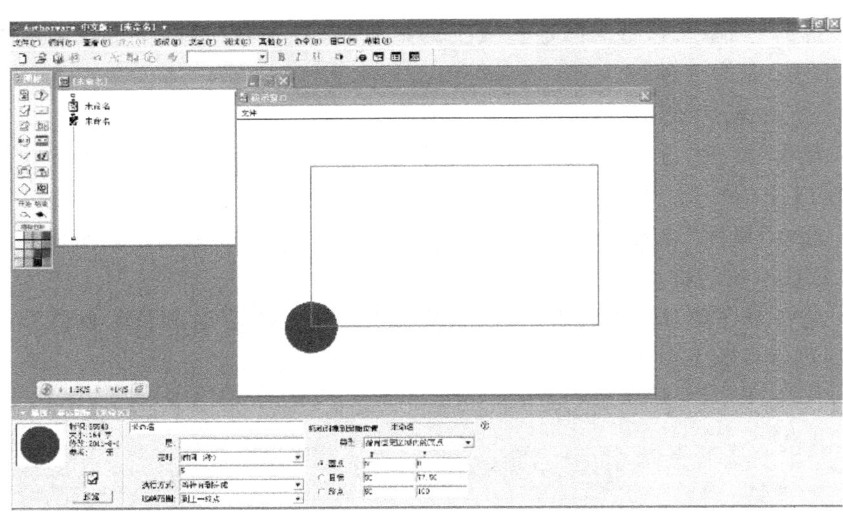

图 5-28 “指向固定区域内的某点”动画的路径显示

4. 指向固定路径的终点的动画制作

实现沿着指定路径到终点的动画的操作步骤如下。

(1) 同本节第 1 点中的第(1)小点。

(2) 同本节第 1 点中的第(2)小点。

(3) 选择“类型”为“指向固定路径的终点”，将“定时”选项下的文本框中的动画持续时间设置为 5 秒。

(4) 选中移动对象，在移动对象上出现一个黑色的三角，进入设置移动路径状态。连续拖动对象，设置对象的移动路径，如图 5-29 所示。

(5) 从图 5-29 中可以看到形成的路线是折线，双击折线连接处的三角标志，使之变成圆点标志，与它相连的直线会变为光滑的曲线。

(6) 设置好路径后，运行程序观看动画效果，可以看到移动对象用 5 秒时间从起始位置沿着设置好的路径移动到终点。

5. 指向固定路径上的任意点的动画制作

(1) 同本节第 1 点中的第(1)小点。

(2) 同本节第 1 点中的第(2)小点。

(3) 注意选择“类型”为“指向固定路径上的任意点”，将“定时”选项下的文本框中的动画持续时间设置为 5 秒。

(4) 同本节第 4 点中的第(4)小点。

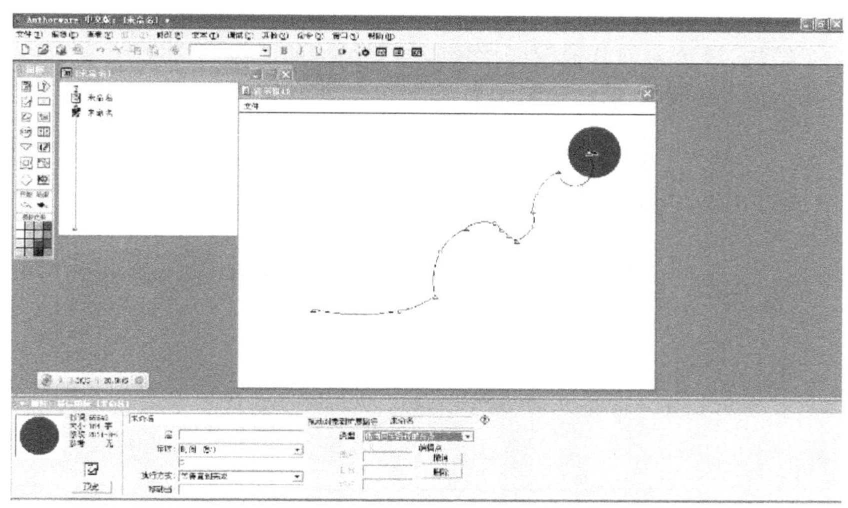

图 5-29　"指向固定路径的终点"动画的路径显示

(5) 同本节第 4 点中的第(5)小点。

(6) 修改"目标"中的值,或拖动移动对象,选中路径上的一点作为移动的终点。

(7) 运行程序观察动画效果。

5.4　课件的交互设计与制作

交互是 Authorware 提供的一种人机对话的方式,是 Authorware 程序中最精彩、最引人入胜的部分。与计算机进行交互,是课件的一项基本功能。

在 Authorware 7.0 中,交互图标中提供了 11 种响应类型。

5.4.1　交互结构

在流程线上放置一个交互图标,然后拖动其他图标,如显示图标放置到交互图标的右侧,此时会出现一个"交互类型"对话框,其中列出了 11 种响应类型,如图 5-30 所示。

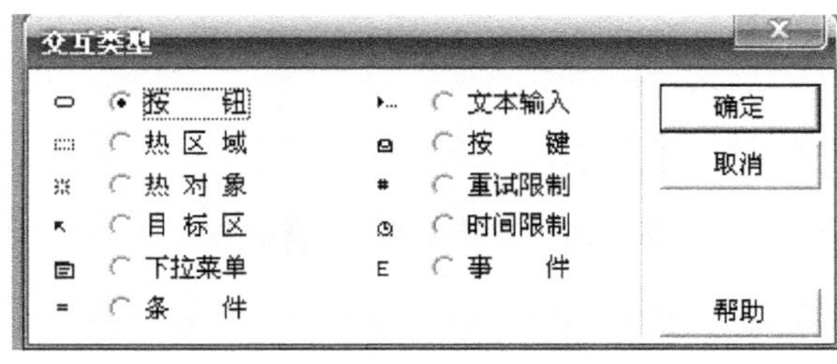

图 5-30　"交互类型"对话框

在“交互类型”对话框中选择一种响应类型后，单击“确定”按钮就创建了有一个分支的交互结构，继续拖动其他图标放置到交互图标的右侧，可以建立更多的分支。

一个典型的交互响应具有如图 5-31 所示的基本结构。

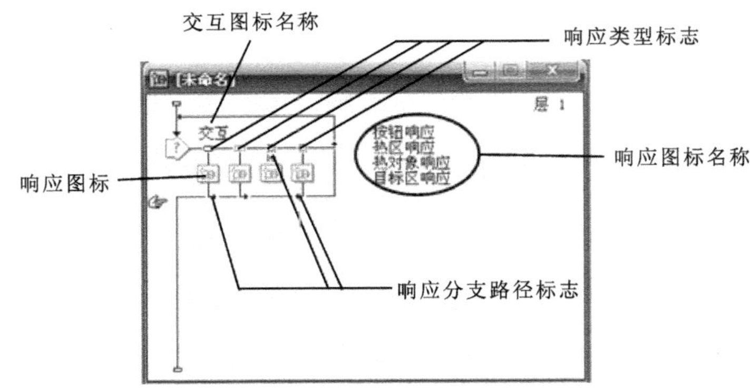

图 5-31　交互响应的基本结构

1. 交互图标

交互图标是交互结构的核心，只有先创建了交互图标才能构造各个交互分支，从而提供各种交互方式。

交互图标有自己的演示窗口，双击交互图标可以打开它，如图 5-32 所示。在演示窗口中可以添加文本、图形、图像，也可以看到该交互图标下各分支的布局。

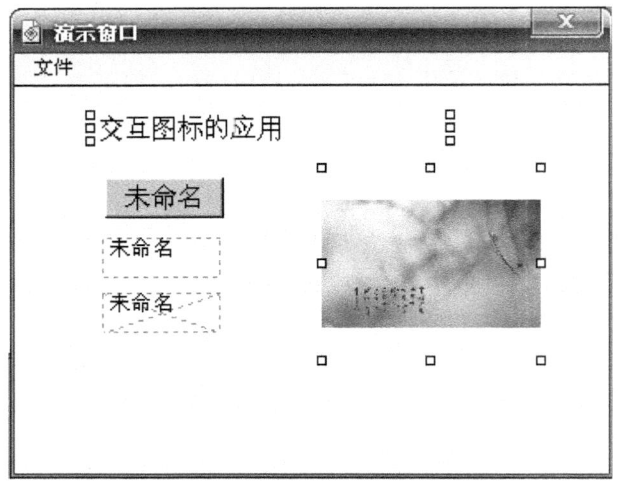

图 5-32　交互图标的演示窗口

2. 响应类型

Authorware 7.0 提供了 11 种响应类型，每个响应类型在流程线上都有唯一的响应类型标志，如图 5-31 所示。在流程线上单击这些标志，就可以展开对应交互分支的“属性”面板，进而对各个分支进行设置。

（1）按钮响应：可以在演示窗口创建按钮，并用此按钮可以与计算机进行交互。

（2）热区域响应：可在演示窗口创建一个不可见的矩形区域，采用交互的方法，可以在区域内单击、双击或移动鼠标指针到区域内，程序就会沿该响应分支的流程线执行，区域的大小和位置是可以根据需要在演示窗口中任意调整的。

（3）热对象响应：该响应的对象是一个物，即一个对象，对象可以是任意形状的。

（4）目标区响应：用来移动对象，当用户把对象移到目标区域，程序就沿着指定的流程线执行。用户需要确定要移动的对象及其目标区域的位置。

（5）下拉菜单响应：创建下拉菜单，控制程序的流向。

（6）条件响应：当指定条件满足时，这个响应可使程序沿着指定的流程线执行。

（7）文本输入响应：用它来创建一个用户可以输入字符的区域，当用户按回车键来结束输入时，程序按规定的流程线继续执行，常用于输入密码、回答问题等。

（8）按键响应：对用户按键盘的事件进行响应。

（9）重试限制交互：限制用户与当前程序交互的尝试次数。

（10）时间限制响应：限制用户与当前程序交互的时间。

（11）事件响应：用于对程序流程中使用的 ActiveX 控件的触发事件进行响应。

3. 响应图标

响应图标即交互结构中的各个响应分支图标，是响应某个交互后要执行的结果。每个分支下只能放一个响应图标，例如显示图标、擦除图标等。如果要放置多个图标，可以在分支中先放置一个群组图标，再在群组图标中添加其他图标。

4. 响应分支路径

响应分支路径决定了各分支下响应图标执行完流程线的走向，可在各交互分支的“属性”面板中进行设置，如图 5-33 所示。“分支”下拉列表中的各项介绍如下。

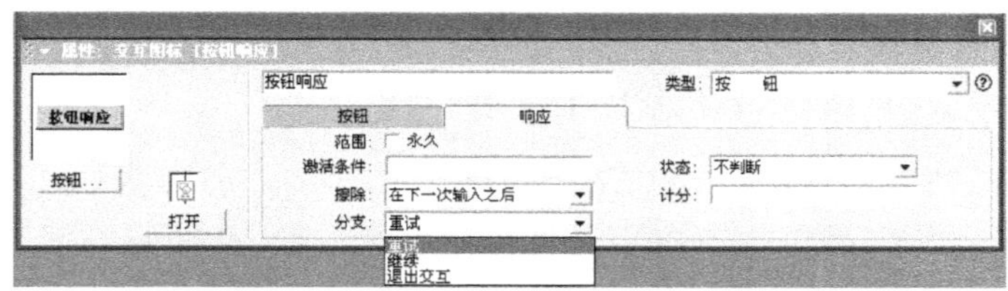

图 5-33　在交互图标分支的“属性”面板的“响应”选项卡中选择分支路径

“重试”：再试一次，即重新回到交互图标，并要求用户做出下一个响应。

“继续”：检查该响应分支的右边是否还有与用户响应相匹配的分支。

“退出交互”：退出交互，并执行流程线上交互图标后面的图标。通常至少有一个分支的响应属性应设置为退出交互，以结束交互结构。

“返回”：只有当响应“范围”设为“永久”时，才能看到此选项。

5. 交互图标“属性”面板

一个交互中可以有多个交互分支，交互图标和各交互分支的“属性”面板分别提供不同的设置选项。图 5-34 所示为交互图标的“属性”面板。

图 5-34　交互图标的“属性”面板

1)“打开”按钮

单击“打开”按钮，将打开演示窗口，可在其中编辑交互图标里的显示对象。同时交互图标的演示窗口也显示按钮、热区域等交互元素。当程序执行到交互图标时，会打开这个演示窗口，用户通过设置和操作交互元素控制程序流程。

2)“交互作用”选项卡

“交互作用”选项卡中的选项和交互图标的显示方式有关，包括以下选项：

- “擦除”下拉选项设置何时擦除交互图标的显示内容。
- “擦除特效”选项，用于设置擦除交互图标时采用的过渡方式。单击该选项后面的按钮，会打开过渡方式选择对话框。
- “选项”选项组有以下两个复选项：

“在退出前中止”：选中该选项，Authorware 在交互图标显示内容中加入一个“继续”按钮。程序执行完交互图标后，会暂停下来，以便用户可以看清屏幕上显示的内容。用户可以通过按任意键或者单击“继续”按钮来继续运行程序。

“显示按钮”：如果前面勾选了“在退出前中止”选项，则在此处，可以选择是否显示“继续”按钮。

3)“显示”选项卡

“显示”选项卡(见图 5-35)包括以下选项。

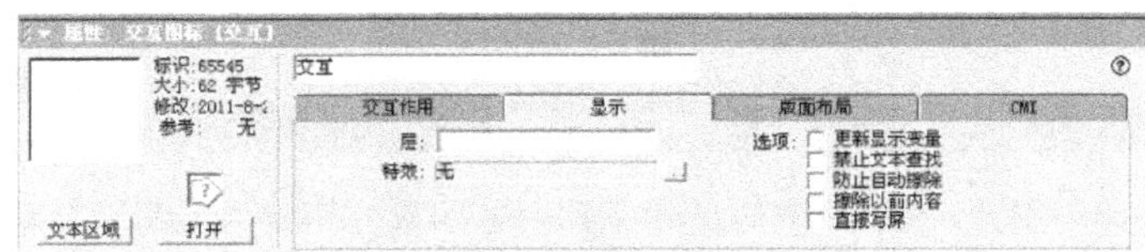

图 5-35　交互图标的“属性”面板的“显示”选项卡

- “层”：给交互图标分配一个显示层次，来决定该交互图标的显示位置。
- “特效”：用于设置显示交互图标内容时的过渡方式。
- “选项”选项组有以下五个复选项。

“更新显示变量”：更新被显示的变量。

“禁止文本查找”：选中该项，如果用户设置了一个文字的查找，Authorware 将把本图标内部的文本对象排除在查找之外。

“防止自动擦除”：选中该项，可防止本交互图标的显示内容被其他设计图标中设置的自动擦除选项所擦除。

擦除以前内容：选中该项，Authorware 执行交互图标时，将把在此之前已存在的显示内容自动擦除。

“直接写屏”：选中该项，Authorware 将把交互图标内的显示内容显示在其他显示对象的最上面。

4）“版面布局”选项卡（见图 5-36）

- “位置”：用户通过该选项来决定一个显示对象的显示位置。
- “可移动性”：通过这个选项，用户可以设置显示对象是否可以移动，如果可以移动，以什么方式移动。

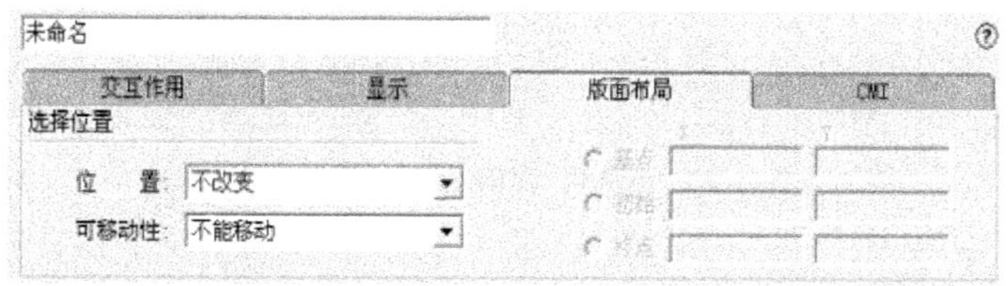

图 5-36　交互图标的“属性”面板的“版面布局”选项卡

5）“CMI”选项卡

“CMI”选项卡用于在使用 Authorware 进行多媒体课件教学中，设置主客机之间程序的连接属性。

6. 交互响应属性设置

不同的交互类型中“类型”标签是跟所选择的交互响应类型相匹配，而“响应”标签则是一样的。下面我们用“按钮”交互响应属性设置为例来介绍其属性设置方法。

单击分支图标上方的按钮响应方式图标，可以打开如图 5-37 所示的“属性”面板。

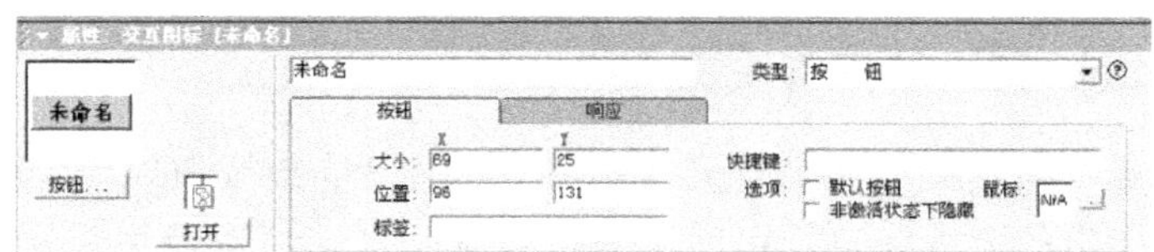

图 5-37　“属性”面板

1）“类型”下拉列表

通过这个标签，可以修改分支的交互类型，改变交互类型后，第一个选项卡会随着交互类型的改变而改变。如图 5-37 所示，当前的类型是“按钮”，如果改变类型为“热区域”，则“按钮”选项卡也会改变为“热区域”选项卡。其中的设置内容也相应改变。

● “按钮”按钮：可以选择和更改按钮样式。

● “类型”：可更改响应形式。

● “按钮”选项卡：在其中可设置按钮大小、位置、标签、快捷键等。

其中“选项”选项组中有以下三个选项。

“默认按钮”：选该项后，单击与按 Enter 键的作用相同。

“非激活状态下隐藏”：不可用时隐藏，可用后再显示。

“鼠标”：设置鼠标的形式。

2）“响应”选项卡

图 5-38 所示为“属性”面板的“响应”选项卡。

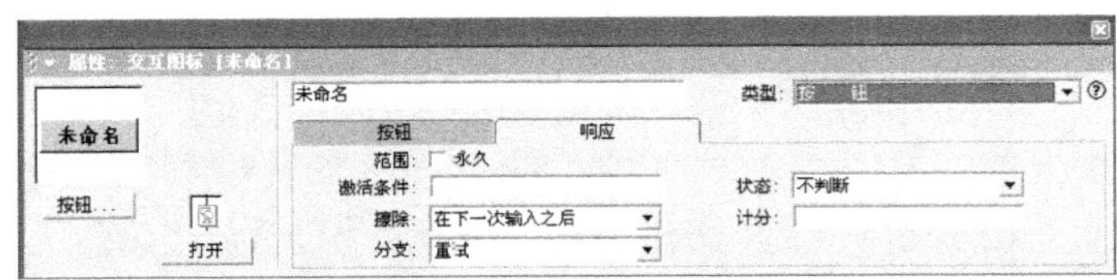

图 5-38 “属性”面板的“响应”选项卡

● “范围”：只有一个复选项“永久”，选中这个复选项后，交互图标中的交互内容（如按钮）就不会被交互图标设置的擦除选项所擦除，必须使用擦除图标才能将其擦除。

● “激活条件”：用于在后面的文本框中输入一个响应条件，只有当条件为真时，才会显示交互内容。

● “擦除”：用于设置擦除分支图标内容。该下拉列表中有以下四个选项。

“在下一次输入之后”：在进入下一个分支之后擦除。

“在下一次输入之前”：在进入下一个分支之前擦除。

“在退出时”：在退出交互图标时擦除，分支的内容会一直保留到退出交互图标。

“不擦除”：不擦除，直到使用一个擦除图标来擦除。

● “分支”：即响应分支路径。

5.4.2 通过按钮响应实现交互

按钮响应是在演示窗口中创建若干按钮，当用户单击按钮时，程序进入相应的响应分支并沿指定的流程线执行程序。按钮响应是多媒体课件中最常用、最方便的一种交互方式。

下面用一个实例来说明通过按钮响应实现交互的制作过程。在这个实例中制作了三个按钮，单击“图片”按钮，可以显示一张图片，单击“动画”按钮，可以播放一段动画，单击“声音”按钮，可以播放一段音乐。该实例的制作步骤如下。

（1）新建一个程序文件，命名为“按钮交互”。

（2）向流程线上添加一个交互图标，命名为“交互”。在它的右侧添加一个群组图标，在弹出的“交互类型”对话框中选择“按钮”选项并单击“确定”按钮，则在设计窗口中建立了一个交互分支结构。选择该群组图标并命名为“图片”。

(3) 双击交互图标打开其演示窗口，可以看到一个“图片”按钮，拖动该按钮可以改变它的位置，单击该按钮可以在它的周围显示出八个白色的小正方形，拖动这些小正方形可以改变按钮的大小。

(4) 单击“图片”响应分支的交互类型标记，打开其“属性”面板，单击左边的“按钮”按钮，会出现“按钮”对话框，选择所需按钮样式，单击“确定”按钮，可改变按钮样式。

(5) 双击“图片”群组图标，打开其设计窗口，在流程线上添加一个显示图标、一个等待图标和一个擦除图标。在显示图标中插入一幅图像。并对等待图标和擦除图标进行设置。

(6) 在流程线交互图标的右边再添加两个群组图标，分别命名为“动画”和“声音”。双击交互图标打开其演示窗口，可以看到新添加的两个按钮，可用步骤(3)的方法对这两个按钮进行位置和大小的调整，如图 5-39 所示。

(7) 分别打开“动画”和“声音”群组图标，向其中添加相应的内容。

(8) 运行程序，查看效果，如图 5-40 所示。

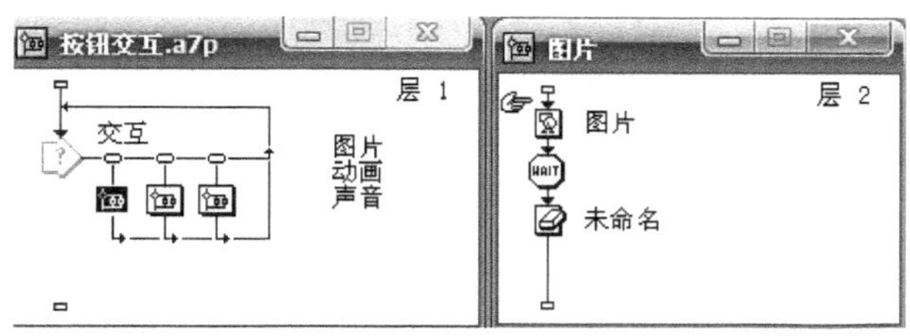

图 5-39　按钮交互的程序流程示意图

图 5-40　按钮交互效果图

5.4.3 通过热区域响应实现交互

热区域，也可称为热区，是用户在交互图标的演示窗口中创建的可以响应鼠标操作的一个矩形区域，当热区域被激活后，程序进入相应的响应分支并沿指定的流程线执行程序。激活热区域的方法有单击、双击和将鼠标指针指向该区域内三种方式。

下面用一个实例来说明通过热区域响应实现交互的制作过程。在这个实例中有三张图片，用鼠标单击某一张图片。可以在图片下方出现相应文字。该实例的制作步骤如下。

(1) 新建一个程序文件，命名为"热区交互"。

(2) 向流程线上添加一个交互图标，命名为"交互"。双击交互图标打开其演示窗口，建立一个"认识图片"的文本对象，对其进行设置。分别导入三张图片，并调整图片的大小和位置，将它们排列整齐。

图 5-41 设置热区域

(3) 在交互图标右侧添加一个显示图标，在弹出的"交互类型"对话框中选择"热区域"选项并单击"确定"按钮，则在设计窗口中建立了一个交互分支结构。选择该显示图标并命名为"东方明珠"。

(4) 双击交互图标打开其演示窗口，可以看到一个名称为"东方明珠"的虚线显示的矩形区域，这就是热区域。将鼠标指针移到热区域的虚线框上，按下鼠标按键并拖动，将热区域放到东方明珠图片的左上角，然后拖动虚线框上的小正方形来调整热区域的大小，使其和东方明珠图片重合，如图 5-41 所示。

(5) 单击"东方明珠"响应分支的交互类型标记，打开其"属性"面板，在其中对相应属性进行设置，如图 5-42 所示。

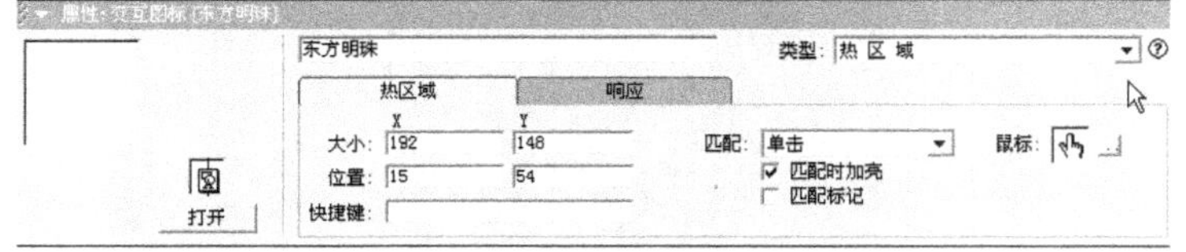

图 5-42 "东方明珠"热区域交互类型属性面板中的选项设置

这个"属性"面板中的选项与按钮交互类型的"属性"面板的很相似，这里只介绍不同之处。

- "大小"文本框：用于精确设置热区域的大小。
- "位置"文本框：用于精确设置热区域在演示窗口中的位置。

● "匹配"下拉列表框：用于设置激活热区域响应的鼠标操作方式。鼠标操作方式包括以下几种。

"单击"：在热区域中单击激活。

"双击"：在热区域中双击激活。

"指针处于指定区域内"：当鼠标指针移动到热区域内时就立刻激活。

● "匹配时加亮"复选框：当激活热区域后，热区域将高亮显示。

● "匹配标记"复选框：在热区域左侧有一个小矩形标记，当热区域未被激活时，为白色，当热区域被激活时，为黑色。

(6) 双击"东方明珠"显示图标打开其演示窗口，在其中输入"东方明珠"文本，并调整文本的字体、大小、颜色等属性，将其拖到图片的下方。

(7) 在交互图标的右侧再添加两个显示图标，分别命名为"山水"和"高山"。在交互图标的演示窗口中设置它们所对应热区域的位置和大小。在"山水"显示图标中添加"山水"文本对象，在"高山"显示图标中添加"高山"文本对象，如图 5-43 所示。

(8) 调整各个对象的位置等属性，并保存运行程序，热区域交互效果如图 5-44 所示。

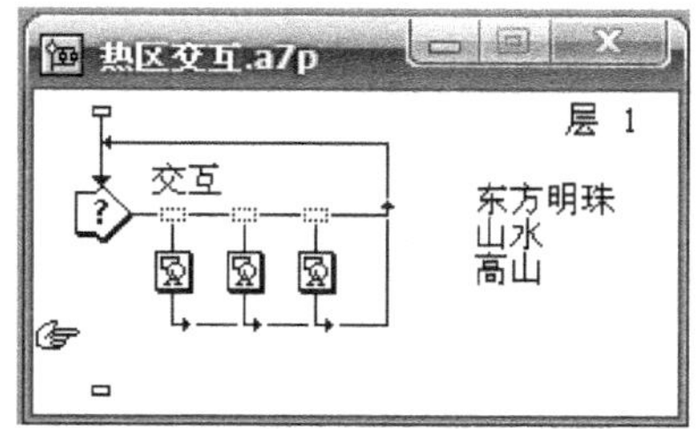

图 5-43 热区域交互的程序流程示意图

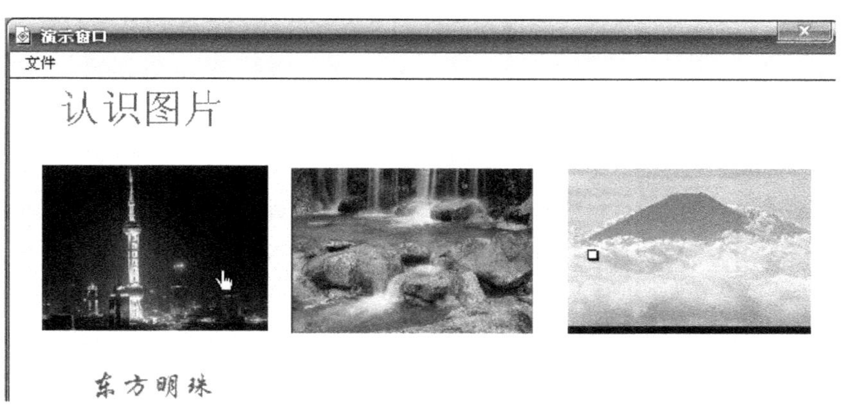

图 5-44 热区域交互效果图

5.4.4 通过热对象响应实现交互

热对象响应与热区域响应比较相似，只不过热区域响应激活的是一个矩形区域，而热对象激活的是热对象。对象是一些实体，如图形、图像和文本等，设定热对象后，即使调整热对象的位置，响应仍然有效，而且，响应范围是以对象的边界为限制的，所以它适用于一些不规则的显示对象。

热对象交互的实例是在热区域交互实例的基础上进行修改制作的。制作步骤如下。

(1) 新建一个程序文件,命名为“热对象交互”。

(2) 向流程线上添加三个显示图标,分别命名为“东方明珠”、“山水”、“高山”,分别打开其演示窗口,分别导入三幅图片,并设置其大小和位置。

(3) 将热区域交互实例中交互图标演示窗口中的三张图片删去。

(4) 运行程序,显示所有对象,然后单击“东方明珠”响应分支上的交互类型标记,打开其“属性”面板,将“类型”中的“热区域”改为“热对象”,如图 5-45 所示,再单击演示窗口中东方明珠的图片,将图片“东方明珠”设置为热对象。

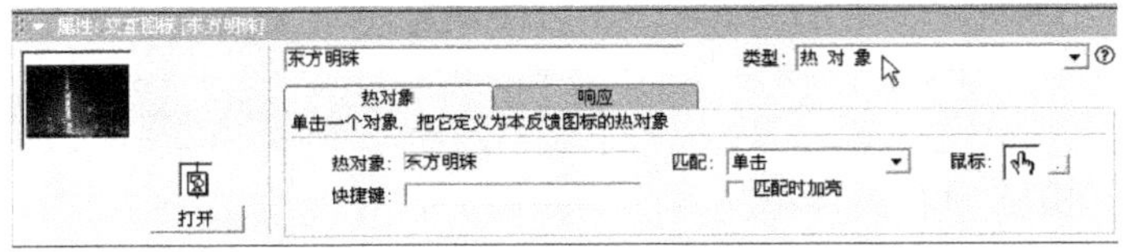

图 5-45 “东方明珠”热对象交互类型“属性”面板中的选项设置

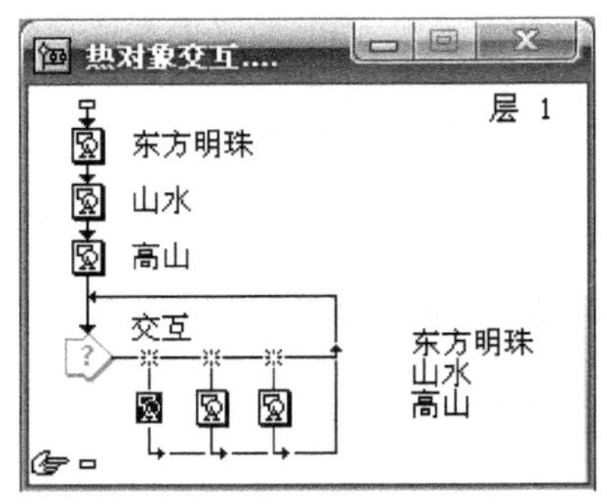

图 5-46 热对象交互的程序流程示意图

(5) 仿照第(4)步修改“山水”和“高山”响应分支的交互类型和热对象。此时热对象交互的程序流程示意图如图 5-46 所示。

(6) 运行程序,调整各个对象的位置等属性,并保存。

5.4.5 通过目标区响应实现交互

用目标区响应实现交互时,首先要指定每个响应分支的操作对象和它们的目标位置,然后,当程序运行时,用户可以在演示窗口中拖动操作对象,程序将根据操作对象所放置的目标区域进行判断,执行相应的响应分支。

下面用一个拼图游戏的实例来说明通过目标区响应实现交互的制作过程。

(1) 使用 Photoshop 软件将一张图片分为四份,并分别保存,成为四个图像文件,为拼图做好准备。

(2) 在 Authorware 中新建一个程序文件,命名为“目标区交互”。

(3) 向流程线上添加一个显示图标,命名为“标题”,双击该图标打开其演示窗口,在其中建立三个文本对象,即“拼图游戏”、“参考图”和“请用鼠标将下列图片拖动到正确的方格中”,设置它们的字体、大小和位置。然后用绘图工具绘制一个两行两列的表格,表格中的每个单元格和对应的图片大小一致。导入效果图片,并调整好所有对象的位置。

(4) 向流程线上添加四个显示图标,分别命名为“1”、“2”、“3”、“4”,分别打开它们的演示窗口,导入分割后的小图像,并调整图像的位置,将它们排列整齐,如图5-47所示。

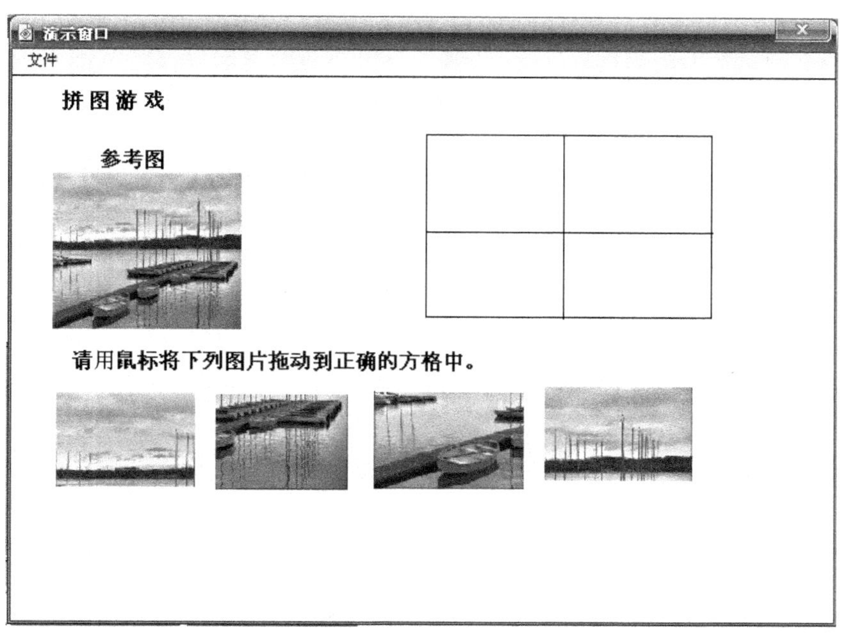

图 5-47　目标区交互效果图

(5) 向流程线上添加一个交互图标，命名为“交互”，在它的右边添加一个显示图标，在弹出的对话框中选择“目标区”选项并单击“确定”按钮，建立一个交互分支结构。选择显示图标并命名为“正确 1”。在“正确 1”显示图标中添加一张笑脸图片。

(6) 运行程序，显示所有对象，单击“正确 1”响应分支的交互类型标记，打开其“属性”面板，如图 5-48 所示。

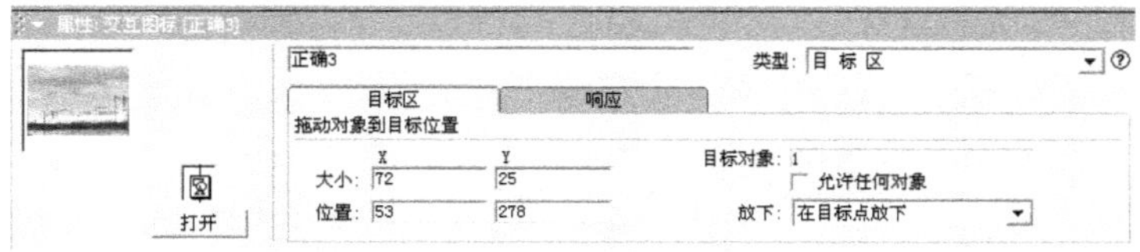

图 5-48　“属性”面板

- “目标对象”提示框：显示目标对象的名称，此处为“1”。
- “允许任何对象”复选框：建立所有对象和该目标区域的对应关系。
- “放下”下拉列表，设置对象在目标区域的用户放置方式，包括：“在目标点放下”项表示把对象放置在目标区域中。“返回”项表示对象进入目标区域后自动返回到拖动前的位置。“在中心定位”项表示当用户将对象放置到目标区域中时，自动将对象移动到目标区域的中心。

(7) 在程序设计窗口中单击，打断程序的运行，此时可看到演示窗口中出现了一个名称为“正确 1”的虚线框，这就是目标区域。在演示窗口中单击这个目标区域所对应的图片，虚线框会自动移动到图片上，同时"目标对象"提示框中显示为"1"。将虚线框移动到表格的正确位置处，并拖动其四周的句柄改变目标区域的大小使其与图片大小相等。

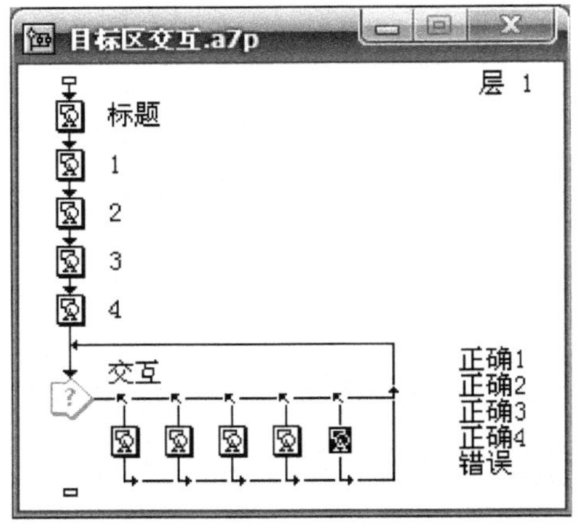

图 5-49　目标区交互的程序流程示意图

(8) 仿照以上步骤完成"正确 2"、"正确 3"、"正确 4"三个响应分支的设计。

(9) 在交互图标的右边再添加一个显示图标，命名为"错误"，如图 5-49 所示。在"错误"显示图标中添加一张哭脸图片并拖到合适的位置。单击"错误"响应分支的交互类型标记，打开其"属性"面板，选择"允许任何对象"复选框，然后双击交互图标打开其演示窗口，将"错误"目标区移动到演示窗口的左上角，如图 5-50 所示，并拖动其右下的句柄改变目标区域的大小，让它覆盖整个演示窗口，在"放下"下拉列表中选择"返回"选项。

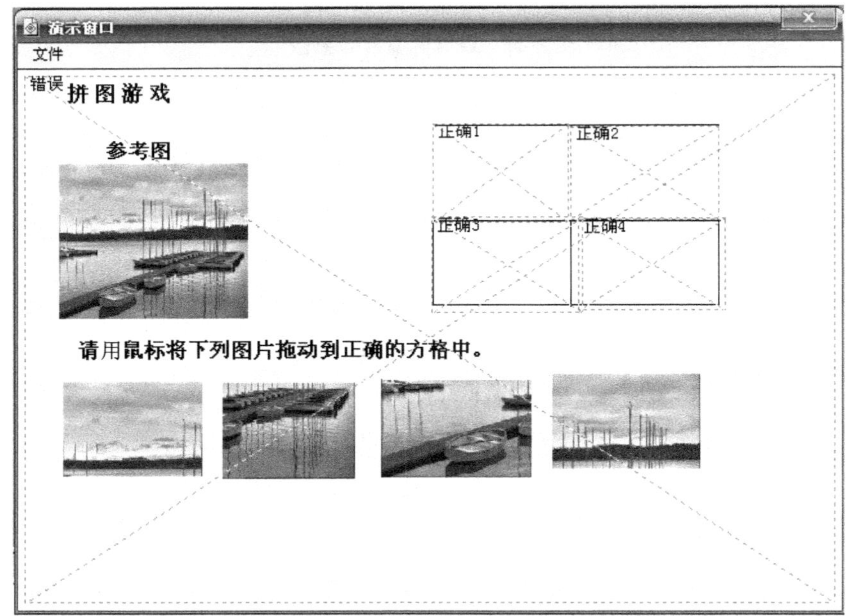

图 5-50　目标区交互界面布局

(10) 运行程序并调试，保存。

5.4.6　通过下拉菜单响应实现交互

下拉菜单是一种大家非常熟悉的交互方式，当用户单击下拉菜单时，程序会执行相应的响应分支。

下面用一个实例来说明通过下拉菜单响应实现交互的制作过程。当我们单击下拉菜单时，可在下拉菜单中选择执行某个菜单命令。

(1) 在 Authorware 7.0 中新建一个程序文件，命名为“下拉菜单”。

(2) 向流程线上添加一个交互图标，命名为“图片”，在它的右边添加一个显示图标，在弹出的“交互类型”对话框中选择“下拉菜单”选项并单击“确定”按钮，建立一个交互分支结构。选择显示图标并命名为“风景”。在“风景”显示图标中添加一张风景图片。

(3) 单击“图片”响应分支的交互类型标记，打开其“属性”面板，对其进行设置。下拉菜单的属性设置比较简单，大家可以自行练习。

(4) 顺序在交互图标右侧添加两个显示图标，分别命名为“国画”和“人物”，分别在这两个显示图标中添加一张国画图片和一张人物图片。

(5) 运行程序并调试，保存。程序流程示意图及程序运行效果如图 5-51 所示。

图 5-51 程序流程示意图及程序运行效果

5.4.7 通过文本输入响应实现交互

文本输入响应交互方式可以在演示窗口中创建一个供用户输入文本的区域，当用户输入完文本并按回车键后，程序将用户输入的文本与约定的文本进行匹配，从而决定程序的走向。文本输入响应交互方式常用于输入密码、回答问题等。

(1) 在 Authorware 中新建一个程序文件，命名为“文本输入”。

(2) 向流程线上添加一个交互图标，命名为“口令”。

(3) 双击交互图标“口令”打开其演示窗口，可以看到一个虚线框构成的文本输入区域，双击这个区域，出现“属性：交互作用文本字段”对话框，在对话框中设置所需选项。然后在该演示窗口中建立一个文本对象：“请输入密码”并设置好它的字体、大小和颜色。调整文本输入区域和文本对象的位置，将它们排列整齐。

(4) 在交互图标的右边添加一个群组图标，在弹出的对话框中选择“文本输入”选项并单击“确定”按钮，建立一个交互分支结构。选择群组图标并命名为“pass”。

(5) 双击群组图标“pass”，打开其程序设计窗口，首先在流程线上添加一个擦除图标，命名为“擦除”；然后再添加一个显示图标，命名为“密码正确”，双击该图标打开其演示窗口，在其中输入文字“密码正确！”，设置好字体、大小和颜色，调整位置。最后再添加一个等待图标，并对其进行设置。

(6) 在交互图标的最右侧再插入一个群组图标，命名为“＊”。打开其程序设计窗口，在流程线上添加一个擦除图标，命名为“擦除”，再添加一个显示图标，命名为“密码错误”，双击该图标打开其演示窗口，在其中输入文字：“密码错误！”，设置好字体、大小和颜色，调整位置。再添加一个等待图标，并对其进行设置。

(7) 在主流程线上最后添加一个显示图标，命名为“欢迎”，双击该图标打开其演示窗口，在其中建立一个文本对象：“欢迎进入课件！”，设置好字体、大小和颜色，调整位置。

(8) 运行程序并调试，保存。程序流程示意图如图 5-52 所示。

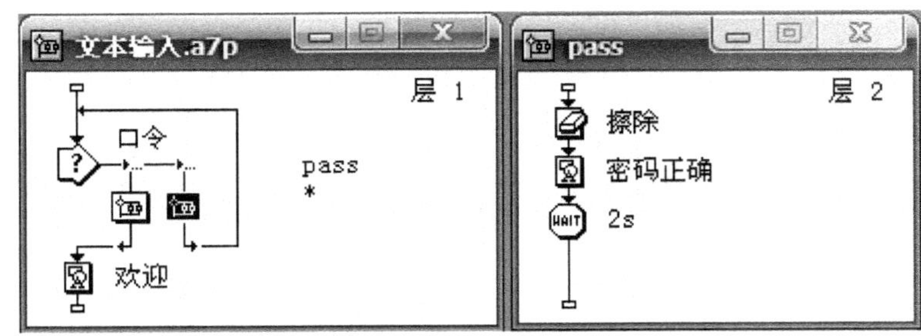

图 5-52　文本输入交互的程序流程示意图

5.4.8　通过时间限制响应实现交互

时间限制交互用来限制用户的交互次数。当用户在一个交互图标下交互时，如果在限定的时间内没有完成全部正确交互，则程序执行相应的响应分支。时间限制响应一般不单独使用，而是和其他交互响应类型一起使用。

下面这个实例是在文本输入交互实例的基础上进行修改完成的。当程序运行时，如果用户在 10 秒内不能输入正确的密码，则退出程序。它的流程图如图 5-53 所示。

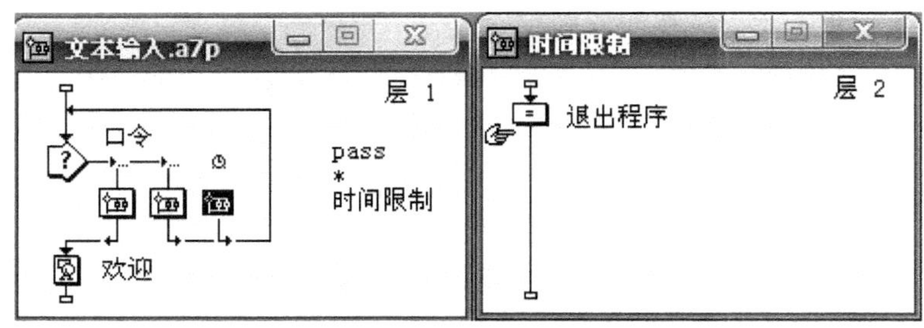

图 5-53　时间限制交互的程序流程示意图

(1) 打开文本输入交互实例的程序文件，在“＊”交互类型后添加一个群组图标，命名为“时间限制”，双击其交互类型标记，打开其“属性”面板，在“类型”下拉列表框中选择“时间限制”选项，然后在“时间限制”选项卡的“时限”文本框中输入数字“10”，再选择“显示剩余时间”复选项，如图 5-54 所示。

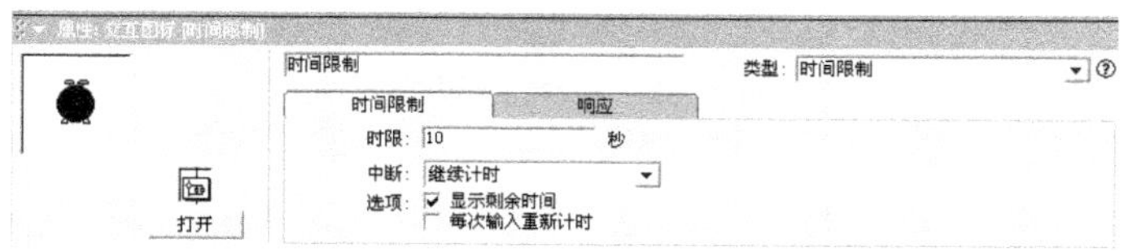

图 5-54　“属性”面板的设置

“属性”面板中各个选项介绍如下。

● “时限”文本框：用于输入限制交互的时间(单位为秒)。

● “中断”下拉列表框：用于设置计时的方式。它包括以下四个选项。①“继续计时”：表示连续计时。②“暂停，在返回时恢复计时”：当 Authorware 跳转去执行其他操作时，暂停计时；当 Authorware 返回到时间限制响应的交互图标时，时间限制响应继续计时，计时时间从离开时的时间开始。③“暂停，在返回时重新开始计时”：当 Authorware 跳转去执行其他操作时，暂停计时；当 Authorware 返回到时间限制响应的交互图标时，时间限制响应继续计时，计时时间重新开始。④“暂停，如运行时重新开始计时”：当 Authorware 跳转去执行其他操作时，如果记录的时间没有超时，则当 Authorware 返回到时间限制响应的交互图标时，时间限制响应继续计时，计时时间重新开始。

● “选项”选项组中有“显示剩余时间”复选框(用于设置是否显示一个倒计时的小闹钟)和“每次输入重新计时” 复选框(选择它后，每执行一次交互，就重新开始计时)。

(2) 向“时间限制”群组图标内添加一个计算图标，命名为“退出程序”，双击计算图标，在打开的窗口内输入“Quit(0)”并保存。

(3) 运行程序并调试，保存。

除上述介绍的七种交互响应外，Authorware 7.0 还提供了条件响应、按键响应、重试限制响应和事件响应交互方式。

条件响应交互是程序运行时，根据所设置的条件是否满足来决定是否执行相应的响应分支。条件是逻辑型的变量、函数或表达式。

按键响应交互，就是当用户按下键盘上指定的按键时，程序会立即执行相应响应分支的交互类型。它与文本输入响应的不同之处在于文本输入响应是对输入的字符或字符串进行判断，而按键响应则只是对某个按键或组合按键进行判断。

重试限制交互与时间限制交互类似，是用来限制用户的交互次数的，当用户在一个交互图标下的交互操作次数达到限定次数时，程序将执行相应的响应分支。

事件响应交互方式与其他 10 种交互响应方式不同，它实现的是外部文件(Xtra)发送的事件与 Authorware 程序之间的交互，在课件设计中很少使用。

5.5 课件的框架设计

Authorware提供了制作超文本或超媒体形式的框架图标和导航图标。Authorware中超文本或超媒体的信息材料是以“页”为单位来组织的，通过框架图标将教学内容划分成页面的形式，再通过导航图标将不同页链接起来。导航图标提供了各种各样的页操作功能，例如，向前一页、向后一页、跳转到指定页等，通过这些页操作就可以进行教学内容的组织了。

在框架页式的课件中不仅可以自由跳转，还可以通过检索、列表或热字等方式跳到某一特定的页面。

5.5.1 课件的框架结构制作

1. 框架图标的内部结构

框架图标提供了一种简单实用的跳转方式，它的最基本作用是建立包括分支和结构的内容。在Authorware 7.0中，框架图标由两部分组成，一部分是框架本身，另一部分类似交互图标，是一系列由用户添加、附属于框架图标被称为“页”的图标。框架图标实际上是一个由多个图标构成的程序模块，由Authorware封装成一个图标提供给用户。双击框架图标可以打开如图5-55所示的内部结构。

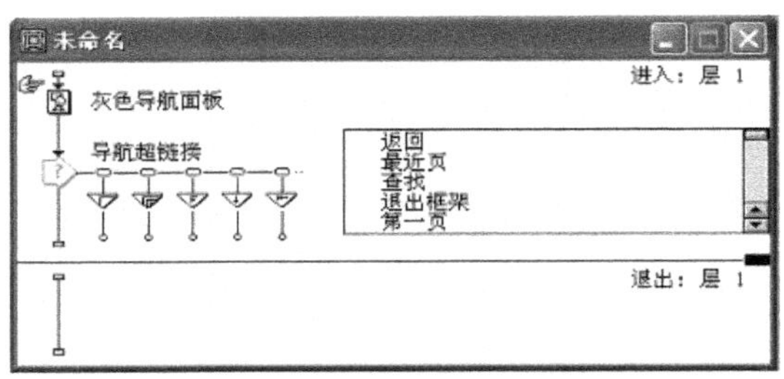

图5-55 框架图标的内部结构

2. 框架图标的属性设置

选中流程线上的框架图标，然后执行“修改”→“图标”→“属性”命令，打开它的“属性”面板，如图5-56所示。

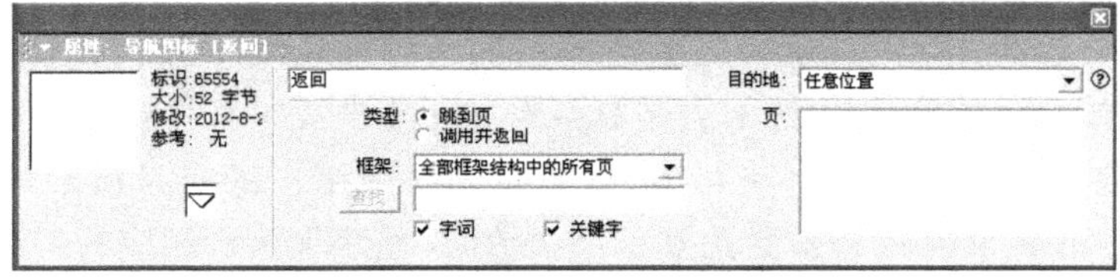

图5-56 框架图标“属性”面板

“页面特效”项用于设置页面系统中各页显示时的过渡方式，单击其后的按钮，可以打开“页特效方式”对话框，设置页面过渡方式。在“页面特效”选项下方的“页面计数”项用于显示该框架图标构建的页面系统的页面数。

5.5.2 课件的导航设计

1. 导航控制面板

Authorware 的框架图标提供了一整套导航控件(见图 5-57)，共有八个按钮，框架图标的页管理功能就是通过八个按钮来实现的。

程序设计时，用户可以根据需要自行删除、修改或添加导航控制，也可以添加显示图标、声音图标、移动图标或计算图标，这些修改都将影响框架结构中每一分支的执行情况。

2. 导航图标的属性设置

利用导航图标可以使程序跳转到框架结构中的任何一页，即定向链接。用来控制程序的跳转，但是导航图标跳转的目标位置只能是框架结构中的页，或是在不同的框架之间跳转。在框架结构中，其他图标类似于分支的页，是框架结构的基本单元。导航超链接交互结构是由交互图标和导航图标组成的，框架图标的页面导航功能主要是通过导航图标的功能来完成的。导航图标具有不同的形状，代表着它们所实现的功能不同。

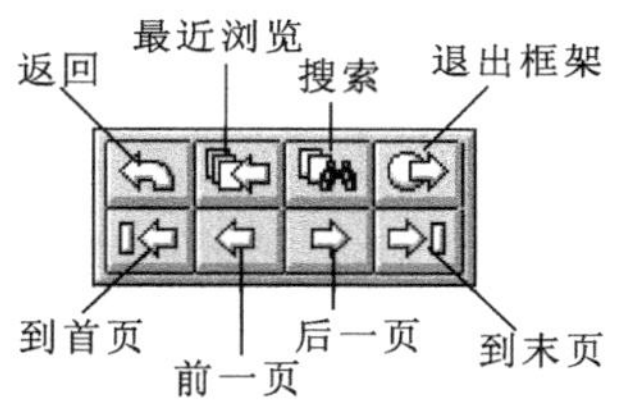

图 5-57 框架图标的导航控件

在流程线上放置一个导航图标，双击该图标或执行“修改”→“图标”→“属性”命令可打开导航图标的“属性”面板，如图 5-58 所示。

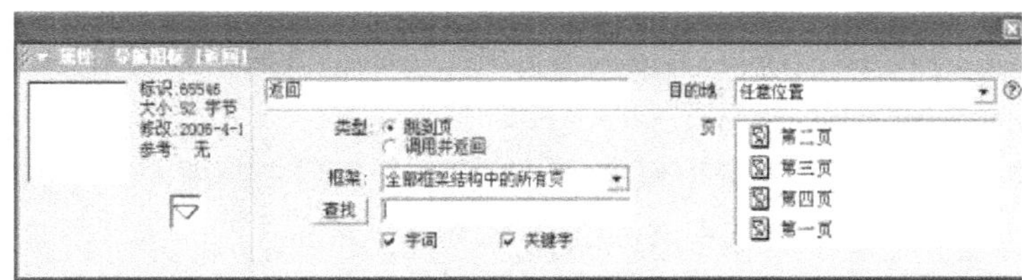

图 5-58 导航图标“属性”面板

5.5.3 课件的判断结构制作

在多媒体课件程序运行的过程中有时需要一定的控制，以满足不同学习者的学习需求，这就需要用到判断结构。

Authorware 7.0 中的决策图标提供了多路径循环、选择等操作的功能，可以简化许多操作过程。决策图标与交互图标、框架图标类似，是包含分支结构图标的复合图标。决策图标中的分支称为路径，Authorware 将决策图标的分支路径按从左到右的顺序标号为1、2、3、4……

1. 认识决策图标

拖曳一个判断图标至流程线，此时分支是一空分支，不具体执行有关操作，如果再拖曳显示图标、群组图标、计算图标至判断图标的右侧，这些图标会自动进入分支中，并作为其中的一个分支，这些分支从左向右依次排列，并登记为1号分支、2号分支……流程图示例如图5-59所示。程序如何运行判断图标中的分支，通过设置判断图标属性来确定。

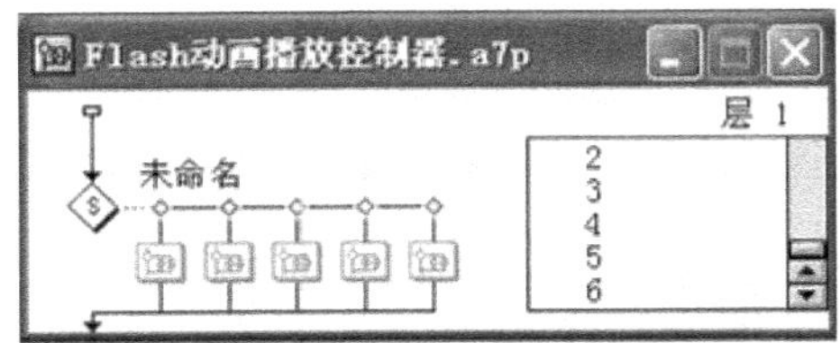

图5-59 流程图示例

2. 决策图标的属性设置

拖曳一个决策图标到流程线上，双击决策图标弹出如图5-60所示的“属性”面板。

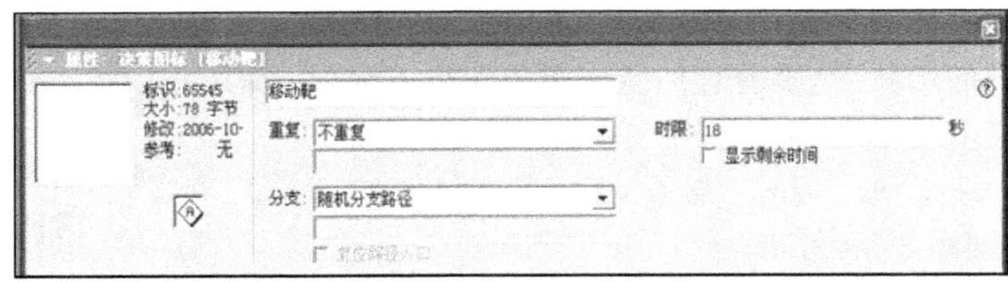

图5-60 决策图标的“属性”面板

决策图标“属性”面板中各选项的含义如下。

- “重复”：用于设置分支路径的循环方式，以便确定在判断图标中如何循环运行其中的分支。“重复”下拉列表中共有五个选项。

“固定的循环次数”：设定执行分支路径的循环次数。

“所有的路径”：只有当该决策图标的所有分支路径都被执行之后，Authorware才退出该决策图标。

“直到单击鼠标或按任意键”：只有当用户按下键盘上的任意键，或在演示窗口中的任意位置单击，Authorware才退出该决策图标。

“直到判断值为真”：在“重复”下拉列表下面的文本框中输入一个表达式，只有当表达式的值为真时，Authorware才退出该决策图标。

“不重复”：不循环执行，一旦执行完某分支路径的内容就退出决策图标。

- “分支”：用于设置决策图标执行分支路径的方式。“分支”下拉列表中共有四个选项。

"顺序分支路径"：顺序的选择方式。顺序分支路径的字母标记为"S"，分支按从左侧至右侧的次序运行。

"随机分支路径"：每次 Authorware 进入该决策图标，都从下挂各分支路径中随机选择一条路径执行。顺序分支路径的字母标记为"A"。

"在未执行过的路径中随机选择"：每次 Authorware 进入该决策图标，都从下挂各分支路径中未执行过的路径中随机选择一条路径执行。该随机路径的字母标记为"U"。

"计算分支结构"：它根据下方文本输入框中变量或表达式的值确定选择哪一条分支路径来执行。计算分支路径的字母标记为"C"，选择了此路径，应在下方的文本框中输入一个常数或者变量，以确定运行哪一条分支，如果不输入，分支将无法继续运行。

- "复位路径入口"：选择了此复选框将会重新设置那些与 Authorware 已经执行过的路径相关的值。
- "时限"：右侧文本输入框中的数值用于限定在该决策图标中的停留时间，时间一到，Authorware 就会立刻中断当前的执行路径，退出该决策图标。
- "显示倒计时"：只有当 Time Limit 项有设定值时才可用。

3. 判断路径的修改

双击任一分支上方的响应标志，可对这个分支的判断路径的属性进行设置，分支路径的擦除方式有以下三种。

(1) "在下个选择之前"：作用是进入下一分支前自动擦除当前分支内容，确保演示窗口只显示一个分支的内容。

(2) "在退出之前"：直到退出整个判断结构时才擦除该分支的内容。

(3) "不擦除"：保留分支的内容，即使退出判断结构，也不自动擦除。如果想在进入下一个分支前出现"等待"按钮，应选择"进入下一个分支前暂停"。

5.5.4　课件框架结构的实现

下面以一个页面框架型课件的制作为例说明框架图标的使用。图 5-61 所示为这个页面框架型课件的流程示意图。

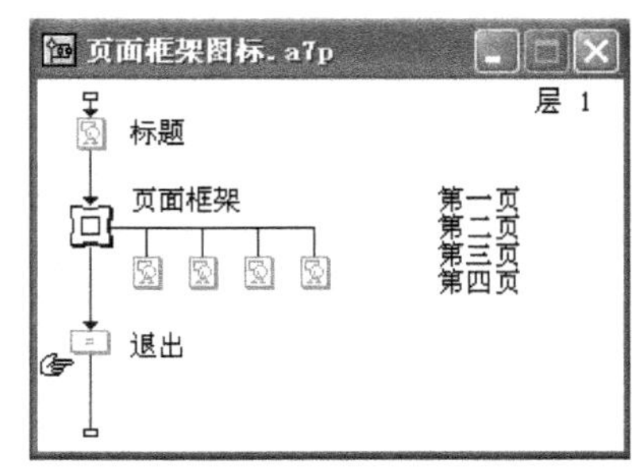

图 5-61　页面框架型课件的流程示意图

制作步骤如下。

(1) 向流程线上依次添加一个显示图标、一个框架图标和一个计算图标，分别命名为"标题"、"页面结构"、"退出"。"退出"图标的作用是退出程序，其内容为退出函数"Quit(0)"。"标题"图标内容为标题文本。

(2) 框架图标实际上是一个固定的模块。打开框架图标,可以看到其中的内容。

(3) 拖动一个显示图标到框架图标的右侧,命名为“第一页”,并在合适的位置输入相应的内容,如图 5-62 所示。

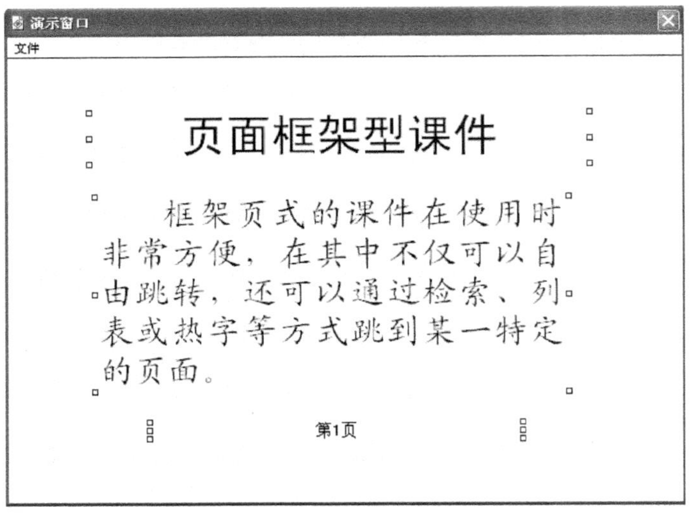

图 5-62 第一页显示图标里的内容

(4) 将“第一页”图标复制几份,并改名为“第二页”、“第三页”、“第四页”,然后打开这几个图标,更改其中的内容。

(5) 运行程序并调试,保存。

5.6 课件的综合设计

在计算图标中能使用变量和函数。变量和函数是 Authorware 的精华所在,是运用 Authorware 进行程序设计时最有力的工具。

群组图标的作用相当于编程语言中的子程序,用于较大程序编制。结构化程序设计:一个程序分成几个模块,每个模块都能实现一定的功能,而且每一个模块都只有一个入口和一个出口,程序模块称为子程序。

5.6.1 计算图标的使用

Authorware 本身不但具有专门的计算图标,而且在其他图标上可以附着计算功能,以实现和计算图标同样的功能,此外,在图标的“属性”面板中还可以输入变量。

计算图标能够调用函数、变量和添加程序注释,使用 If... then... else... end if 等之类的程序语句构造复杂的课件流程。在语法上与 Pascal 语言类似,且提供了众多的系统函数、变量,用户可以通过粘贴的方式来引入,这也是它的一大特色。

1. 编辑计算图标

在计算图标的编辑窗口内，输入有关的程序代码(包括注释、运算符、表达式和基本语句等)。在某行的开始位置使用"--"号，就使该符号后面的所有语句都将变成注释，如图 5-63 所示。

在完成计算图标编辑窗口的输入之后，保存编辑窗口的内容，Authorware 会自动检查编辑窗口的内容是否存在语法错误，并将发现的错误显示在警告窗口内。另外，如果有变量未定义，会提示设置变量初始值。

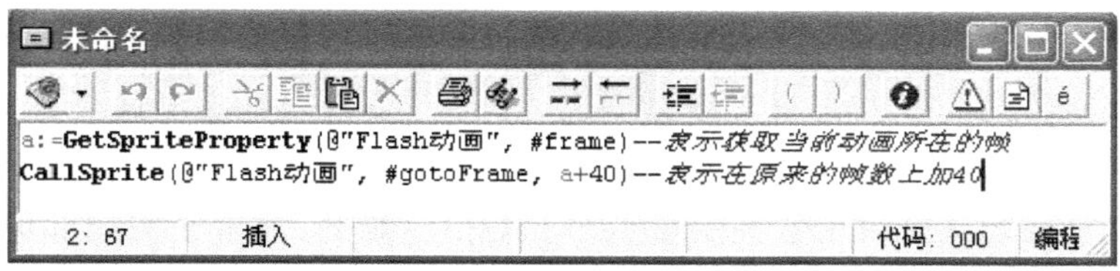

图 5-63 计算图标中的注释

2. 附加计算图标

给其他图标附上计算功能之后，Authorware 首先执行附加计算图标的内容，然后再执行图标本身的内容。

右击所选图标，在弹出的快捷菜单中执行"计算"命令，出现与双击计算图标打开的编辑窗口完全一样的窗口。此时所选的图标的左上角出现了一个很小的等号，表示该图标已经带有一个附加计算图标。需要打开附加计算图标的编辑窗口，一种办法是右击所选图标，执行"计算"命令，另一种办法是双击图标左上角的等号。

上述两种方法，在效果上通常是没有明显区别的。

5.6.2 变量概述

Authorware 作为著名的交互式多媒体制作工具，它除了提供许多强有力的图标来快速方便地制作出各种多媒体作品外，还提供了丰富的变量来辅助多媒体作品的完成。变量通常用来存储程序执行过程中涉及的数据。

1. 变量的分类

(1) 根据变量存储的数据结构，可以分为以下几种类型。

逻辑变量：该变量用于存储数据的逻辑值。

字符串变量：该变量用于存储字符串。

数值变量：该变量用于存储具体的数值。

符号型变量：由符号"#"带上一连串字符构成，主要作为对象的属性使用。

列表变量：相当于一般程序语言中的数组(结构体)，用来存储一组常数或变量。这些常量或变量称为元素。它有线性表和属性列表两种类型。

坐标变量：是一种特殊的列表型变量，用于描述一个点在演示窗口中的坐标，其形式为(x,y)。

矩形变量,是一种特殊的列表型变量,用于定义一个矩形区域,其形式为[x1,y1,x2,y2],其中(x1, y1)指定矩形的左上角坐标,(x2,y2)指定矩形右下角的坐标。

(2) 从用户的角度看上看,变量可以分为两类:系统变量和自定义变量。

系统变量:是系统开始就定义了的变量,它们用于跟踪系统中的信息,根据它们的不同作用,通常将系统变量分为 11 种,对于有的变量,用户可以进行赋值,但是,对于有的变量,用户只能从中获取信息,不能进行修改。

自定义变量:是用户自己定义的变量,使用自定义变量时,原则上不能使变量的名称与系统变量或其他的自定义变量同名,而且开头只能是字母或者下划线,变量名的长度必须在 40 个字符以内。

如果要全部娴熟地使用这些变量实际上是很困难的,通常我们能够灵活地使用一些常用的变量就足够了。

2. 变量的应用场所

一般变量在 Authorware 中的使用场合主要有以下三种。

1) 在文本框中使用变量

在"属性"面板中,经常会遇到条件等文本框,定义的变量即可在文本框内使用,例如,图 5-64 所示的电影图标"属性"面板,其中的"播放"的条件文本框内即可输入包含变量的条件表达式。类似的应用场合还包括条件响应的条件表达式等。计算图标代码编辑器、显示图标或交互图标中均可使用变量。

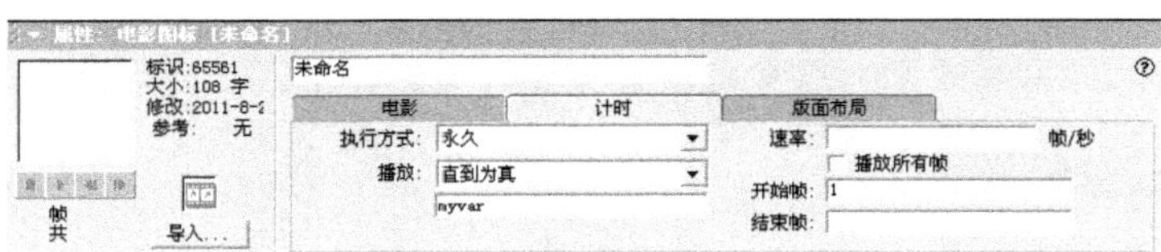

图 5-64 电影图标"属性"面板

2) 在计算图标代码编辑器中使用变量

最普遍的应用场合是在计算图标的代码编辑器内使用变量,这也是变量得以灵活运用的核心表现场所。变量在其中发挥了其应有的功能,如存储数据、限制条件等。

3) 在显示图标或交互图标中使用变量

在显示图标或交互图标中也可以进行变量的显示与计算,变量在显示图标或者交互图标内"引用"都必须使用花括号{}括起来,否则系统会将其默认为普通文本字符串而不作为变量使用。若需显示变量时根据变量值的变化更新显示结果,则需要勾选显示图标或交互图标"属性"面板的"更新显示变量"项。

5.6.3 函数概述

函数通常指能够实现某种指定功能的程序语句段，并通过一个代号（函数名）来表示，当程序设计过程中需要实现某一功能时，只需调用事先编写好的具有实现该功能的函数，而无须重新编写，这无疑有利于程序的结构化与模块化。大部分的函数都有自己的参数，每一个参数都代表不同的意义，因此调用函数时往往要传递实际参数，告诉函数实现哪一部分功能。Authorware 7.0 也支持用户的自定义函数功能。

根据功能，Authorware 的函数归纳起来有系统函数、外部扩展函数、Authorware 自定义函数三大类型。

1）系统函数

Authorware 的系统函数有 300 多个，按其函数功能可分为 18 类，即 Character（字符）、File（文件）、CMI（计算机管理教学）、Framework（框架）、General（常规）、Graphics（图形）、Icons（图标）、Jump（跳转）、Math（数学）、OLE（对象链接和嵌入）、Platform（平台）、Time（时间）、Video（视频）、Language（语句）、List（列表）、Network（网络）、Target（目标对象）、Xtras 等。图 5-65 所示为系统函数运用实例。

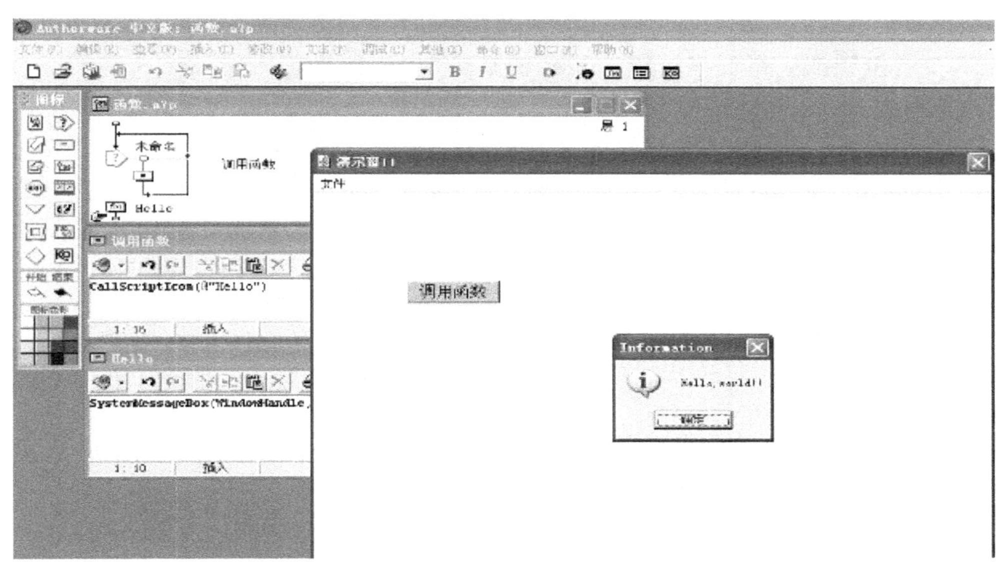

图 5-65 系统函数

2）外部扩展函数

外部扩展函数一般指第三方扩展开发商利用编程语言和开发工具如 VC、BCB、Delphi 等开发的外部扩展 U32（UCD）、DLL（动态链接库）、Xtras，封装在它们内部的函数可以供 Authorware 调入使用。通常外部扩展函数都能实现一些系统控制功能，弥补 Authorware 在某些方面的不足。在 Authorware 的安装目录下就可以找到

Macromedia 公司开发的几款外部扩展 U32(UCD)。

DLL:Windows 重要组成要素之一。它是相对独立的文件,包含被程序或者其他 DLL 调用来完成某项工作的函数,只有被调用时才发挥作用。可被使用不同语言编写的程序调用。

UCD:Authorware 和 Windows 之间的编程接口。加载 UCD 文件时,会出现一个可以使用的函数列表。

3) Authorware 自定义函数

仅仅依靠 Authorware 本身的功能和它所提供的系统函数,来提高 Authorware 多媒体程序的灵活性是远远不够的。Authorware 采用开放式结构(MOA),提供一个通用的接口标准,给用户留下一个充分发挥能力的空间,让用户自己编写一些外部函数,以满足特殊功能的需要,从而实现对计算机更深层次、更广泛的控制。

这样用户就需要利用其他的开发工具来生成用户自定义函数,用来拓展程序的功能,增强了程序代码的结构化和重复使用性。用户自定义函数的全名是 User Code Dll,缩写为 UCD。

注意:在 Authorware 程序中使用某个 UCD 文件,最好将该文件复制到 Authorware 应用程序所在目录下或复制到 Authorware 的安装目录下,然后通过调用自定义函数的方式来使用它们。另外,发布 Authorware 应用程序时,必须将这些 UCD 文件放到该应用程序可以查找到的目录中(比如打包后的. exe 文件所在目录),同时设置好应用程序的搜索路径。

在实际应用中,可以使用 VC++,Delphi 等编程工具编写自定义函数。编写完毕并调试之后,将之编译成 DLL(动态链接库)文件以供 Authorware 或其他应用程序调用。和 UCD 不同的是,Authorware 无法自动识别 DLL 文件中的函数信息,必须对调用的 DLL 非常了解。

5.6.4 运算符、表达式和基本语句

1. 运算符

Authorware 涉及的运算符号主要包括赋值运算符、关系运算符、算术运算符、连接运算符、逻辑运算符共五大类。

1) 赋值运算符“:=”

把赋值运算符右边的值赋予左边的变量,例如 Variable:=Value 即把右边“Value”的值赋予左边的变量“Variable”,这种运算关系可以包括数值、字符串文本等各种 Authorware 支持的数据类型的赋值。例如:

```
A:=10
List:=[1,2,3,4,5,6]
PopupHandle:=tmsCreatePopupList(WindowHandle)
Count:=Count+1
```

其中，Count：＝Count＋1 的意义是：把 Count 加 1 的值再赋给 Count。如果赋值前 Count＝12，则赋值后，Count＝13。

2）关系运算符

关系运算符比较它左右两边操作对象的大小并返回一个逻辑结果（真或假）。它们可用来比较的对象有数字、字符串，以及数值型或字符型的变量。

关系运算符有＝（等于）、＜＞（不等于）、＜（小于）、＞（大于）、＜＝（小于或等于）、＞＝（大于或等于）。

关系运算符一般用于条件分支判断。例如：A＜＞B（A 不等于 B），比较结果 True（1）或 False（0）。

3）算术运算符

这类运算符主要是完成程序中一些基本的算术演算，包括＋（加）、－（减）、＊（乘）、/（除）、＊＊（乘方）。例如：3＋5＊20（即 3＋5×20＝103）。

4）连接运算符“^”

主要用于两个或多个字符串之间的连接。例如：A：＝“Authorware‘^’7.0”（即“Authorware7.0”）。

5）逻辑运算符

逻辑运算符的操作对象是逻辑型数字或逻辑型变量，运算后的结果也是逻辑值。逻辑运算符包括～（逻辑非）、&（逻辑与）、|（逻辑或）。这些操作符的意义如下。

～：逻辑非。改变一个值或表达式的值，使其与原来的值相反。如果 Flag＝True，则～Flag＝False。如果 Flag＝False，则～Flag＝True。

&：逻辑与。该操作符两边的值都为真时，运算的结果为真，否则为假。True 代表一个变量或表达式的值为真，False 代表一个变量或表达式的值为假。

|：逻辑或。操作符两边的值有一个为真时，运算结果为真，只有当两边都为假时，其值才为假。

逻辑运算符主要是用于两个逻辑值的比较操作，比较返回的结果是 True（1）或 False（0），一般用于条件分支判断。例如：A&B（假如 A＝1，B＝0，则 A&B 的逻辑值为 False，即 0）。

2. 表达式

表达式是一种语句，它可以通过运算产生一个结果或完成某种操作，例如为变量赋值。可以在计算窗口、对话框、文本对象等所有使用函数与变量的地方使用表达式。表达式由函数、变量、运算符、数字、字母、字符串及注释组成。

1）注释

注释是程序设计人员加入的对表达式的简短说明。注释中包含的是蕴涵在表达式中的意思，但仅仅从表达式本身是看不出来的。例如

total：＝score＋bonus--计算实际分数

要加入注释，应在表达式的最后输入两个连字号（--），在连字号后输入注释内

容。表达式也可以全部是一个注释行。

Authorware 对所有的注释信息不进行任何处理。

2）数字

Authorware 中，可以使用正数和负数，负号是"－"。表达式中也可使用小数，但不支持科学计数法。

3）字符串

Authorware 表达式中的字符串必须放在半角引号中，以便和函数名、变量名和运算符区别。如果想在字符串中使用半角双引号，要在双引号前加反斜杠字符(\)。

如"He said:\'I'm going to now'\"，它所表示的字符串是

He said:"I'm going to now"

如果要在表达式中使用反斜杠字符，必须输入它两次(\\)，如要显示"c:\windows\system"，在表达式中必须输入如下内容："c:\\windows\\system"。

4）常数

在 Authorware 的表达式中，可以使用常数 True(真)和 False(假)。也可以使用 1、On 或 Yes 代替 True，用 0、Off 或 No 代替 False。

例如，下面的表达式作用相同。

```
SwitchStatus:=True
SwitchStatus:=1
SwitchStatus:=On
SwitchStatus:=Yes
```

3. 条件/循环判断语句

通过条件/循环判断语句可以控制程序流程的执行方向，完成不同的分支任务。

1）条件判断语句

它用于某种事件或者结果的判断，并根据判断结果决定执行哪条分支动作。条件判断语句结构一般以 If 开头，以 End If 结束。例如：

```
if A>10 then
    DisplayIcon(IconId d@"hello")
else
    Eraseicon(IconId@"good")
end if
```

在 A>10 的情况下执行 DisplayIcon(IconId@"hello")语句展示显示图标"hello"的内容；否则执行 Eraseicon(IconId @"good")语句擦除显示图标"good"的内容。

一个条件判断语句下允许镶嵌多重更复杂的条件判断语句，例如

```
if 条件 1 then 执行语句 1
        else if 条件 2 then 执行语句 2
```

```
        else 执行语句 3
end if
```

此程序结构的含义是：如果满足条件 1，程序将执行语句 1，如果满足条件 2，程序将执行语句 2；否则程序只能执行语句 3，执行完这个条件结构后，程序自动由 End If 来结束整个条件判断。

2) 循环判断语句

循环判断语句可以在条件仍然满足的情况下重复执行某一段程序代码，而被重复执行的这段程序代码通常被称为循环体。Authorware 7.0 支持的循环判断语句结构都以 repeat 开头，end repeat 结束。例如：

```
repeat with i:=1 to 10
  str:=String(i)
end repeat
```

即自变量 i 在 1≤i≤10 的范围内将重复执行赋值语句 str:=String(i)，每循环一次，i 自增 1，直到 i 值大于 10 时退出循环。

Authorware 支持的循环判断语句结构共有以下几类。

(1) repeat with counter:= start [down] to finish

```
循环体语句
end repeat
```

这种循环结构中，值 start 和 finish 分别是循环的上下限，当循环执行到计数器 counter 超出循环范围时，将自动退出循环。此种循环结构可以指定计数器 counter 的自增方式，即每次递增 1 还是递减 1(down)。

(2) repeat with 变量 in 列表

```
循环体语句
end repeat
```

这种循环结构通常被应用在数组中，如果变量元素在指定的列表中，将重复执行循环体的程序语句；每执行完一次循环后，就会自动指定列表中的下一个变量元素，直到该变量元素超出列表索引范围，才执行 end repeat，结束循环。

(3) repeat while 条件

```
循环体语句
end repeat
```

这种循环结构相对简单，即在条件满足的情况下循环执行循环体的程序语句，直到条件不满足时为止，才执行 end repeat，结束循环。

5.7 课件的打包与发布

课件制作完成后要想让其他人在除了 Authorware 之外的许多环境中都可以使用它，就必须将课件打包并发布。

5.7.1 课件的打包

对 Authorware 7.0 源文件进行打包有两种方法。

1. 直接打包

打开源程序，执行“文件”→“发布”→“打包”命令，打开“打包文件”对话框，在其中设置打包选项，确定打包后的文件名和存储位置。这种方式直接得到.exe 可执行文件，所有的支持文件和外部驱动程序都要手动添加。

2. Web 打包

Authorware 7.0 提供了专门的打包工具 Authorware Web Packager（在 Authorware 的程序组中您可以找到它）。Authorware 7.0 在菜单中也提供了打包命令，便于用户操作。执行“文件”→“发布”→“Web 打包”命令，在打开的对话框中选择刚刚打包好的.a7r 文件，单击“打开”按钮，出现新的对话框，在这个对话框中指定.aam 文件的文件名（为了避免不必要的麻烦，这里一定要用英文命名），单击“保存”按钮后就出现了“Authorware Web Packager：Segment Settings”对话框，在“Segment Prefix”项中我们采用默认的名字。在“Segment Size”项中，默认的碎片大小是 16 000 B，可以把它设置大一点，以免产生过多的碎片文件（.ass）。一般就用默认的大小就行了。这样，根据源文件的大小，就会生成一个.aam 文件和一系列的.aas文件，即可在 Internet/Intranet 分发与播放 Authorware 多媒体信息，从而扩大 Authorware 的应用范围。

注意：进行 Web 打包时，在客户端必须安装 Authorware Web Player，路径和调用文件不能用汉字命名。

3. 打包过程

1）准备工作

打包时所需的配置文件在 Authorware 的安装目录下都可以找到，并且所有的文件都必须放在打包的.exe 文件所在的那个文件夹里。

首先把 Xtras 文件复制进去，然后把.exe 文件里用到的素材（如图片、音频、视频、动画、自制的按钮光标、一些特殊的字体等）也一并复制进去。然后试着运行一下.exe 文件，这时它会提示没有找到某某文件无法运行，它提示需要什么文件你就去 Authorware 的安装目录里寻找什么文件，然后把这个文件复制进去。如此重复几次，直至它不再提示，而.exe 文件又能正常运行为止。采用这种方法很占容量，方法比较保守。

2）打包

所谓打包，就是指将 Authorware 文件转换成可执行文件，使其他用户在没有 Authorware 软件的环境下也可以执行这些文件。打包还能够保护用户的源代码不被别人随意改动，保证了源代码的安全性。打包有两种方式：① Without Runtime——打包的文件所占的空间小，用户也无须装入 Authorware，但必须通过

Runa5w32. exe 文件才能执行；② 应用平台 Windows XP、Windows NT 和 Windows 98——能够在 Windows XP、Windows NT 和 Windows 98 环境下运行的可执行文件。

执行“文件”→“发布”→“打包”命令，打开“打包文件”对话框，如图 5-66 所示，在对话框中，选择“应用平台 Windows XP，NT 和 98 不同”。“打包文件”对话框中的四个复选项解释如下。

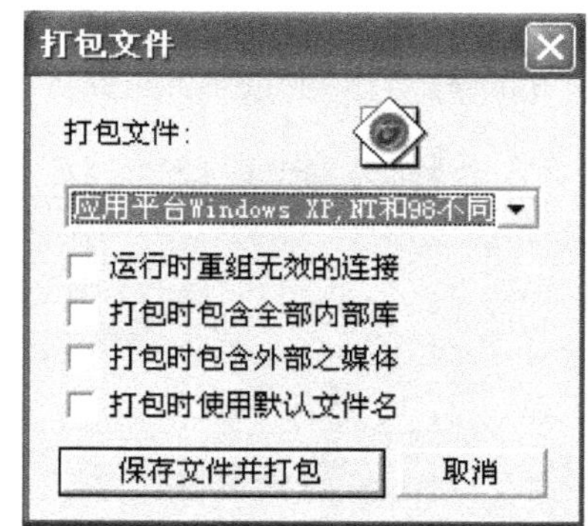

图 5-66　“打包文件”对话框

“运行时重组无效的连接”：运行程序时，恢复断开的链接。

“打包时包含全部内部库”：让当前课件链接的所有库文件成为打包文件的一部分。

“打包时包含外部之媒体”：让当前课件中使用的外部媒体成为打包的一部分，但不包括数字电影和 Internet 上的媒体文件。

“打包时使用默认文件名”：选中此复选项后，自动用被打包的文件名作为打包的文件名。

设置完毕后单击“保存文件并打包”按钮，Authorware 开始打包。

5.7.2　课件的发布

课件打包后，要想让其他的用户使用，就必须把文件发布出去。用户可用磁盘、CD-ROM 及网络等方式来发布自己的课件。

1. 一键发布

采用“一键发布”这一功能可以轻松地将应用程序发布到 Web、CD-ROM 或局域网，使得发布 Authorware 程序非常简单。在发布之前，Authorware 将对程序中所有的图标进行扫描，找到其中用到的外部支持文件，如 Xtras、Dll、UCD、AVI、SWF 等文件，并将这些文件复制到发布后的目录中。所以，课件制作者根本无须担心用户使用课件时会出现找不到文件的问题。

1）一键发布设置

进行一键发布前，先执行“文件”→“发布”→“发布设置”命令，打开“一键发布”对话框，如图 5-67 所示，根据个人需要进行设置，包括输出文件的类型、是否复制支持文件、是否进行网络发布等，然后单击“发布”按钮，Authorware 会根据设置，自动生成可执行文件并复制必需的支持文件及外部媒体文件。

Authorware 课件也可以放到网上去，而且还可以用流媒体的形式发布。在“一键发布”对话框中单击“Web 页”按钮，显示如图 5-68 所示的 Web 页发布设置选项。

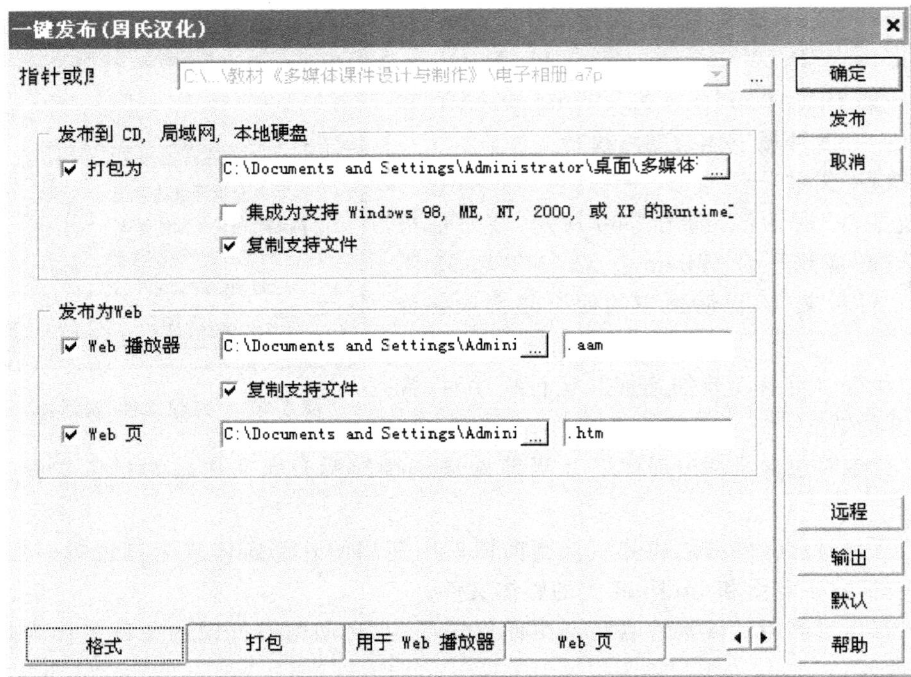

图 5-67 “一键发布”对话框

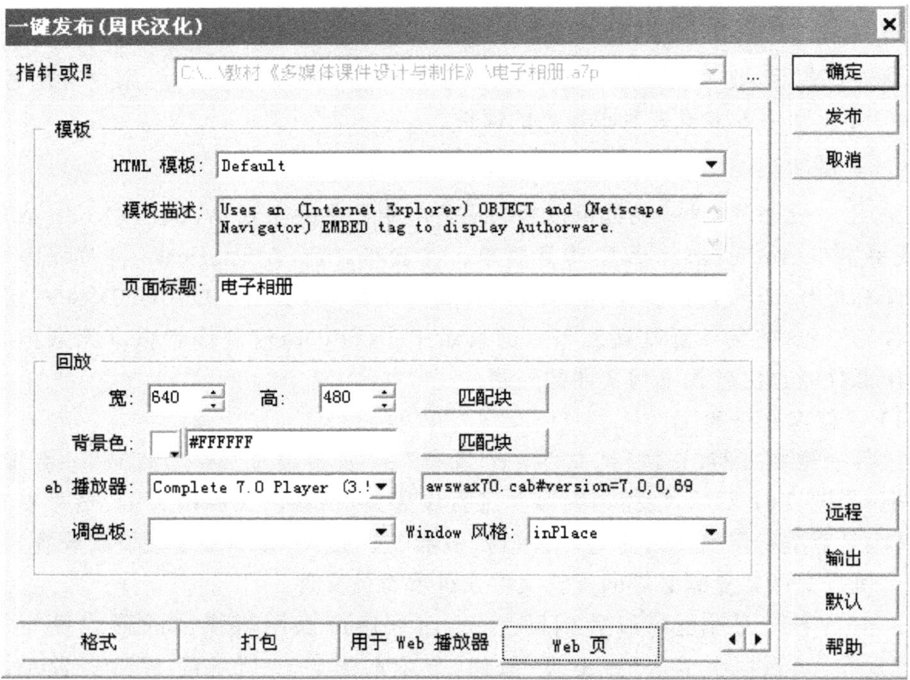

图 5-68 Web 页发布设置选项

2）一键发布方法

（1）打包成.a7r 文件。

在进行网络发布之前，必须要对课件进行专门的网络打包。首先就是将源文件打包成.a7r 文件。

（2）生成.aam 文件。

用专门的打包工具 Authorware Web Packager 或采用“Web 打包”命令，生成一个.aam 文件和一系列的.aas 文件。

（3）网页发布。

新建一个网页，在网页 HTML 文件的〈body〉和〈/body〉之间插入语句：

〈p align=“center”〉

〈EMBED src=“...\myfile.aam” width=640 height=480 palette=background〉

想成功浏览课件，还要为 IE 浏览器安装一个 Authorware Web Player 插件。

2. 批量发布

执行“文件”→“发布”→“批量发布”命令，在打开的对话框中单击“添加”按钮，选择需要发布的多个源文件进行批量发布，如图 5-69 所示。

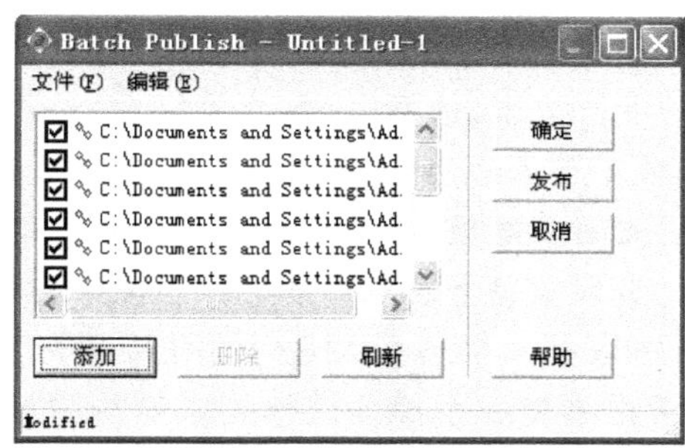

图 5-69　选择要发布的多个源文件进行批量发布

5.8　综合实例

5.8.1　片头的制作

一个好的“片头”（或称“封面”）将使课件增色不少。

操作步骤如下。

（1）新建一个文件，命名为“我的舞台”，然后从模板工具箱中拖曳一个名为“小标题”的显示图标到流程线上。

（2）双击该显示图标，在弹出的绘图工具箱中选取文本工具，输入“课件制作实例”六个字，接着采用复制、粘贴、改变文字颜色的方法，将其制作成立体字，然后单击绘图工具箱中右上角的“关闭”按钮，关闭该演示窗口，最后执行“文件”→“另存为”命令，在弹出的对话框中将当前文件更名为“综合课件”加以保存。

(3) 执行“修改”→“文件”→“属性”命令，打开程序文件的“属性”面板，然后将窗口的背景颜色改为黑色，最后单击“确定”按钮关闭“颜色”对话框。

(4) 双击名为“舞台背景”的群组图标，将其子流程线上名为“背景图片”的显示图标删除，然后单击子程序设计窗口右上角的“关闭”按钮关闭该子程序设计窗口。

(5) 拖曳一个数字电影图标到名为“大标题”的显示图标之前，将其命名为“片头动画”。

(6) 双击该数字电影图标，在弹出的属性电影图标“属性”面板中单击“导入”按钮，导入“素材”文件夹中的电影文件。

(7) 取消勾选“同时播放声音”复选项，如图 5-70 所示，再选择面板中的“计时”选项卡。

图 5-70　取消勾选“同时播放声音”复选项

(8) 单击“执行方式”下拉按钮，选择“等待直到完成”选项，然后再分别在“开始帧”和“结束帧”两个文本框中输入适当的数字，以选取该数字电影中合适的片段。

(9) 单击“关闭”按钮关闭该面板，然后再拖曳一个擦除图标到该数字电影图标之后，命名为“擦除动画”，并设置该数字电影图标作为擦除的对象。

(10) 从模板工具箱中拖曳一个名为“2 秒”的等待图标到流程线上名为“大标题”的显示图标之后，然后再拖曳一个擦除图标到该等待图标之后，命名为“擦除大标题”，并设置该显示图标作为擦除的对象。

(11) 框选流程线上的所有图标，然后释放鼠标左键，再按下快捷键 Ctrl+G，并将组合后的群组图标重新命名为“片头”。

(12) 单击工具栏上的“保存”按钮，将最新的成果加以保存。

5.8.2　主程序流程的制作

一般的大型综合课件的主程序结构大都采用框架流程。

制作主程序流程的操作步骤如下。

(1) 拖曳一个框架图标到流程线上，将其命名为“主框架”。

(2) 拖曳一个群组图标到该框架图标的右边，命名为“几何图形”。

(3) 双击该群组图标，然后再拖曳一个计算图标到子流程线上，命名为“跳转”。

(4) 双击该计算图标，然后在打开的命令编辑窗口中输入：JumpFileReturn(“几何图形”)，如图 5-71 所示。

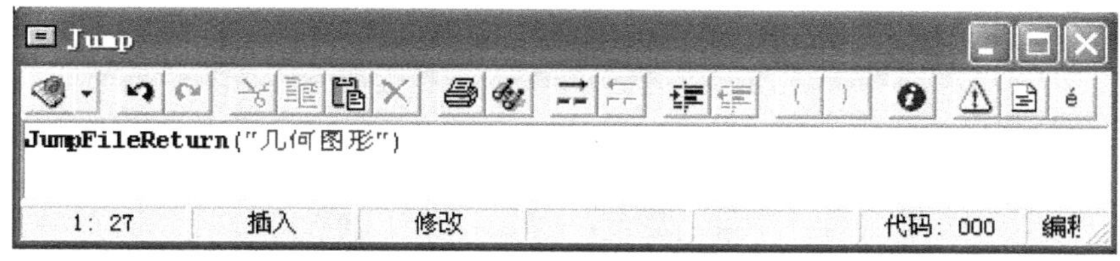

图 5-71　JumpFile Return 函数的使用

(5) 从模板工具箱中依次拖曳两个名为"2 秒"的等待图标到子流程线上，然后再从图标工具栏中拖曳一个导航图标到其下方。

(6) 双击该导航图标，打开其"属性"面板。

(7) 单击"目的地"右侧的下箭头按钮，在弹出的下拉列表框中选择"附近"，在随即显示的选项卡中选择"下一页"，如图 5-72 所示。

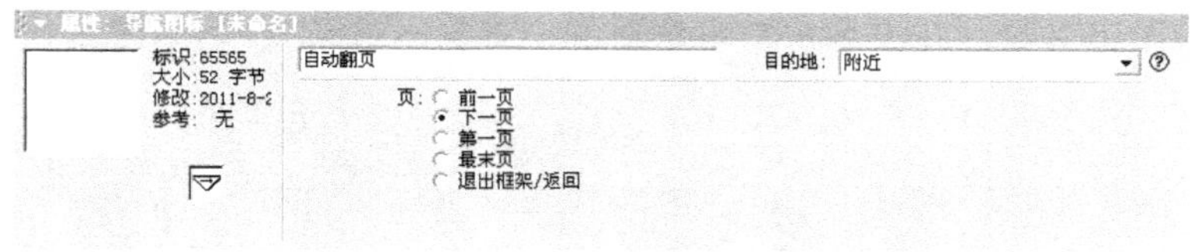

图 5-72　导航图标的"属性"设置

(8) 单击"关闭"按钮关闭该面板，然后将导航图标拖曳到模板工具箱中备用。

(9) 复制名为"几何图形"的群组图标并在其右边依次粘贴三个，然后将它们分别改名为"电子相册"、"英语学习"和"动物世界"。

(10) 双击名为"电子相册"的群组图标，打开其子程序设计窗口，然后双击打开名为"跳转"的计算图标并将其中的内容换为"JumpFileReturn("电子相册")"，最后单击子程序设计窗口右上角的"关闭"按钮关闭该子程序设计窗口。

(11) 依照步骤(10)可完成其他两个页面的修改，只是在最后一个页面中应将导航图标设置为"退出框架/返回"。

(12) 单击工具栏上的"保存"按钮，将最新的成果加以保存。

5.8.3　目录页的制作

对于一般的大型综合课件，其目录页(或称主页)是必不可少的。

制作目录页的操作步骤如下。

(1) 拖曳一个群组图标到名为"主框架"的框架图标的右边最靠近该框架图标的地方，命名为"主页"。

(2) 双击该群组图标并拖曳一个显示图标到其子流程线上，命名为"背景"。

(3) 双击该显示图标并导入"素材"文件夹中名为"背景图片"的图片文件，然后适当调整其大小使其刚好充满整个演示窗口。

(4) 按下快捷键 Ctrl+I，然后在弹出的显示图标"属性"面板中选中"防止自动擦除”选项，如图 5-73 所示。

图 5-73 “属性”面板

(5) 单击“关闭”按钮关闭该面板，然后再按下快捷键 Ctrl+J 以关闭打开的演示窗口。

(6) 再拖曳一个显示图标到其子流程线上并命名为“目录”。

(7) 从图标工具栏中拖曳开始旗帜到名为“主框架”的框架图标的上方，然后再单击常用工具栏上的“运行”按钮。当运行到该显示图标时可打开其对应的演示窗口及一个绘图工具箱。在演示窗口中合适的位置输入目录文本，如图 5-74 所示。

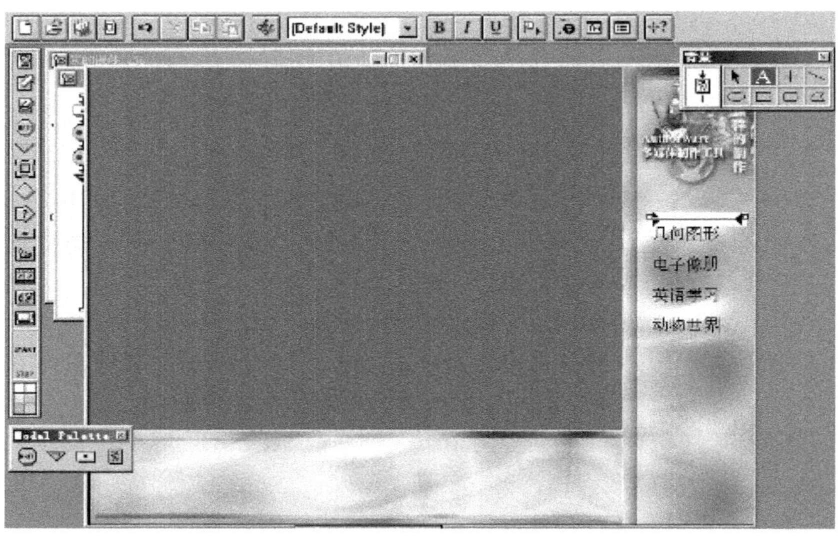

图 5-74 输入目录文本

(8) 按下快捷键 Ctrl+I，然后在弹出的显示图标“属性”面板中选中“防止自动擦除”选项。

(9) 单击“关闭”按钮关闭该面板，然后再按下快捷键 Ctrl+J 以关闭打开的演示窗口。

5.8.4 添加位图、组合动画

操作步骤如下。

(1) 拖曳一个数字电影图标到名为“目录”的显示图标之后，命名为“小鸟”，双击该数字电影图标，弹出其“属性”面板。

(2) 单击面板左下角的“导入”按钮，随即弹出“导入文件”对话框，双击“素材”文件夹中的“小鸟 1”子文件夹，然后双击“小鸟 1”文件夹中的任一位图图像文件(*.bmp)，即可导入该位图，组合动画文件，同时面板左侧将显示出该动画素材的有关信息，如帧数、字节数等，如图 5-75 所示。

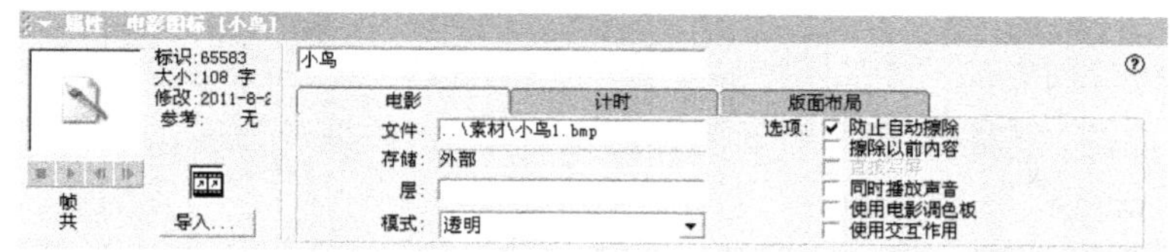

图 5-75　动画素材的有关信息

(3) 选中“防止自动擦除”选项，再单击“模式”右边的下拉按钮，从弹出的下拉列表中选择“透明”选项。

(4) 选择“计时”选项卡，单击“执行方式”后的下拉按钮，选中其中的“同时”选项。

(5) 单击“播放”后的下拉按钮，选中“重复”选项。

(6) 单击“关闭”按钮，完成该数字电影图标的设置。

5.8.5　制作小鸟移动动画

操作步骤如下。

(1) 拖曳一个移动图标到名为“小鸟”的数字电影图标之后，命名为“移动小鸟”。

(2) 单击常用工具栏上的“运行”按钮。当运行到该移动图标时可打开其“属性”面板(见图 5-76)和一个演示窗口。

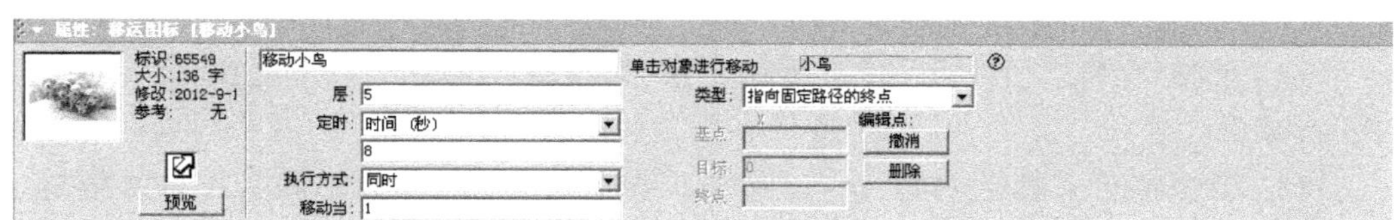

图 5-76　“属性”面板和演示窗口

(3) 单击“类型”后的下拉按钮，选中其中的“沿指定路径”，再单击“执行方式”后的下拉按钮，选中其中的“同时”选项，将移动时间设置为 8 秒，然后在 Move When 框中输入数字“1”(这样将使小鸟不停地飞翔)，最后将“层”的数值设置为较大的值(如:5)，以保证小鸟在移动过程中不被后面图标所含的对象遮住。

(4) 单击演示窗口中的小鸟图片，使其成为移动图标的移动对象。拖动小鸟沿想要移动的路径移动到第一个转弯处再释放鼠标左键，然后再拖动小鸟沿想要移动的路径移动到第二个转弯处再释放鼠标左键，一直到完成整个路径。这样便会在每个转弯处产生一个三角形的节点，双击这些节点可使其变成圆形节点，同时，对应的折线则变成了光滑的曲线。

(5) 单击“关闭”按钮以关闭该面板，然后再按下快捷键 Ctrl+J 以关闭打开的演示窗口。

5.8.6 添加 Flash 动画

操作步骤如下。

(1) 在名为“移动小鸟”的移动图标的下方单击，该处随即会出现一个手指形粘贴指针予以指示。

(2) 执行“插入”→“媒体”→“Flash Movie”命令，在弹出的“Flash 设置属性”对话框中单击“浏览”按钮，弹出一个“Open Shockwave Flash Movie”对话框，如图 5-77 所示。

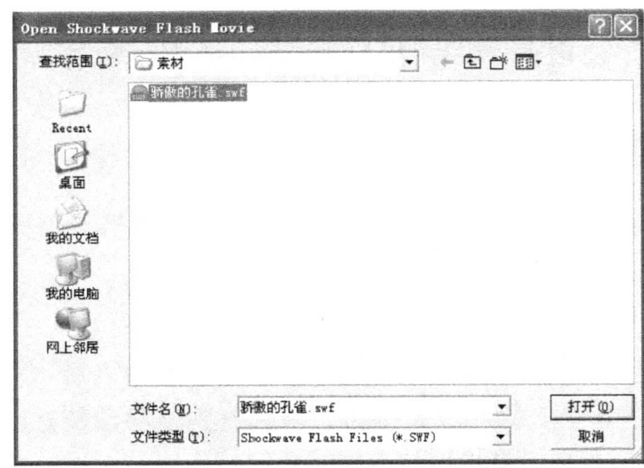

图 5-77 “Open Shockwave Flash Movie”对话框

(3) 选择“素材”文件夹中的“骄傲的孔雀”文件，最后单击“打开”按钮，即可完成 Flash 动画的导入。

(4) 单击常用工具栏上的“运行”按钮。当运行到该 Flash 动画后按下快捷键 Ctrl+P 以使程序暂停运行，然后单击该 Flash 动画使其处于选中状态，再通过拖曳其“控制点”调整该 Flash 动画到适当的大小。

(5) 再次按下快捷键 Ctrl+P 可以使程序继续运行，满意后按下快捷键 Ctrl+J 返回到程序流程设计窗口。

5.8.7 建立超文本链接

利用超文本，可实现页与页之间的任意链接。要实现超文本链接，首先必须创建一种“超文本”或称“热字”的文本风格。

建立超文本链接的操作步骤如下。

(1) 执行“文本”→“定义样式”命令，打开“定义风格”对话框，单击“添加”按钮，输入要定义的新文本风格名称“超文本”，再单击“更改”按钮，然后在对话框中间的修饰信息设置区中，对字体、尺寸、风格、颜色等进行设置，如图 5-78 所示。

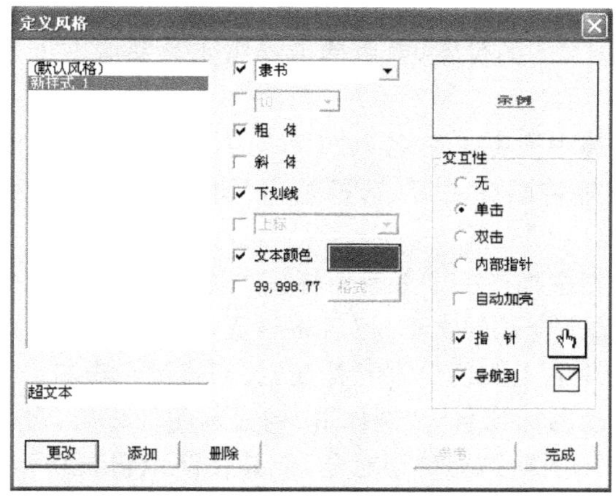

图 5-78 “定义风格”对话框

(2) 将对话框右侧“交互性”设置区中的设置也改变成与图 5-78 一致，即选择单击超文本对象时将产生跳转动作。然后单击“完成”按钮关闭该对话框。

(3) 双击子流程线上名为“目录”的显示图标打开其演示窗口及对应的绘图工具箱。

(4) 选择绘图工具箱中的文本工具，再用拖曳的方法选中文字内容中的“几何图形”四个字，然后执行“文本”→“应用样式”命令，在弹出的对话框中选择“超文本”。关闭对话框后，弹出一个“属性”面板，选择其中的“几何图形”页作为链接对象，如图 5-79 所示，然后再单击“关闭”按钮关闭该面板。

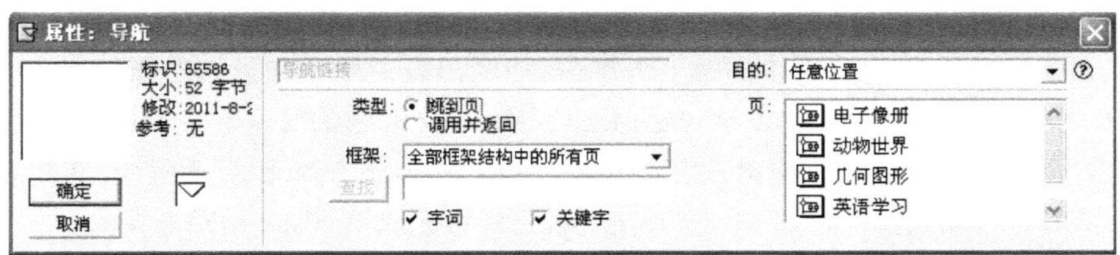

图 5-79 选择链接对象

(5) 用同样的方法为“主框架”图标的其他“页”建立相应的超文本链接，然后按下快捷键 Ctrl+J 返回到程序流程设计窗口，最后单击名为“主页”的子程序设计窗口右上角的“关闭”按钮关闭该子程序设计窗口。

(6) 试运行该程序，满意后单击工具栏上的“保存”按钮，保存程序文件。

5.8.8 制作片尾

操作步骤如下。

(1) 拖曳一个群组图标到名为“主框架”的框架图标之后，命名为“片尾”，双击打开该群组图标，然后再从模板工具箱中拖曳一个显示图标到子流程线上，改名为“谢谢”。

(2) 双击该显示图标，在弹出的绘图工具箱中选择文本工具，输入“谢谢观看”四个字，然后适当调整该文本的位置，最后单击绘图工具箱中右上角的“关闭”按钮，关闭该演示窗口。

(3) 从模板工具箱中拖曳一个名为“2 秒”的等待图标到子流程线上，然后再拖曳一个擦除图标到该等待图标之后，选择名为“谢谢”的显示图标作为擦除对象，并设置适当的擦除效果。

(4) 从模板工具箱中拖曳一个显示图标到该擦除图标之后，命名为“制作群”，然后双击该显示图标，输入合适的文本，然后将该文本移到演示窗口中靠下边的位置，最后单击绘图工具箱中右上角的“关闭”按钮，关闭该演示窗口。

(5) 拖曳一个移动图标到名为“制作群”的显示图标之后，命名为“移动制作群”，将名为“制作群”的显示图标作为移动对象，使其在演示窗口中由下而上慢慢地移出(在该移动图标的“属性”面板的“类型”下拉列表中选择“指向固定点”)。

(6) 从模板工具箱中依次拖曳一个名为“2 秒”的等待图标和一个名为“退出”的计算图标到子流程线上，然后单击该子程序设计窗口右上角的“关闭”按钮关闭该子程序设计窗口。

(7)单击工具栏上的“保存”按钮，保存程序文件。

5.8.9 建立超媒体链接

除了利用超文本和框架图标可以建立跳转链接以外，利用超媒体也可以实现跳转链接的功能。

操作步骤如下。

(1) 双击打开名为“主框架”的框架图标，然后将其内部流程线上的所有图标都删除，然后在其上部的流程线的最上方单击，使其出现一个手指形粘贴指针。

(2) 执行“插入”→“媒体”→“Flash Movie”命令，在弹出的“Flash 设置属性”对话框中单击“浏览”按钮，然后在弹出的“Open Shockwave Flash Movie”对话框中，双击名为“Exit”的 Flash 动画文件，最后单击“确定”按钮，即可完成该 Flash 动画的导入。

(3) 双击新插入的 Flash Movie 图标，弹出演示窗口，然后将该 Flash 动画拖曳到演示窗口的右下角。

(4) 选择“属性”面板中的“显示”选项卡，选中“防止自动擦除”选项，再单击“模式”右边的下拉按钮，从弹出的下拉列表中选择“透明”选项，最后在“层”文本框中输入“5”。

(5) 单击“关闭”按钮关闭该面板，然后拖曳一个交互图标到该 Flash Movie 图标之后，命名为“至片尾”。

(6) 拖曳一个群组图标到名为“至片尾”的交互图标的右侧，在弹出的对话框中选择“热对象”，并将该群组图标命名为“超媒体链接”，如图 5-80 所示。

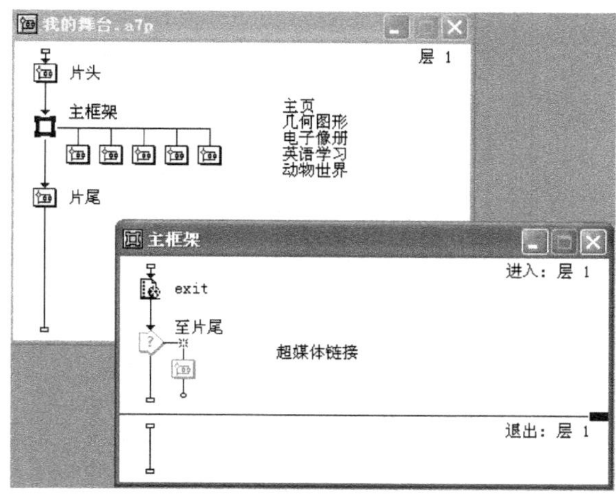

图 5-80 设置超媒体链接

(7) 然后双击该群组图标上方的交互类型标志，待弹出“属性”面板后，再移开该面板，然后单击演示窗口中的 Flash 动画，从而将该 Flash 动画设置成了热对象。

(8) 单击“属性”面板“鼠标”右侧的按钮，在弹出的“鼠标指针”对话框中选择手指形鼠标指针，然后单击“确定”按钮返回面板，再单击“关闭”按钮完成。

(9) 双击打开该群组图标，然后拖曳一个擦除图标到子流程线上，命名为“擦除全部”。

(10) 双击该擦除图标，在弹出的“属性”面板中单击“图标”标签，然后再单击选中该选项卡中的“防止重叠部分消失”选项，最后单击“关闭”按钮关闭该面板。

(11) 拖曳一个计算图标到名为“擦除全部”的擦除图标之后，命名为“跳转到片尾”。

(12) 双击该计算图标，在打开的命令编辑窗口中输入：Goto(IconID@“片尾”)，然后再单击该命令编辑窗口右上角的“关闭”按钮，接着在弹出的对话框中单击“Yes”按钮，即可关闭该命令编辑窗口。

(13) 在开始旗帜原先所在的位置单击以收回开始旗帜，然后试运行该程序，可以发现还必须对该课件做一些修改(Flash 动画的声音无法播放)。

(14) 双击“片头”，再双击“舞台背景”，再双击“背景音乐”，然后再单击面板中的“计时”选项卡，在“播放”下面的文本框中输入“m=1”，然后再单击“关闭”按钮，接着在弹出的另一个对话框中的“初始值”文本框中输入数字“0”。

(15) 单击“关闭”按钮关闭该面板，然后双击名为“主页”的群组图标，再拖曳一个计算图标到子流程线上名为 Flash Movie 图标的上方，命名为“音乐停止”。

(16) 双击该计算图标，在打开的命令编辑窗口中输入“m=1”，然后再单击该命令编辑窗口右上角的“关闭”按钮，接着在弹出的对话框中单击“Yes”按钮，即可关闭该命令编辑窗口。

(17) 试运行该程序，对效果满意后单击工具栏上的“保存”按钮，保存文件。至此，完成了整个课件的源程序(见图 5-81)设计工作，可以在 Authorware 环境中运行并修改它。

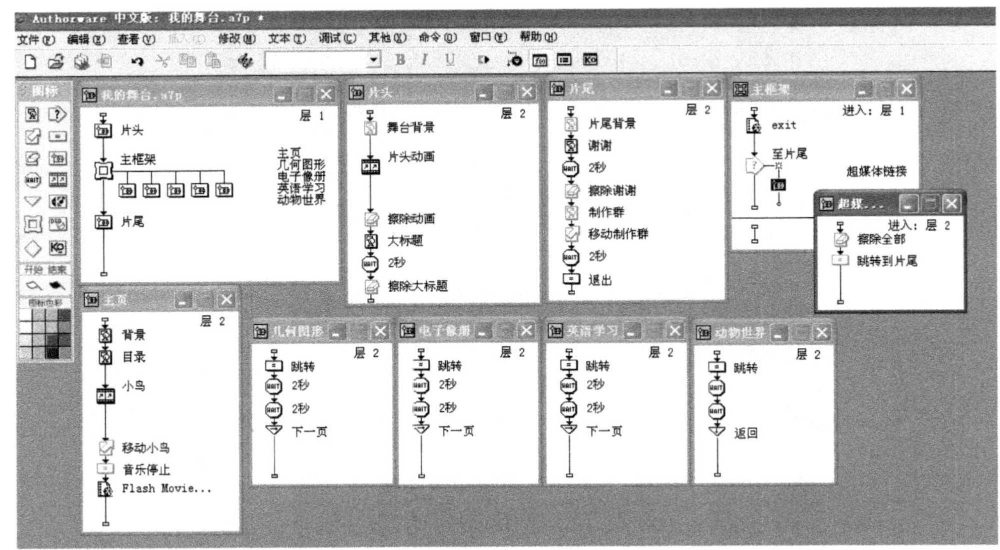

图 5-81 整个课件的流程图

【思考与练习】

● 问题思考

1. Authorware 有哪些特点?

2. 如何设置显示图标的层次? 可否将一个显示图标中的两张图片分别设置为不同的层次?

3. 怎样定义具有超文本风格的文本格式?

4. 一个擦除图标是否可以擦除多个显示图标中的内容?

5. Authorware 可以引用什么格式的声音文件?

6. 导航连接到目标页面的导航类型有哪些?

7. 默认的框架导航按钮有几个? 它们各具有什么功能?

8. 导航图标一般适用于什么场合?

9. 有几种方式可以实现文字的链接交互? 试举例说明。

10. 通过"发布"命令可以生成哪些应用程序?

● 动手练习

1. 制作一个滚动文本。

2. 制作一个具有翻页和超链接效果的电子相册。

3. 制作一个比赛或活动的倒计时牌。

4. 完成一个填图游戏程序。

5. 制作一个下拉式菜单。

6. 制作一个交互式旅游导向图。

第6章 Dreamweaver课件制作

学习目标

（1）掌握 Dreamweaver 的特点。

（2）掌握在 Dreamweaver 中插入多种媒体(包括文本、图片、声音、Flash 动画等)的方法。

（3）掌握 Dreamweaver 中表格和布局表格的基本操作和使用技巧。

（4）掌握 Dreamweaver 中对框架的基本操作。

（5）了解 Dreamweaver 的层的概念和使用方法。

（6）掌握 Dreamweaver 中表单元在素的添加方法。

（7）掌握站点的测试与发布方法。

6.1 Dreamweaver 基础知识

随着社会的发展，互联网已经深入人心，用户可以通过网络很方便地找到自己所需要的各种资源，而作为这些内容的媒介，大部分都是通过网页的形式表现出来的。在当前，市场上出来了大量的网页编辑工具，如 Microsoft 公司的 FrontPage、Macromedia 公司的 Dreamweaver、Adobe 公司的 Golive 等都是非常优秀的网页编辑与网站建设工具。这些工具都是所见即所得的网页设计工具。所谓所见即所得就是指用户不用编写 HTML 代码，就可以直接在可视化环境下编辑生成网页。其中 Macromedia 公司的 Dreamweaver 以其简单易用，功能强大等特点在众多网页编辑工具中脱颖而出，是目前较流行的一种网页编辑工具。

6.1.1 Dreamweaver 概述

Dreamweaver MX 2004 是一款专业的 HTML 编辑器，用于对 Web 站点、Web 页面、Web 应用程序进行设计、编码和开发。无论是手工编写 HTML 代码还是在可视化编辑环境中工作，Dreamweaver MX 2004 都能提供非常便捷有用的工具，拥有非常完美的网页创作环境。

利用 Dreamweaver MX 2004 中的可视化编辑功能，可以快速创建网页而无须编写任何代码，可以查看所有站点元素或资源并将它们从易于使用的面板直接拖放到文档中。可以将在 Macromedia Fireworks 或 Adobe 公司的 Photoshop 中创建和编辑的图形图像导入到 Dreamweaver 中，或者添加 Flash 对象，从而优化开发工作流程。

Dreamweaver MX 2004 还提供了功能全面的编码环境，包括代码编辑工具，以及 HTML、CSS(层叠样式表)、JavaScript 等。

Dreamweaver MX 2004 还可以使用服务器技术，如 ASP. NET、JSP 等生成有动态数据库支持的动态网页。

总之，Dreamweaver MX 2004 使用户完成网络以及应用内容的开发创建易如反掌，并可以无限扩展用户的创造能力。

6.1.2 工作界面

第一次使用 Dreamweaver MX 2004 时，可以单击“开始”按钮，执行“所有程序”(“程序”) → “Macromedia” “Macromedia Dreamweaver MX 2004” 命令启动 Dreamweaver MX 2004。

1. 选择 Dreamweaver MX 2004 工作区

进入 Dreamweaver MX 2004 后，首先看到的是 Dreamweaver MX 2004 的起始页，如图 6-1 所示。在起始页中，可以选择创建的内容，例如，要创建网页选择“HTML”即可；要创建网站则选择“Dreamweaver 站点”等。

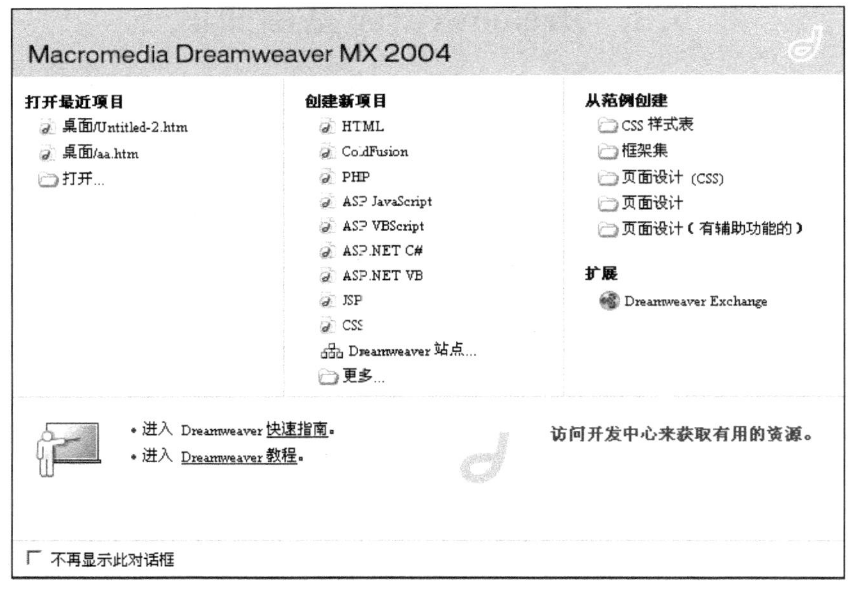

图 6-1 Dreamweaver MX 2004 的起始页

选择“HTML”进入网页编辑工作区，如图 6-2 所示。

Dreamweaver MX 2004 中提供了两种工作区布局，分别是“设计者”和“代码编写者”布局，分别面向设计人员和面向手工编码人员。图 6-3 和图 6-4 所示分别是“设计者”和“代码编写者”布局。其中“设计者”布局是常用的布局模式。

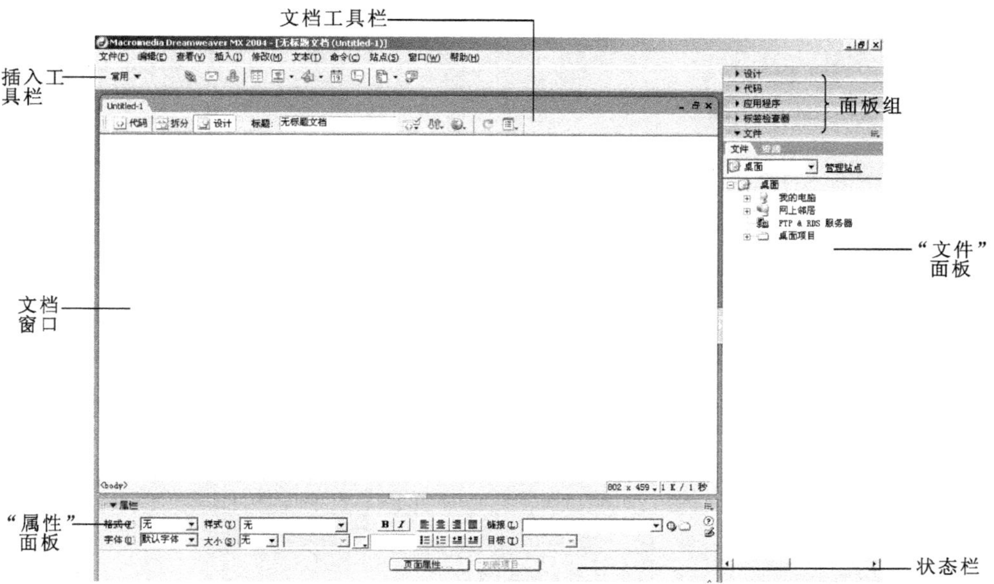

图 6-2　Dreamweaver MX 2004 工作区

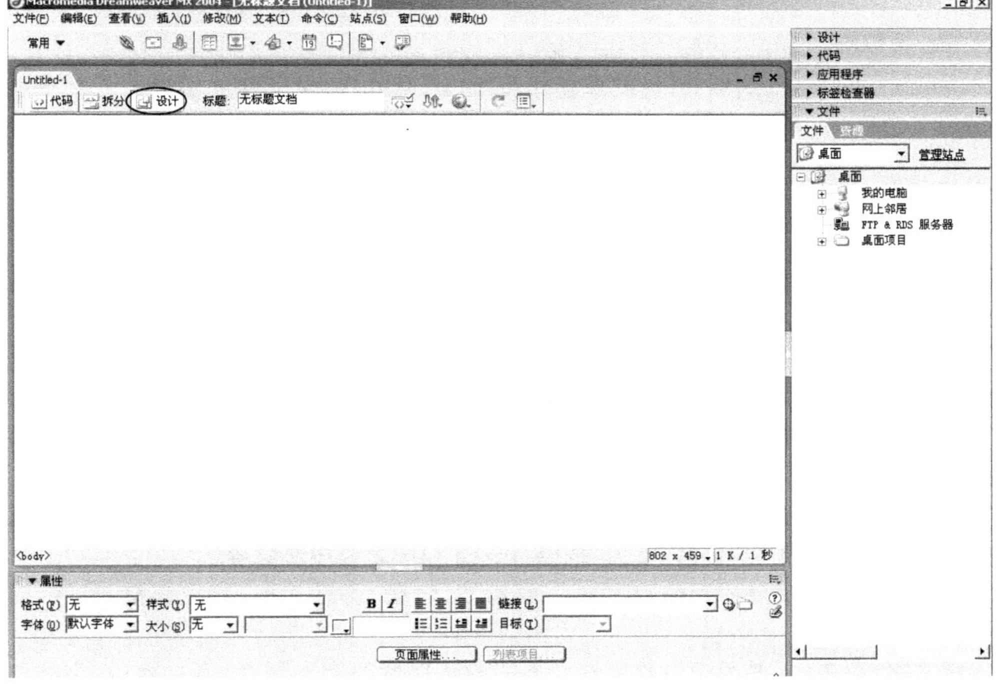

图 6-3　"设计者"布局

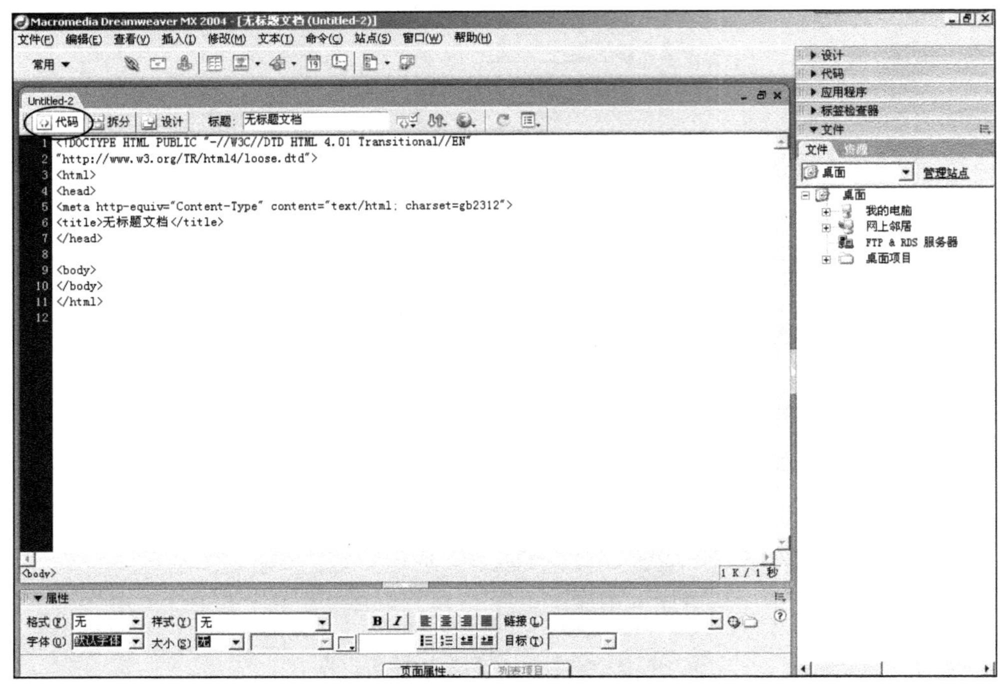


```
<!DOCTYPE HTML PUBLIC "-//W3C//DTD HTML 4.01 Transitional//EN"
"http://www.w3.org/TR/html4/loose.dtd">
<html>
<head>
<meta http-equiv="Content-Type" content="text/html; charset=gb2312">
<title>无标题文档</title>
</head>

<body>
</body>
</html>
```

图 6-4 “代码编写者”布局

2. 菜单栏

Dreamweaver MX 2004 的菜单栏共有 10 组菜单，包含了网页编辑的大部分操作命令，如图 6-5 所示。

文件(F) 编辑(E) 查看(V) 插入(I) 修改(M) 文本(T) 命令(C) 站点(S) 窗口(W) 帮助(H)

图 6-5 菜单栏

“文件”菜单：主要用于对网页文档进行基本操作与管理，其中包括“新建”、“打开”、“保存”、“导入”、“导出”及“检查页”等命令。

“编辑”菜单：主要用于对网页文档进行编辑操作，其中包括“剪切”、“粘贴”、“全选”、“查找和替换”等命令。

“查看”菜单：主要用于控制工作界面的显示方式，其中包括“代码”、“标尺”、“追踪图像”等命令。

“插入”菜单：该菜单中包含了最为丰富的内容，利用它可以向网页文档中插入各种网页对象，如表单、表格、图像、框架、Flash 和应用程序对象等。

“修改”菜单：主要用于修改网页页面属性、表格、所选文本、建立链接、排序、对齐等。

“文本”菜单：主要用于设置所选文本的段落属性和文本属性，例如缩进、字体样式、颜色等。

“命令”菜单：主要用于录制、编辑命令及清理代码等一些额外操作。

“站点”菜单：主要用于对站点进行各种管理与编辑操作，例如新建站点、编辑站点和上传管理等。

“窗口”菜单：主要用于控制各种面板的显示与隐藏。

“帮助”菜单：提供了 Dreamweaver MX 2004 的各种帮助信息。

3．插入工具栏

插入工具栏包含了多个按钮(用于将各种类型的对象例如图像、表格和层等插入到网页文档中)，如图 6-6 所示。

图 6-6　插入工具栏

单击相应的对象按钮或拖动相应的按钮图标到文档中，即可将相应的对象插入到网页中。如果在插入对象的同时按住 Ctrl 键，则可以避免出现一个选择对象的对话框，而是直接插入一个相应类型的空对象，以后如果要给该空对象赋以一定的内容时，再双击它进行相应设置即可。

单击“常用”按钮可以选择插入对象的类型(包括常用、布局、表单、文本、HTML、应用程序、Flash 元素和收藏夹)，如图 6-7 所示。选择不同的类型，插入工具栏就会显示该类别所包含的对象。

图 6-7　选择插入对象的类型

4．文档窗口和状态栏

在文档窗口中编辑文件时，显示效果与在浏览器中浏览时非常相似。文档窗口的标题栏显示被编辑页面的标题，在括号内显示文件所在目录及文件名，如果该文件尚未保存，则文件名之后会有星号(*)。

在文档窗口顶部的文档工具栏中包含了“文件管理”、“在浏览器中预览/调试”、“视图选项”等按钮，如图 6-8 所示。

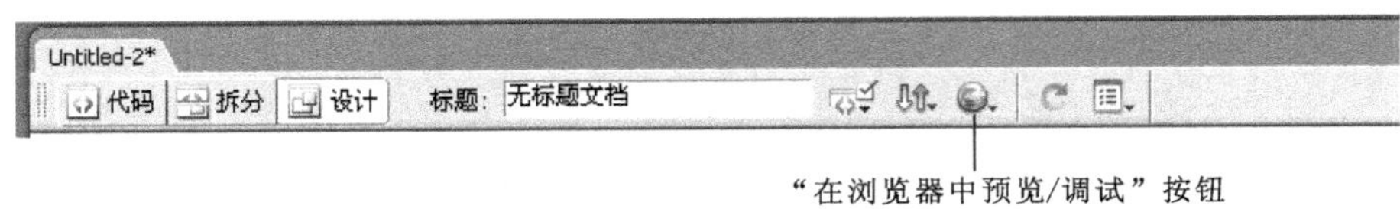

图 6-8　文档工具栏

文档工具栏中的前三个按钮是用于切换视图模式的，分别是显示代码视图、显示代码视图和设计视图、显示设计视图。

在文档窗口底部的状态栏上显示多种信息，如图 6-9 所示。

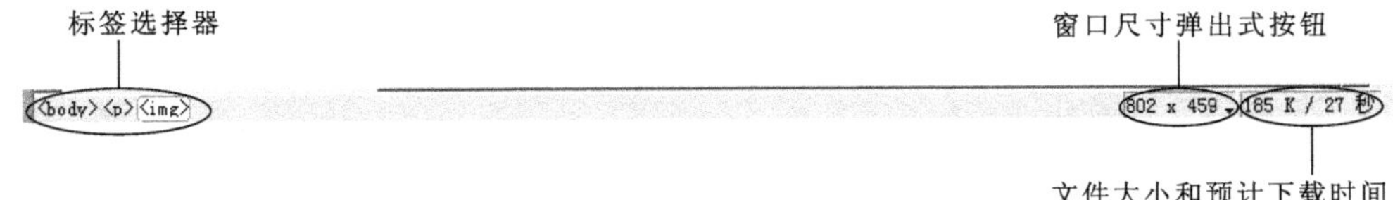

图 6-9　文档窗口底部的状态栏

标签选择器：为选取文档窗口中元素提供了快捷方式。单击某个标签按钮，即可以将窗口中的相应元素选中。

窗口尺寸弹出式按钮：该按钮上显示了当前文档窗口的尺寸。单击该按钮，会弹出一个菜单，用户可以根据需要执行相应的命令来调整窗口大小。

状态栏中的另一个区域显示的是当前文件的大小和以标准调制解调器下载该文件时所需要的时间。通过这一信息，设计者可以控制网页文件的大小，以保证访问者浏览网页时的速度。

5. 面板的基本操作

在 Dreamweaver MX 2004 中可以将面板分为以下几大组。

- 设计：这一组中主要包括网页设计所需要的面板，分别是“CSS 样式”面板和“层”面板。
- 代码：这一组中主要包括代码编辑所需要的面板，分别是“代码片断”面板和“参考”面板。
- 应用程序：这一组中主要包括动态网页设计所需要的面板，分别是“数据库”面板、“绑定”面板、“服务器行为”面板和“组件”面板。
- 标签检查器：这里包括与代码标签及 CSS 相关的面板，包括“属性”面板、“行为”面板和“相关 CSS”面板。
- 文件：这一组中主要包括站点内资源管理所需要的面板，分别是“文件”面板和“资源”面板。

以上这几组面板是 Dreamweaver MX 2004 默认打开的几个面板，实际上 Dreamweaver MX 2004 中还有“结果”、“框架”、“历史记录”等面板。

在 Dreamweaver MX 2004 中面板的操作主要包括展开/折起、改变面板位置及显示/隐藏面板等。

1）面板的展开与折起

如图 6-10 所示为将所有面板折起时的情景。

如果需要使用某一组面板，可以单击该面板组的标题栏，将所需的面板展开，如图 6-11 所示。此时标题栏上的 ▶ 图标变为 ▼。要重新折起这个面板组，只需再次单击面板的标题栏即可。要在一个面板组中选取不同的面板，只需单击各面板的标签即可。

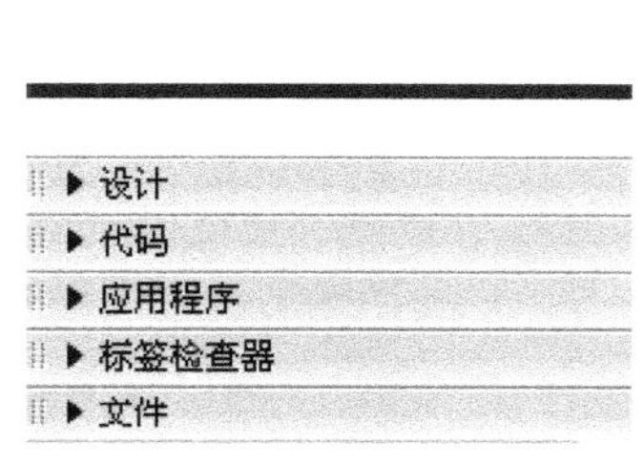

图 6-10　将所有的面板折起时的情景

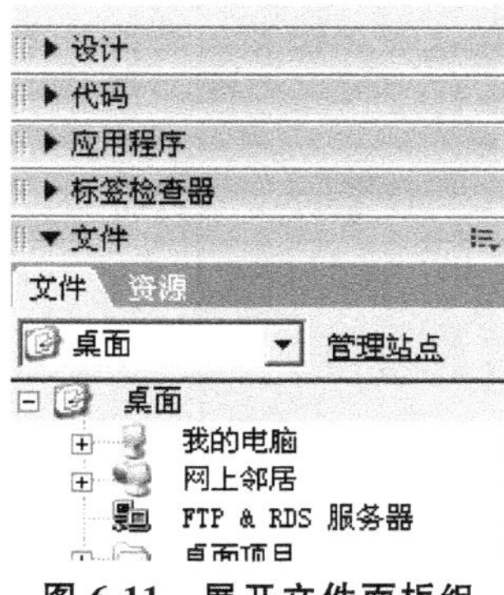

图 6-11　展开文件面板组

2）定制面板组织方式

如果设计者对 Dreamweaver MX 2004 默认的面板组织方式不太适应，可以对其进行重新编排。例如将设计面板组中的"CSS 样式"面板移动到代码面板组中，可以打开"CSS 样式"面板，在面板的标签上右击，在弹出的快捷菜单中执行"将 CSS 样式组合在"→"代码"命令即可，如图 6-12 所示。操作完成后，"CSS 样式"面板就出现在代码面板组中了，如图 6-13 所示。

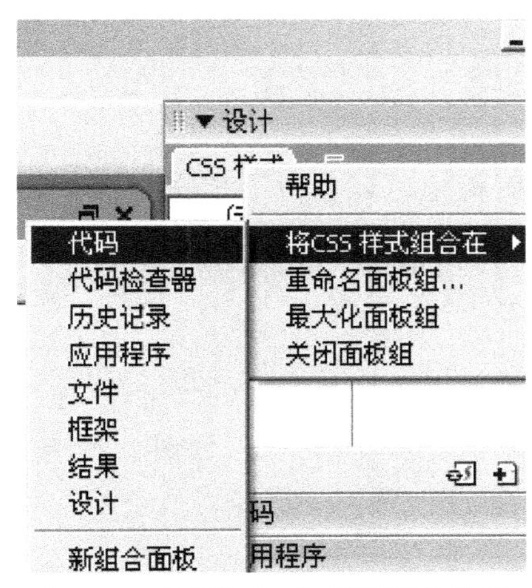

图 6-12　改变"CSS 样式"面板的位置

图 6-13　"CSS 样式"面板出现在代码面板组中

3）在文档窗口中显示或隐藏面板

在 Dreamweaver MX 2004 中可以指定在文档窗口中出现的面板，方法如下。

执行“编辑”→“首选参数”命令，弹出如图 6-14 所示的“首选参数”对话框，然后在“分类”列表框中选择“面板”选项，所有的面板都默认为出现在文档窗口中。

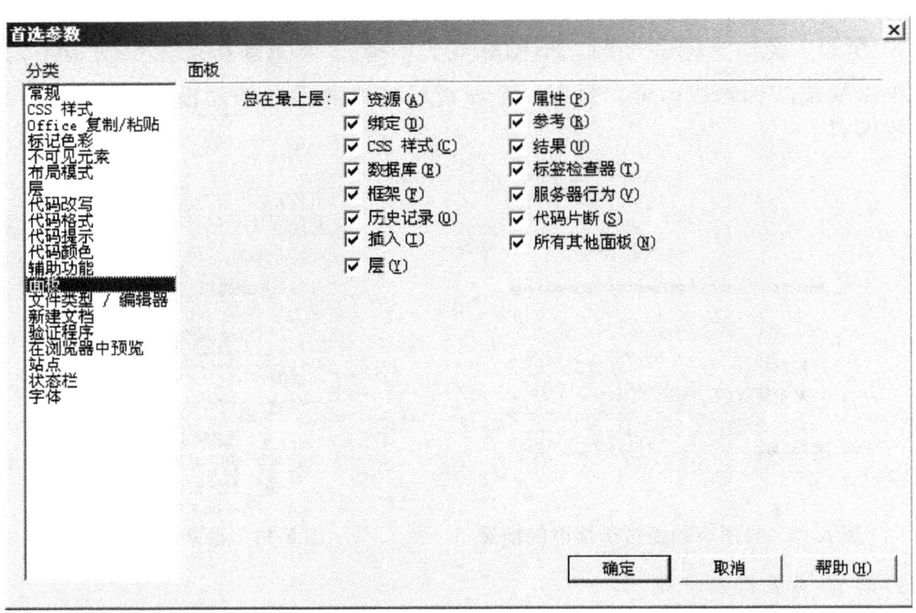

图 6-14 “首选参数”对话框

如果不想让一些面板出现在文档窗口中，只要在“首选参数”对话框中不选中那些复选框就可以了。

事实上在网页设计过程中所有的这些面板都是经常需要用到的，但是由于屏幕大小有限，为了方便设计者，Dreamweaver MX 2004 设计了一个按钮，可以方便地实现所有面板显示和隐藏之间的切换，如图 6-15 和图 6-16 所示。

6. 属性面板

在 Dreamweaver MX 2004 提供的“属性”面板中可以修改当前选定的页面元素（如文本和图像等），甚至是整个网页的属性。【属性】面板中的内容会根据选定的元素的不同而不同，如图 6-17 和图 6-18 所示分别为文本与图像的“属性”面板。

如果想要了解被选定元素的某一特定属性的详细信息，可以单击“属性”面板右上角的?按钮，就可打开 Dreamweaver MX 2004 的帮助文档窗口，如图 6-19 所示。而且在 Dreamweaver MX 2004 的“属性”面板中还设计了一个可以切换查看常用属性和所有属性的按钮，如图 6-20 和图 6-21 所示。

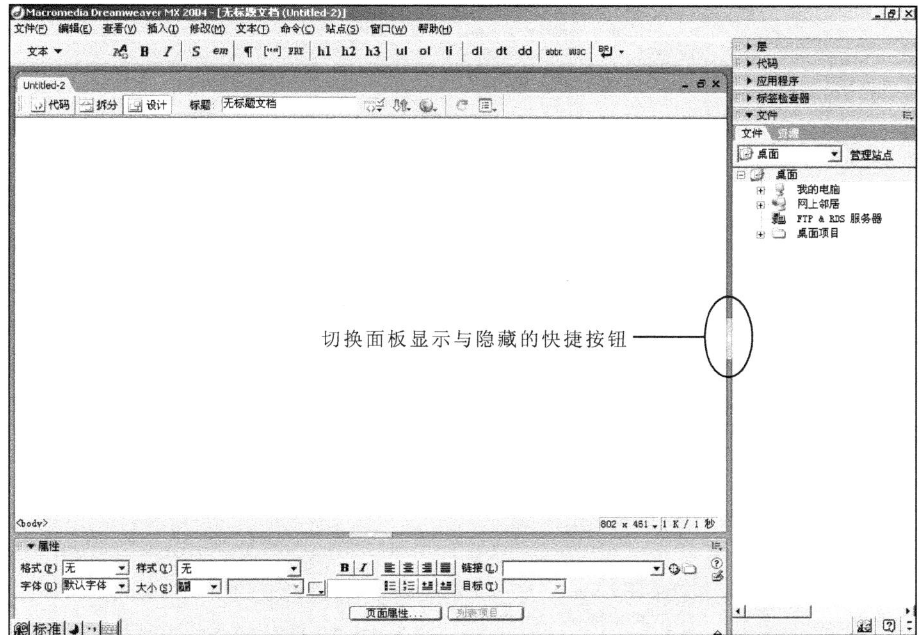

图 6-15　面板显示的状态

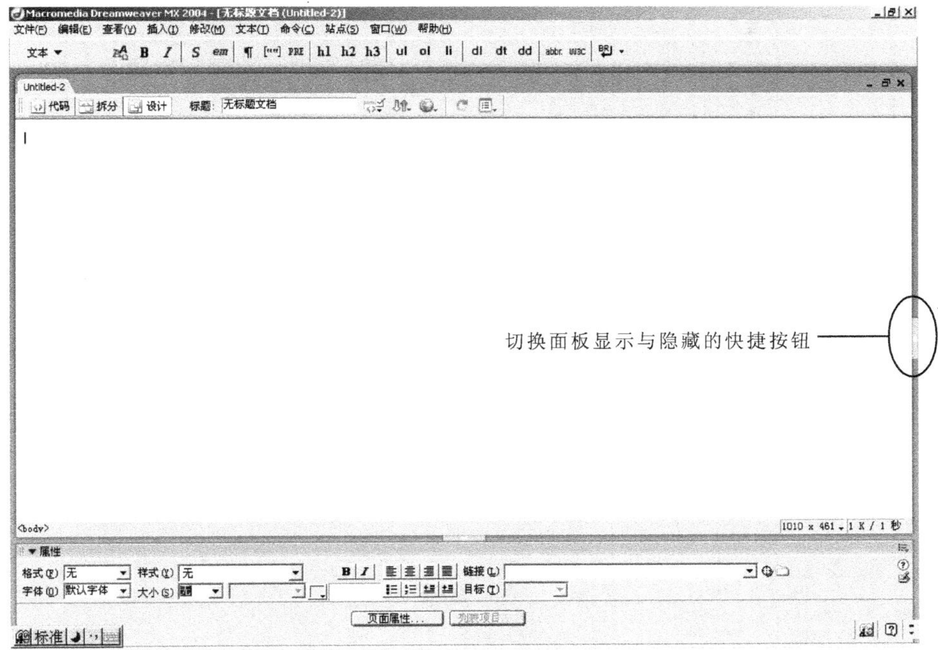

图 6-16　面板隐藏的状态

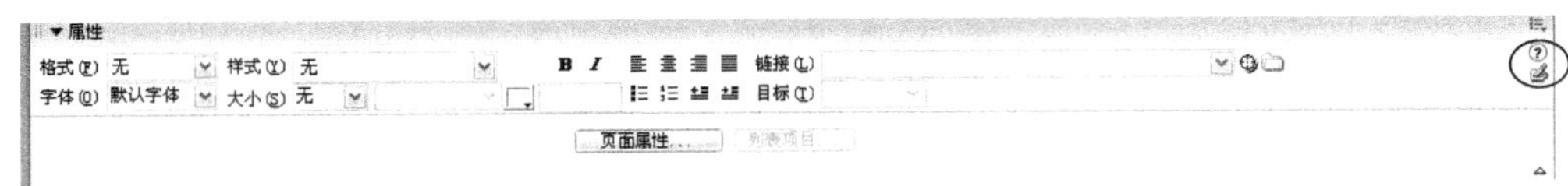

图 6-17　文本“属性”面板

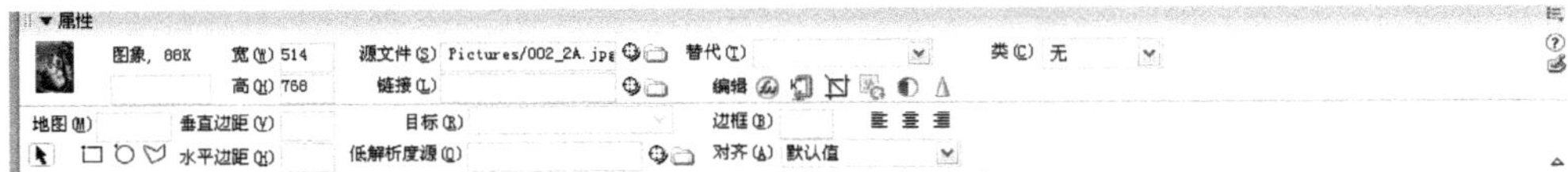

图 6-18　图像“属性”面板

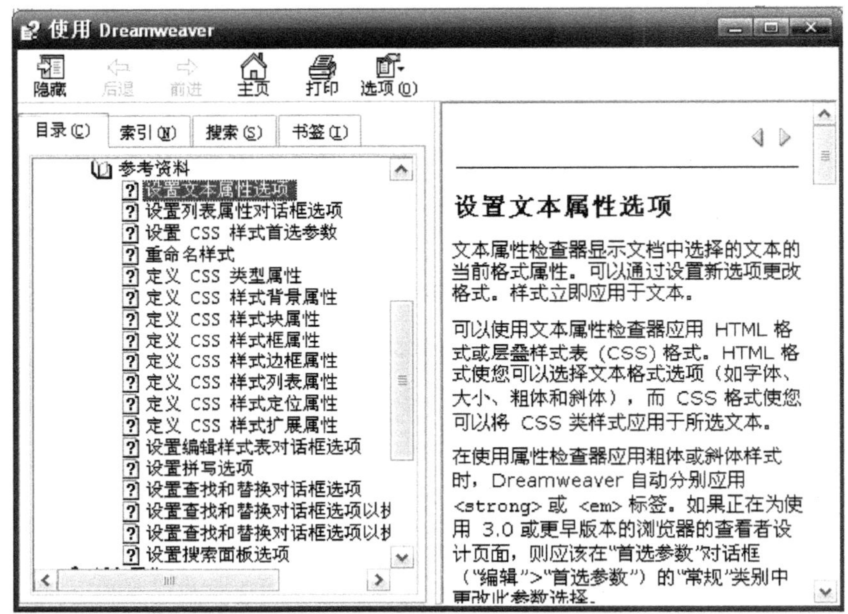

图 6-19　通过帮助文档查看选定对象的详细属性

图 6-20　只显示常用属性的“属性”面板

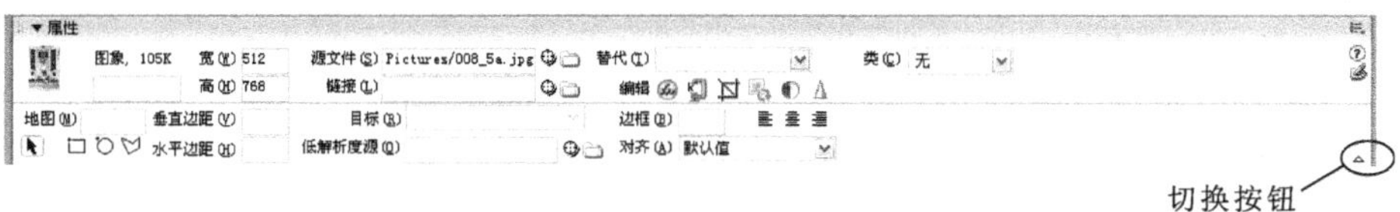

图 6-21　展开后显示所有属性的“属性”面板

7. 历史记录面板

“历史记录”面板中保留了在 Dreamweaver MX 2004 中的每一步操作。执行“窗口”→“历史记录”命令可以显示或隐藏“历史记录”面板。“历史记录”面板如图 6-22 所示。对于某个活动的文件,“历史记录”面板显示了自从创建或打开它之后执行的所有步骤(“历史记录”面板不会显示在其他框架里执行的步骤,或在站点窗口中执行的步骤)。在“历史记录”面板中可以撤销一步或更多步的操作,重复以前的操作,还允许通过创建新的命令自动执行任务。

图 6-22 “历史记录”面板

8. 标尺和网格

在网页文档中插入元素涉及元素的定位问题。虽然 Dreamweaver MX 2004 是所见即所得的可视化网页编辑器,可以通过视觉来判断元素的位置,但这并不精确。要精确定位元素,可以利用 Dreamweaver MX 2004 中的标尺和网格。

1) 标尺

在 Dreamweaver MX 2004 中标尺显示在文档窗口的上方和左方。标尺的单位有像素、英寸和厘米三种,默认单位为像素,用户可以根据个人的习惯设置其他单位。

使用标尺的操作步骤如下。

(1) 执行“查看”→“标尺”→“显示”命令,将会在文档窗口中显示标尺。

(2) 执行“查看”→“标尺”→“厘米”命令,可以把标尺的单位设置为厘米。

(3) 拖动标尺左上顶点的空白区域可以改变标尺的原点。

(4) 执行“查看”→“标尺”→“重设原点”命令也可以重置原点。

2) 网格

作为定位工具,使用网格会更加有效,尤其是在页面的布局方面,使用网格会更加方便。执行“查看”→“网格”→“显示网格”命令,便可以在文档窗口中出现纵横交错的网格线。

有了网格线后,就可以在文档窗口中相对准确地定位元素了。若要修改网格线的参数,可以执行“查看”→“网格”→“网格设置”命令,在打开的“网格设置”对话框中进行设置,如图 6-23 所示。

图 6-23 “网格设置”对话框

6.1.3 建立网站

1. 网页文档的基本操作

使用 Dreamweaver MX 2004,无须了解 HTML 就可以建立非常专业的网页。

用户在设计视图中编辑一个页面,会在代码视图窗口中自动建立 HTML 代码。

要在 Dreamweaver MX 2004 中创建一个新的页面,可以选择如下三种方法之一。

方法一:在 Dreamweaver MX 2004 起始页中选择"HTML"项,新建一个静态页面,如图 6-24 所示。新建页面的标题栏上显示文件的标题,一般是 Untitled-1,表示该文件是一个新建的文件,尚未保存。

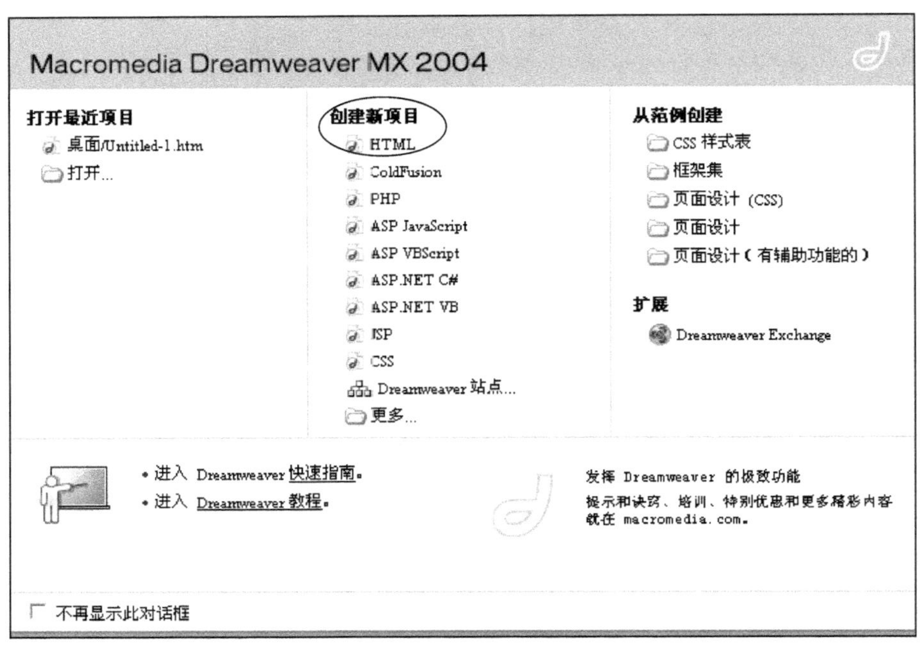

图 6-24　选择"HTML"项新建网页

方法二:执行"文件"→"新建"命令或按快捷键 Ctrl+N 即可。此时会弹出"新建文档"对话框,如图 6-25 所示。

在"新建文档"对话框中可以选择新建文件的类型,可以是基本页、动态页、模板页等。选择"基本页"中"HTML"后单击"创建"按钮,即可新建一个静态网页。

方法三:从一个已有模板中生成新的网页。在"新建文档"对话框中选择"模板"选项卡,从中选择一个合适的模板,单击"创建"按钮即可。

大多数情况下,所建立的新网页会被添加到正打开的 Web 站点中,当然也可以新建网页并保存它,以后再把它添加到其他 Web 站点中。

2. 建立站点

网页制作不仅仅是单个页面的制作,还包含一个 Web 站点的制作。一个站点通常是由一组有明确主题、一致的设计并相互链接的页面组成的。站点中的页面称为网页,而由这些网页及其相关文件所构成的站点称为网站。

制作的站点通常分为本地站点和远程站点两种。远程站点是指可以在互联网

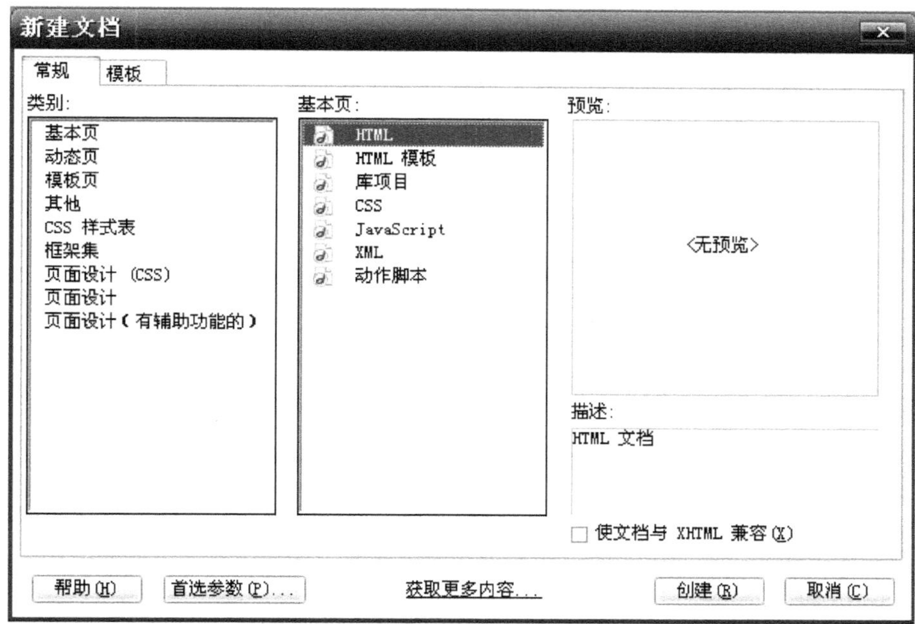

图 6-25　"新建文档"对话框

上访问的站点,这些站点的文件都存储在互联网的服务器上。直接在服务器上建立或者调试站点会有很多困难,所以通常情况下先在本地计算机上建立站点,在完成站点制作、测试后,再通过 FTP 工具将这个站点传到服务器上,这个在本地计算机中创建的站点称为本地站点。

1) 创建本地站点

Dreamweaver MX 2004 中提供了两种创建站点的方法:一种是使用站点定义向导,只需根据提示一步一步地做即可;另一种是使用"站点定义"对话框中的"高级"选项卡,根据需要分别设置本地、远程和测试文件夹。下面用站点定义向导来建立站点,操作步骤如下。

(1) 在 Dreamweaver MX 2004 的起始页中选择"Dreamweaver 站点"即可打开站点定义向导。或者执行"站点"→"管理站点"命令均可打开"管理站点"对话框,也可以展开"文件"面板,在其中单击"管理站点"打开"管理站点"对话框,然后在该对话框中单击"新建"按钮,在展开的下拉菜单中选择"站点"命令也会打开站点定义向导。站点定义向导要求用户为站点输入一个名称,以便在 Dreamweaver 中标识该站点。

(2) 单击"下一步"按钮,进入站点定义向导的第二个对话框。该对话框询问是否要使用服务器技术,选择"否,我不想使用服务器技术"选项,表示目前创建的是一个静态站点,没有动态页。

(3) 单击"下一步"按钮,进入站点定义向导的第三个对话框。该对话框询问如何使用文件,这里选择"编辑我的计算机上的本地副本,完成后再上传到服务器"选项,然后在下面的文本框中指定一个文件夹,Dreamweaver 将在其中存放站点文件。

(4) 单击“下一步”按钮，进入站点定义向导的第四个对话框。该对话框询问如何连接到远程服务器，这里在下拉列表中选择“无”。

(5) 单击“下一步”按钮，进入站点定义向导的第五个对话框，其中显示了用户的设置概要。

(6) 单击“完成”按钮，则通过向导创建了一个本地站点。

建立了本地站点后，新建的站点将在“文件”面板中显示，如图 6-26 所示。该面板中显示了本地站点的名称及保存的文件夹等信息。但站点是空的，没有实际内容，要向站点中添加相关内容。

2) 向站点中添加内容

要向站点中添加的内容包括主页、普通网页文件和文件夹。主页是指进入网站后首先打开的网页，其作用类似于索引。在主页中单击各个链接可以浏览其他网页文件，所以主页一般直接存放在站点根文件夹中。在站点中添加主页的操作步骤如下。

(1) 在“文件”面板中右击所创建的站点文件夹，在弹出的快捷菜单中执行“新建文件”命令，新建一个网页文件。

(2) 在“文件”面板中，右击要设置成主页的网页文件，在弹出的快捷菜单中执行“设成首页”命令。

(3) 为主页文件命名，一般情况下，主页文件应该命名为 index. htm 或 default. htm。

添加普通网页文件和文件夹的方法与添加主页的方法类似。

3) 管理站点

Dreamweaver MX 2004 允许用户创建多个站点，当需要打开相应的站点进行编辑时，可以在“文件”面板中单击“站点”下拉列表，从中选择要打开的站点，如图 6-27 所示。

图 6-26 “文件”面板

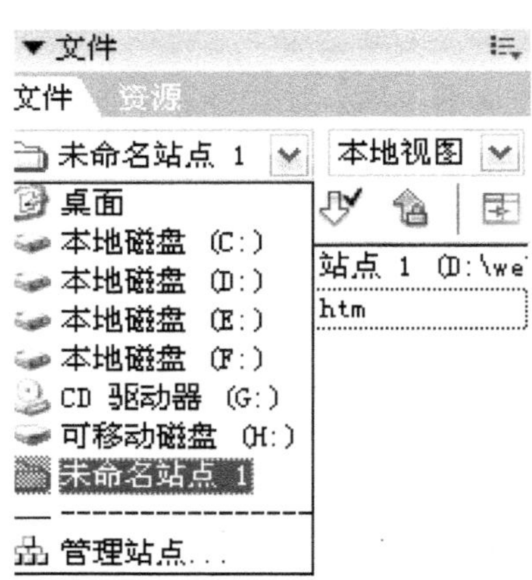

图 6-27 选择站点

6.2 课件教学内容的添加与编辑

6.2.1 文本的添加与编辑

在网页中可以以丰富多彩的图像、动画，甚至还可以是视频文件向用户传达所要表现的信息。但是网页中的文字还是必不可少的，文字作为信息传输的主要载体，在网页中起着举足轻重的作用。

在 Dreamweaver MX 2004 中可以很方便地输入文本和编辑文本，并且可以很轻松地完成网页中文本内容的排版。

1. 在网页中插入文本

在 Dreamweaver MX 2004 中输入文本的方法与在其他文本编辑软件中输入文本的方法一样，只需要在编辑窗口中将光标定位在要插入文本的位置，然后直接输入所需的文本内容就可以。例如，输入"Welcome!"，文字将从当前行的最左端开始输入，光标将从左向右移动，当输入到行尾时，光标将自动移到下一行。如果需要划分段落，可以按下 Enter 键，这时段落与段落之间将产生一空白行。如果只需要换行而不分段，可以按下快捷键 Shift＋Enter。

当然也可以从其他的程序窗口中复制或剪切一些文本，然后粘贴在 Dreamweaver MX 2004 的文档窗口中，具体做法如下。

(1) 在 Word 窗口中选中需要粘贴的文本。

(2) 按快捷键 Ctrl＋C 将文本复制到剪贴板上，或执行"编辑"→"复制"命令。

(3) 再切换到 Dreamweaver MX 2004 窗口，按快捷键 Ctrl＋V 或执行"编辑"→"粘贴"命令，将其粘贴在指定位置。

但要注意的是，从其他文档中复制文本再把它粘贴到 Dreamweaver MX 2004 的文档窗口中，文本将失去原来的格式，但是分段会保留下来。如果是执行"编辑"→"粘贴文本"命令而不是通过按快捷键 Ctrl＋V 进行粘贴，则回车键变成换行符
，不保留格式。如果是执行"编辑"→"粘贴 HTML"命令，则回车键保留为分段符<p>，而且保留格式。

2. 插入水平线

制作网页时经常要用到水平线，它对于组织信息很有用，在网页中可以使用一条或多条水平线以可视方式分隔文本对象。在网页中插入水平线的操作步骤如下。

(1) 将光标定位于要插入水平线的位置。

(2) 执行"插入"→"HTML"→"水平线"命令，或者在插入工具栏中选择 HTML 工具栏，单击"水平线"按钮便可以在网页中直接插入一条水平线。

(3) 选中水平线，"属性"面板中将显示水平线的属性，可以在其中修改水平线的属性，如图 6-28 所示。

图 6-28 “属性”面板中显示水平线的属性

“宽”文本框中的值表示水平线的宽度，即长度。使用像素作为宽度单位时，水平线的宽度将固定不变；用“%”表示时，水平线的宽度始终与页面窗口的大小保持相同的百分比。

“高”文本框中的值表示水平线的高度，即厚度，单位为像素。如果将水平线的高度值设为 200 像素，长度设为 1 像素，水平线会变成垂直线。

“对齐”项用于设置水平线在页面中的对齐方式，可以选择左对齐、居中对齐和右对齐等方式。

选择“阴影”复选项时，水平线将显示阴影，否则水平线以纯色显示。

3. 插入特殊字符

除了输入一般的文字外，Dreamweaver MX 2004 还提供了各种特殊字符和符号。插入特殊字符的操作方法如下。

(1) 将光标定位于要插入字符的位置。

(2) 执行“插入”→“HTML”→“特殊字符”的下一级命令。其中有不少有用的字符，如版权、注册商标等，从中选择一种字符即可。也可以在插入工具栏上选择文本工具栏，单击“字符”按钮，然后从弹出的下拉列表中选择需要的特殊字符。

(3) 选定特殊字符后，单击“确定”按钮，Dreamweaver 会将该字符插入网页中。

4. 插入日期时间

在网页中经常可以看到最近一次修改网页的时间。这说明网页是不断更新的，也在某种程度上吸引了浏览者再次阅览。

插入日期时间的操作步骤如下。

(1) 在网页中将光标定位于要插入日期时间的位置。

(2) 执行“插入”→“日期”命令，或者在插入工具栏中选择常用工具单击“日期”按钮，会弹出“插入日期”对话框。

(3) 在“星期格式”、“日期格式”及“时间格式”列表中分别选择一种合适的格式。然后选中“存储时自动更新”复选框，则每次存储文档都会自动更新文档中插入的日期时间。

(4) 单击“确定”按钮即可。

5. 文本属性的设置

在设计视图的编辑窗口中输入文本后，可以在“属性”面板中设置文本的字符及段落属性，如图 6-29 所示。

字符的属性包括文字的字体、大小、颜色等，通过对字符属性的设置，可以使网页更加富有美感，给访问者留下更加深刻的印象。

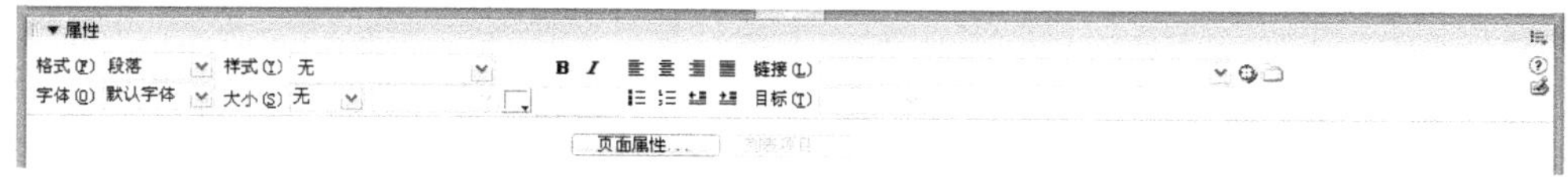

图 6-29 字符及段落“属性”面板

在“属性”面板中，用户除了可以对文本进行属性设置外，还可以对文本的段落属性进行控制，如设置文本的标题样式、对齐方式、段落缩进方式等。

还可以通过“属性”面板中的“项目列表”按钮与“编号列表”按钮将段落设置成列表方式。

6.2.2 图片的添加与编辑

在网页中插入图像可以点缀和美化页面，增加网页的吸引力。但需要说明的是，图像使下载网页的时间大大增加，因此如果图像过多、分辨率过大，则会让浏览者花费太多时间打开网页。下载速度对于一个网站而言是至关重要的，一个网页的大小最好不要超过 50KB(包括网页上的图像)。

在网页上常用的图像格式有 GIF、JPG、PNG 三种，这三种图像格式有些各自的特点。GIF 图像支持 256 种颜色，色彩简单，对应的文件小，主要用于显示一些图标、按钮等色彩不是很丰富的图像。JPG 支持全色彩模式，是一种有损压缩方式，一般不影响图像的显示效果，主要用于真彩色的图像，如照片、插图等图像。PNG 图像集中了 GIF 和 JPG 图像的优点，能进行无损压缩，具有比 GIF 更好的压缩比，在性能上更优越，是一种新兴的图像格式。

1. 插入图像

在网页中插入图像的方法非常简单，具体操作步骤如下。

(1) 将光标定位于要插入图像的位置。

(2) 用下列方法之一就可打开“选择图像源文件”对话框。

① 执行“插入”→“图像”命令。

② 选择插入工具栏中常用工具栏，单击其中的 按钮。

③ 利用快捷键 Ctrl+Alt+I。

如果选定的图像文件不在当前站点内，则弹出对话框询问是否将图像文件复制到当前站点的目录下，应该单击“是”按钮。否则，将来本地站点上传到远程服务器后，就无法显示这幅图像。单击“是”按钮后，弹出“复制为文件”对话框，选择文件的保存位置并确定文件的名字。单击“保存”按钮，将文件保存在当前站点的目录内。

2. 设置图像属性

在网页中插入图像后，其位置、大小等设置可能不尽如人意，这时就需要使用图像“属性”面板来进行图像属性的设置。图像“属性”面板如图 6-30 所示。

下面介绍图像“属性”面板中各项的功能。

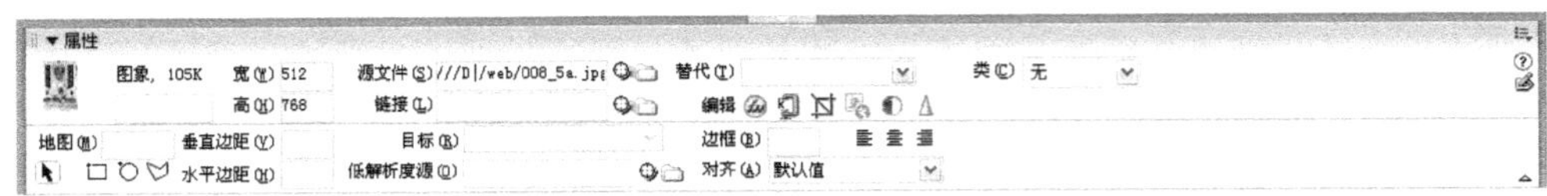

图 6-30　图像“属性”面板

● “图像”：旁边的数字代表所选图像的大小，下面的文本框中可输入所选图像的名称，这样就可以使用脚本语言（如 JavaScript、VBScript）对它进行引用。

● “宽”和“高”：在浏览器中图像所保留的宽度和高度，默认单位是像素。在“宽”和“高”的文本框中输入数值，则网页中图像也会相应地改变其大小。

● “源文件”：显示指定图像的路径，可以直接输入路径，也可以单击文件夹图标选择。

● “链接”：此文本框可指定图像的超链接。建立超链接有以下三种方法：第一种是直接输入 URL；第二种是拖动“链接”文本框后的“指向文件”图标按钮到“文件”面板中要链接的文件上；第三种是单击文件夹图标浏览以选定站点上的文件。

● “对齐”：在同一行中对齐图像及其旁边的文本。其中有很多选项，常用的是顶端、居中、底部三种。

● “替代”：图像的注释，当用户的浏览器不能正常显示图像时，浏览器在图像的位置用这个注释代替图像。

● “垂直边距”：图像在垂直方向与文本或其他页面元素的间距。

● “水平边距”：图像在水平方向与文本或其他页面元素的间距。

● “目标”：链接时的目标窗口或框架。

● “低解析度源”：当前图像的低分辨率副本的路径。如果显示的图像很大，浏览器会花很长时间去下载。如果为它指定一个低分辨率的图像副本，那么浏览器就先下载其副本，在浏览器中显示出来，然后下载网页上的其他元素，当内容全部下载完毕时，浏览器再去下载较大的图像。

● “边框”：设置围绕图像的边框宽度，单位为像素，输入 0 值，则无边框。

● “地图”：允许用户创建客户端图像映射。

● “编辑”：载入外部编辑器参数中指定的图像编辑器并打开选定图像，这时就可以对图像进行编辑。

6.2.3　添加声音

在 Dreamweaver MX 2004 中为网页添加背景音乐的常用方法是通过使用＜bgsound＞标签来添加。使用＜bgsound＞标签来添加背景音乐的操作方法如下。

用 Dreamweaver 打开需要添加背景音乐的页面，单击“代码”打开代码编辑视图，在<body></body>之间输入“<”在弹出的代码提示框中选择 bgsound，如图 6-31 所示。

图 6-31　输入“<”在弹出的代码提示框中选择 bgsound

Dreamweaver 自动输入“<bgsound”代码后按空格键，代码提示框会自动将 bgsound 标签的属性列出来供选择使用。bgsound 标签共有五个属性，其中 balance 是设置音乐的左右均衡的，delay 是设置播放延时的，loop 是控制循环次数的，src 则是设置音乐文件的路径的，volume 是设置音量的。一般添加背景音乐时，并不需要对音乐进行左右均衡及延时等设置，所以仅须设置几个主要的参数就可以了。如<bgsound　src="midi.mid"　loop="－1">，

其中，loop="－1"表示音乐无限循环播放，如果要设置播放次数，则改为相应的数字即可。

这种添加背景音乐的方法是最基本的方法，也是最为常用的一种方法。背景音乐可采用现在大部分格式的音乐，如 WAV、MID、MP3 等格式的音乐。如果要顾及网速较低的浏览者，则可以使用 MID 音效作为网页的背景音乐，因为 MID 音乐文件小，这样在网页打开的过程中能很快加载并播放，但是 MID 也有不足的地方，它只能存放音乐的旋律，没有好听的和声及唱词。如果网速较快，或是觉得 MID 音乐有些单调，也可以添加 MP3 格式的音乐。如将上述代码中的 src="midi.mid"改为 src="十年.mp3"。

预览该页面，在浏览器中打开时音乐播放，如果将页面最小化以后播放音乐会自动暂停。

6.2.4 添加 Flash 动画

在网页中插入 Flash 对象能给网页增添不少动感。在 Dreamweaver MX 2004 中可以把三种 Flash 对象插入文档窗口中，即 Flash 按钮、Flash 文本、Flash 动画。

1) 插入 Flash 按钮

Flash 按钮对象让用户可以定制和插入一个已经设计好的 Flash 按钮，Dreamweaver 从 4.0 版本就开始支持这项功能，但要注意的是：插入 Flash 按钮操作只能在已经保存过的网页中进行。

插入 Flash 按钮的操作步骤如下。

(1) 首先将当前文档存盘(文档必须存储在站点文件夹内部，否则会提示文件名错误)，然后把光标定位在文档中要插入 Flash 按钮的位置，选择插入工具栏中常用工具栏，单击"媒体"图标右侧的下拉箭头，选择"Flash 按钮"，弹出"插入 Flash 按钮"对话框，如图 6-32 所示。或者执行"插入"→"媒体"→"Flash 按钮"命令，也会弹出"插入 Flash 按钮"对话框。

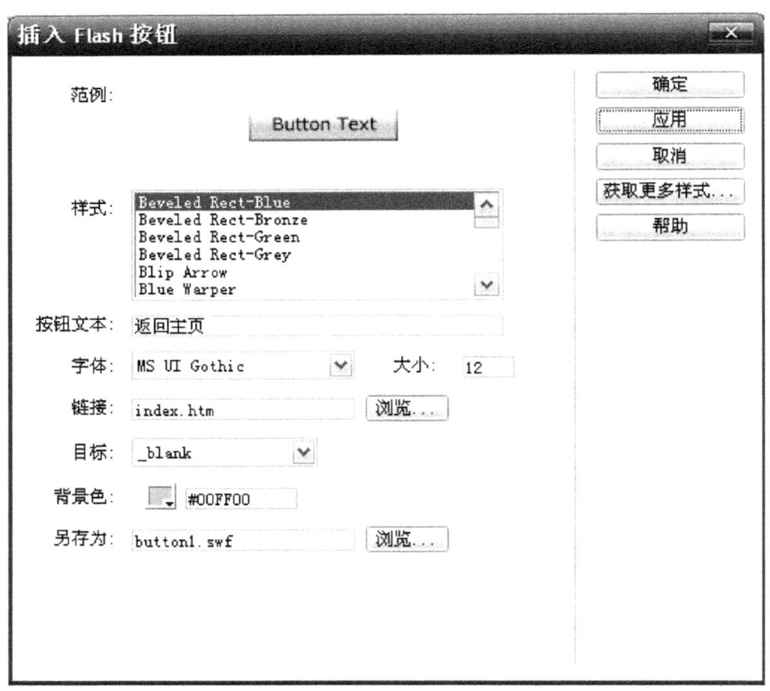

图 6-32 "插入 Flash 按钮"对话框

(2) 在"样式"列表框中选择一种合适的按钮样式。可以从对话框最上面的"范例"预览框中看到所选样式的例图，而且把鼠标指针放到这个例图上，还可观察它在浏览器中的实际效果。

(3) 在"按钮文本"文本框中输入按钮上的显示文字，例如输入"返回主页"。

(4) 在“字体”下拉列表框中选择按钮上的文字的字体，在“大小”文本框中设置字体的大小。

(5) 在“背景色”选项中为按钮设置背景颜色，注意：背景色只有改变按钮大小后才能显示出效果。

(6) 在“链接”文本框中设置该按钮要链接的文件的路径和名称。在“目标”下拉列表中选择指定链接要载入的窗口。

(7) 在“另存为”文本框中设置该按钮的文件名，注意扩展名为.swf。

(8) 单击“确定”按钮即可以将按钮插入到网页中，如图 6-33 所示。

图 6-33　插入一个 Flash 按钮

对于已经插入到网页中的 Flash 按钮，如果要对它所在位置、大小等属性进行修改，可以使用 Flash 按钮的“属性”面板，如图 6-34 所示。

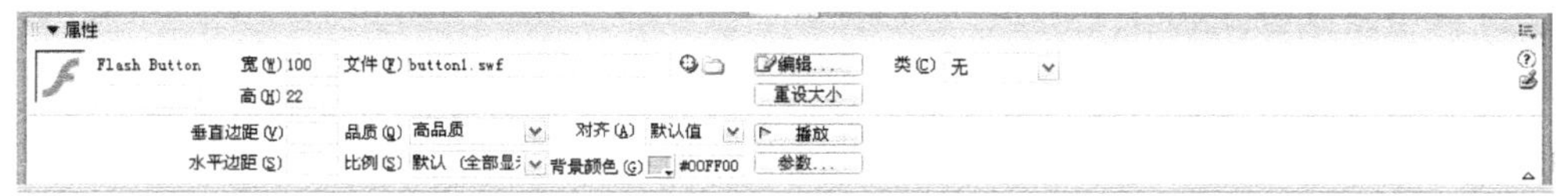

图 6-34　Flash 按钮的“属性”面板

单击“属性”面板中的“播放”按钮时，就可在文档窗口中观察 Flash 按钮实际浏览时的效果。

也可以双击文档窗口中要修改的按钮，弹出“插入 Flash 按钮”对话框，在该对话框中更改属性。

2) 插入 Flash 文本

Flash 文本对象允许用户创建或插入一个只包含文本的 Flash 动画，这项功能也是从 Dreamweaver 4.0 才开始提供的。

插入一个 Flash 文本对象的操作步骤如下。

(1) 把光标定位在文档中需要插入 Flash 文本的位置，选择插入工具栏中常用工具栏，单击“媒体”图标 右侧的下拉箭头，选择“Flash 文本”，弹出“插入 Flash 文本”对话框。或者执行“插入”→“媒体”→“Flash 文本”命令，也会弹出“插入 Flash

文本”对话框。

(2) 在“字体”下拉列表框中选择文本的字体,在“大小”文本框中设置字体的大小。

(3) 在“颜色”文本框中设置文本的颜色。

(4) 在“转滚颜色”文本框中设置文本的翻转颜色,即当鼠标指针移动到 Flash 文本对象上时,Flash 文本将显示的颜色。

(5) 在“文本”文本框中输入要显示的文字,例如输入“Dreamweaver MX2004”。

(6) 其他选项的设置同“插入 Flash 按钮”对话框中的操作,单击“确定”按钮即将一个 Flash 文本对象插入网页中。

3) 插入 Flash 动画

在 Dreamweaver MX 2004 文档窗口中可以直接插入 Flash 动画。将 Flash 动画插入文档窗口中时,Dreamweaver MX 2004 同时使用<object>标签和<embed>标签以在所有的浏览器中都获得最佳效果。当用户在“属性”面板对动画进行更改时,Dreamweaver MX 2004 会将采用的各项属性映射为<object>和<embed>标签的适当参数。

插入一个 Flash 动画的操作步骤如下。

(1) 将光标定位于文档中要插入 Flash 动画的位置。

(2) 选择插入工具栏中的常用工具栏,单击“媒体”图标右侧的下拉箭头,选择“Flash”,弹出“选择文件”对话框。或者执行“插入”→“媒体”→“Flash”命令,也会弹出“选择文件”对话框。

(3) 在“选择文件”对话框中选择要插入的 Flash 动画,然后单击“确定”按钮,Flash 占位符随即出现在文档中。

(4) 按 F12 键即可预览。

(5) 在文档中插入 Flash 动画后,可以对所插入的 Flash 动画进行属性设置。操作方法是:单击 Flash 占位符,选中 Flash 动画,Flash 动画“属性”面板打开,如图 6-35所示。

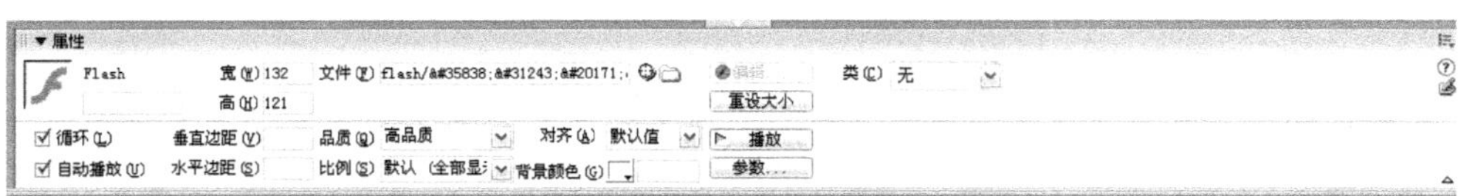

图 6-35　Flash 动画“属性”面板

Flash 动画“属性”面板中的主要属性项的含义如下。

- “参数”:如果动画已经被设置为接收额外参数,则单击该按钮可打开一个能输入额外参数的“参数”对话框。
- “自动播放”:选中此复选框,则在动画下载的过程中,同时开始播放已下载的部分。采用这种方法,可以大大缩短浏览时的等待时间。

● “循环”:此复选框用来指定 Flash 动画是否循环播放。

● “编辑”:单击此按钮可以启动 Flash MX 以更新 Flash 文件。如果用户的计算机上没有安装 Flash MX,此按钮将被禁用。

● “播放”:单击此按钮可以查看 Flash 动画的播放效果,播放时不能对动画进行编辑。

6.2.5 创建超链接

网络的迷人之处除了它提供的翔实内容及精美图像外,更重要的是它具有与网络相连的特性。网络相连特性是通过超链接来完成的,因此在网页设计中,超级链接是一个非常重要的环节。

一般来说,链接都是建立在文字和图像的基础上的,在 Dreamweaver MX 2004 中可以为文本和图像创建如下几种类型的链接。

● 站内链接:在同一站点内文档之间的链接。

● 站外链接:不同站点文档之间的链接。

● E-mail 链接:发送电子邮件链接。

● 锚记链接:同一网页或不同网页的指定位置的链接。

要正确创建链接,必须了解链接和被链接文档间的路径,每个网页都有唯一的地址,称为统一资源定位符(URL)。当创建内部链接时,一般不会指定被链接文档的完整 URL,而是指定一个相对于当前文档或站点根文件夹的相对路径。

在 Dreamweaver MX 2004 中允许使用以下三种路径类型。①绝对路径,是指被链接文档的完整 URL,包括所使用的传输协议。例如:http://www.163.com 就是一个绝对路径。创建站外链接时,必须使用绝对路径。②文档相对路径,是指以当前文档所在位置为起点,到被链接文档经由的路径。例如:index.html 就是一个文档相对路径。当要把当前文档与之处于同一文件夹中的另一文档链接,或把同一站点内不同文件夹中的文档进行相互链接时,最适宜的方法就是采用相对路径。③根相对路径,是指从站点根文件夹到被链接文档经由的路径。一个根相对路径以“/”开头,它代表根站点文件夹。例如:/hrp/trip.htm 就是站点根文件夹下的 hrp 子文件夹中的 trip.htm 文件的根相对路径。

1. 站内链接

一个网站都是由几个或者几十个页面构成的,所以很有必要先清理好站点内各网页间的关系。建立站内链接的操作方法如下。

(1) 激活要建立链接的页面。

(2) 选定要建立链接的文本或图像,激活文本“属性”面板,或者图像“属性”面板。

(3) 单击图 6-36 所示“属性”面板中“链接”项右侧的文件夹图标,弹出如图 6-37 所示的“选择文件”对话框,选定链接的目标文件。

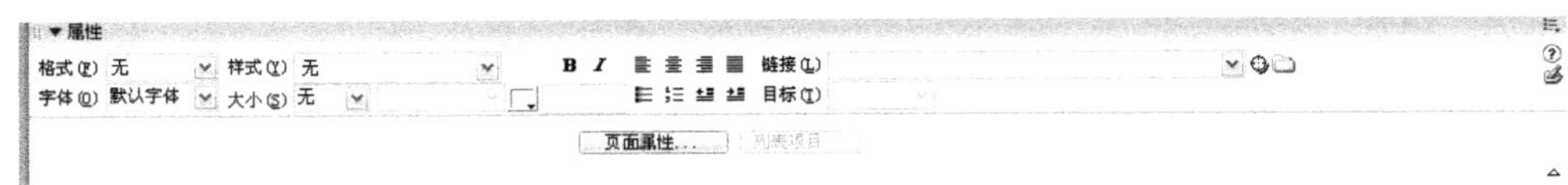

图 6-36　文本“属性”面板

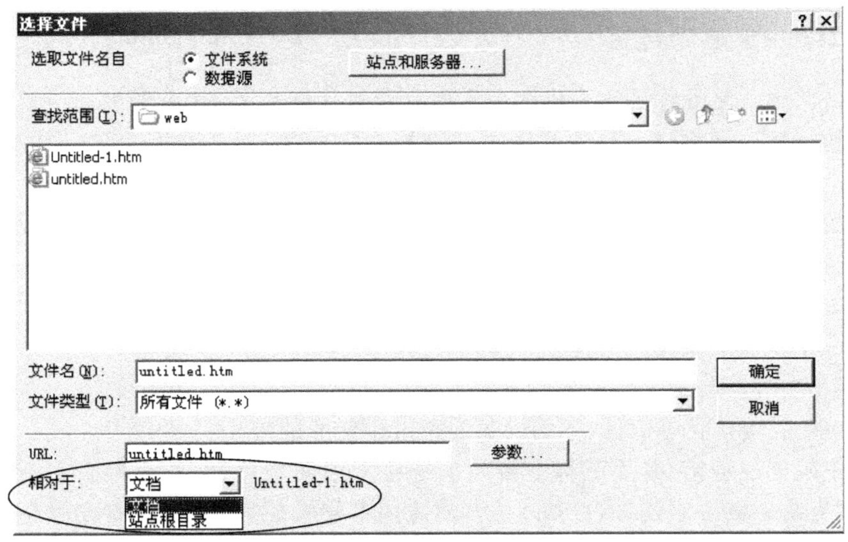

图 6-37　“选择文件”对话框

对话框中的“相对于”选项的意思是使用文档相对路径的形式来链接，默认是“文档”选项。如果选择“站点根目录”选项，则表示用根相对路径来链接。

(4) 单击“选择文件”对话框中的“确定”按钮，关闭“选择文件”对话框完成链接操作，并且在“属性”面板中“链接”文本框中显示所链接文件的路径，如图 6-38 所示。

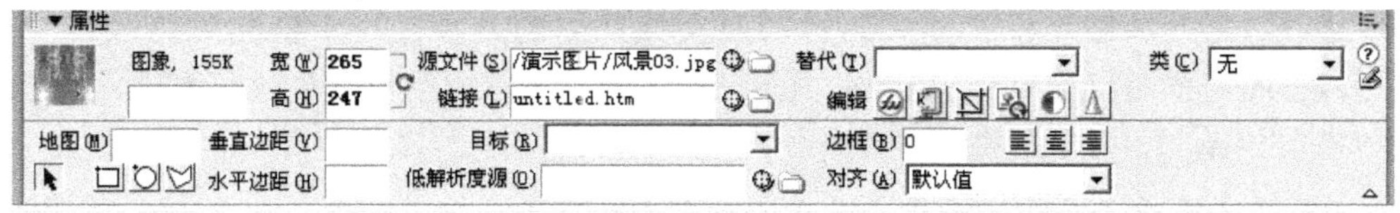

图 6-38　“属性”面板中“链接”文本框中显示所链接文件的路径

(5) 为文本或图像创建了超链接后，“属性”面板中“目标”选项下拉列表不再是不可用状态，而是变成了可用状态，在下拉列表中包含了四个选项，如图 6-39 所示。

- _blank：表示打开一个新窗口，在新窗口中显示链接所指向的网页文档内容。
- _parent：回到上一级浏览器窗口，显示链接所指向的网页文档内容。
- _self：在当前的浏览器窗口中，显示链接所指向的网页文档内容。
- _top：回到最顶端的浏览器窗口中，显示链接所指向的网页文档内容。

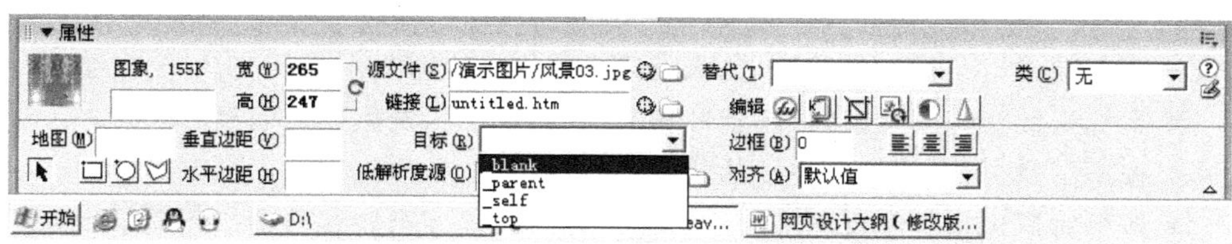

图 6-39　“目标”下拉列表

2. 站外链接

建立站外链接也就是建立本站点与其他站点的链接。要建立与外部网站的链接，须知道外部网站的 URL，必须使用绝对路径。创建方法如下。

(1) 选中要创建链接的文本或图像，激活相应的“属性”面板。

(2) 在“属性”面板中的“链接”文本框中直接输入该链接所对应的外部网站地址(该地址还需包括所使用的传输协议)，如 http://www.163.com，即可完成。

链接创建完成后，单击文档会发现文本变成蓝色，并且下面多了一条下划线。

3. 电子邮件超链接

每个网站都会有一个或多个电子邮箱用来收取用户的反馈信息。创建电子邮件的链接与一般文本或图像链接不同，电子邮件链接是将浏览者本地电子邮件软件打开(如 Outlook Express、Foxmail 等)，而不是向服务器发出请求信号，因此它的添加步骤跟普通链接有所不同，操作步骤如下。

(1) 选中要添加电子邮件链接的对象(文本或图像等)。

(2) 选择插入工具栏中的常用工具栏，单击“插入电子邮件链接”图标，或者执行“插入”→“电子邮件链接”命令，打开“电子邮件链接”对话框。

(3) “文本”文本框中显示的是在文档窗口中所选中的对象(文本“电子邮件”)；在“E-Mail”文本框中输入电子邮件地址，注意：电子邮件地址必须完整且正确，否则无法正确发送邮件。

(4) 单击“确定”按钮即完成一个电子邮件链接的创建。而且在预览状态下，单击网页中的文本“电子邮件”时，系统将自动启动默认的电子邮件软件(如 Outlook Express)并创建一个新邮件，在接收人处自动填入接收人的电子邮件地址。

4. 创建导航条

要使浏览者自由畅游于网站的各个页面之间，除了在每个页面中分别设置连到各个页面的超链接外，还可以使用导航条。导航条由一组按钮或图像组成，这些按钮或图像分别链接各分支页面，当在浏览器中浏览网页时，这些按钮或图像会随着浏览者鼠标指针的动作而相互交替，并分别进入各自的链接页面，从而起到导航的作用。

导航条可以使网站的结构更加层次分明，组成导航条的按钮或图像共有以下四种状态。

- 状态图像：指浏览者还没单击元素或元素未交互时显示的状态。
- 鼠标指针状态图像：指鼠标指针移动到图像上时，发生变换而显示的状态。
- 按下图像：指被单击后显示的状态。
- 按下时鼠标指针经过图像：指在被单击后，当鼠标指针移动到按下元素上时显示的状态。

当然制作导航条时不一定要包括所有状态的导航条图像。制作一个导航条的具体操作如下。

(1) 将光标定位于要插入导航条的位置。

(2) 选择插入工具栏中的常用工具栏，单击“图像”图标右侧的下拉箭头，选择“导航条”，或者执行“插入”→“图像对象”→“导航条”命令，打开“插入导航条”对话框。

(3) 在“项目名称”文本框中输入导航条元素的名称(名称只能包含字母和数字，并且不能以数字开头)，所输入的名称将在上方“导航条元素”列表框中显示，可以用其上方的按钮调整导航条元素间的排列顺序，可以使用按钮增加新的导航条元素和删除当前选中的导航条元素。

(4) 在“状态图像”文本框中输入所选择图像的路径和文件名，或单击“浏览”按钮选择图像。所选择的文件就是在页面刚刚载入时显示的图像。

注意：在“插入导航条”对话框中，除了必须输入“状态图像”参数，其他的状态图像都是可以选择的。而且各种图像的大小应该保持一致，可以使用 Fireworks 创建用到的图像。

(5) 在“点击时，前往的 URL”文本框中输入一个链接文档的相对路径，或单击“浏览”按钮进行选择。在其右边的下拉列表中可选择用以打开链接的目标窗口，如果选择“主窗口”，表示在同一窗口中打开。

(6) 选择图像载入选项。

- 预先载入图像：当页面初始下载时，将图像也预先下载，这样导航条发生变化时，不会发生延迟。一般选中此复选框，并且 Dreamweaver MX 2004 中此项默认为选中。
- 页面载入时就显示“鼠标按下图像”：当某个页面第一次显示时就显示上面提到的“鼠标按下图像”，而不是默认的“状态图像”，一般不选此复选框。

(7) 设置插入方式，有“水平”和“垂直”两种。而且将其右方的“使用表格”复选框选中，导航条会以表格的形式显示。

(8) 单击“确定”按钮，即完成了一个导航条元素的创建。

这样，文档中就添加了具有图像翻转功能的导航条了。

6.3　课件的网页布局

6.3.1　使用表格

表格是整个网页设计的精华，它具有输入数据和进行分类列表的功能，而且当前许多大型网站都是用表格来协调网页的排版的，从而使网页中信息能组织得整齐有规划，设计出美观的页面。

在 Dreamweaver MX 2004 中可以很方便地创建表格，并可以在表格中插入图片、文本、Flash 动画等元素。对已创建好的表格还可以很方便地修改其外观，改变表格中的行、列的数量，对表格添加颜色，改变表格对齐方式等。

1. 插入表格

在 Dreamweaver MX 2004 中插入表格的方法有多种。

- 执行“插入”→“表格”命令。
- 选择插入工具栏中的常用工具栏，单击“表格”图标。
- 按快捷键 Ctrl＋Alt ＋T 。

采用上述任一种方法都可打开“表格”对话框，如图 6-40 所示。

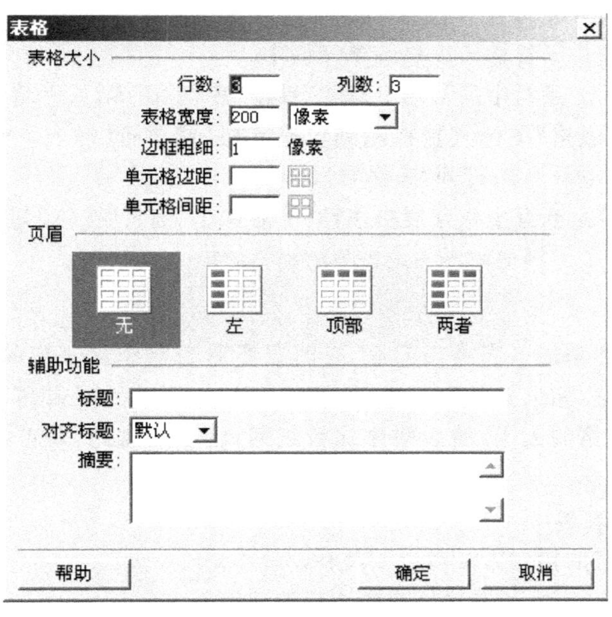

图 6-40　“表格”对话框

在“表格”对话框中可以进行参数设置。

2. 添加内容到表格单元格

建立表格后，可以在表格中的单元格中添加文本、图像及表格等。

1）在表格中添加文本

在表格中添加文本的操作如下。

(1) 将光标定位于要添加文本的单元格中，直接输入文本。当输入的文本长度超过单元格的宽度时，单元格会自动扩展其宽度。也可以将 Dreamweaver MX 2004 或其他文本编辑器中的文本直接复制并粘贴到单元格中。

(2) 按 Tab 键将光标移动到下一个单元格内，或按快捷键 Shift＋Tab 将光标移动到前一个单元格中，在表格的最后一个单元格中按 Tab 键会自动添加一行。使用键盘的方向键也可以实现光标在单元格间的移动。

2）在表格中添加图像

在表格中添加图像的操作如下。

(1) 将光标定位于要添加图像的单元格中。

(2) 选择插入工具栏中的常用工具栏，单击“图像”图标，或者执行“插入”→“图像”命令，或使用快捷键 Ctrl＋Alt＋I，打开“选择图像源文件”对话框。

3）表格的嵌套

在表格的单元格中还可以继续插入表格，这就是表格的嵌套。嵌套的表格宽度将受所在单元格大小的限制。操作步骤如下。

(1) 将光标定位于要插入表格的单元格中。

(2) 选择插入工具栏中的常用工具栏，单击“表格”图标，或者将插入工具栏中的常用工具栏中的“表格”图标直接拖动到该单元格，或执行“插入”→“表格”命令，或使用快捷键 Ctrl＋Alt＋T，打开“表格”对话框。

(3) 在“表格”对话框中指定表格属性，然后单击“确定”按钮，即完成在单元格中的表格嵌套。

3. 调整表格

在创建表格和添加了表格内容后，有时需要对表格作进一步的处理，这时就要求对表格进行调整，如选择整个表格、一行、一列、一个单元格或多个连续或不连续的单元格，调整表格的大小，给表格添加行或列，删除行或列，对单元格进行合并与拆分等。

1）选择整个表格

选择整个表格的操作方法有以下几种。

● 单击表格左上角，或右边框或底边框的任何地方。

● 将光标定位于表格内，执行“修改”→“表格”→“选择表格”命令。

● 将光标置于表格中的任一单元格中，单击文档窗口下方的状态栏左下角的<table>标签。被选中的表格周围出现控制点。

2）选择表格的行或列

选择表格的行或列的操作方法有以下几种。

（1）将光标置于一行的左边框上，或置于一行的顶端边框上，当选定箭头出现时单击即可选定一行或一列，也可以连续拖动选定箭头向横向或纵向选择多行或多列。

（2）在表格中，横向或纵向拖动鼠标，即可选定一行/列单元格或多行/列单元格。

（3）单击各列下方或上方的绿色三角箭头，在弹出的菜单中执行“选中列”命令即可以选定一列单元格。

3）选择单元格

选择一个单元格的操作方法非常简单，只需将光标置于所选单元格内，然后再单击状态栏左下角中的<td>标签即可。

（1）选择多个连续的单元格，可采用以下几种方法。

① 在一个单元格内单击并横向或纵向拖动鼠标至另一个单元格即可。

② 单击一个单元格，然后按住 Shift 键单击另一个单元格，以这两个单元格为对角的矩形区域内的所有单元格都被选中。

（2）选择多个不连续的单元格，可采用以下几种方法。

① 按住 Ctrl 键，依次单击所需选的单元格即可。

② 选定多个连续的单元格，然后按住 Ctrl 键，单击其中不需要选中的单元格即可取消对它们的选定。

4）调整表格大小

改变表格的大小可以采用以两种方法来实现。

（1）用鼠标直接拖放的方法：选中表格，然后直接拖放表格右下角的三个控制点即可。这种方法简单直观，但不够精确。

（2）通过表格“属性”面板精确调整表格大小：选中表格，修改表格“属性”面板中的“宽”和“高”选项，如图 6-41 所示。

图 6-41　通过表格“属性”面板中的“宽”和“高”选项精确调整表格大小

执行“修改”→“表格”命令还可以添加、删除行或列，合并与拆分单元格。

4. 表格属性

在文档窗口中对表格属性进行设置时，可以将定义的属性应用于整个表格或是选定的行、列或某一个或几个单元格。某些属性，如背景颜色，是选定一个或多个单元格都具有的属性；有些属性，如表格的对齐方式，则只有在选定整个表格后才可以改变。

1）使用表格“属性”面板设置表格属性

选定要进行属性设置的表格，则激活表格“属性”面板，可以在其中修改表格的属性，表格“属性”面板如图 6-41 所示。常见的属性参数含义如下。

- ：清除表格中所有列宽度。
- ：清除表格中所有行高值。
- ：把表格当前以百分比表示的宽度转换为以像素为单位的宽度。
- ：把表格当前以百分比表示的行高转换为以像素为单位的宽度。
- ：把表格当前以像素为单位的宽度转换为以百分比表示的宽度。
- ：把表格当前以像素为单位的行高转换为以百分比表示的宽度。

2）设置行、列与单元格属性

选定行、列或单元格，“属性”面板将显示相应的属性，设置其中的各项参数，可以改变它们的外观，这在表格的应用中非常常见。例如，可以让一个表格的顶行和其他行分别设置为不同的颜色，从而使表格看起来更加美观。

表格的行、列或单元格的属性基本一样，属性设置方法相同，现以设置单元格属性为例进行说明。

选择表格中的单元格，打开单元格“属性”面板，如图 6-42 所示，对各项属性参数进行设置。

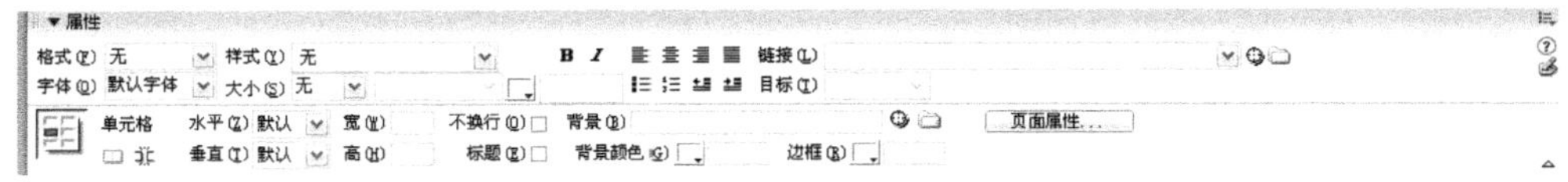

图 6-42　单元格“属性”面板

3）用现成的表格模板格式化表格

在 Dreamweaver MX 2004 中提供了多种表格模板，套用表格模板，可以轻松地对表格进行格式化，具体操作步骤如下。

（1）选定表格，然后执行“命令”→“格式化表格”命令，打开“格式化表格”对话框。

（2）在“格式化表格”对话框的左上角的表格模板列表框中选择一种，对话框中会立即显示出应用选定设计方案的表格模板，如图 6-43 所示。

（3）在表格模板的基础上可以进一步调整表格格式，如设置表格的行、列的颜色及背景等属性。

（4）各项设置完成后，单击“确定”按钮或“应用”按钮使设置生效。

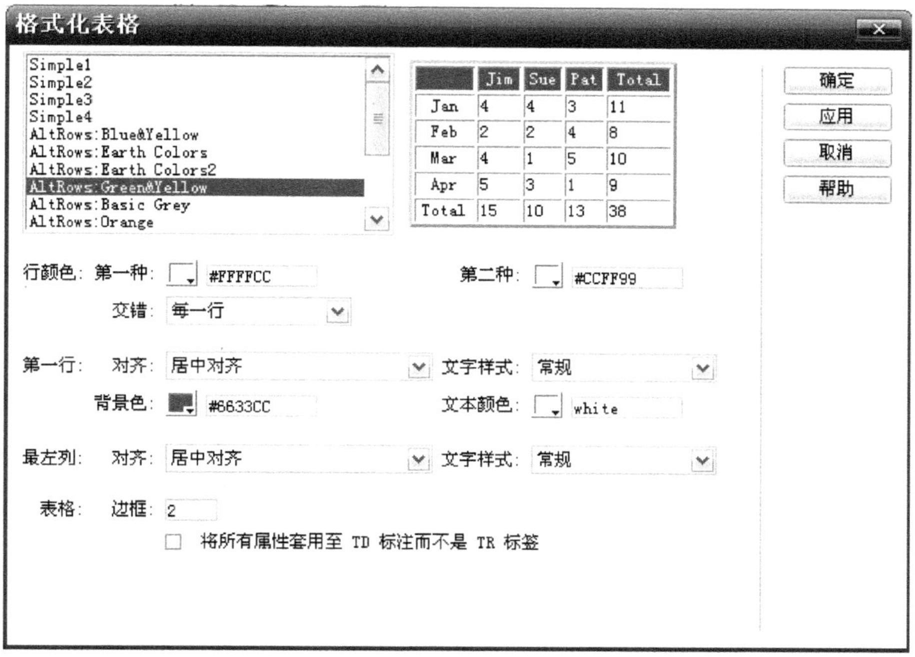

图 6-43　“格式化表格”对话框

6.3.2　使用框架

框架是一种网页布局的技术，它可以将浏览器窗口分割成几个不同的小窗口，即几个框架。框架网页是由框架和框架集构成的，框架是指浏览器中包含 HTML 网页的区域，在这个区域中可以包含一个独立的 HTML 文档。框架集是一个使用框架定义网页的文件，它定义了一组框架的布局和属性，包括框架的数目，框架的大小和位置，以及在每个框架中初始显示的页面。框架集本身不包含要在浏览器中显示的 HTML 内容，只是向浏览器提供如何显示一组框架及在这些框架中显示哪些文档的有关信息。

在网页上，页面的框架通常定义为一个导航区和一个正文区，如图 6-44 所示的网页由上、左、右三部分组成。其中，上面的框架显示该网页的标题，左边的框架显示导航内容，右边的框架则显示正文。浏览时选择不同的导航选项后，正文框架中的内容会随之发生改变。

框架的精髓在于每个框架都可显示不同的文件内容。还有，在一个页面中可以用框架的方法显示多个页面文件，因此就可以将一些不同类别的内容放在同一个页面中。这样，网页可以向用户提供更多的信息，用户可以轻松了解整个页面的结构，并且方便地在不同的页面切换。

1. 创建框架集

在 Dreamweaver MX 2004 中有两种创建框架集的方法。①自己设计框架集。

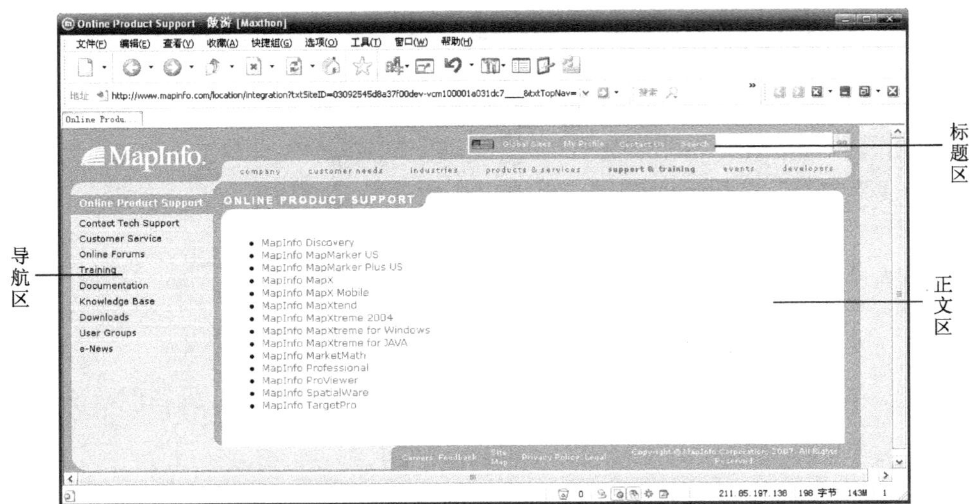

图 6-44　一个使用了框架的网页

②在预先定义的框架集中选择相应的框架集。这是在网页中插入框架集的最简单、最迅速的方法，这时系统除了产生框架集外，还自动生成相应的框架。

1）自己设计框架集

在创建框架集前，先执行"查看"→"可视化助理"→"框架边框"命令，使框架边框在文档中可见。

要自己设计框架集，可以从如下操作方法中任选一种。

(1) 执行"修改"→"框架集"命令，在其子菜单中执行任一分割命令。执行"拆分左框架"命令，将在此框架左侧添加一个框架，效果图如图 6-45 所示。

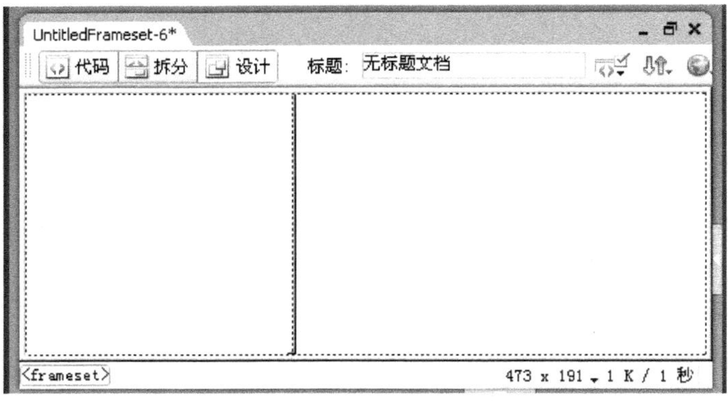

图 6-45　执行"拆分左框架"命令将框架拆分为两个框架

(2) 按住 Alt 键，然后向文档窗口内拖动框架边框，可将页面水平或垂直分割成两个框架。如果按住 Alt 键拖动框架的任一角，则可将页面分割为四个框架。

2）插入预定义的框架集

Dreamweaver MX 2004 中预先设计了多种框架集。这些预定义的框架集包括了最常见的几种框架集格式，有了它们，用户创建框架集就变得越发简单直观。插入的方法主要有如下三种。

(1) 选择插入工具栏中的布局工具栏，单击“框架”图标右侧箭头，从下拉列表中选择相应布局形式的框架集的按钮，即可在编辑区产生相应的框架集，如图6-46所示。

(2) 执行“插入”→“HTML”→“框架”命令，选择相应形式的框架集命令，也可创建相应形式的框架集。

(3) 使用“新建文档”对话框。执行“文件”→“新建”命令，打开“新建文档”对话框。在“新建文档”对话框左侧选择“框架集”选项，在右侧选择相应的预定义的框架集。单击“创建”按钮，即可创建含有预定义框架集的网页。

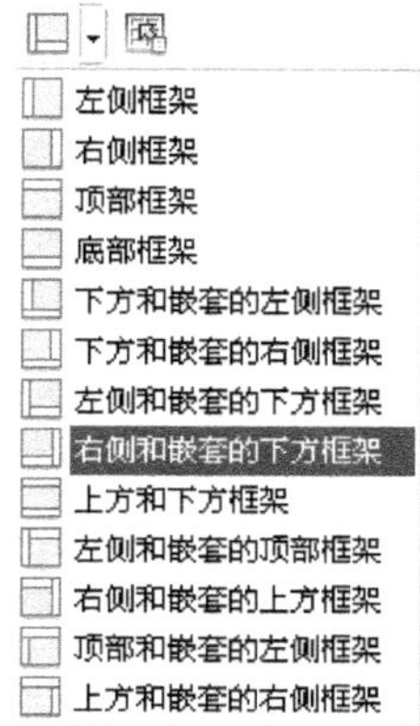

图6-46　预定义的框架集

3) 创建嵌套的框架集

在一个框架中创建另一个框架集，称为框架集的嵌套。一个框架集文件可以包含多个嵌套的框架集。大多数框架网页实际上都使用了嵌套的框架。在Dreamweaver MX 2004中，大多数预定义框架集使用的也是嵌套结构。如最常见的三分栏式的框架就是一个嵌套的框架集。在这个框架集中包含了上、下两个框架，在下面的框架中又嵌套了一个左右的框架集。

可按以下步骤创建嵌套框架集。

(1) 把光标定位于一个要插入嵌套框架的框架内。

(2) 任选如下任一操作。

① 执行“修改”→“框架集”命令，在其子菜单中执行一个命令。

② 选择插入工具栏中的布局工具栏，单击“框架”图标下拉按钮，选择其中一项。

③ 在文档窗口中，按住Alt键并拖动一个框架的边框可以垂直或水平地分割框架。

2. 编辑框架

框架和框架集是两个独立的HTML文件，如果需要设置框架或框架集的属性，需要选择不同的框架或框架集。而且在浏览器中预览框架网页之前，必须保存框架文件和框架集文件。

1) 选定框架或框架集

框架或框架集的选定可以在文档窗口中或“框架”面板中进行。执行“窗口”→“框架”命令，可打开“框架”面板。

“框架”面板直观地显示了页面中存在的框架与框架集，并且还显示了框架的名称。用户只需在面板中单击框架名称就可以选中相应的框架。单击面板中较粗的边框可以选中相应的框架集。在“框架”面板中被选中的框架或框架集四周都将出现黑色的边框，而在文档窗口中，选中的框架或框架集边框会被虚线包围，并且当选中一个框架集时，框架集中的所有框架的边框都会被虚线包围。

当然在文档设计窗口中，按住 Alt 键在编辑窗口单击框架，也可以选中相应的框架。

2) 设置框架与框架集的属性

选中框架和框架集后就可以设置其属性。框架和框架集有其各自的“属性”面板。框架的“属性”面板决定了框架名、源文件、页面空白、滚动条、单个框架大小的调整以及框架边框在框架集中的可见性。框架集的“属性”面板则控制框架的大小，以及框架间边框的颜色和宽度等。

(1) 设置框架集的属性。

选中框架集时，打开框架集“属性”面板，如图 6-47 所示。

图 6-47 框架集“属性”面板

其中各选项的参数含义如下。

- “边框”：选择框架边框在浏览器窗口中显示情况。选择“是”选项，则以灰色三维立体效果显示框架边框；选择“否”选项，则以灰色平面效果显示框架边框；选择“默认”选项，由浏览器决定是否显示，多数情况下不显示边框。
- “边框宽度”：设置当前框架集的边框宽度，以像素为单位。
- “边框颜色”：设置当前框架集中所有框架的边框颜色。
- “值”：用于设置选定框架的尺寸。
- “单位”：用于设置选定框架的尺寸单位，可以是像素、百分比，以及相对于浏览器窗口的比例。

(2) 设置框架的属性。

在“框架”面板或文档窗口中选中框架，打开框架“属性”面板，如图 6-48 所示。

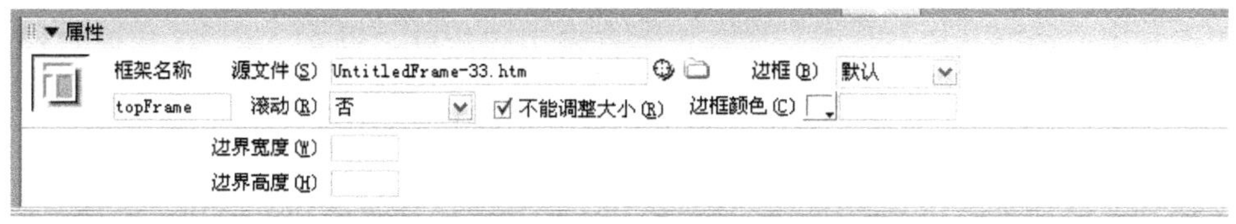

图 6-48 框架“属性”面板

其中各选项的参数含义如下。

- “框架名称”：设置所选框架的名称。
- “源文件”：指定所选框架中显示的网页文件。可以在文本框中直接输入文件保存路径及文件名，也可以单击文件夹图标浏览并选定文件，还可以将光标定位于要打开文件的框架中，执行“文件”→“在框架中打开”命令打开一个文件。

● “滚动”：指定在当前框架中的内容超过框架范围时，是否显示滚动条，共有四种方式，大多数浏览器的默认设置为“自动”。

● “不能调整大小”复选框：指定是否禁止调整当前框架的尺寸，防止用户拖动框架边框。选中该复选框，则虽然在文档窗口中框架的尺寸是可以调整的，但在浏览器中不能拖动框架的边框。

● “边框”：指定显示或隐藏边框。

● “边框颜色”：设置当前框架的所有边框颜色。“边框”和“边框颜色”选项的设置将忽略框架集中相应的设置。

● “边框宽度”：设置框架中的内容距离框架左边距和右边距的宽度，以像素为单位。

● “边框高度”：设置框架中的内容距离框架上边距和下边距的宽度，以像素为单位。

3. 保存框架与框架集文件

在浏览器中预览框架网页之前，必须保存框架集文件和框架文件。保存文件时可以单独保存每个框架集文件和框架文件，也可以同时保存框架集文件和框架文件。

(1) 保存单独的框架集文件的操作步骤如下。

① 在“框架”面板或文档窗口中选中了框架集。

② 执行“文件”→“框架集另存为”命令，弹出“另存为”对话框。

③ 在“另存为”对话框中的“文件名”文本框中输入文件名，并将该框架集的保存路径设置为当前站点。

④ 单击“保存”按钮，即完成框架集文件的保存。

(2) 保存单独的框架文件的操作步骤如下。

① 在“框架”面板或文档窗口中选中了框架。

② 执行“文件”→“保存框架页”命令，弹出“另存为”对话框。

③ 在“另存为”对话框中的“文件名”文本框中输入文件名，并将该框架文件的保存路径设置为当前站点。

④ 单击“保存”按钮，即完成框架文件的保存。

(3) 如果要将整个框架集与框架文件一起保存，则可执行以下操作。

① 执行“文件”→“保存全部”命令。

② 如果框架网页从未保存，则弹出“保存为”对话框，同时在文档窗口中框架集的四周将显示粗边框，表明首先保存的是框架集文件。

③ 在对话框中的“文件名”文本框中输入文件名，并将该框架集文件的保存路径设置为当前站点。

④ 单击“保存”按钮，则在框架的四周出现粗边框，在哪个框架四周出现粗边框，就表明该框架是正在保存的框架。

⑤ 重复第④步操作，就可以保存所有框架网页的内容。要注意的是，一定要弄

清楚框架集或框架与其名称的对应关系，不可以张冠李戴。

4. 框架网页中创建超链接

在一个框架中使用超链接，可以改变另一个框架中的内容。要在一个框架中使用超链接打开另一个框架中的文档，必须设置链接目标。链接目标用于确定链接内容在哪里打开。

在框架网页中创建超链接的具体操作步骤如下。

(1) 选定框架中的文本、图像等对象。

(2) 在“属性”面板的“链接”选项中设置链接的网页文件。

(3) 在“属性”面板的“目标”下拉列表中选择一个目标窗口。在下拉列表中，除了“_blank”、“_parent”、“_self”、“_top”四个选项，还会出现已经命名的框架名。

6.3.3 使用 CSS+DIV

1. CSS 简介

CSS(Cascading Style Sheet)即级联样式表，亦可称为层叠样式表技术，是一种格式化网页的标准方式。它扩展了 HTML 的功能，使网页设计者能以更有效的方式规范外观和设置网页格式。

举一个具体的应用 CSS 的例子：某网站有 1 000 张网页，每一张网页有 10 个地方应用了红色粗体字。如果用以前学的 HTML 技术来格式化文字，就要在 10 000 个地方插入<font color="red"><b>…</b></font>。若是又想把红色字体改为黑色字体，就要再修改这 10 000 个地方。显然这种开发和维护的效率就十分低下。

如果将 CSS 样式定义到样式表文件中，然后在这 1 000 个网页中同时应用该样式表中的样式，就能确保在处理同样的文字格式化的时候满足统一的要求，并能够随时更新，且降低了开发与维护的工作量(只要更改样式表文件中的相应样式就可以使所有网页自动更新)。由于 CSS 具有如此优点，它已成为应用极广的网页设计技术，可以说，不懂得使用它，就很难开发出专业化的网站。

2. CSS 属性

CSS 是一系列格式设置规格。它们可控制 Web 页内容的外观，可以非常灵活和更好地控制具体网页的外观，从精确的布局定位到特定的字体和样式，而 CSS 属性则是这控制的关键之一。

CSS 属性分为六大类，分别是字体与文本属性、颜色及背景属性、布局属性、定位及显示属性、列表属性及鼠标属性。

1) 字体与文本属性

(1) 字体属性　用于控制网页中文本的字符显示方式，例如控制文字的大小、粗细及使用的字体等。CSS 中的字体属性包括 font-family(字体族科)、font-size(字体大小)、font-style(字体风格)、font-variant(字体变形)、font-weight(字体加粗)和 font(字体)。

使用font属性可一次性设置各种字体属性(属性之间以空格分隔)。使用font属性设置字体格式时,各字体属性可以省略,但如果包括相应属性,必须以下面的顺序出现:font-weight、font-variant、font-style、font-size、line-height(此属性的值可以位于font属性中,用于指定行高,它必须在font-size后且用斜线隔开)和font-family。

(2) 文本属性　用于控制文本的段落格式,例如设置首行缩进、段落对齐方式等。CSS中的常用文本属性包括letter-spacing(字母间隔)、line-height(行高)、text-align(文本排列)、text-decoration(文字修饰)、text-indent(文本缩进)、text-transform(文本转换)。

2) 颜色及背景属性

在CSS中,颜色属性(color)可以设置元素内文本的颜色,而各种背景属性则可以控制元素的背景颜色及背景图案。CSS背景属性包括background-color(背景颜色)、background-image(背景图像)、background-attachment(背景附件)、background-position(背景位置)、background-repeat(背景重复)和background(背景)。

3) 布局属性

布局属性主要包括四类,即border(边框)属性、margin(边界)属性、padding(填充)属性和float、clear(浮动)属性。

(1) 边框属性　CSS边框属性包括border-bottom、border-color、border-left、border-style、border-top、border-top-color及border-width等。

根据属性的命名可以看出,有关边框的设置包括边框颜色(color)、边框样式(style)和边框宽度(width)三项,而边框又包括上(top)、下(bottom)、左(left)和右(right)四个方向。将边框设置和方向组合起来,则构成了多种属性。

(2) 边界属性　CSS边界属性包括margin、margin-top、margin-bottom、margin-left及margin-right。

margin-top、margin-bottom、margin-left及margin-right属性可以分别用来设置上、下、左、右边界的宽度,它们可以设置为长度、百分比或自动。当使用百分比时,表示相对于父元素宽度的百分比。

margin属性可以同时指定上、右、下、左(以此顺序)边界的宽度。如果只指定一个值,则四个方向都采用相同的边界宽度;如果指定了两三个值,则没有指定边界宽度的边采用对边的边界宽度。指定边界宽度时也可以使用负值。以便获得特殊的效果。

(3) 填充属性　CSS填充属性包括padding、padding-left、padding-right、padding-top及padding-bottom。

padding-left、padding-right、padding-top和padding-bottom这四个属性与对应的四个边界属性类似,用于设置左、右、上、下填充区的宽度,取值可以是长度和百分数,但不允许使用负值。当使用百分比时,表示相对于父元素宽度的百分比。

padding属性用于同时指定上、右、下、左四个方向(以此顺序)填充的宽度。如果只指定一个值，则四个方向都采用相同的填充宽度；如果指定了两个或三个值，则没有指定填充宽度的边采用对边的填充宽度。

（4）浮动属性　CSS 浮动属性包括 float 和 clear。通过 float 属性可以将元素的内容浮动到页面左边缘或右边缘，该属性的取值为 none、left、right，默认值为 none，指示元素不浮动到任一边缘。clear 属性指定元素是否允许浮动元素在它旁边，取值可以是 none、left、right、both，默认值为 none，表示允许浮动元素在其旁边；值 left 表示跳过左边的浮动元素，right 表示跳过右边的浮动元素，both 表示跳过所有的浮动元素。

4）定位及显示属性

定位和显示属性用于控制页面元素的位置和显示。

（1）定位属性和宽高属性　CSS 定位属性包括 position、top、bottom、left、right 和 z-index（其中 bottom 和 right 属性并不常用），宽高属性包括 width 和 height。

position 属性用来规定元素怎样在 Web 页上定位，它的取值为 static（默认值）、relative 或 absolute。“static”表示按照 HTML 格式规则正常定位，“relative”是指某元素将定位在相对于 Web 页上前一个元素的尾端位置，“absolute”是指某元素将定位在框架或浏览器窗口本身的左上角绝对位置。

top 和 left 属性用来规定某个元素与其父或其他元素之间的距离。这两个属性按像素来设定元素位置往下或往右的距离，这里既包括与其父的左上角（绝对定位）之间的距离，也包括相对于前一个元素尾端之间（相对定位）的距离。

使用 top 和 left 属性可能会造成元素相互堆叠在一起，此时可以使用 z-index 属性。z-index 属性用来控制元素的堆叠，值较大的元素将覆盖值较小的元素。如果使用值－1，则表示元素将置于页面默认文本的后边，这对于设置背景图案是很有用的。

width 和 height 属性可以控制元素的宽度和高度，此时 position 属性必须指定为 absolute。它们的取值可以是长度值，也可以是百分比。如果说 left 和 top 属性定义了元素的位置，那么 width 和 height 属性则规定了元素所占空间的大小。

（2）显示属性　在 CSS 中，有两个属性可以控制元素的显示和隐藏，即 display 属性和 visibility 属性。

静态设置这两个属性并没有什么实际意义，但当动态更改这两个属性时，却可以获得很多实用的效果。

5）列表属性

列表属性用于设置网页中列表的格式，例如可以设置图像作为项目符号。CSS 中的列表属性包括 list-style、list-style-image、list-style-position 及 list-style-type。

list-style-image 属性使网页设计者可以指定图片作为列表项目的符号，取值为 url(image url)、none，默认值为 none。

list-style-position 属性可以设置列表元素标记的位置，取值可以是 inside 或 outside，默认值是 outside。该值指定了相对于列表中其他文本的位置——如果选择 outside，标记就按规定出现在所有列表元素的外部；如果选择 inside，标记就位于列表元素的文本内部。

list-style-type 属性可以用来设置项目符号和编号的样式，取值如表 6-1 所示。

表 6-1　项目符号和编号的样式说明

样　式	说　　明
disc	默认值；实心黑点
circle	空心圆圈
square	方形黑块
decimal	十进制数（1、2、3、4、5……）
lower-roman	小写罗马数字（i、ii、iii、iv……）
upper-roman	大写罗马数字（I、II、III、IV、V……）
lower-alpha	小写字母（a、b、c、d、e……）
upper-alpha	大写字母（A、B、C、D、E……）
none	无

list-style 属性用于一次性地不限顺序地指定以上的 list-style-image、list-style-position 和 list-style-type 的属性。如果同时指定了 list-style-image 和 list-style-type 属性则只有当浏览器不能显示图片作为项目符号时，list-style-type 属性才能生效。

6）鼠标属性

鼠标属性用于设置在对象上面移动的鼠标指针显示的形状，取值如表 6-2 所示。

表 6-2　鼠标指针显示的形状说明

值	说　　明
auto	浏览器基于当前文本决定显示哪种指针
crosshair	简单十字形
default	随平台而定的默认指针
hand	手形
move	指示某物被移动的交叉箭头
[*]-resize	指示边缘被移动的箭头（[*]可以是 N、NE、NW、S、SE、SW、E 及 W，分别代表北、东北、西北、南、东南、西南、东及西这些方向）
text	编辑文本指针
wait	指示程序正忙，用户需要等待
help	指示用户可以得到帮助的问号图标

3. Dreamweaver MX 2004 中 CSS 样式的类型

执行“窗口”→“CSS 样式”命令，便能打开“CSS 样式”面板。单击 ⊕ 后即会出现

“新建 CSS 样式”对话框，如图 6-49 所示。其中名称栏里有如下三个选项，即类、标签和高级。

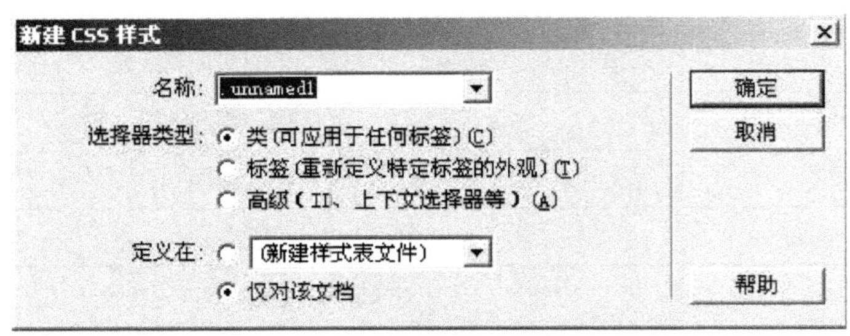

图 6-49 “新建 CSS 样式”对话框

1）类

如果要创建可作为类(class)属性应用于文本范围或文本块的自定义样式，请选择“类(可应用于任何标签)”，然后在“名称”文本框中输入样式名称。类名称必须以句点(英文字符)开头，并且可以包含任何字母和数字组合(如：.boy1)。如果用户没有输入开头的句点，Dreamweaver 将自动为用户输入。

2）标签

若要重定义特定 HTML 标签的默认格式，请选择“标签(重新定义特定标签的外观)”，然后在“标签”字段中输入一个 HTML 标签，或从下拉菜单中选择一个标签。

3）高级

若要为具体某个标签组合或所有包含特定 ID 属性的标签定义格式，请选择“高级(ID、上下文选择器等)”，然后在“选择器”文本框中输入一个或多个 HTML 标签，或从下拉菜单中选择一个标签。下拉菜单中提供的选择器(称为伪类选择器)包括 a:active、a:hover、a:link 和 a:visited。

6.4 交互的设计与实现

表单是网页浏览者与网站实现交互的工具。访问者可以通过表单将数据填写到网页中，然后将表单中的数据提交给服务器，服务器根据表单处理程序再将这些数据进行处理并反馈给用户，从而实现用户与网站之间的交互。如会员注册、论坛、聊天室等都属于表单的具体应用。

6.4.1 表单的基本概念

一个表单由两部分组成，即表单域和表单对象，如图 6-50 所示。

- 表单域相当于一个“容器”，它盛放着所有的表单对象，并包含处理数据所用 CGI 程序的 URL 及数据提交到服务器的方法。
- 表单对象包含文本框、单选按钮、复选框及按钮等。

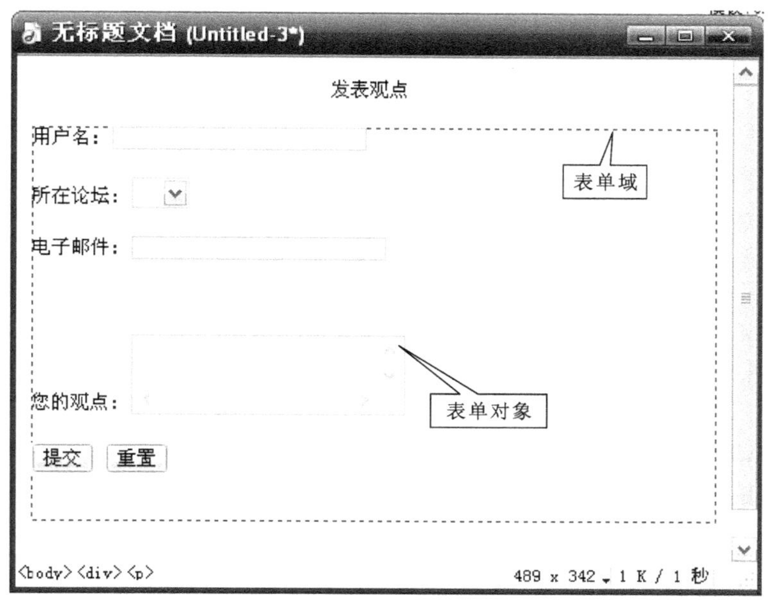

图 6-50　表单的组成

当浏览者将信息输入 Web 站点的表单并单击“提交”按钮时，这些信息将被发送到服务器，服务器端脚本或应用程序将对这些信息进行处理。服务器通过将请求信息发送回用户，或者基于该表单内容执行一些操作进行响应。通常服务器端通过网关接口脚本、ColdFusion 页、JSP 或 ASP 来处理信息。所以在网站中使用表单，需要设计者了解这些编程语言中的一种或几种。

6.4.2　表单域创建

创建表单域的方法非常简单。将光标定位于要插入表单域的位置，然后可选用如下任一种方法创建。

- 执行“插入”→“表单”→“表单”命令。
- 选择插入工具栏中的表单工具栏，单击“表单”图标即可。

在当前文档窗口中插入一个红色虚线框的表单域。所有其他的表单对象都将插入到该红色虚线框内，否则服务器将无法处理用户填写的信息。如果看不到插入到文档窗口中的标记表单域的红色虚线框，则可以执行“查看”→“可视化助理”→“不可见元素”命令。

单击红色虚线框即可选中表单域，也打开表单“属性”面板，如图 6-51 所示。

其中各参数的意义如下。

- “表单名称”：表单名称是一个表单的标记，在同一个网页中的表单应当具有不同的表单名称，以便使服务器处理数据时能准确地识别表单。
- “动作”：用于设置表单数据的提交方法，或指定处理该表单信息的应用程序或脚本的 URL。

图 6-51　表单“属性”面板

● “方法”：用于设置表单数据传输的方法。在其下拉列表中可选择“POST”（即将表单数据以信息方式发送给服务器端应用程序）或“GET”（即将表单数据作为URL 的附加值发送，这也是浏览器的通常默认方式）。

● “目标”：用于指定显示调用程序后所返回数据的窗口，与超链接的目标设置方式相同。

● “MIME 类型”：用于指定对提交给服务器进行处理数据使用的编码类型。默认设置为“application/x-www-form-urlencoded”，该类型通常与“POST”方法配合使用。如果要创建文件上传域，则应指定为“multipart/form-data”。

6.4.3　表单对象

在 Dreamweaver MX 2004 中，表单控件的类型为表单对象。在表单域中定位光标后，就可以插入各种表单对象。

插入表单对象的方法有如下几种。

(1) 执行“插入”→“表单”命令中的相应的菜单项来插入各种表单对象，如图6-52所示。

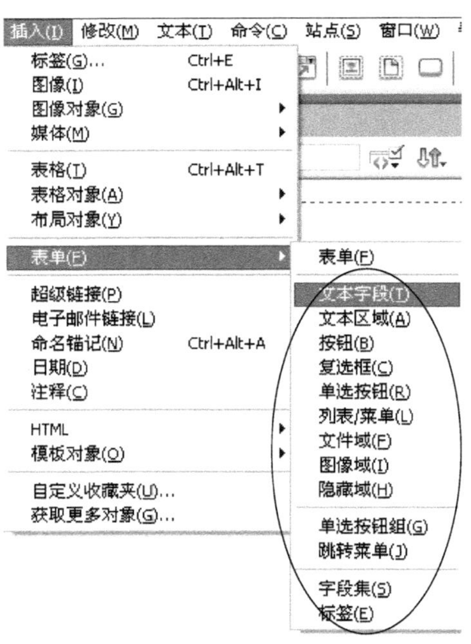

图 6-52　表单对象

(2) 选择插入工具栏中的表单工具栏，单击表单对象图标即可，如图 6-53 所示。

图 6-53　插入工具栏中的表单工具栏

表单工具栏中的表单对象图标含义如下。

● (文本字段)：插入文本域。文本域可以接受各种数字和字母，也可以输入“＊”，用于密码保护。文本域可以接受单行或多行文字。

● (隐藏域)：插入一个可以存储相关信息的域。有时某些信息与用户无关，无须在表单上显示，但又与处理表单的应用程序相关，要传送给服务器，这时这些信息就要放在隐藏域中。

● (文本区域)：插入一个文本区域，它可接受多行文字。

● (复选框)：插入一个复选框。

● (单选按钮)：插入一个单选按钮。

● (单选按钮组)：插入一组共享名称的单选按钮集合。

● (列表/菜单)：插入列表/菜单。用户可以在列表中添加供浏览者选择的选项。

● (跳转菜单)：插入可导航的跳转菜单。跳转菜单中的每个选项链接到不同的文档或文件。

● (图像域)：插入图像域，使用图像域可以使按钮图像化。

● (文件域)：插入“文本域”和浏览按钮的组合。

● (按钮)：插入按钮。单击按钮可以执行相应的任务。

6.4.4　表单对象的使用

这节介绍各种表单对象的插入方法及各种表单对象的属性设置。

1. 文本域

文本域包括文本字段和文本区域两种。选择插入工具栏中的表单工具栏，单击和按钮，即可在表单域中插入文本字段和文本区域。如图 6-54 所示的表单中插入了两个文本字段和一个文本区域。

选中文本域后，打开文本域“属性”面板，如图 6-55 所示。其中部分参数含义如下。

●“文本域”：设置文本域的名称。

●“字符宽度”：设置文本域的宽度。

●“最多字符数”：设置文本域中最多能显示的字符数。

●“类型”：设置文字域的类型。选择“单行”选项时，文本域为单行文本框；选择“多行”选项时，文本域为多行文本框；选择“密码”选项时，文本域为密码文本域，在域中输入的文本以“＊”形式显示；

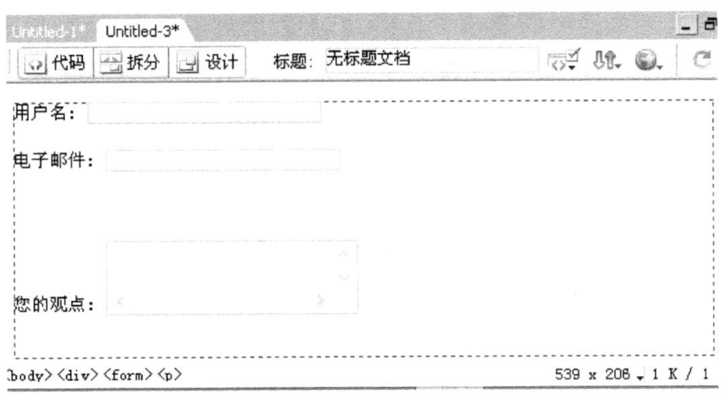

图 6-54 插入了文本域的表单

图 6-55 文本域"属性"面板

● "初始值":设置打开网页时文本域中默认显示的文本。

2. 单选按钮

选择插入工具栏中的表单工具栏,单击◉按钮,即可在表单域中插入一个单选按钮。往往要向一个表单中插入多个单选按钮,使其构成一个按钮组,如图 6-56 所示。

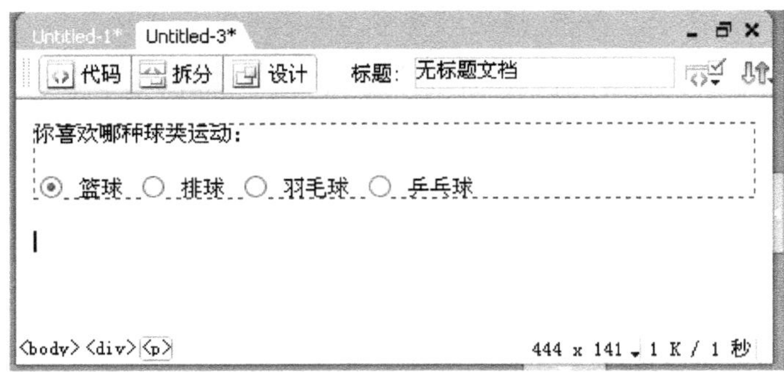

图 6-56 插入了多个单选框的表单

在表单中选中单选按钮后,打开单选按钮"属性"面板,如图 6-57 所示。

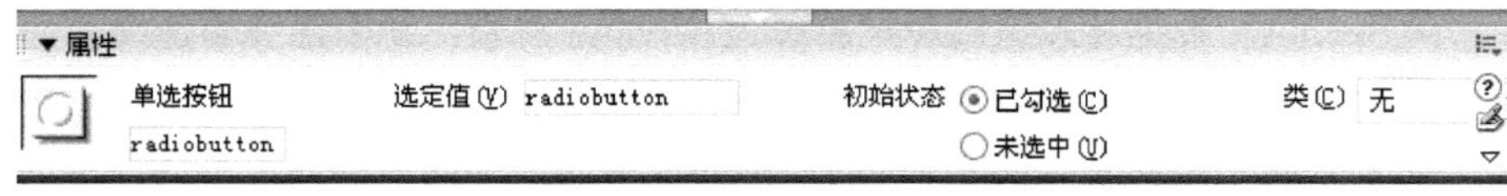

图 6-57 单选按钮"属性"面板

图 6-57 中部分参数含义如下。

● "单选按钮":设置单选按钮的名称。

● "选定值":设置一个变量值,即传送到服务器的数值,该内容不在页面中显示。

● “初始状态”：设置单选按钮是否为选中状态。

3. 单选按钮组

所谓单选按钮组就是一次可以同时插入多个单选按钮，并且这些按钮被有机地组合在一起了。

选择插入工具栏中的表单工具栏，单击按钮，弹出“单选按钮组”对话框，如图 6-58 所示。

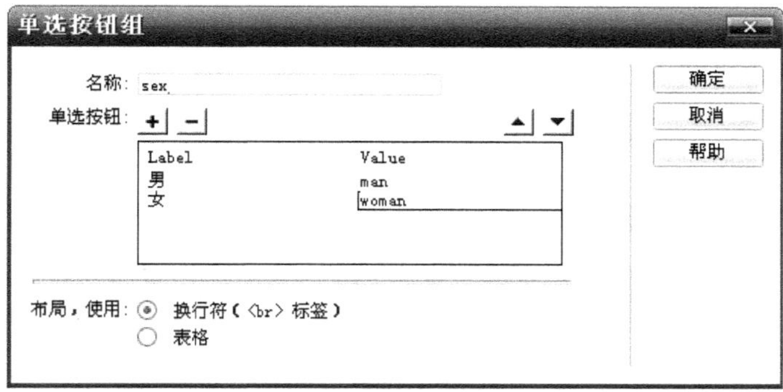

图 6-58　“单选按钮组”对话框

如图 6-59 所示的表单中插入了一个性别单选按钮组。

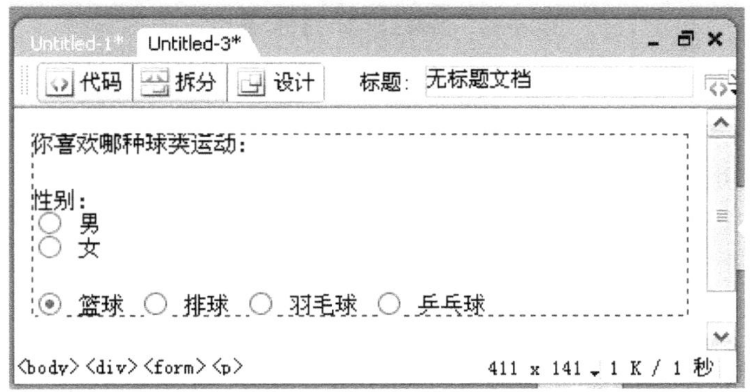

图 6-59　在表单中插入了性别单选按钮组

4. 复选框

选择插入工具栏中的表单工具栏，单击按钮，即可在表单域中插入一个复选框。选中复选框，打开复选框“属性”面板，如图 6-60 所示。面板中各属性参数的含义及设置方法同单选按钮的。

图 6-60　复选框“属性”面板

如图 6-61 所示的表单中插入了四个复选框。

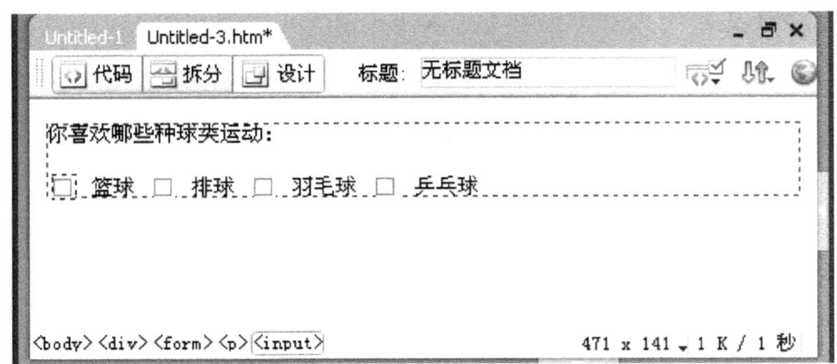

图 6-61　在表单中插入了四个复选框

5. 列表/菜单

选择插入工具栏中的表单工具栏，单击按钮，即可在表单域中插入一个列表/菜单表单对象。选中表单域中的列表/菜单对象，打开列表/菜单"属性"面板，如图 6-62 所示。

图 6-62　列表/菜单"属性"面板

图 6-62 中各参数的含义如下。

- "列表/菜单"：设置下拉列表或菜单的名称。
- "类型"：用于选择插入的是下拉列表还是菜单。
- "高度"：当类型选择"列表"选项时，可以设置列表的高度，即下拉列表显示为几行的高度。
- "允许多选"复选框：当类型选择"列表"选项时，可以设置是否允许用户从列表中进行多项选择。
- "列表值"按钮：单击该按钮，弹出"列表值"对话框，在该对话框中可以设置下拉列表或菜单中的内容，如图 6-63 所示。其中的"项目标签"用于设置下拉列表或菜

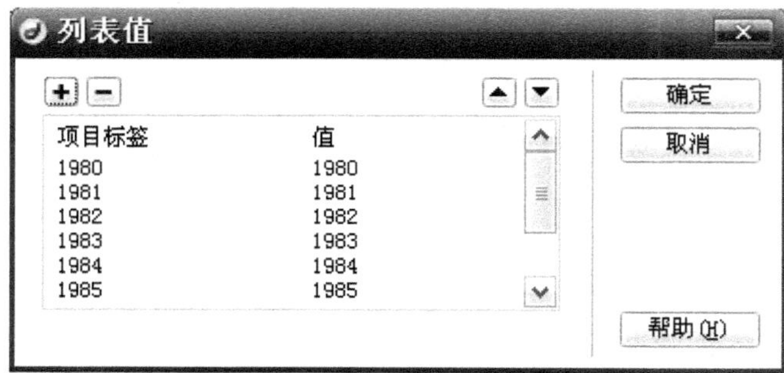

图 6-63　"列表值"对话框

单中的文本信息，“值”用于设置向后台服务器传送的数值。单击按钮或按钮增加或删除列表值，单击按钮和按钮来改变它们的排列顺序。

如图 6-64 所示的表单中插入的出生日期就是一个列表/菜单对象。

图 6-64　在表单中插入了列表/菜单对象

6. 跳转菜单

跳转菜单与下拉菜单相似，不同之处在于选择跳转菜单中的内容时可以进行页面的超链接，选择下拉菜单中的内容时则不能进行超链接。

选择插入工具栏中的表单工具栏，单击按钮，弹出“插入跳转菜单”对话框，如图 6-65 所示。

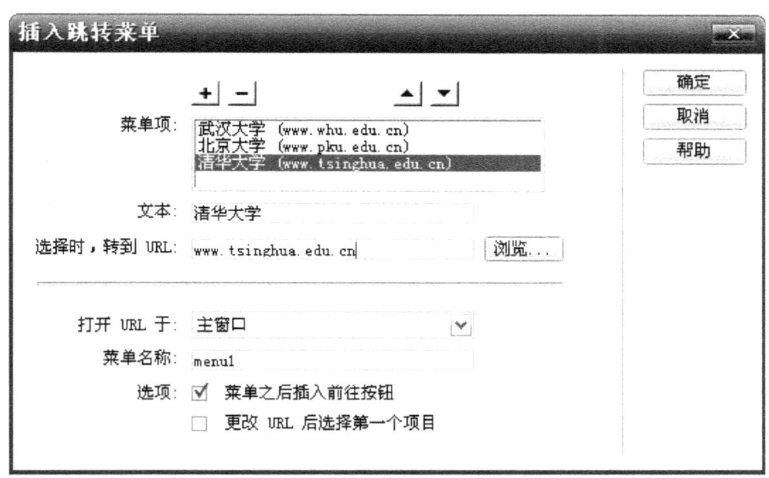

图 6-65　“插入跳转菜单”对话框

图 6-65 中各参数的含义如下。

- “菜单项”：显示跳转菜单中的各个菜单项。
- “文本”：菜单项中显示的文本信息。
- “选择时，转到 URL”：设置选择菜单时要链接的网页地址。
- “打开 URL 于”：设置链接网页时网页在浏览器中的打开窗口。

- “菜单名称”：设置当前菜单项的名称。
- “菜单之后插入前往按钮”复选框：选中该复选框时，可以在插入的跳转菜单后面添加一个“前往”按钮，使用“前往”按钮可以控制菜单项的跳转。
- “更改 URL 后选择第一个项目”复选框：选中该复选框时，可以在打开链接目标后，仍然显示第一个菜单项，并不显示所选择的菜单项。

在对话框中完成参数设置后，单击“确定”按钮，则在表单中插入了一个跳转菜单，如图 6-66 所示。

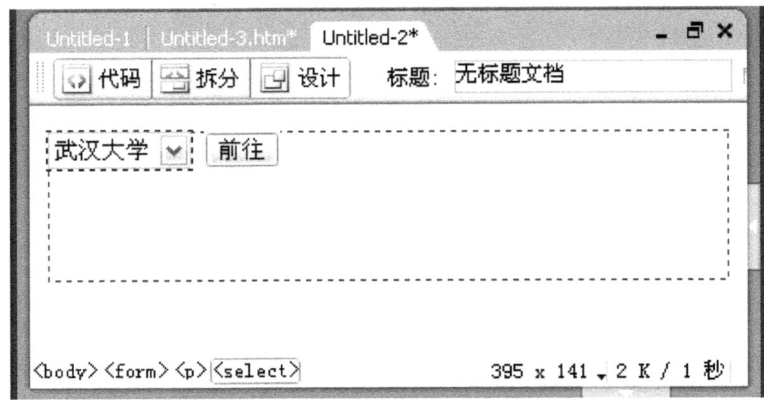

图 6-66　插入了跳转菜单的表单

7. 文件域

文件域可以让用户选择计算机上的文件，并将其上传到服务器。文件域类似其他的文本域，只是文件域还包括一个“浏览”按钮，用户可以使用“浏览”按钮选择上传文件。

选择插入工具栏中的表单工具栏，单击按钮，则在表单域中插入一个带有“浏览”按钮的文件域，如图 6-67 所示。

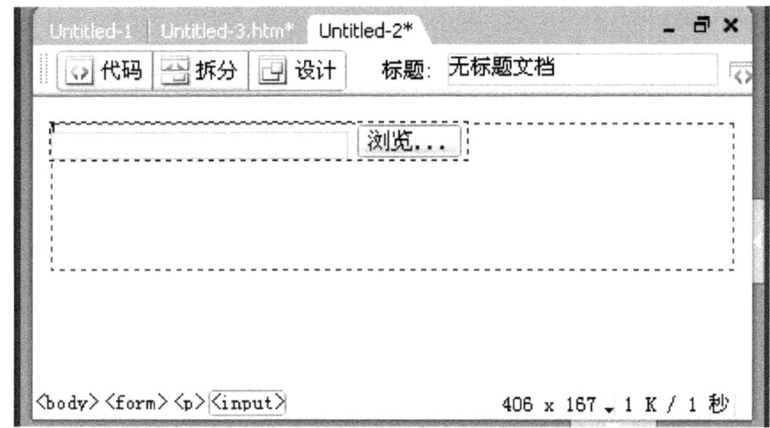

图 6-67　插入一个带有“浏览”按钮的文件域的表单

文件域"属性"面板中各属性项的设置与文本域的基本相同。

8. 按钮

选择插入工具栏中的表单工具栏，单击□按钮，即在表单域中插入了一个按钮表单对象，如图 6-68 所示的表单域中的"提交"按钮和"重置"按钮。

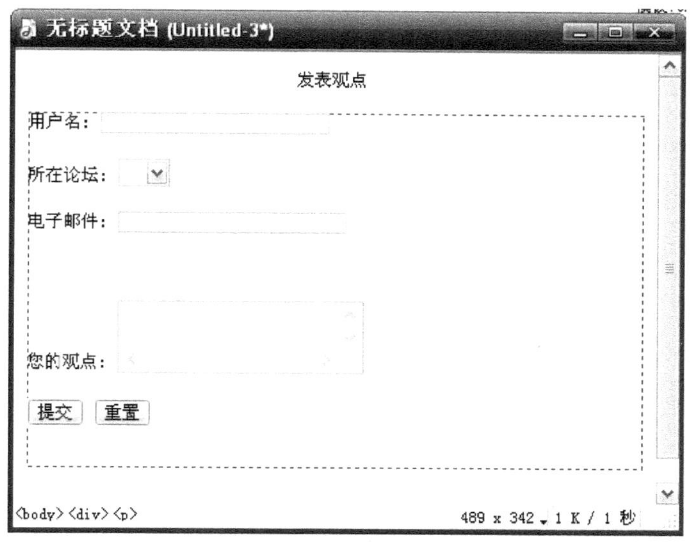

图 6-68　插入按钮的表单

选中"提交"按钮，即打开按钮"属性"面板，如图 6-69 所示。

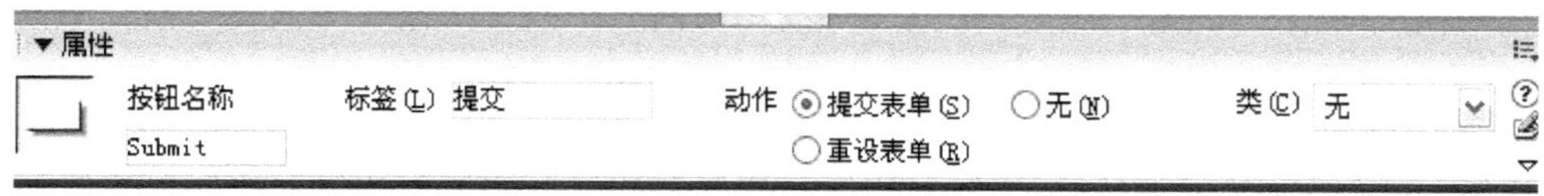

图 6-69　按钮"属性"面板

图 6-69 中各参数的含义如下。

- "按钮名称"：设置按钮的名称。
- "标签"：按钮上显示的文本。
- "动作"：设置按钮的类型。选中"提交表单"选项时，可以将表单中的数据提交到服务器；选中"重设表单"选项时，可以将表单中内容恢复为刚打开页面时的初始状态；选中"无"选项时，可以将按钮设置为普通按钮，单击该按钮不会出现什么效果，它通常与一些脚本语言相结合实现网页的动态效果。

9. 图像域

图像域的作用与"提交"按钮一样，都是将表单中的数据提交到服务器。但图像域以图像的形式来替代"提交"按钮，从而使表单更加美观，更加拟人化。

选择插入工具栏中的表单工具栏，单击按钮，弹出"选择图像源文件"对话框。

在对话框中选择一幅图像，并将该图像文件保存到当前站点中，这样就可以在表单域中插入一幅图像，用图像来替代“提交”按钮。图像域“属性”面板中各属性项的含义与设置同图像“属性”面板的，如图 6-70 所示。

图 6-70　图像区域“属性”面板

6.5　教学站点的发布

要将站点上传到因特网，首先要申请自己的服务器空间，然后还要有访问的域名，并要提交备案。下面以实例说明。

6.5.1　申请免费的空间及域名

(1) 在 http://www.3326.com 中联网站申请 100MB 免费空间。

(2) 填写相关信息，用户名就是这个空间的开通账户，例如用户名为 a180，则开通的空间访问地址就为 http://a180.icpcn.com。

(3) 如图 6-71 所示，注册成功后，立刻登录开通。

图 6-71　注册成功

选择图 6-72 所示界面左边的“免费主页申请”，在右边单击“马上开通”按钮。

开通后可以得到自己账户的空间使用资料。

图 6-72　选择“免费主页申请”

6.5.2　上传网页

上传网页的方法有多种，可以用 Dreamweaver 中的“文件”面板上传，可以用专门的 FTP 工具上传，也可以用空间供应商提供的页面上传，这里我们主要讲解用 Dreamweaver MX 2004 自带的功能上传。

(1) 首先在站点注册开通账户，并获取自己的账户资料。

登录 www.3326.com，进入“个人主页自助管理”页面，如图 6-73 所示，查看自己的站点信息资料。

(2) 在 Dreamweaver 中设置远程站点。

选择“文件”面板的“站点/站点管理”，打开“管理站点”对话框，如图 6-74 所示。

编辑站点定义、远程地址，如图 6-75 所示。

然后打开站点的折叠/展开目录，如图 6-76 所示。

在打开的图 6-77 所示的界面中就可以将本地文件上传到远端的站点了。全部上传发布以后，就可以通过空间服务商赠送的域名 http://angle180.icpcn.com 在互联网上访问这个站点了。

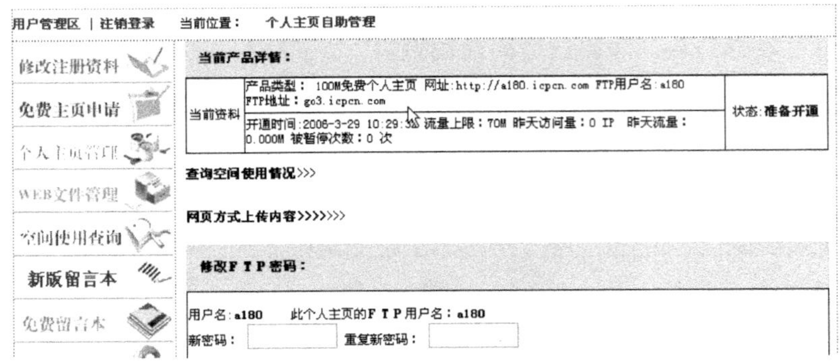

图 6-73　“个人主页自助管理”页面

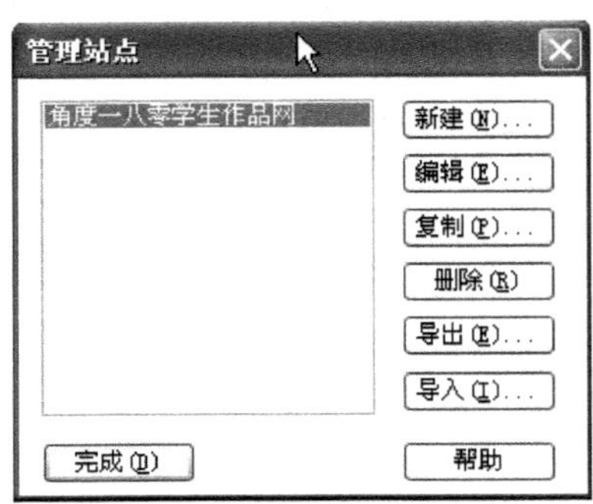

图 6-74　“管理站点”对话框

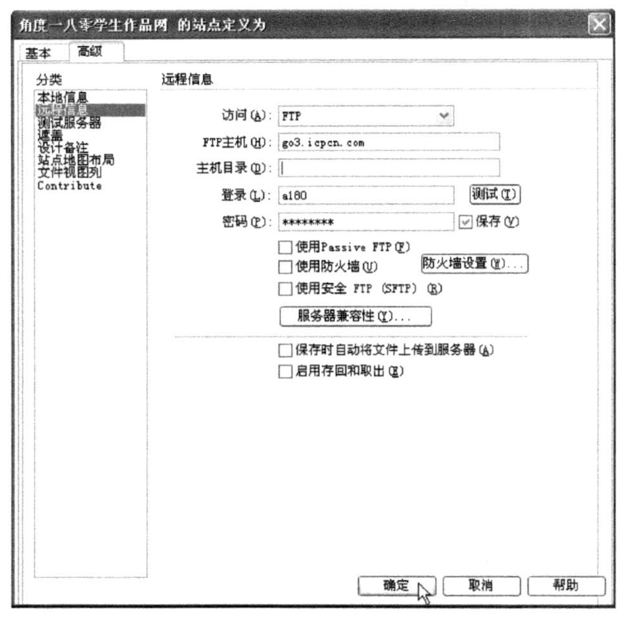

图 6-75　编辑站点定义、远程地址

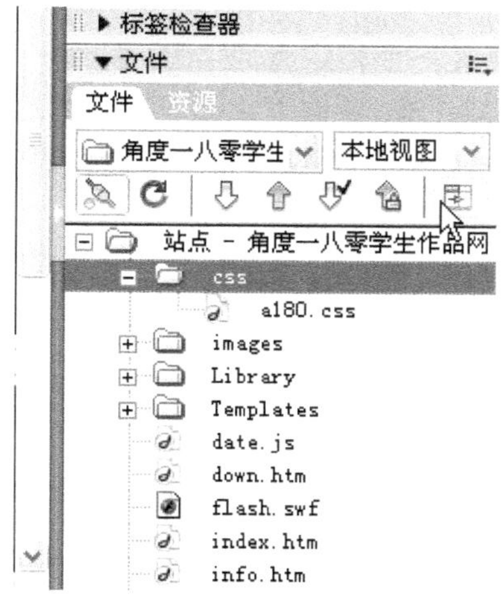

图 6-76　站点的折叠/展开目录

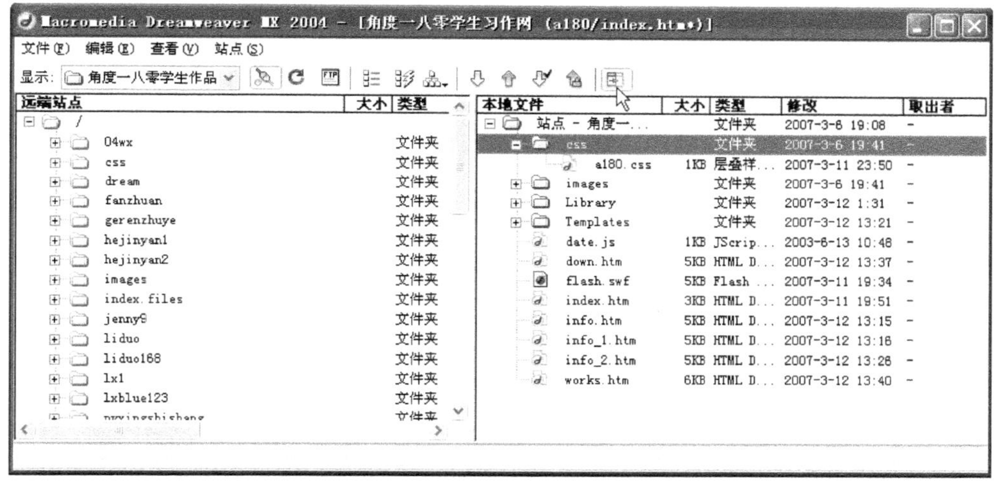

图 6-77　将本地文件上传到远端的站点

【思考与练习】

● 问题思考

1. 简述网站、网页及主页的概念。
2. 简述建立站点的前期准备工作。
3. 简述如何将网页文档保存为模板。
4. 如何在站点中添加网页文件和站点文件夹?
5. 怎样为整幅图像和部分图像建立超链接?
6. 叙述一个网站从建立直至发布的全过程。

● 动手训练

1. 创建网站，以一节课或一个知识点为主题，制作一个网页型课件。网站中应该包含文字和图片，要求内容丰富，各网页之间可以自由跳转。

2. 创建网站，主题不限，要求使用表格布局网站网页中的内容，内容紧凑丰富，单元格中键入文本、图片和Flash动画等媒体。

参考文献

[1] 李运林，徐福荫．教学媒体的理论与实践[M]．北京：北京师范大学出版社，2003.

[2] 李维杰，徐帆．多媒体技术及应用简明教程[M]．北京：清华大学出版社，2006.

[3] 詹慧静，王爱红，等．多媒体创意设计与制作[M]．北京：高等教育出版社，2006.

[4] 刘毓敏，梁斌，黄炎波．多媒体素材制作与编著集成[M]．北京：国防工业出版社，2006.

[5] 雷钢．多媒体课件图形图像素材的采集与处理[J]．现代教育技术，2006，(2)：48-50.

[6] 胡晓峰，吴玲达，老松杨，等．多媒体技术教程[M]．北京：人民邮电出版社，2002.

[7] 李绯，陈海林．多媒体素材的采集与处理[M]．北京：清华大学出版社，2004.

[8] 韩春明．多媒体素材的制作与使用[M]．合肥：合肥工业大学出版社，2008.

[9] 朱仁成，孙志，张莉．多媒体 CAI 课件制作完全实例[M]．西安：西安电子科技大学出版社，2006.

[10] 陈明．多媒体技术与应用[M]．北京：清华大学出版社，2006.

[11] 杨青，阮芸星，郑世珏，等．多媒体 CAI 课件制作技术与应用[M]．北京：人民邮电出版社，2007.

[12] 缪亮．Flash 多媒体课件制作实验与实践[M]．北京：清华大学出版社，2008.

[13] 王智强，张桂敏．中文版 Flash CS4 标准教程[M]．北京：中国电力出版社，2009.

[14] 黄堂红，李志河．多媒体课件制作技术[M]．北京：北京交通大学出版社，清华大学出版社，2008.